AF822104

Der Tatbegriff im Artikel 54 des Schengener Durchführungsübereinkommens

Internationales und Europäisches Strafverfahrensrecht

Herausgegeben von Hans-Heiner Kühne und Robert Esser

Band 8

PETER LANG
Frankfurt am Main · Berlin · Bern · Bruxelles · New York · Oxford · Wien

Daniel Joachim Hußung

Der Tatbegriff im Artikel 54 des Schengener Durchführungsübereinkommens

PETER LANG
Internationaler Verlag der Wissenschaften

Bibliografische Information der Deutschen Nationalbibliothek
Die Deutsche Nationalbibliothek verzeichnet diese Publikation in der Deutschen Nationalbibliografie; detaillierte bibliografische Daten sind im Internet über http://dnb.d-nb.de abrufbar.

Zugl.: Trier, Univ., Diss., 2011

Gedruckt auf alterungsbeständigem,
säurefreiem Papier.

D 385
ISSN 1611-275X
ISBN 978-3-631-62158-5

© Peter Lang GmbH
Internationaler Verlag der Wissenschaften
Frankfurt am Main 2011
Alle Rechte vorbehalten.

Das Werk einschließlich aller seiner Teile ist urheberrechtlich geschützt. Jede Verwertung außerhalb der engen Grenzen des Urheberrechtsgesetzes ist ohne Zustimmung des Verlages unzulässig und strafbar. Das gilt insbesondere für Vervielfältigungen, Übersetzungen, Mikroverfilmungen und die Einspeicherung und Verarbeitung in elektronischen Systemen.

www.peterlang.de

Vorwort

Die vorliegende Arbeit wurde im Sommersemester 2011 vom Fachbereich Rechtswissenschaft der Universität Trier als Dissertation angenommen. Sie befindet sich auf dem Stand von März 2011. Neueres Schrifttum konnte teilweise noch bis August 2011 berücksichtigt werden.

Danken möchte ich an erster Stelle ganz herzlich meinem verehrten Doktorvater, Herrn Professor Dr. Dr. h.c. mult. Hans-Heiner Kühne. Er hat nicht nur den Anstoß zu dieser Arbeit gegeben, sondern mich auch bei ihrer Erstellung gefördert, ohne mir den nötigen Freiraum zur Entwicklung eigener Gedanken zu nehmen. Ich konnte viel von ihm lernen, sodass es mir gelungen ist, mich sowohl fachlich als auch persönlich weiter zu entwickeln. Er wird mir stets ein großes Vorbild sein. Darüber hinaus danke ich ihm und Herrn Professor Dr. Robert Esser für die Aufnahme meiner Dissertation in die Reihe *„Internationales und Europäisches Strafverfahrensrecht"*.

Dank gebührt auch Herrn Professor Dr. Bernd Hecker für die rasche Erstellung des Zweitgutachtens.

Meinem Vater und meiner Großmutter danke ich von ganzem Herzen für ihre selbstlose Unterstützung, durch welche sie mir meine schulische und akademische Ausbildung ermöglicht haben.

Zu großem Dank bin ich auch meiner Verlobten Yvonne Engelke verpflichtet, die mich immer bedingungslos unterstützt hat. Sie hat sowohl meiner Dissertation als auch mir stets in besonderem Maße Verständnis entgegengebracht. Ihr widme ich diese Arbeit.

Rehlingen-Siersburg, im Juli 2011 — Daniel Joachim Hußung

Inhaltsverzeichnis

Abkürzungsverzeichnis

ABlEU	Amtsblatt der Europäischen Union
Abs.	Absatz
AEUV	Vertrag über die Arbeitsweise der Europäischen Union
a.F.	alte Fassung
AMRK	Amerikanische Menschenrechtskonvention
Anm.	Anmerkung
Art.	Artikel
AT	Allgemeiner Teil
Aufl.	Auflage
BAK	Blutalkoholkenzentration
Bf.	Beschwerdeführer
BGBl.	Bundesgesetzblatt
BGH	Bundesgerichtshof
BGHSt	Entscheidungen des Bundesgerichtshofs in Strafsachen
BR-Drs	Bundesratsdrucksache
bspw.	beispielsweise
BT-Drs	Bundestagsdrucksache
BtMG	Betäubungsmittelgesetz
BVerfG	Bundesverfassungsgericht
BVerfGE	Entscheidungen des Bundesverfassungsgerichts
BVerfGK	Kammerentscheidungen des Bundesverfassungsgerichts
CIC	Code d'Instruction Criminelle
cpp-alt	Codice Processuale Penale
cpp-neu	Codice di Procedura Penale
DDR	Deutsche Demokratische Republik
Dig.	Digesten
DJ	Deutsche Justiz
EAG	Europäische Atomgemeinschaft (Euratom)
EG	Europäische Gemeinschaft(en)
EGV	Vertrag zur Gründung der Europäischen Gemeinschaft

EGKS	Europäische Gemeinschaft für Kohle und Stahl
EGMR	Europäischer Gerichtshof für Menschenrechte
Einl.	Einleitung
EKMR	Europäische Kommission für Menschenrechte
EMRK	Europäische Menschenrechtskonvention
EPZ	Europäische Politische Zusammenarbeit
et al.	et alii
EU	Europäische Union
EuGH	Europäischer Gerichtshof
EuGHE	Entscheidungen des Europäischen Gerichtshofs
EuGRZ	Europäische Grundrechte-Zeitschrift
EuR	Europarecht (Zeitschrift)
EUV	Vertrag über die Europäische Union
EUV-alt	Vertrag über die Europäische Union in der Fassung vor dem Inkrafttreten des Vertrags von Lissabon
EUV-neu	Vertrag über die Europäische Union in der Fassung des Vertrags von Lissabon
EuZW	Europäische Zeitschrift für Wirtschaftsrecht
EWG	Europäische Wirtschaftsgemeinschaft / Vertrag zur Gründung der Europäischen Wirtschaftsgemeinschaft
f.	folgende
ff.	fortfolgende
Fn.	Fußnote
GA	Goltdammer´s Archiv für Strafrecht
gem.	gemäß
gg	gegen
GG	Grundgesetz für die Bundesrepublik Deutschland
GH	Gerichtshof
grds.	grundsätzlich
GS	Der Gerichtssaal
Hrsg.	Herausgeber
h.L.	herrschende Lehre
h.M.	herrschende Meinung
IAGMR	Interamerikanischer Gerichtshof für Menschenrechte
i. Br.	im Breisgau
i.H.v.	in Höhe von

IPbpR	Internationaler Pakt über bürgerliche und politische Rechte
i.S.d.	im Sinne der/des
i.S.e.	im Sinne einer/eines
i.S.v.	im Sinne von
i.V.m.	in Verbindung mit
i.w.S.	im weiteren Sinne
IZPR	Internationales Zivilprozessrecht
JBl	Juristische Blätter
JR	Juristische Rundschau
JURA	Juristische Ausbildung
JuS	Juristische Schulung
JZ	Juristenzeitung
Komm.	Kommentar
LG	Landgericht
lit.	Litera
m.E.	meines Erachtens
m.w.N.	mit weiteren Nachweisen
n.F.	neue Fassung
NJOZ	Neue Juristische Online-Zeitschrift
NJW	Neue Juristische Wochenschrift
Nr.	Nummer
NStZ	Neue Zeitschrift für Strafrecht
ÖJZ	Österreichische Juristenzeitung
öStGB	österreichisches Strafgesetzbuch
öStVO	österreichische Straßenverkehrsordnung
öVfGH	Verfassungsgerichtshof der Republik Österreich
PJZS	Polizeiliche und Justizielle Zusammenarbeit in Strafsachen
PKW	Personenkraftwagen
RG	Reichsgericht
RGBl.	Reichsgesetzblatt
RGSt	Entscheidungen des Reichsgerichts in Strafsachen
Rn.	Randnummer

RStGB	Reichsstrafgesetzbuch
RStPO	Reichsstrafprozeßordnung
S.	Seite
SDÜ	Schengener Durchführungsübereinkommen
sfr.	Schweizer Franken
sog.	sogenannte/-n/-r/-s
StGB	Strafgesetzbuch
StPO	Strafprozessordnung
StV	Strafverteidiger
u.	und
u.a.	unter anderem
ÜbK	Übereinkommen
VfGH	Verfassungsgerichtshof
vgl.	vergleiche
VO	Verordnung
WVRK	Wiener Übereinkommen über das Recht der Verträge
Z.	Ziffer
z.	zum
z.B.	zum Beispiel
ZP-MRK	Zusatzprotokoll zur Europäischen Menschenrechtskonvention
ZRG	Zeitschrift der Savigny-Stiftung für Rechtsgeschichte
ZRP	Zeitschrift für Rechtspolitik
ZStW	Zeitschrift für die gesamte Strafrechtswissenschaft

Einleitung

Für Staaten, die ein rechtstaatliches Strafverfahren gewährleisten wollen, ist es unabdingbare Voraussetzung, dass ein Beschuldigter, gegen den bereits wegen derselben Tat ein Strafverfahren betrieben wurde, vor erneuter Verfolgung und Bestrafung geschützt wird. Das Verbot der Mehrfachverfolgung (ne-bis-in-idem-Grundsatz) gehört in diesen Staaten zum Kernbestand rechtsstaatlicher Strafverfahrensprinzipien[1]. Zwar ist für den Raum der Bundesrepublik Deutschland der ne-bis-in-idem-Grundsatz – auch als „Verbrauch der Strafklage" bezeichnet[2] – durch Art. 103 Abs. 3 GG mit Verfassungsrang festgeschrieben. Der Anwendungsbereich des Art. 103 Abs. 3 GG erfasst aber nach überwiegendem Verständnis im deutschen Recht nur vorausgegangene inländische Strafverfahren[3]. Im einfachen deutschen Gesetzesrecht folgt der ne-bis-in-idem-Schutz aus den Vorschriften über die Wiederaufnahme eines rechtskräftig erledigten Strafverfahrens, §§ 359 ff. StPO. Auf supranationaler Ebene ist der ne-bis-in-idem-Grundsatz in mehreren völkerrechtlichen Übereinkommen verankert. Zu nennen sind in diesem Zusammenhang die EMRK und der IPbpR. Jedoch vermögen sowohl die nationalen als auch die supranationalen Gewährleistungen des ne-bis-in-idem-Grundsatzes lediglich eine strafrechtliche Mehrfachverfolgung und -bestrafung desselben Beschuldigten wegen derselben Tat („idem") durch den Erstverfolgerstaat zu verhindern. Eine erneute Strafverfolgung oder gar Bestrafung desselben Beschuldigten durch einen anderen Staat, als den Erstverfolgerstaat wegen derselben Tat, wird durch die vorgenannten nationalen und supranationalen Regelungen nicht ausgeschlossen[4]. So bezieht sich der in Art. 4 Abs. 1 des 7. Zusatzprotokolls zur EMRK normierte ne-bis-in-idem-Schutz lediglich auf Strafverfahren desselben Staates, wenn es dort heißt[5]:

> *„Niemand darf wegen einer Straftat, wegen der er bereits nach dem Gesetz und dem Strafverfahrensrecht eines Staates rechtskräftig verurteilt oder freigesprochen worden ist, in einem Strafverfahren desselben Staates erneut verfolgt oder bestraft werden."*

---

1 *Radtke/Busch*, EuGRZ 2000, 421.

2 BVerfGE 3, 248, 251.

3 *Radtke/Busch*, EuGRZ 2000, 421.

4 Vgl. § 5. B) II. 2. b); *Radtke/Busch*, EuGRZ 2000, 421.

5 Vgl. § 5. B) II. 2. b); *Radtke/Busch*, EuGRZ 2000, 421.

Aus dem Wortlaut des Art. 14 Abs. 7 des IPbpR ergibt sich bereits, dass auch dieser nur vor erneuter Verfolgung und Bestrafung durch den Erstverfolgerstaat schützt[6].

> *„Niemand darf wegen einer strafbaren Handlung, wegen der er bereits nach dem Gesetz und dem Strafverfahrensrecht des jeweiligen Landes rechtskräftig verurteilt oder freigesprochen worden ist, erneut verfolgt oder bestraft werden."*

Demgegenüber hat sich durch das zusammenwachsende Europa und die damit einhergehende verstärkte Zusammenarbeit der Schengen-Staaten auf dem Gebiet des Strafrechts, aber auch durch den Wegfall der Binnengrenzen und dem damit verbundenen Anstieg der Mobilität des Einzelnen, die Gefahr einer Mehrfachverfolgung und -bestrafung erheblich erhöht. Durch diese Entwicklung ist auch das Bedürfnis nach Anerkennung eines staatenübergreifenden ne-bis-in-idem-Grundsatzes stetig gewachsen.

In Art. 54 SDÜ wurde deshalb ein solcher staatenübergreifender ne-bis-in-idem-Schutz normiert, wenn es dort heißt:

> *„Wer durch eine Vertragspartei rechtskräftig abgeurteilt worden ist, darf durch eine andere Vertragspartei wegen derselben Tat nicht verfolgt werden, vorausgesetzt, daß im Fall einer Verurteilung die Sanktion bereits vollstreckt worden ist, gerade vollstreckt wird oder nach dem Recht des Urteilsstaats nicht mehr vollstreckt werden kann."*

Wie sich bereits aus dem Wortlaut der Vorschrift des Art. 54 SDÜ ergibt, gewährt diese nur im Falle eine Tatidentität einen Schutz vor mehrmaliger Verfolgung und Bestrafung. Daher ist die Klärung der Frage, wann „dieselbe Tat" i.S.d. Art. 54 SDÜ vorliegt, von enormer Wichtigkeit für die zwischenstaatliche Geltung des ne-bis-in-idem-Grundsatzes und somit auch für die transstaatliche Strafverfolgung. Es erscheint daher kaum nachvollziehbar, dass trotz der großen Bedeutung des Tatbegriffs in Art. 54 SDÜ eine Auseinandersetzung mit dem „idem" noch nicht in zufriedenstellendem Umfang stattgefunden hat. Aber selbst die bisher in Rechtsprechung und Lehre vertretenen Lösungsvorschläge, insbesondere das vom EuGH vertretene Tatbegriffsverständnis, weisen ihrerseits erhebliche Schwächen auf und sehen sich daher erheblichen Bedenken ausgesetzt.

In diesem Zusammenhang will die vorliegende Arbeit einen Beitrag dazu leisten, ein transnationales Tatbegriffsverständnis des Art. 54 SDÜ zu schaffen, welches im Rahmen eines Gesamtlösungskonzepts den größtmöglichen Schutz vor Mehrfachverfolgung und -bestrafung zwischen den Schengen-Staaten gewährleistet, zugleich aber auch auf einer dogmatisch sicheren Grundlage steht. Um diesem Ziel gerecht zu werden, soll zunächst der historische Weg zur Anerkennung des ne-bis-in-idem-Grundsatzes und seine Rechtsnatur dargestellt wer-

---

6 *Radtke/Busch*, EuGRZ 2000, 421.

den (§ 1.). Sodann beschäftigt sich die Arbeit mit der Auslegung des prozessualen Tatbegriffs im deutschen Recht (§ 2.). Dabei soll aufgezeigt werden, dass es selbst auf nationaler deutscher Ebene als nicht möglich erscheint, einen rein prozessualen Tatbegriff zu gewährleisten. Danach richtet die Arbeit ihren Blick auf den Tatbegriff in anderen Schengen-Staaten, um die Divergenzen in den Tatbegriffsverständnissen der nationalen Rechtsordnungen und die damit einhergehenden Schwierigkeiten bei der Definition eines europäischen Tatbegriffs aufzuzeigen (§ 3.). Sodann wird nach der Erforderlichkeit eines ne-bis-in-idem-Schutzes, insbesondere auf europäischer Ebene gefragt (§ 4.). Danach soll sich das Augenmerk darauf richten, ob eine ne-bis-in-idem-Wirkung ausländischer Entscheidungen im Inland anerkannt ist (§ 5.). Anschließend erfolgt eine Abwägung des Für und Wider der Anerkennung eines zwischenstaatlichen ne-bis-in-idem-Schutzes. Dabei soll aufgezeigt werden, dass die Argumente gegen eine Anerkennung eines zwischenstaatlichen ne-bis-in-idem-Grundsatzes im Rahmen der EU nicht durchgreifen und eine solche somit unverzichtbar ist (§ 6.). Nachfolgend will die Arbeit einen Überblick über das Schengener Durchführungsübereinkommen geben, um ein grundsätzliches Verständnis für dieses zu schaffen (§ 7.). Einer der Schwerpunkte dieser Arbeit wird auf dem Tatbegriff im Art. 54 des Schengener Durchführungsübereinkommens liegen (§ 8.). In diesem Zusammenhang wird auf die Schwierigkeiten bei der Definition des Tatbegriffs in Art. 54 SDÜ einzugehen sein. Wichtig wird die Darstellung und die Bewertung der Rechtsprechung des EuGH zum Tatbegriff im Art. 54 SDÜ sein. Diese soll verdeutlichen, dass die vom EuGH angestrengte Auslegung des Tatbegriffs in die richtige Richtung geht. Es soll aber auch aufgezeigt werden, dass der vom EuGH vertretene Tatbegriff keine vollständige Gewähr für die von Art. 3 Abs. 2 EUV n.F. geforderte Schaffung eines Raums der Freiheit, der Sicherheit und des Rechts zu bieten vermag. Ein weiterer Schwerpunkt der Arbeit wird die Entwicklung eines eigenen Gesamtlösungskonzepts im Rahmen der eigenen Auffassung sein. Mit Hilfe dieses Gesamtlösungskonzepts soll ein umfassender zwischenstaatlicher ne-bis-in-idem-Schutz, bei gleichzeitiger Überwindung der Schwächen der bisher vertretenen Lösungsvorschläge, gewährleistet werden (§ 9.).

§ 1. Der historische Weg zur Anerkennung des ne-bis-in-idem-Grundsatzes und seine Rechtsnatur

Die Einsicht, dass einer strafrechtlichen Entscheidung aus Gründen des Rechtsfriedens und des mit ihr einhergehenden stärksten Eingriffs in die Rechte des Delinquenten, den die Rechtsordnung bereithält, ab einem bestimmten Stadium Bindungswirkung zukommen muss, reicht bis weit in die griechische und römische Antike zurück[7]. So kannte bereits das römische Recht die Formel *„[...] nec [...] amplius agi quam semel actum est“*[8]. Geklärt ist der Ursprung des Grundsatzes „ne bis in idem“ aber bis zum heutigen Tage nicht[9]. Jedoch war bereits dem römischen Recht der ne-bis-in-idem-Grundsatz bekannt. Später wurde der Grundsatz durch die Kanonistik und durch den Sachsenspiegel übernommen. Die älteste Formulierung des Grundsatzes findet sich in dem Repetundengesetz, häufig als Lex Acilia repetundarum bezeichnet, welches aus der Zeit von Gaius Gracchus stammt (wahrscheinlich 123/122 v. Chr.). Bekanntlich wurde das ältere deutsche Recht entscheidend durch den Einfluss des römischen Rechts geprägt. Es erscheint daher nicht verwunderlich, dass sich bereits 1368 in dem Glogauer Rechtsbuch eine Bestimmung findet, welche besagt, dass ein Urteil einen Prozess endgültig beendet, sofern das Urteil nicht unmittelbar nach seinem Erlass angegriffen wird[10].

Der ne-bis-in-idem-Grundsatz fand aber keine kontinuierliche Entwicklung in allen Zeiten. Er erlitt vielmehr im Mittelalter und in Deutschland während der Zeit des Nationalsozialismus Rückschläge. Dennoch ist das Bedürfnis nach einem ne-bis-in-idem-Grundsatz so natürlich und unverzichtbar, dass er sich zu einem strafprozessualen Menschenrecht entwickelt hat. In jedem rechtstaatlichen Verfahren ist die Anerkennung eines ne-bis-in-idem-Grundsatzes unverzichtbar. Dies wird gerade durch die umfangreichen Maßnahmen in der Zeit des Nationalsozialismus deutlich, die auf die Umgehung des Grundsatzes bis hin zur ausdrücklichen Absage an diesen zielten[11].

---

7 *Schwarplies*, „ne bis in idem“, 1970, S. 14; *Specht*, Geltung des Grundsatzes, 1999, S. 7.

8 Dig. 43, 29, 3, 13; *Schroeder*, JuS 1997, 227, 228.

9 *Schroeder*, JuS 1997, 227, 228.

10 Jagla, *ne bis in idem, 2007, S. 5.*

11 Vgl. § 1. F) II. und § 5. A); *Specht*, Geltung des Grundsatzes, 1999, S. 7.

A) Die Grundsätze des Strafklageverbrauchs im attischen und römischen Recht

Bereits im attischen und römischen Recht war das Verbot mehrfacher Bestrafung wegen derselben Tat bekannt. Bis heute nicht geklärt ist aber, ob der Grundsatz in der Ausprägung des *bis de eadem re ne sit actio* im römischen Recht verwurzelt war oder aber als Überlieferung aus dem attischen Rechtssystem übernommen wurde[12]. Dem Verbot der Doppelbestrafung im Sinne der *res iudicata* begegnet man sowohl in den Digesten als auch bei den Rhetoren[13]. Im römischen Recht herrschte die Überzeugung vor, dass eine richterliche Entscheidung ab dem Moment irreversibel sei, in welchem entweder der Instanzenzug erschöpft oder von den gebotenen Rechtsmitteln kein Gebrauch gemacht worden war[14]. Dies galt sowohl für verurteilende als auch für freisprechende Erkenntnisse[15]. Es war daher möglich, eine erneute Verfolgung wegen derselben Strafsache durch die sog. *exceptio rei judicatae* abzuwehren[16]. Aber auch im römischen Kriminalprozess war das Prinzip des ne-bis-in-idem kein Dogma, sondern ein Grundsatz, von dem auch Ausnahmen möglich waren. Somit war die erneute Erhebung einer Anklage in drei Fällen möglich, namentlich wenn der neue Ankläger ein besonderes Interesse an der nochmaligen Verfolgung hatte, oder wenn der erste Ankläger der öffentlichen Anklage nicht treu geblieben war und sich eines Parteiverrats schuldig gemacht hatte oder wenn der erste Ankläger willkürlich die Anklage aufgegeben hatte[17]. Dass im römischen Recht verschiedene Ankläger auftauchen konnten, liegt darin begründet, dass den Römern das Organ der Staatsanwaltschaft unbekannt war. Vielmehr war es jedem Bürger möglich als Ankläger das öffentliche Interesse – welches zugleich das Interesse eines jeden Bürgers war – zu verteidigen[18].

---

12 *Specht*, Geltung des Grundsatzes, 1999, S. 7; *Liebs*, ZRG 1967, 104, 109.

13 *Specht*, Geltung des Grundsatzes, 1999, S. 7 - 8.

14 *Schwarplies*, „ne bis in idem", 1970, S. 14; *Mittermaier*, Strafverfahren, 1846, S. 615; *Berner*, GA 1855, 472, 479.

15 *Schwarplies*, „ne bis in idem", 1970, S. 14; *Spinellis*, Rechtskraft, 1962, S. 3; *Berner*, GA 1855, 472, 479.

16 *Spinellis*, Rechtskraft, 1962, S. 3.

17 *Schwarplies*, „ne bis in idem", 1970, S. 17.

18 *Jagla*, ne bis in idem, 2007, S. 5; *Schwarplies*, „ne bis in idem", 1970, S. 15.

B) Kanonistik

Die Kanonistik ist am römischen Recht angelehnt und war ebenfalls ursprünglich als Anklageprozess ausgestaltet. Als Besonderheit ist jedoch hervorzuheben, dass die Ausnahmeregelungen des römischen Kriminalprozesses wegfielen und das der Grundsatz ne-bis-in-idem zunächst nur für den Freigesprochenen Geltung beanspruchte[19]. Später kam dem Prinzip des ne-bis-in-idem die Bedeutung zu, dass mehrere Strafen in demselben Verfahren nicht möglich waren[20].

C) Der Grundsatz des ne-bis-in-idem im Inquisitionsverfahren

Die Rechtskraftwirkungen strafrichterlicher Urteile waren sowohl im römischen Kriminalprozess als auch im kanonischen Verfahren und im älteren deutschen Recht anerkannt[21]. Der kanonisch-italienische Prozess brachte mit der Ausbildung des Inquisitionsverfahrens aber wesentliche Veränderungen mit sich. Durch den Einfluss des Inquisitionsverfahrens wurde der Anklageprozess immer weiter verdrängt. Dies blieb nicht ohne Auswirkung auf die Rechtskraftentwicklung, die im Zuge dieser Verdrängung erheblich aufgeweicht wurde[22]. Je stärker die inquisitorischen Elemente auf den Anklageprozess einwirkten, desto mehr Ausnahmen und Durchbrechungen musste die Rechtskraft ertragen, bis es schließlich zu einer gänzlichen Aufhebung des Grundsatzes ne-bis-in-idem kam[23]. Bestimmend für diese Veränderungen war das gesteigerte Interesse des Staates an der Bestrafung aller Verbrechen und nicht minder die Verfolgung und Durchsetzung politischer Interessen, insbesondere die Bündelung und Erhaltung der Macht der Obrigkeit[24]. Dem Wunsch nach Gerechtigkeit und materieller Wahrheit wurde der Vorrang vor der Forderung nach Rechtssicherheit eingeräumt[25]. Ein Freispruch hatte nicht mehr die Wirkung, dass der gleiche Sachverhalt nicht erneut untersucht werden konnte, wenn neue bislang unbenutzte Beweismittel oder Verdachtsgründe bekannt wurden. Der bisher geltende Grundsatz der auctoritas rei iudicatae hatte hinter dem Wunsch nach materieller Wahrheit zurückzutreten[26].

---

19 *Jagla*, ne bis in idem, 2007, S. 6; *Schwarplies*, „ne bis in idem", 1970, S. 20; *Specht*, Geltung des Grundsatzes, 1999, S. 8.
20 *Jagla*, ne bis in idem, 2007, S. 6.
21 *Schwarplies*, „ne bis in idem", 1970, S. 22.
22 *Schwarplies*, „ne bis in idem", 1970, S. 22; *Spinellis*, Rechtskraft, 1962, S. 4.
23 *Schwarplies*, „ne bis in idem", 1970, S. 22; *Spinellis*, Rechtskraft, 1962, S. 4.
24 *Schwarplies*, „ne bis in idem", 1970, S. 22; *Spinellis*, Rechtskraft, 1962, S. 4.
25 *Spinellis*, Rechtskraft, 1962, S. 4 - 5.
26 *Schwarplies*, „ ne bis in idem", 1970, S. 23.

Die Strafprozesse wurden fortan von Staats wegen geführt. Der Staat führte die Prozesse im Interesse der Öffentlichkeit. Daher sollte mit dem Urteil möglichst die materielle Wahrheit festgestellt werden. Um diesem Streben nach materieller Gerechtigkeit gerecht werden zu können, wurden alle Urteile nur als bedingt angesehen[27]. Eine Verurteilung oder ein Freispruch war nur dann auszusprechen, wenn der Richter zu vollkommener Überzeugung gelangte. Bestand nur eine Wahrscheinlichkeit der Schuld, dann entließ der Richter den Angeklagten von der Instanz. Gleichzeitig hielt er sich aber die Möglichkeit offen, ihn nochmals einer Untersuchung zu unterziehen, wenn sich neue Beweise ergaben, die allein oder in Verbindung mit den früheren zur Verurteilung ausreichten[28]. Zur Erreichung des Ziels der Wahrheitserforschung in einem weiteren Verfahren in derselben Sache wurden daher Ausnahmen von der überlieferten Unabänderlichkeit richterlicher Urteile zugelassen[29]. Die absolutio ab instantia setzte sich in der gemeinrechtlichen Theorie und Praxis im Laufe des 19. Jahrhunderts durch, sodass die Rechtskraft der Strafurteile nunmehr in einem sehr beschränkten Umfang noch existierte[30].

D) Die Constitutio Criminalis Carolina

In der Constitutio Criminalis Carolina von 1532 fand der ne-bis-in-idem-Grundsatz keine Erwähnung. Die in der kommenden Zeit vorherrschende Theorie des gemeinen Rechts leugnete die res judicata, also die Rechtskraftwirkung, von Strafurteilen. Vielmehr war es möglich, eine Inquisition jederzeit fortzusetzen, wenn belastende oder entlastende Umstände bekannt wurden[31].

E) Die Aufklärung

Mit der Aufklärung im 18. Jahrhundert unterlag die Auffassung, dass Rechtskraft nur insoweit bestehen könne, als dass das den Rechtskraftwirkungen zu Grunde liegende Urteil mit der materiellen Wahrheit übereinstimmte, einem Wandel. Ab sofort stand die Sicherheit des Einzelnen vor staatlichen Eingriffen im Mittelpunkt. Die Forderung nach Rechtssicherheit trat wieder gegenüber der materiel-

---

27 *Schwarplies*, „ne bis in idem“, 1970, S. 23.

28 *Spinellis*, Rechtskraft, 1962, S. 5.

29 *Schwarplies*, „ne bis in idem“, 1970, S. 23.

30 *Spinellis*, Rechtskraft, 1962, S. 5.

31 *Jagla*, ne bis in idem, 2007, S. 7; *Thomas*, Einmaligkeit der Strafverfolgung, 2002, S. 32.

len Gerechtigkeit um jeden Preis in den Vordergrund[32]. Zunächst wandte man sich gegen die lange Dauer der Prozesse und setzte sich dafür ein, dass die Urteile ab einem bestimmten Zeitpunkt unabänderlich werden. Dieser Wandel hatte auch den Schutz des Angeklagten vor Augen. Er sollte davor geschützt werden, immer wieder in neue Untersuchungen hineingezogen zu werden[33]. Im Zuge der Französischen Revolution fanden die ersten Auswirkungen dieses Wandels auch im positiven Recht Ausdruck[34]. So wurde der heimliche Inquisitionsprozess aufgegeben und an seine Stelle die Einführung des von den Grundsätzen der Öffentlichkeit, Mündlichkeit und Unmittelbarkeit beherrschten Anklageprozesses empfohlen[35]. Durch im Gesetz fest umrissene Prozessformen sollten die Freiheiten des Individuums geschützt werden. Man verlangte ein billiges Recht, unter dem die Begünstigung des Betroffenen verstanden wurde. Nur auf dieser Basis kann nach der Auffassung der Aufklärungsbewegung die Anerkennung und Sicherung der Freiheit des Einzelnen im Strafprozess erreicht werden[36]. Neben dem Hauptziel der Aufklärung, die Rechtssicherheit zu stärken, sollten auch der Unschuldsvermutung und Humanitätsbestrebungen Geltung verschafft werden[37]. Jedoch fand die Rechtskraftlehre keine Kodifikation; lediglich die ihr zu Grunde liegenden Gedanken fanden Erwähnung[38].

F) Anerkennung des Grundsatzes ne-bis-in-idem im deutschen Recht

Zum Verständnis der Notwendigkeit eines Doppelbestrafungs- und Doppelverfolgungsverbots auf europäischer Ebene, ist es erforderlich die Bedeutung und die Konzeption des ne-bis-in-idem-Grundsatzes im rein innerstaatlichen Bereich zu beleuchten. Denn die Schwierigkeiten, mit der sich jedes Vorhaben, das transnationale „idem" zu fassen, konfrontiert sieht, wird erst deutlich, wenn die tragenden Prinzipien und Funktionen des innerstaatlichen ne-bis-in-idem und dessen Wirkungsumfang hinreichend geklärt sind[39].

---

32 *Spinellis*, Rechtskraft, 1962, S. 5 - 6.
33 *Schwarplies,* „ne bis in idem", 1970, S. 64.
34 *Spinellis*, Rechtskraft, 1962, S. 6.
35 *Spinellis*, Rechtskraft, 1962, S. 6.
36 *Schwarplies*, „ne bis in idem", 1970, S. 65 - 66.
37 *Jagla*, ne bis in idem, 2007, S. 7.
38 *Schwarplies*, „ne bis in idem", 1970, S. 66.
39 *Kniebühler*, Transnationales ‚ne bis in idem', 2005, S. 11.

I. Deutschland im 19. Jahrhundert

Erst nach der Revolution von 1848 konnte sich der ne-bis-in-idem-Grundsatz in Deutschland prävalieren. In der RStPO von 1877 war der Grundsatz nicht normiert. Er wurde aber als selbstverständlich zu Grunde gelegt. Dies zeigt sich vor allem in der Judikatur des Reichsgerichts, in welcher der Grundsatz bereits anerkannt wurde[40]. Das Reichsgericht hat den ne-bis-in-idem-Grundsatz aber nicht nur aus dem Zusammenhang der Strafprozessordnung hergeleitet und kraft allgemeiner Rechtsüberzeugung als Teil des geltenden Verfahrensrechts angewandt, vielmehr hat es den Anwendungsbereich auch bereits ausgeweitet[41]. Dies soll in den folgenden Entscheidungen des Reichsgerichts veranschaulicht werden.

Das Reichsgericht führt in seinem Urteil vom 16. Oktober 1880[42] wie folgt aus:

> *„Der hervorgehobene Grundsatz ist zwar in der Strafprozeßordnung nicht ausdrücklich ausgesprochen, liegt aber wesentlichen Bestimmungen derselben zu Grunde. Das Gesetz berechtigt und verpflichtet den Richter, die That der Anklage, sowie sich dieselbe nach dem Inbegriff der in der Hauptverhandlung ermittelten Umstände darstellt, zum Gegenstande seiner Urteilsfindung zu machen; es gestattet mithin die Klageänderung und zwar nicht nur thatsächliche Abweichungen vom Eröffnungsbeschlusse, sondern auch eine andere rechtliche Qualifikation der That. [...] Es haben [...] die Bestimmungen über die Wiederaufnahme des Verfahrens zu Ungunsten des Angeklagten nur unter der Voraussetzung Wert, daß nicht eine Erneuerung der Klage in den Fällen zugelassen wird, in welchen die Wiederaufnahme ausgeschlossen ist. Aber auch die Motive zu § 223 des Entwurfes, jetzt § 263 des Gesetzes, lassen deutlich erkennen, daß der Gesetzgeber den Grundsatz ne bis in idem auch für sich hat anerkennen wollen, ja daß er gerade zur Aufrechthaltung dieses Grundsatzes die Zulässigkeit der Klageänderung angenommen hat."*[43]

Ähnlich argumentiert das Reichsgericht in seinem Urteil vom 17. September 1915[44]:

> *„Ein rechtskräftiges Urteil entzieht die Tat einer nochmaligen Aburteilung insoweit, als sie den Gegenstand des Urteils gebildet hat und innerhalb der Grenzen zufälliger Klagänderung bilden konnte. Der Grundsatz: „ne bis in idem" reicht also, wie das Reichsgericht wiederholt ausgesprochen hat, nicht weiter als die Befugnis des Gerichts zur Umgestaltung der Strafklage."*[45]

---

40 RGSt 2, 347, 348; *Jagla*, ne bis in idem, 2007, S. 8.

41 RGSt 2, 347, 348; 49, 272, 274; 51, 241, 242; 56, 324, 324 f.

42 RGSt 2, 347 ff.; verkürzte Darstellung des Sachverhalts dieses Urteils, vgl. § 2. B) II. 2. a).

43 RGSt 2, 347, 348.

44 RGSt 49, 272 ff.

45 RGSt 49, 272, 274.

Das Reichsgericht erweitert den Anwendungsbereich des ne-bis-in-idem-Grundsatzes in erstgenannter Entscheidung dahin gehend, dass die Einleitung einer neuen Verfolgung auch dann ausgeschlossen sein soll, wenn neue Tatsachen oder Beweise, welche erst nach Rechtskraft des Urteils bekannt geworden waren, die Tat unter einem anderen rechtlichen Gesichtspunkt strafbar erscheinen lassen[46].

„Nach der historischen Entwicklung der Materie im preußischen Recht und im Hinblick auf die in den Motiven zum Entwurf der Strafprozeßordnung und bei dessen Beratung hervorgetretenen Anschauungen kann auch nicht angenommen werden, daß die Einleitung einer neuen Verfolgung dann nicht ausgeschlossen sein solle, wenn Thatsachen oder Beweise, welche erst nach eingetretener Rechtskraft des Urteiles zum Vorschein gekommen sind, vorher aber nicht bekannt und nicht zur Sprache gebracht worden waren, die That unter einem anderen rechtlichen Gesichtspunkte strafbar erscheinen lassen, wenn schon für die gegenteilige Ansicht geltend gemacht werden könnte, daß durch das Urteil doch nur Thatsachen, welche bei Erlassung desselben bekannt und in dem früheren Verfahren erörtert waren, und die in denselben begründeten rechtlichen Gesichtspunkte erledigt sein können."[47]

Darüber hinaus vertrat das Reichsgericht in erstgenanntem Urteil die Ansicht, dass die Identität der Tat nicht ausschließlich durch Abstellen auf den tatsächlichen Vorgang beantwortet werden könne. Vielmehr sei auch auf rechtliche Gesichtspunkte abzustellen.

„Keineswegs ist aber die Frage der Identität der That eine ausschließlich thatsächliche. Sie ist vielmehr zugleich eine rechtliche, weil das Merkmal „That" wesentlichen Normen der Prozeßordnung zu Grunde liegt, welche ihren Inhalt nur durch die rechtliche Auffassung des Begriffes „That" erhalten können."[48]

Das Reichsgericht führte aber auch aus, dass die Berücksichtigung von rechtlichen Gesichtspunkten nicht dazu führen dürfe, dass der ne-bis-in-idem-Grundsatz außer Acht gelassen werde. Vielmehr habe das zweite Gericht zu prüfen, welche Strafe unter Würdigung aller Tatumstände in Betracht komme.

„Allerdings darf die zufolge der vorliegenden Regelung der Gerichtsbarkeit notwendig werdende nochmalige Aburteilung der einheitlichen Tat unter einem neuen rechtlichen Gesichtspunkte nicht zu einer Außerachtlassung des in § 73 StGB aufgestellten Grundsatzes führen. Vielmehr ist in – mindestens sinngemäßer – Anwendung dieses § 73 die Strafe dergestalt zu bilden, daß das mit der zweiten Aburteilung befaßte Gericht prüft, welche Strafe unter Würdigung aller in Betracht kommenden Tatbestände aus dem schwersten Strafgesetze zu verhängen ist und ob die bereits erkannte Strafe dem entspricht und für ausreichend zu erachten ist."[49]

---

46 RGSt 2, 347, 348.
47 RGSt 2, 347, 348.
48 RGSt 2, 347, 349.
49 RGSt 49, 272, 274.

II. Absage an den ne-bis-in-idem-Grundsatz durch die nationalsozialistische Gesetzgebung

Die nationalsozialistische Herrschaft führte zu einem Rückschlag in der Entwicklung des ne-bis-in-idem-Grundsatzes in Deutschland. Die Anerkennung des ne-bis-in-idem-Grundsatzes in dem bereits an rechtsstaatlichen Grundsätzen angelehnten Strafverfahren der RStPO, störte die Nationalsozialisten an der Realisierung ihrer auf individuelle Rechte verzichtenden Ideologie[50]. Daher wurde das Prinzip dem sog. „Volkswohl" untergeordnet und es galt die Maxime, dass der Schutz des Volkes der Anwendung von Verfahrensgrundsätzen vorgeht, wenn diese in ihrer letzten Folge zum Widersinn (d.h. zu unerwünschten Ergebnissen) führen[51].

So führte der Volksgerichtshof in seiner Entscheidung vom 6. Mai 1938 – 4 L 8/38[52] – wie folgt aus:

> *„Der Grundsatz, daß eine Strafklage nicht von neuem erhoben werden kann, wenn über dieselbe Tat bereits durch Urteil rechtskräftig entschieden worden ist, muß jedoch [...] eine Ausnahme erleiden. Das Ergebnis würde sonst sein, daß der Angeklagte, der sich des nach nationalsozialistischer Rechtsauffassung schwersten Verbrechens am Deutschen Volke schuldig gemacht hat, nur wegen einer allerdings im Zusammenhang mit diesem Verbrechen stehenden, aber an sich nebensächlichen Straftat eine im Verhältnis zu seiner gesamten verbrecherischen Tätigkeit völlig geringfügige Strafe erleiden, daß aber das eigentliche schwere Verbrechen keine Sühne finden würde. Dieses Ergebnis ist widersinnig und schlägt jedem gesunden Rechtsempfinden und dem Interesse des Staates, schwerste Verbrechen gegen seine und des Volkes Sicherheit entsprechend zu bestrafen, ins Gesicht. Der Schutz des Staates und des Volkes geht der Anwendung von Verfahrensgrundsätzen vor, wenn diese in ihrer letzten Folge zum Widersinne führen."*[53]

In diesem Zusammenhang wurde im Jahre 1940 durch einfache Verordnung des Ministerrats für Reichsverteidigung – *Verordnung über den Geltungsbereich des Strafrechts vom 6. Mai 1940* – dem Territorialitätsprinzip eine Absage erteilt und das Personalitätsprinzip im Widerspruch zur bisherigen Tradition eingeführt[54]. § 3 Satz 1 dieser Verordnung lautete daher:

---

50 Vgl. § 1. und § 5. A); *Specht*, Geltung des Grundsatzes, 1999, S. 12.

51 Entscheidung des Volksgerichtshofs, DJ 1938, 1193; *Mansdörfer*, Prinzip des ne bis in idem, 2004, S. 58.

52 Entscheidung des Volksgerichtshofs, DJ 1938, 1193.

53 Entscheidung des Volksgerichtshofs, DJ 1938, 1193.

54 Vgl. § 5. A); Art. 1 der Verordnung über den Geltungsbereich des Strafrechts vom 6. Mai 1940, RGBl. 1940 I, 754; *Mayer*, Ne-bis-in-idem-Wirkung, 1992, S. 29 - 30.

„Das deutsche Strafrecht gilt für die Tat eines deutschen Staatsangehörigen, einerlei, ob er sie im Inland oder im Ausland begeht.“[55]

Die Vorschrift ermöglichte es, dass Auslandstaten von Deutschen, im Inland stets verfolgt werden konnten. Diese Vorschrift stellte die erste im deutschen Recht dar, mit der deutsche Staatsangehörige für jede nur erdenkliche im Ausland begangene Straftat nach deutschem Recht verurteilt werden konnten. Es wird ganz deutlich, dass der Zweck verfolgt wurde, die Blutschutzgesetze auch im Ausland durchzusetzen[56]. Obwohl eine Gefahr für eine Doppelverfolgung wegen der Blutschutzgesetze nicht bestand – das Ausland hatte keine derartig abwegigen „Gesetze“ – darf nicht unberücksichtigt bleiben, dass auch andere, nicht ideologisch belastete Straftatbestände von dieser Änderung mit umfasst wurden. Beispielhaft sei das Delikt des Diebstahls genannt, für welches die Deutschen verständlicherweise auch von dem Staat verfolgt werden konnten, in welchem der Tatort lag. Durch das aktive Personalitätsprinzip hatte sich daher die Gefahr der Doppelverfolgung und -bestrafung für die Deutschen im Vergleich zur früheren Rechtslage deutlich erhöht[57]. Der heutige Art. 103 Abs. 3 GG versteht sich als Reaktion auf diese Einbußen an Rechtssicherheit[58].

III. Heutige Rechtslage in Deutschland

Das Doppelbestrafungsverbot ist für den Raum der Bundesrepublik Deutschland grundgesetzlich garantiert. Die entsprechende Vorschrift findet sich in Art. 103 Abs. 3 GG und lautet wie folgt:

„Niemand darf wegen derselben Tat auf Grund der allgemeinen Strafgesetze mehrmals bestraft werden.“

Bei unbefangener Betrachtung des Wortlauts könnte der Eindruck entstehen, dass der im deutschen Recht anerkannte ne-bis-in-idem-Grundsatz allein einer mehrfachen Bestrafung wegen derselben Tat entgegensteht, nicht aber bereits eine mehrfache Verfolgung ausschließt. Es besteht jedoch Einigkeit darüber, dass der Wortlaut der Vorschrift zu eng gefasst ist. Daher haben Rechtsprechung und Rechtslehre das Prinzip des ne-bis-in-idem dahin gehend weiterentwickelt, dass wegen derselben Tat bereits kein neues Strafverfahren zulässig ist („Grundsatz der Einmaligkeit der Strafverfolgung“). Dieser Grundsatz führt zu einem Verfah-

55 Art. 1 der Verordnung über den Geltungsbereich des Strafrechts vom 6. Mai.1940, RGBl. 1940 I, 754; *Mayer*, Ne-bis-in-idem-Wirkung, 1992, S. 30.

56 *Mayer*, Ne-bis-in-idem-Wirkung, 1992, S. 32.

57 *Mayer*, Ne-bis-in-idem-Wirkung, 1992, S. 32.

58 *Mansdörfer*, Prinzip des ne bis in idem, 2004, S. 58.

renshindernis und schließt bereits ein erneutes Strafverfahren aus. Eine erneute Verfolgung des rechtskräftig Verurteilten oder auch Freigesprochenen ist somit unzulässig[59]. Ob der Freispruch zu Recht oder zu Unrecht erfolgte, ist ohne Belang, da auch im letzteren Fall keine Bestrafung mehr möglich ist[60]. Bereits das Reichsgericht hat – wie gesehen[61] – den ne-bis-in-idem-Grundsatz anerkannt und dahin gehend ausgeweitet, dass eine Verfolgung auch dann ausgeschlossen sein soll, wenn neue Tatsachen oder Beweise, welche erst nach Rechtskraft des Urteils bekannt geworden waren, die Tat unter einem anderen rechtlichen Gesichtspunkt strafbar erscheinen lassen[62]. Es verwundert daher nicht, dass das Bundesverfassungsgericht die Ansicht vertritt, dass auch die heutige Auslegung des Art. 103 Abs. 3 GG von dem vorverfassungsrechtlichen Gesamtbild des Prozessrechts auszugehen hat. Das Bundesverfassungsgericht begründet seine Ansicht damit, dass Art. 103 Abs. 3 GG auf den bei Inkrafttreten des Grundgesetzes geltenden Stand des Prozessrechts und seine Auslegung durch die herrschende Rechtsprechung Bezug nehme[63].

59 *Schmidt-Aßmann,* in: Maunz/Dürig, Komm. z. GG, 2010, Art. 103 Abs. 3 Rn. 293 ff; *Schroeder*, JuS 1997, 227, 228; *Specht*, Geltung des Grundsatzes, 1999, S. 5.

60 *Schroeder*, JuS 1997, 227, 228.

61 § 1. F) I.

62 RG 2, 347, 348; eine ausführliche Auseinandersetzung mit dem Tatbegriffsverständnis des RG und des BGH erfolgt in § 2 B).

63 BVerfGE 3, 248, 252; 12, 62, 66.

§ 2. Auslegung des prozessualen Tatbegriffs im deutschen Recht

Noch immer scheint die Klärung des prozessualen Tatbegriffs selbst im deutschen Recht, trotz jahrzehntelanger Beschäftigung durch Rechtsprechung und Literatur, in weiter Ferne[64]. Dabei ist eine hinreichende Bestimmung des prozessualen Tatbegriffs unumgänglich. Dies folgt bereits aus der überragenden Wichtigkeit und der damit einhergehenden zentralen Bedeutung des Tatbegriffs bzw. des Verfahrensgegenstandes, die sich daraus ergibt, dass es im Strafprozess entscheidend um die Beantwortung der Frage geht, ob gegen eine bestimmte Person auf Grund eines bestimmten Lebenssachverhaltes ein staatlicher Strafanspruch besteht[65].

Die Beschäftigung mit dem Tatbegriff ist daher sowohl in der Rechtsprechung, als auch in der Strafrechtswissenschaft unabdingbar[66]. Die Rechtsprechung, die tagtäglich mit dem Tatbegriff arbeiten muss, ist verständlicherweise auf eine praxistaugliche Bestimmung desselben in hohem Maße angewiesen. Im Kontext mit dem Tatbegriff spielen die Fragen der Reichweite der angeklagten bzw. abgeurteilten Tat und der Tatidentität eine entscheidende Rolle[67]. Im Vordergrund der vorliegenden Bearbeitung steht die Frage nach der Tatidentität. Sie fragt danach, wann eine Tat, ungeachtet einiger Unterschiede in Tatort, Tatzeit und Deliktscharakter, noch mit der angeklagten bzw. abgeurteilten Tat übereinstimmt[68].

A) Funktionen des prozessualen Tatbegriffs

Nach *Roxin* sollen dem Prozessgegenstand drei Aufgaben zukommen. Zum einen bezeichnet er den Gegenstand der Rechtshängigkeit, er umreißt die Grenzen der gerichtlichen Untersuchung und der Urteilsfindung und er bestimmt die Ausdehnung der Rechtskraft[69].

---

64 *Bauer*, NStZ 2003, 174.

65 *Kühne*, Strafprozessrecht, 2010, § 38 Rn. 639.

66 *Kische*, Tatidentität, 2008, S. 8.

67 *Kische*, Tatidentität, 2008, S. 8.

68 *Kische*, Tatidentität, 2008, S. 8.

69 So noch *Roxin*, Strafverfahrensrecht, 1998, § 20 Rn. 2 in der 25. Aufl. Nunmehr vertreten *Roxin/Schünemann* seit der 26. Aufl. 2009 die Ansicht, dass der Prozessgegenstand zwei Aufga-

I. Bezeichnung des Gegenstands der Rechtshängigkeit, § 155 Abs. 1 StPO

Im Gegensatz zum Streitgegenstand des Zivilprozesses bietet die Strafprozessordnung mit der Vorschrift des § 155 Abs. 1 StPO, also von Gesetzes wegen, eine ausdrückliche Beschreibung des Gegenstandes des Strafverfahrens. Nach § 155 Abs. 1 StPO erstreckt sich die gerichtliche Untersuchung und Entscheidung nur auf die in der Klage bezeichnete Tat und auch die durch die Klage beschuldigten Personen[70]. Mit der Erhebung der öffentlichen Klage durch die Staatsanwaltschaft erfolgt also eine thematische Bindung des erkennenden Gerichts. Diese Bindung ist Ausfluss des Akkusationsprinzips und geht dahin, dass sich der Richter grundsätzlich getreu dem Wortlaut der Norm (*„Untersuchung und Entscheidung erstreckt sich nur“*) lediglich mit Taten (*„auf die in der Klage bezeichnete Tat“*) und Personen (*„auf die durch die Klage beschuldigten Personen“*) befassen darf, die bei ihm zuvor angeklagt wurden[71].

II. Grenzen der gerichtlichen Untersuchung und Urteilsfindung, § 264 Abs. 1 StPO

Gegenstand der Urteilsfindung ist nach § 264 Abs. 1 StPO die angeklagte Tat, wie sie sich nach dem Ergebnis der Hauptverhandlung darstellt. Die Befugnis, aber auch die Pflicht des Gerichts zur Untersuchung und Entscheidung ist also beschränkt, und zwar auf *„die Tat“*, die den Gegenstand des Hauptverfahrens bildet[72].

Nach dem Wortlaut des § 264 Abs. 1 StPO – *„Gegenstand der Urteilsfindung ist die in der Anklage bezeichnete Tat [...]“* – wird das Verhältnis des gerichtlichen Urteils zur staatsanwaltschaftlichen Anklage beschrieben. Die vorgenannte,

---

ben habe. Dies folgt daraus, dass sie nunmehr davon ausgehen, dass der Prozessgegenstand den Gegenstand der Rechtshängigkeit bezeichne und dadurch zugleich die Grenzen der gerichtlichen Untersuchung umreiße. In der Vorauflage sollte es sich bei dem Gegenstand der Rechtshängigkeit und den Grenzen der gerichtlichen Untersuchung noch um zwei selbstständige Aufgaben handeln. In der vorliegenden Arbeit wird weiterhin die Ansicht vertreten, dass dem Prozessgegenstand drei Aufgaben zukommen. Zwar werden durch den Gegenstand der Rechtshängigkeit zugleich die Grenzen der gerichtlichen Untersuchung und Urteilsfindung umrissen. Dies ändert aber nichts daran, dass der Gegenstand der Rechtshängigkeit und die Grenzen der gerichtlichen Untersuchung zwei verschiedene Institutionen und damit zwei selbstständige Aufgaben des Prozessgegenstandes sind.

70 *Kühne*, Strafprozessrecht, 2010, § 38 Rn. 639; *Roxin/Schünemann*, Strafverfahrensrecht, 2009, § 40 Rn. 12.

71 *Roxin/Schünemann*, Strafverfahrensrecht, 2009, § 40 Rn. 12.

72 *Hellmann*, Strafprozessrecht, 2006, § 16 Rn. 814.

anfängliche thematische Bindung hinsichtlich der Befasstheit des Gerichts nach § 155 Abs. 1 StPO wird durch § 264 Abs. 1 StPO um die Bindungswirkung hinsichtlich des Verlaufs der gerichtlichen Untersuchung – „Gegenstand“ – und der Urteilsfindung ergänzt bzw. erweitert. Daraus ergibt sich das Spannungsverhältnis zwischen angeklagter und sich in der gerichtlichen Hauptverhandlung in den tatsächlichen Ereignissen verändernd ergebender Tat[73]. Der Verfahrensgegenstand hat demnach durch die Person des Angeklagten eine persönliche, durch den angeklagten Lebenssachverhalt eine zeitlich-örtlich bestimmte Komponente. Von der Ermittlung des Verfahrensgegenstandes hängt der Umfang ab, in dem das Gericht tätig werden und aburteilen darf. Der Verfahrensgegenstand bestimmt Rechtshängigkeit, Zulässigkeit einer Klageänderung und Umfang der Rechtskraft eines ergangenen Urteils[74].

Die Erstreckung der Untersuchung auf eine nicht angeklagte Tat soll allerdings zulässig sein, wenn diese mit der abzuurteilenden Tat in einem solch engen Zusammenhang steht, dass sie zur Auffindung der gerechten Strafe aufgeklärt werden muss[75].

III. Bestimmung des Umfangs der Rechtskraft (insbesondere Art. 103 Abs. 3 GG)

Der Festlegung des Verfahrensgegenstandes, auch Prozessgegenstand genannt, bedarf es nicht nur, um die Grenzen der richterlichen Urteilsfindung zu bestimmen. Der Verfahrensgegenstand ist vielmehr darüber hinaus von großer Bedeutung im Zusammenhang mit Art. 103 Abs. 3 GG[76]. Das – rechtskräftige – Urteil verbraucht nämlich die Strafklage, sodass eine erneute Strafverfolgung und Bestrafung wegen derselben Tat (ne-bis-in-idem) gemäß Art. 103 Abs. 3 GG grundsätzlich ausgeschlossen ist[77]. Was von der Reichweite des Verfahrensgegenstandes erfasst worden ist, kann nicht erneut Gegenstand eines Strafverfahrens sein. Dies gilt insbesondere auch für ausländische Urteile der EU-Staaten, Art. 54 SDÜ[78].

---

73 *Kische*, Tatidentität, 2008, S. 9.

74 *Kühne*, Strafprozessrecht, 2010, § 38 Rn. 639.

75 *Hellmann*, Strafprozessrecht, 2006, § 16 Rn. 814.

76 *Kühne*, Strafprozessrecht, 2010, § 38 Rn. 639.

77 *Hellmann*, Strafprozessrecht, 2006, § 16 Rn. 814.

78 *Kühne*, Strafprozessrecht, 2010, § 38 Rn. 639; eine eingehende Beschäftigung mit Art. 54 SDÜ erfolgt unter § 8 und § 9.

Daher wird nach vorherrschender Auffassung als weitere Funktion durch den Verfahrensgegenstand schließlich der Umfang der Rechtskraft festgelegt[79]. Dabei ist zwischen der formellen und der materiellen Rechtskraft zu unterscheiden. Die formelle Rechtskraft bedeutet, dass eine Entscheidung nicht oder nicht mehr mit einem ordentlichen Rechtsmittel (Berufung, Revision, Beschwerde) angefochten werden kann[80]. Grundgedanke ist diesbezüglich der bundesverfassungsgerichtlich abgesegnete[81] Vorrang des Prinzips der Rechtssicherheit gegenüber der Einzelfallgerechtigkeit[82]. Letztere – auch als materielle Gerechtigkeit bezeichnet – verlangt, dass der Täter nach der von ihm verwirklichten Strafnorm bestraft wird, gleichviel, ob dies in einem bereits stattgefundenen Verfahren nicht gelungen ist. Die Rechtssicherheit fordert demgegenüber im Interesse des Rechtsfriedens eine einmalige und endgültige Entscheidung über das Verhalten des Beschuldigten[83]. Daraus ergibt sich ein Spannungsverhältnis zwischen Rechtssicherheit und materieller Gerechtigkeit im Einzelfall, innerhalb dessen ein bestmöglicher Interessenausgleich stattzufinden hat. Dabei besteht keine Einigkeit darüber, wie ein solcher Ausgleich auszusehen hat; insbesondere ist umstritten, in welchem Verhältnis sich die Grundsätze durchsetzen sollen[84].

Die materielle Rechtskraft, die die formelle voraussetzt, betrifft die gegenwärtige und künftige Zulässigkeit von Sanktionen gegen denselben Täter wegen derselben Tat[85]. Die wichtigste Wirkung der materiellen Rechtskraft ist der Verbrauch der Strafklage[86]. Der Strafklageverbrauch tritt erst ein, wenn das Verfahren wegen der Tat, die Gegenstand des Verfahrens ist, vollständig abgeschlossen ist; vorher besteht das Verfahrenshindernis der Rechtshängigkeit[87]. Die als ne-bis-in-idem-Grundsatz bezeichnete Sperrwirkung führt dazu, dass eine zweite Strafverfolgung und Bestrafung gegen denselben Täter wegen derselben Tat unzulässig ist (Art. 103 Abs. 3 GG). Da die materielle Rechtskraft auch ein verfahrensrechtliches Grundrecht ist, hat sie eine Doppelnatur. Zum einen führt sie zu einem Verfahrenshindernis, zum anderen gewährleistet sie auch ein subjektives

79 *Roxin/Schünemann*, Strafverfahrensrecht, 2009, § 20 Rn. 2.

80 *Meyer-Goßner*, Strafprozessordnung, 2011, Einl. Rn. 164; *Mayer*, Ne-bis-in-idem-Wirkung, 1992, S. 112.

81 BVerfGE 19, 166, 174; *Kische*, Tatidentität, 2008, S. 10.

82 *Kische*, Tatidentität, 2008, S. 10.

83 *Lillich*, Doppelstrafverbot bei Kartelldelikten, 1978, S. 16.

84 Vgl. § 2 C); *Lillich*, Doppelstrafverbot bei Kartelldelikten, 1978, S. 16 - 17.

85 *Meyer-Goßner*, Strafprozessordnung, 2011, Einl. Rn. 168.

86 *Kühne*, Strafprozessrecht, 2010, § 38 Rn. 658; *Meyer-Goßner*, Strafprozessordnung, 2011, Einl. Rn. 171.

87 *Meyer-Goßner*, Strafprozessordnung, 2011, Einl. Rn. 171.

verfassungsmäßiges Recht, nicht wegen derselben Tat mehrfach verfolgt und bestraft zu werden[88].

Die Regelbeschreibung des Verfahrensgegenstands ist vergleichsweise einfach. Danach wird der Verfahrensgegenstand durch den Täter und die Tat umgrenzt. Die Bestimmung der personellen Komponente des Verfahrensgegenstandes wirft hierbei keine Schwierigkeiten auf. Diese wird durch die Anklage bestimmt, unabhängig davon, ob der Angeklagte die Tat begangen hat oder nicht[89].

Größere Schwierigkeiten bereitet dagegen die Bestimmung des Tatbegriffs. Übereinstimmung besteht dahin gehend, dass das Gesetz in den §§ 155, 264 StPO bei der Bestimmung des Tatbegriffs von einer faktischen Betrachtungsweise und nicht von einer rechtlichen Beurteilung ausgeht[90]. Art. 103 Abs. 3 GG knüpft an das bei Inkrafttreten des Grundgesetzes geltende Prozessrecht und seine Auslegung durch die herrschende Rechtsprechung an. Bei der Auslegung des Tatbegriffs ist somit von dem vorverfassungsrechtlichen Gesamtbild des Prozessrechts auszugehen[91]. Nach h.L. ist der Begriff der „Tat" i.S.d. Art. 103 Abs. 3 GG weit auszulegen[92].

Das Tatbegriffsverständnis des Art. 103 Abs. 3 GG stellt auf einen nach natürlicher Auffassung zu beurteilenden einheitlichen Lebensvorgang ab[93]. Art. 103 Abs. 3 GG versteht daher unter dem Begriff „derselben Tat" – in Übereinstimmung mit dem Strafprozessrecht, § 264 StPO – *„einen nach natürlicher Auffassung zu beurteilenden einheitlichen geschichtlichen Lebensvorgang, auf den Anklage und Eröffnungsbeschluss hinweisen und innerhalb dessen der Angeklagte als Täter oder Teilnehmer einen Straftatbestand verwirklicht haben soll."*[94] Dazu gehört das gesamte Verhalten des Täters, soweit es nach natürlicher Auffassung einen einheitlichen Lebensvorgang darstellt. Der prozessuale Tatbegriff umfasst daher alle strafrechtlich wesentlichen Vorgänge, die geeignet sind, das in den Lebensvorgang fallende Verhalten des Täters unter einem bestimmten rechtlichen Gesichtspunkt als Straftat erscheinen zu lassen, zu qualifizieren oder zu mildern[95].

---

88 *Meyer-Goßner*, Strafprozessordnung, 2011, Einl. Rn. 171.

89 *Kühne*, Strafprozessrecht, 2010, § 38 Rn. 640.

90 *Kühne*, Strafprozessrecht, 2010, § 38 Rn. 641.

91 So noch *Brockmeyer*, in: Schmidt-Bleibtreu/Klein, Komm. z. GG, 2004, Art. 103 Rn. 11 in der 10. Aufl. Diese Ausführungen besitzen jedoch weiterhin Gültigkeit; vgl. dazu auch BVerfGE 9, 89, 96; 12, 62, 66.

92 *Schmahl*, in: Schmidt-Bleibtreu/Hofmann/Hopfauf, Komm. z. GG, 2011, Art. 103 Rn. 41.

93 So noch *Brockmeyer*, in: Schmidt-Bleibtreu/Klein, Komm. z. GG, 2004, Art. 103 Rn. 11 in der 10. Aufl. Diese Ausführungen besitzen jedoch weiterhin Gültigkeit.

94 BVerfG NJW 1978, 414; *Meyer-Goßner*, Strafprozessordnung, 2011, § 264 Rn. 1; *Schmahl*, in: Schmidt-Bleibtreu/Hofmann/Hopfauf, Komm. z. GG, 2011, Art. 103 Rn. 41.

95 *Kühne*, Strafprozessrecht, 2010, § 38 Rn. 641.

B) Der Tatbegriff der höchstrichterlichen Rechtsprechung

Um die Auslegung des Tatbegriffs im nationalen Recht der Bundesrepublik Deutschland, die erheblich durch die Rechtsprechung des BGH geprägt ist, besser verstehen zu können, ist eine rechtsgeschichtliche Annäherung an die Frage, was seit jeher unter dem Begriff der „Tat" verstanden wurde, notwendig[96].

I. Vorreichsgerichtliche Rechtsprechung

Nach *Schwinge*[97] stammt der dem Erfordernis der Identität der Tat zu Grunde liegende Rechtsgedanke aus dem französischen Recht. Art. 360 des Code d'Instruction criminelle ordnet an:

> *„Toute personne acquittée légalement ne pourra plus être reprise ni accusée à raison du même fait."*

Diesen Satz legten ursprünglich Lehre und Rechtsprechung in Frankreich als die äußere Tat mit allen ihren rechtlichen Beziehungen umfassend aus[98].

Der französische Kassationshof gab seine liberale Deutung jedoch alsbald auf und nahm seit 1812 eine stark eingeschränkte Interpretation der maßgeblichen Worte *„même fait"* vor. Eine erneute Verurteilung sollte nur wegen des gleichen Delikts nicht möglich sein. Beispielhaft ließ die französische Rechtsprechung eine erneute Verfolgung wegen fahrlässiger Tötung trotzt vorherigem Freispruch von einer Mordanklage oder die erneute Verfolgung wegen Einbruchsdiebstahls bei vorherigem Freispruch von der Anklage des einfachen Diebstahls zu, weil in diesen Fällen zwar dasselbe historische Ereignis unter Anklage steht, aber unter anderer Qualifikation[99]. Es zeigt sich bereits ganz deutlich, dass nach der anfänglichen Schwerpunktsetzung auf das historische Ereignis, das Tatbegriffsverständnis kurze Zeit später von materiell-rechtlichen Erwägungen dominiert wurde.

Erst nachdem durch Art. 30 des Gesetzes vom 3. Mai 1852 in das preußische Recht ein dem Art. 360 des Code d'Instruction entsprechender Rechtssatz eingefügt worden war, entschied sich das Obertribunal nach vorübergehendem Schwanken gegen die Praxis des französischen obersten Gerichtshofs. Es hat am 10. Juni 1853[100] grundlegend anerkannt, dass es nicht auf den im ersten Urteil als

---

96 Zur ähnlichen Vorgehensweise vgl. *Kische*, Tatidentität, 2008, S. 10 ff.

97 *Schwinge*, ZStW 52 (1932), 203 ff.

98 *Schwinge*, ZStW 52 (1932), 203, 212.

99 *Schwinge*, ZStW 52 (1932), 203, 212.

100 GA 1853 (Band 1), 357 ff.

vorliegend bzw. nicht vorliegend angenommenen Gesetzestatbestand (das crimen) ankomme, sondern auf das diesem zu Grunde liegende äußere Geschehen (das factum)[101].

Das Obertribunal hat an dieser Ansicht in der folgenden Zeit festgehalten und einen immer weitherzigeren Standpunkt eingenommen[102]. So hat es in dem Urteil vom 6. Januar 1858[103] eine neue Anklage wegen des Vergehens der Beiseiteschaffung des Kindesleichnams nach erfolgtem Freispruch von Kindesmord als unzulässig bezeichnet[104]. Dies begründet es damit, dass die beiden konkreten Handlungen in unmittelbarer Aufeinanderfolge geschehen seien und daher ein Ganzes bilden würden[105].

> *„[...] als auch das Verbergen des Leichnams in unmittelbar zusammenhängender Reihenfolge, gleich nach der Geburt stattgefunden haben, so daß die einzelnen Handlungen in ihrer Gesammtheit, als ein Ganzes, aufzufassen sind."*[106]

In dem Urteil des Obertribunals vom 15. Juli 1874 findet sich erstmals in voller Klarheit eine Formulierung zum Tatbegriff, der später in der Rechtsprechung des Reichsgerichts eine wichtige Rolle zukommen sollte. Identität der Tat verlangt Identität des historischen Vorkommnisses[107].

> *Das Gesetz „setzt zu seiner Anwendung notwendig voraus, daß die frühere und die spätere strafrechtliche Verfolgung eines und desselben Angeklagten dieselben konkreten Tatsachen, dieselbe Tätigkeit zum Gegenstand haben."*[108]

II. Rechtsprechung des Reichsgerichts

1. Das Tatbegriffsverständnis unter Berücksichtigung der RStPO

Zunächst orientierte sich das Reichsgericht bei der Entwicklung seines Tatbegriffsverständnisses noch an der Rechtsprechung des Obertribunals[109]. Hervorzuheben sind in diesem Zusammenhang insbesondere zwei Entscheidungen des

---

101 GA 1853 (Band 1), 357 ff; *Neuhaus*, Tatbegriff, 1985, S. 32; *Schwinge*, ZStW 52 (1932), 203, 212.

102 *Schwinge*, ZStW 52 (1932), 203, 212.

103 GA 1858 (Band 6), 114 ff.

104 GA 1858 (Band 6), 114, 115; *Schwinge*, ZStW 52 (1932), 203, 212 - 213.

105 GA 1858 (Band 6), 114, 115; *Schwinge*, ZStW 52 (1932), 201, 212 - 213.

106 GA 1858 (Band 6), 114, 115.

107 *Neuhaus*, Tatbegriff, 1985, S. 32; *Schwinge*, ZStW 52 (1932), 203, 213.

108 *Schwinge*, ZStW 52 (1932), 203, 213.

109 *Kische*, Tatidentität, 2008, S. 12.

Reichsgerichts, namentlich RGSt 2, 347[110] und RGSt 8, 135[111]. Bei der Diskussion um das Tatbegriffsverständnis des Reichsgerichts soll aber nicht verheimlicht werden, dass das Reichsgericht, als es am 1. Oktober 1879 seine Tätigkeit aufnahm[112], bei seiner Verständnisentwicklung vom Tatbegriff eine neue gesetzliche Grundlage, nämlich die im Rahmen der Reichsjustizgesetze erlassene RStPO vom 1. Februar 1877, zu beachten hatte[113]. Das Prinzip des ne-bis-in-idem entfaltete daher anfänglich seine Wirkung für das gesamte Deutsche Reich durch die RStPO[114]. Wesentlich für die Geltung des Prinzips des ne-bis-in-idem bereits in der RStPO sind die Vorschriften der §§ 263, 264 RStPO[115].

§ 263 RStPO lautete:[116]

> *„Gegenstand der Urtheilsfindung ist die in der Anklage bezeichnete That, wie sich dieselbe nach dem Ergebnisse der Verhandlung darstellt.*
> *Das Gericht ist an diejenige Beurtheilung der That, welche dem Beschlusse über die Eröffnung des Hauptverfahrens zu Grunde liegt, nicht gebunden.“*

§ 264 RStPO lautete:[117]

> *„Eine Verurtheilung des Angeklagten auf Grund eines anderen als des in dem Beschlusse über die Eröffnung des Hauptverfahrens angeführten Strafgesetzes darf nicht erfolgen, ohne daß der Angeklagte zuvor auf die Veränderung des rechtlichen Gesichtspunktes besonders hingewiesen und ihm Gelegenheit zur Vertheidigung gegeben worden ist.*
> *In gleicher Weise ist zu verfahren, wenn erst in der Verhandlung solche vom Strafgesetze besonders vorgesehene Umstände behauptet werden, welche die Strafbarkeit erhöhen.*
> *Bestreitet der Angeklagte, unter der Behauptung auf die Vertheidigung nicht genügend vorbereitet zu sein, neu hervorgetretene Umstände, welche die Anwendung eines schwereren Strafgesetzes gegen den Angeklagten zulassen als des in dem Beschlusse über die Eröffnung des Hauptverfahrens angeführten, oder welche zu den im zweiten Absatze bezeichneten gehören, so ist auf seinen Antrag die Hauptverhandlung auszusetzen.*
> *Auch sonst hat das Gericht auf Antrag oder von Amtswegen die Hauptverhandlung auszusetzen, falls dies in Folge der veränderten Sachlage zur genügenden Vorbereitung der Anklage oder der Vertheidigung angemessen erscheint.*
> *[...]“*

---

110 Vgl. § 1. F) I. und III.

111 *Kische*, Tatidentität, 2008, S. 12.

112 *Neuhaus*, Tatbegriff, 1985, S. 33.

113 *Kische*, Tatidentität, 2008, S. 12; *Mansdörfer*, Prinzip des ne bis in idem, 2004, S. 57.

114 *Mansdörfer*, Prinzip des ne bis in idem, 2004, S. 57.

115 *Kische*, Tatidentität, 2008, S. 12.

116 Strafprozeßordnung vom 1. Februar 1877, RGBl. 1877, S. 253, 300.

117 Strafprozeßordnung vom 1. Februar 1877, RGBl. 1877, S. 253, 301.

Bei der Lektüre dieser Vorschriften fällt nicht nur auf, dass diese auch den §§ 264, 265 StPO, also der heute geltenden Fassung der StPO sehr ähneln[118], sondern auch, dass das Prinzip des ne-bis-in-idem nicht ausdrücklich in den Gesetzestext der §§ 263, 264 RStPO aufgenommen wurde. Es wird dort aber stillschweigend zu Grunde gelegt und vom Reichsgericht für Strafurteile schon im Jahre 1880 in Auseinandersetzung mit der Lehre in einer reichhaltigen Rechtsprechung anerkannt und fortentwickelt[119].

Da eine ausführliche Darstellung der Rechtsprechung des Reichsgerichts zum Tatbegriff den Rahmen dieses Werkes sprengen würde, sollen im Folgenden nur die grundlegenden Entscheidungen des Reichsgerichts behandelt werden.

2. Die grundlegende Rechtsprechung des Reichsgerichts zum Tatbegriff

Das Reichsgericht hat das ne-bis-in-idem-Prinzip auf den Gedanken gestützt, dass Schuld durch Strafe getilgt werde[120].

a) Urteil des Reichsgerichts vom 16. Oktober 1880 (RGSt 2, 347 ff.)

In dem ersten grundlegenden Urteil des Reichsgerichts vom 16. Oktober 1880 (RGSt 2, 347 ff.)[121] heißt es noch in Übereinstimmung mit der Rechtsprechung des Obertribunals, dass es für die Identitätsfeststellung auf den der Anklage und dem Urteil zu Grunde liegenden „äußeren Vorgang“ ankomme[122]. Wenn der Delinquent von der Anklage der fahrlässigen Brandstiftung freigesprochen wird, so sei beispielsweise eine erneute Verfolgung wegen des entsprechenden Vorsatzdeliktes unzulässig[123]. Der Sachverhalt, der der Entscheidung des Reichsgerichts vom 16. Oktober 1880 zu Grunde lag, lässt sich vereinfacht wie folgt darstellen:

> *Der Angeklagte wurde auf Grund seines Geständnisses wegen fahrlässiger Brandstiftung verurteilt. Während der Strafverbüßung räumte er ein, vorsätzlich gehandelt zu haben. Daher wurde er erneut angeklagt und wegen vorsätzlicher Brandstiftung verurteilt*[124].

Das RG stellte für die Beantwortung der Frage, ob eine Tat im prozessualen Sinne vorliegt darauf ab, ob es dem Richter, der den Angeklagten wegen fahrlässiger Brandstiftung verurteilte, freigestanden hätte, den Angeklagten unter Beach-

---

118 *Kische*, Tatidentität, 2008, S. 12.

119 RGSt 2, 347, 348; *Mansdörfer*, Prinzip des ne bis in idem, 2004, S. 57 - 58; *Specht*, Geltung des Grundsatzes, 1999, S. 5; *Mayer*, Ne-bis-in-idem-Wirkung, 1992, S. 20 - 21.

120 *Schroeder*, JuS 1997, 227.

121 Vgl. § 1. F) I. und III.

122 RGSt 2, 347, 350; *Schwinge*, ZStW 52 (1932), 203, 213.

123 RGSt 2, 347, 350; *Schwinge*, ZStW 52 (1932), 203, 213.

124 RGSt 2, 347.

tung der Vorschrift des § 264 RStPO wegen vorsätzlicher Brandstiftung zu verurteilen, *falls sich aus dem Inbegriff der in der Hauptverhandlung ermittelten Umstände die richterliche Überzeugung dahin festgestellt hätte, dass der Brand vom Angeklagten in der Tat vorsätzlich verursacht worden sei*[125].

Das RG hält es also nicht für ausreichend, dass lediglich neue Tatsachen oder Beweise vorliegen, die in der 1. Instanz noch nicht bekannt und nicht zur Sprache gebracht wurden. Vielmehr sei es darüber hinaus zur Bejahung des Strafklageverbrauchs erforderlich, dass das Gericht der 1. Instanz die tatsächliche Möglichkeit hatte, diese Beweise und Tatsachen zu verwerten[126]. Dies bejaht das RG in seiner Entscheidung und kommt somit zur Annahme einer prozessualen Tat.

Das RG führt hierzu wie folgt aus:

> *„Wenn nun unzweifelhaft ist, daß die That dadurch keine andere wird, daß sich im Laufe der Verhandlung ein vom Eröffnungsbeschlusse völlig abweichender Verübungsakt herausstellt, vielmehr der Richter unbedenklich den in dieser Richtung neu gewonnenen thatsächlichen Gesichtspunkt seiner Beurteilung zu Grunde legen darf, so fehlt es an einem ausreichenden Grunde, eine andere That dann anzunehmen, wenn sich die subjektive Beteiligung des Angeklagten an demselben äußeren Vorgange in der Hauptverhandlung verschiebt."*[127]

Die Quintessenz der Entscheidung besagt, dass allein der Umstand, dass sich *„die subjektive Beteiligung des Angeklagten an demselben äußeren Vorgang in der Hauptverhandlung verschiebt"*, nicht die Annahme einer anderen Tat rechtfertigt[128].

b) Urteil des Reichsgerichts vom 12. März 1883 (RGSt 8, 135 ff.)

Wenige Jahre später hatte das Reichsgericht mit Urteil vom 12. März 1883 (RGSt 8, 135 ff.) erneut Gelegenheit, darüber zu befinden, unter welchen Voraussetzungen eine Tatidentität anzunehmen ist. Der Unterschied zwischen dieser Entscheidung und der Entscheidung vom 16. Oktober 1880 besteht darin, dass nunmehr eine Fallkonstellation vorlag, in der in dem Zweitverfahren ein veränderter äußerer Vorgang zu Grunde lag[129]. Vereinfacht lässt sich der Sachverhalt wie folgt darstellen:

> *Die Angeklagten wurden wegen Hehlerei bzgl. verschiedener gestohlener Sachen angeklagt, sodann aber in Bezug auf diesen Vorwurf rechtskräftig freigesprochen. Daraufhin wurden sie wegen Diebstahls dieser Sachen erneut angeklagt und letztendlich auch verurteilt*[130].

---

125 RGSt 2, 347, 349.

126 RGSt 2, 347, 348 - 349.

127 RGSt 2, 347, 350.

128 RGSt 2, 347, 350; *Kische*, Tatidentität, 2008, S. 14 - 15.

129 *Kische*, Tatidentität, 2008, S. 15.

130 RGSt 8, 135, 135 - 136.

Das RG führt unter Weiterentwicklung seiner Rechtsprechung zu RGSt 2, 347 ff. an, dass es keine allgemein gültige Formel gebe, anhand derer sich das Vorliegen einer Tatidentität festmachen lasse. Vielmehr müsse in jedem Einzelfall geprüft werden, ob eine Tatidentität vorliege. Entgegen der Ansicht der vorinstanzlichen Strafkammer müsse auf etwaige Eigentümlichkeiten der faktischen Verhältnisse abgestellt werden. Es sei keineswegs völlige Gleichheit des äußeren Tuns erforderlich, um von der Identität der Tat ausgehen zu können. Daher stehe es der Annahme der Tatidentität nicht entgegen, dass in einer neuen Verhandlung Modifikationen in Bezug auf Zeit, Ort oder Nebenumstände zutage treten, unabhängig davon, ob diese Verhältnisse dem Gericht mit oder ohne Schuld unbekannt geblieben oder erst nach dem Urteil ermittelt wurden. Insbesondere sei es grundsätzlich auch für die Annahme der Tatidentität unerheblich, ob einzelne früher angeregte Tatumstände ausscheiden, durch andere ersetzt werden oder das ein bereits vorgetragener Umstand mit einem anderen an strafrechtlicher Bedeutung gewinnt oder verliert[131].

> *„Die Identität einer Tat im hier erheblichen Sinne liegt vor, sobald das im Eröffnungsbeschlusse gekennzeichnete historische Vorkommnis in seinen wesentlichen Elementen den Mittelpunkt der neu angeklagten Tat ebenwohl bildet, die letztere von der Substanz der ursprünglichen Anklage als zugehöriger Bestandteil mit ergriffen wird."*[132]
> *„Eine formale Gleichheit des konkreten Thuns in der äußeren Erscheinung ist ebensowenig unbedingtes Erfordernis der Identität, als Übereinstimmung der Willensrichtung des Angeklagten. An und für sich wird deshalb eine Unverträglichkeit der Identität durch Modifikationen in Bezug auf Zeit, Ort, Nebenumstände, welche in der neuen Verhandlung sich ergeben, nicht herbeigeführt, gleichgültig, ob diese Verhältnisse dem Gericht mit oder ohne Schuld unbekannt blieben oder erst nach dem Urteil ermittelt wurden. Insbesondere ist es der Regel nach einflußlos, ob einzelne früher angeregte Thatumstände ausscheiden, durch andere ersetzt werden oder das eine schon früher zur Sprache gebrachte Moment in Verbindung mit einem anderen an strafrechtlicher Bedeutung gewinnt oder einbüßt."*[133]

c) Urteil des Reichsgerichts vom 10. Januar 1884 (RGSt 9, 420 ff.)

Auch in seiner Entscheidung vom 10. Januar 1884 führt das RG an, dass eine völlige Gleichheit des äußeren Erscheinungsbildes der Tat nicht erforderlich sei, um von einer Identität der Tat ausgehen zu können[134].

---

131 RGSt 8, 135, 139 - 140.

132 RGSt 8, 135, 139; *Schwinge*, ZStW 52 (1932), 202, 214.

133 RGSt 8, 135, 139 - 140.

134 RGSt 9, 420.

Darüber hinaus fügt das RG hinzu, dass auch keine Übereinstimmung in der Willensrichtung des Angeklagten für das Vorliegen einer Tatidentität notwendig sei[135].

> *„Eine vollständige Gleichheit in der äußeren Erscheinung der konkreten Thätigkeit ist ebensowenig unbedingtes Erfordernis der Identität, als Übereinstimmung in der Willensrichtung des Angeklagten.“*[136]

Das RG lässt es auch in dieser Entscheidung nicht unerwähnt, dass Modifikationen hinsichtlich der Zeit oder sonstiger Nebenumstände nicht zwangsläufig dazu führen, dass eine Tatidentität zu verneinen ist.

> *„Auch Modifikationen in Beziehung auf Zeit oder sonstige Nebenumstände, welche in der neuen Verhandlung hervortreten, schließen die Identität nicht notwendig aus, sofern nur dasselbe historische Vorkommnis in seinen wesentlichen Momenten dem Urteile ebenso zu Grunde liegt, wie der ursprünglichen Anklage.“*[137]

Das RG weist aber darauf hin, dass sich das Vorliegen einer Tatidentität nicht nach allgemeinen Regeln bestimmen lässt, sondern nur anhand des jeweiligen Einzelfalls entschieden werden kann.

> *„Ob eine solche Identität vorliegt, läßt sich, wie das Reichsgericht schon wiederholt ausgesprochen hat, nicht nach allgemeinen Regeln bestimmen, sondern muß nach der Beschaffenheit des Einzelfalles geprüft werden.“*[138]

III. Die Rechtsprechung des BGH zum Tatbegriff und die Resonanz in der Literatur

1. Rechtsprechung des BGH

In der frühen Rechtsprechung des BGH war noch deutlich der Bezug zur Rechtsprechung des Reichsgerichts zum prozessualen Tatbegriff erkennbar[139]. Bekräftigt wurde die Auffassung des BGH noch durch die Rechtsprechung des BVerfG. So hat der 1. Senat des BVerfG durch Urteil vom 18. Dezember 1953 – 1 BvR 230/51[140] – ausgeführt, dass durch die Aufnahme des Art. 103 Abs. 3 GG der Rechtssatz ne-bis-in-idem inhaltlich nicht geändert und seine Grenzen nicht anders als bisher bestimmt werden sollten. Durch die Aufnahme des bisher ledig-

135 RGSt 9, 420.
136 RGSt 9, 420.
137 RGSt 9, 420, 420 - 421.
138 RGSt 9, 420, 421.
139 BGH NJW 1951, 894; BGHSt 3, 13, 14; 13, 21, 25; *Kische*, Tatidentität, 2008, S. 23.
140 BVerfGE 3, 249 ff.

lich überlieferten ne-bis-in-idem-Grundsatzes in das Grundgesetz sollte lediglich seinem grundrechtsähnlichen Charakter Ausdruck verliehen werden[141].

> *„Namentlich hat sich der Bundesgerichtshof der Rechtsprechung des Reichsgerichts angeschlossen. Die Entstehungsgeschichte des Art. 103 Abs. 3 GG bietet keine Anhaltspunkte dafür, daß der Rechtssatz „ne bis in idem" durch die Aufnahme in das Grundgesetz inhaltlich geändert und die durch die Rechtsprechung gezogenen Grenzen anders als bisher bestimmt werden sollten. Vielmehr sollte nur dem überlieferten Rechtssatz wegen seines grundrechtsähnlichen Charakters in dem Grundgesetz Ausdruck verliehen werden."*[142]

Der BGH bestimmt den Tatbegriff also wie bereits das Reichsgericht, unter Bezugnahme auf das der Anklage und dem Eröffnungsbeschluss zu Grunde liegende faktische Geschehen, ohne die Heranziehung juristischer Bewertungen zur Feststellung der Tatidentität[143].

Jedoch kann eine ausschließlich faktische Betrachtungsweise zu Ergebnissen führen, die für eine Gesellschaft kaum tragbar sind, da sie gegen das allgemeine Gerechtigkeitsempfinden verstoßen. Bei einer rein faktischen Beurteilung, ob eine Tat im Sinne des Art. 103 Abs. 3 GG vorliegt, verhindert der Grundsatz ne-bis-in-idem nicht nur eine erneute Verurteilung nach einem unberechtigten Freispruch. Er steht vielmehr auch einer Verurteilung wegen einer schwereren Tat entgegen, nachdem der Täter lediglich wegen einer Bagatelle verurteil worden ist[144]. Als musterhaftes Beispiel dient der Fall, dass der Täter wegen des Schießens an verbotenen Orten verurteilt wird, sich später aber herausstellt, dass der Täter dabei einen Mord begangen hat[145]. Der BGH hat diese Möglichkeit fortlaufend eingeschränkt, indem er zunächst gegenüber der Mitgliedschaft in einer kriminellen Vereinigung[146] und dann gegenüber dem unerlaubten Waffenbesitz[147] die Selbständigkeit der während dieser Dauerdelikte begangenen schwereren Straftaten herausgestellt hat[148]. Jedoch hat auch der BGH diese Linie nicht stetig durchgehalten. So hat er in dem Urteil vom 11. April 1995 – 1 StR 65/95[149] – wieder eine Verfolgung wegen räuberischer Erpressung nach Verurteilung wegen Fahrens ohne Fahrerlaubnis für unzulässig erklärt[150].

---

141 BVerfGE 3, 249, 252; *Kische*, Tatidentität, 2008, S. 23.

142 BVerfGE 3, 249, 252.

143 BGHSt 3, 13, 16.

144 *Schroeder*, JuS 1997, 227, 228.

145 Vgl. § 2. C) I.

146 BGHSt 29, 288 ff.

147 BGHSt 36, 151 ff.

148 *Schroeder*, JuS 1997, 227, 228.

149 BGH StV 1996, 472.

150 BGH StV 1996, 472; *Schroeder*, JuS 1997, 227, 228.

2. Kritik an der Rechtsprechung des BGH zum Tatbegriff

Nach *Bauer* stellt das Verständnis des BGH von der prozessualen Tat, als *„das gesamte Verhalten des Täters, soweit es nach natürlicher Auffassung einen einheitlichen Lebensvorgang darstellt"* eine Leerformel dar. Das ganze Ausmaß des „Dilemmas" zeige sich bei den sog. „Alternativ-Fällen". Diese sind durch eine Alternativität von Handlungsabläufen in dem Sinne gekennzeichnet, dass der Täter nur entweder die eine oder die andere Straftat begangen haben kann[151]. *Bauer* kritisiert insbesondere, dass der BGH im Jahre 1983 der sog. „Kehrseiten-" oder „Spiegelbildtheorie" eine endgültige Absage erteilt hat[152]. Vor dieser Entscheidung des BGH wurde in der Rechtsprechung vertreten, dass Vortat und Anschlusstat wegen der gleichen Tatobjekte eine Tat bilden, und zwar selbst dann, wenn sie räumlich und zeitlich weit auseinanderliegen[153]. Es erfolgte also eine Lösung der „Alternativ-Fälle" anhand einer ausschließlich faktischen Betrachtungsweise, ohne Rücksicht auf die vorgeworfenen Delikte und die innere Tatseite. Jedoch musste die Verknüpfung des Sachverhalts doch so eng sein, dass eine Behandlung in unterschiedlichen Strafverfahren als unnatürliche Aufspaltung eines zusammengehörenden Geschehens erscheinen würde. Eine Tatidentität lag immer dann vor, wenn der Beschuldigte statt des vorgeworfenen ein anderes Vermögensdelikt verübte, welches auf dasselbe Tatobjekt gerichtet war. Eine Divergenz im Anklagevorwurf, bspw. beim Wechsel vom Diebstahl zur Hehlerei an derselben Sache, galt als „unwesentlich" und führte nicht zur Verneinung einer Tatidentität[154].

Begründet wurde diese Ansicht von der Rechtsprechung einiger Oberlandesgerichte zeitweise mit der „Kehrseiten-" oder „Spiegelbildtheorie"[155]. Danach war die Alternativität zweier Handlungsvorgänge das entscheidende Verbindungsmoment, also eine Verknüpfung der Akte dergestalt, dass sie sich wechselseitig ausschließen[156].

Für die „Spiegelbildtheorie" spricht, dass sie im Ansatz sicherlich das anerkannte Ziel verfolgte, ein brauchbares prozessuales Tatbegriffsverständnis bei sich logisch ausschließenden Akten zu gewährleisten[157]. Jedoch muss der überwiegenden heutigen Rechtsprechung und Literatur zugestimmt werden, wenn diese zusätzlich verstärkt normative Kriterien heranziehen, indem der „Zielrich-

151 *Bauer*, NStZ 2003, 174; *Beulke*, Strafprozessrecht, 2010, § 25 Rn. 520.

152 *Bauer*, NStZ 2003, 174.

153 *Bauer*, NStZ 2003, 174.

154 *Beulke*, Strafprozessrecht, 2010, § 25 Rn. 520.

155 *Bauer*, NStZ 2003, 174.

156 *Bauer*, NStZ 2003, 174.

157 Vgl. *Bauer*, NStZ 2003, 174.

tung des Handelns“ besondere Bedeutung beigemessen wird[158]. Wird ausschließlich auf die Tatobjekte abgestellt, so ist es möglich, dass räumlich und zeitlich weit auseinanderliegende Geschehnisse willkürlich zu einer Einheit verklammert werden. Dies ist mit dem Tatbegriff als einheitlichem historischem Vorgang nicht vereinbar[159]. Daher muss auch bei den „Alternativ-Fällen“ zusätzlich zu der Identität der Tatobjekte auf die Kriterien des engen zeitlichen und örtlichen Zusammenhangs und der gleichwertigen Handlungsrichtung abgestellt werden[160]. Von einer gleichwertigen „Zielrichtung des Handelns“ kann nicht ausgegangen werden, wenn die Tat ein völlig anderes rechtliches Gepräge aufweist[161].

Kommt es auf Grund der zusätzlichen Voraussetzungen für die Annahme einer prozessualen Tat bei den „Alternativen-Fällen“ vor, dass bei Vorliegen einer bereits rechtskräftigen Entscheidung auf Grund neuer Tatsachen die andere „Verhaltens-Alternative“ angenommen und als neue Tat im Sinne von § 264 StPO gewertet wird, so muss die bereits früher ausgesprochene Strafe bei der neuen Verurteilung strafmildernd im Sinne einer Anrechnung berücksichtigt werden[162].

Zur Veranschaulichung soll die Entscheidung des BGH vom 21. Dezember 1983 – 2 StR 578/83[163] – dienen, in welcher sich der Gerichtshof mit der Frage der Tatidentität bei sog. „Alternativen-Fällen“ zu beschäftigen hatte:

BGHSt 32, 215

Die Anklage legte dem O ein Verbrechen des Mordes zum Nachteil der X zur Last. Der A soll dem O beim Beseitigen der Leiche geholfen haben. Der A wurde deshalb wegen Strafvereitelung nach § 258 StGB angeklagt. Das Landgericht hat den O freigesprochen und den A wegen Mordes nach § 211 StGB an X verurteilt.

Der BGH führte aus, dass sich Anklage und Urteil, was den A betrifft, nicht auf dieselbe Tat beziehe. Vielmehr sei der A, soweit es sich um den Mordvorwurf handelte, wegen einer anderen als der angeklagten Tat verurteilt worden[164].

„Anklage und Urteil beziehen sich, was den Beschwerdeführer betrifft, hiernach nicht auf dieselte Tat (§ 264 StPO); vielmehr ist der Beschwerdeführer, soweit es sich um den Vorwurf des

158 *Beulke*, Strafprozessrecht, 2010, § 25 Rn. 521 m.w.N.
159 *Beulke*, Strafprozessrecht, 2010, § 25 Rn. 521.
160 *Beulke*, Strafprozessrecht, 2010, § 25 Rn. 521.
161 *Beulke*, Strafprozessrecht, 2010, § 25 Rn. 521.
162 *Beulke*, Strafprozessrecht, 2010, § 25 Rn. 521.
163 BGHSt 32, 215 ff.
164 BGHSt 32, 215, 215 - 216.

Mordes und der damit in Tateinheit stehenden Delikte handelt, wegen einer anderen als der angeklagten Tat verurteilt worden."[165]

„Die Einbeziehung weiterer, von der Anklage nicht beschriebener Vorgänge in den Tatbegriff kommt aber nur in Betracht, falls auch der in der Anklage nicht erwähnte, mit dem geschilderten Geschehen eine Einheit ergebende Vorgang das Verhalten desselben Angeklagten betrifft. Daran fehlt es."[166]

Nach der Auffassung des BGH liegen verschiedene Taten im prozessualen Sinne vor, weil die Zielrichtung einer Strafvereitelung und eines Mordes ganz unterschiedlich seien. Der Angriff auf ein Menschenleben sei in keinerlei Weise mit dem Bemühen vergleichbar, die Strafe desjenigen, der es ausgelöscht hat, zu vereiteln. A durfte daher nicht im gleichen Verfahren wegen Mordes verurteilt werden, da es wegen dieser Anschuldigung keine Anklage gegen ihn gab[167].

„Wohl gehört zur Tat im Sinne des § 264 StPO noch dasjenige, was zwar die Anklage nicht mehr beschreibt, aber „nach der Lebensauffassung" in einem untrennbaren Zusammenhang mit dem in der Anklage bezeichneten Vorgang steht. Handelt es sich aber – wie hier – um voneinander trennbare, sich nicht überschneidende oder ineinander übergehende Geschehensabläufe, so begrenzt eine Anklage, die eines dieser Geschehnisse einem Mitangeklagten als Alleintäter zur Last legt, damit zugleich die Tat, die den Rahmen für die Prüfung der Strafbarkeit des anderen Angeklagten abgibt. Demgemäß kann das Geschehnis, das dem Mitangeklagten als Alleintäter zur Last gelegt wird, nicht als Teil derjenigen Tat gelten, die den Gegenstand des gegen den anderen Angeklagten erhobenen Tatvorwurfs darstellt."[168]

„[...] der Angriff auf ein Menschenleben ist nicht mit dem Bemühen vergleichbar, denjenigen, der es ausgelöscht hat, der Bestrafung zu entziehen. Beide Verhaltensweisen haben – nach Tatobjekt und Zielrichtung des Handelns- nichts miteinander gemein. Die Verschiedenheit der einander gegenüberzustellenden Verhaltensweisen schließt es – jedenfalls bei voneinander abgrenzbaren Geschehnissen – aus, die Identität der Tat noch als gewahrt anzusehen; vielmehr handelt es sich hier – auch im Sinne des § 264 StPO – um verschiedene Taten."[169]

Aus dem geschilderten Fall ergibt sich, dass die Ansicht von *Bauer*, wonach zwischen der Vortat und der Anschlusstat, auch wenn sie nach der neueren Rechtsprechung nicht mehr als eine prozessuale Tat angesehen werden, ein ganz besonderer Zusammenhang besteht, der im Interesse einer sachgemäßen Aburteilung des Gesamtkomplexes nicht außer Betracht bleiben darf, im Ergebnis zutreffend ist[170].

Jedoch ist *Bauer* insoweit zu widersprechen, als er die Auffassung vertritt, dass es sich um eine Leerformel handele, wenn die Rechtsprechung den prozessualen Tatbegriff dahin gehend fasst, dass zur prozessualen Tat *„das gesamte*

---

165 BGHSt 32, 215, 215 - 216.
166 BGHSt 32, 215, 216.
167 *Beulke*, Strafprozessrecht, 2010, § 25 Rn. 521.
168 BGHSt 32, 215, 217.
169 BGHSt 32, 215, 220.
170 *Bauer*, NStZ 2003, 174, 175.

Verhalten des Täters, soweit es nach natürlicher Auffassung einen einheitlichen Lebensvorgang darstellt" gehört[171]. Dass bei konsequenter Anwendung dieses prozessualen Tatbegriffsverständnisses der Rechtsprechung „Alternative-Fälle", bei denen das Kriterium des engen zeitlichen und räumlichen Zusammenhangs und der gleichwertigen Handlungsrichtung nicht erfüllt sind, nicht mehr als eine prozessuale Tat angesehen werden, und daher kein Strafklageverbrauch hinsichtlich zweier sich gegenseitig logisch ausschließender Akte erfolgt, stellt das Verständnis der Rechtsprechung von dem prozessualen Tatbegriff nicht in Frage. Die Lösung für die "Alternativen-Fälle" ist vielmehr auf prozessualer Ebene zu suchen[172]. Als Beispiel soll die Entscheidung des BGH vom 16. Oktober 1987 – 2 Str 258/87[173]– dienen. Der Gerichtshof hatte sich dort im Wesentlichen mit folgendem Sachverhalt auseinanderzusetzen.

BGHSt 35, 80 ff.

Gegen den A wurde Anklage wegen Diebstahls erhoben. Das LG hat den A wegen Begünstigung zu einer Freiheitsstrafe verurteilt, da A die Diebesbeute aufbewahrte. Der BGH hat das Urteil aufgehoben[174].

> *„Das Verfahren ist wegen eines Verfahrenshindernisses [hinsichtlich der Begünstigung] einzustellen (§ 260 Abs. 3 StPO). Die abgeurteilte Tat war nicht Gegenstand der zugelassenen Anklage; eine diese Tat einbeziehende Nachtragsanklage (§ 266 StPO) ist nicht erhoben worden."*[175]

Es fehle also an der Prozessvoraussetzung der ordnungsgemäßen Anklage hinsichtlich der angeklagten Alternative der Begünstigung.

Die Anklage und das Urteil bezögen sich nicht auf „dieselbe Tat" (§ 264 StPO)[176]. Dabei stellt der Gerichtshof auch in dieser Entscheidung zur Bestimmung des Tatbegriffs auf den geschichtlichen Vorgang, also auf einen faktischen Tatbegriff, ab.

> *„Der verfahrensrechtliche Tatbegriff umfaßt den von der zugelassenen Anklage betroffenen geschichtlichen Vorgang, innerhalb dessen der Angeklagte einen Straftatbestand verwirklicht haben soll [...]. Den Rahmen der Untersuchung bildet also zunächst das tatsächliche Geschehen, wie es die Anklage beschreibt [...]. Hier schildert der Anklagesatz nicht den Vorgang, in*

---

171 *Bauer*, NStZ 2003, 174.

172 So im Ergebnis auch: *Beulke*, Strafprozessrecht, 2010, § 25 Rn. 521.

173 BGHSt 35, 80 ff.

174 BGHSt 35, 80; *Beulke*, Strafprozessrecht, 2010, § 25 Rn. 521.

175 BGHSt 35, 80.

176 BGHSt 35, 80, 81.

dem der Tatrichter das strafbare Tun des Angeklagten sah (Aufbewahrung der Diebesbeute [...]), sondern das davorliegende Geschehen (Einbruch und Entwendung von Schmuck).“[177]

Die „Angriffsrichtung“ des Täterverhaltens ist unterschiedlich, denn der Diebstahl ist ein eigennütziges und die Begünstigung ein fremdnütziges Delikt[178].

„Der Lebensvorgang, der der Anklage zugrundeliegt (Diebstahl von Schmuck aus einem Juweliergeschäft in M.), unterscheidet sich nach Ort und Tatumständen eindeutig von dem abgeurteilten Geschehen (Aufbewahrung einer Tasche mit Schmuck in einer Wohnung in S.), so daß bei natürlicher Betrachtungsweise nicht von einem einheitlichen geschichtlichen Geschehensablauf gesprochen werden kann, und zwar auch nicht bei Berücksichtigung des Umstands, daß es sich bei dem aufbewahrten Schmuck um die Diebesbeute handelte [...]. Es kommt hinzu, daß bei der angeklagten Tat die Angriffsrichtung des Täterverhaltens eine andere ist als bei dem abgeurteilten Geschehen: Während sich dort der Täter (eigennützig) an fremdem Eigentum vergreift, will er hier (fremdnützig) einem anderen die Vorteile aus einer von diesem begangenen Tat sichern. Auch diese Verschiedenheit schließt es aus, die Identität der Tat noch als gewahrt anzusehen [...].“[179]

Erst nach der Einstellung der angeklagten Alternative der Begünstigung durch Urteil nach § 260 Abs. 3 StPO, kann erneut wegen dieser Alternative Anklage erhoben werden. Bezüglich des Juwelendiebstahls muss Freispruch erfolgen, der in Rechtskraft erwächst. Will die Staatsanwaltschaft die Gefahr eines solchen rechtskräftigen Freispruchs vermeiden, ist sie gehalten von vornherein beide Alternativen wahlweise anzuklagen, sofern – wie z.B. bei Diebstahl und Begünstigung – eine Wahlfeststellung möglich ist[180].

C) Identität des Prozessgegenstandes

Die Bestimmung des Umfangs der Rechtskraft, also die Beantwortung der Frage, inwieweit ein rechtskräftiges Urteil die Strafklage verbraucht, führt, wie bereits erörtert[181], zu einem Spannungsverhältnis zwischen dem Prinzip der Rechtssicherheit und der materiellen Gerechtigkeit[182]. An dieser Stelle der Bearbeitung soll dieses Spannungsverhältnis näher betrachtet werden, indem das Tatbegriffsverständnis in verschiedenen rechtlichen Konstellationen deutlich herausgearbeitet wird. Hierfür wird zunächst die Auffassung der herrschenden Meinung zum Tatbegriffsverständnis herangezogen, welche bereits im Rahmen dieser Ar-

177 BGHSt 35, 80, 81.

178 *Beulke*, Strafprozessrecht, 2010, § 25 Rn. 521.

179 BGHSt 35, 80, 82.

180 *Beulke*, Strafprozessrecht, 2010, § 25 Rn. 521.

181 Vgl. § 2. A) III.

182 *Lillich*, Doppelstrafverbot bei Kartelldelikten, 1978, S. 16.

beit durch die Darstellung des Tatbegriffs der höchstrichterlichen deutschen Rechtsprechung behandelt wurde[183]. Im Anschluss wird das Tatbegriffsverständnis in den rechtlichen Konstellationen des Fortsetzungszusammenhangs, der Dauerstraftaten und Organisationsdelikte, sowie in Fällen der Realkonkurrenz erörtert. In diesem Zusammenhang soll endlich auch die Kritik an dem Tatbegriffsverständnis der herrschenden Auffassung nicht unerwähnt bleiben.

I. Die Auffassung der herrschenden Meinung

Nach herrschender Rechtsauffassung meint der Begriff „dieselbe Tat" im verfahrensrechtlichen Sinne

> *„den vom Eröffnungsbeschluss (zugelassene Anklage) betroffenen Vorgang einschließlich aller damit zusammenhängender und darauf bezüglicher Vorkommnisse, die geeignet sind, das in diesen Bereich fallende Tun des Angekl. unter irgendeinem rechtlichen Gesichtspunkt als strafbar erscheinen zu lassen, also das gesamte Verhalten des Angekl., soweit es mit dem durch den Eröffnungsbeschluss bezeichneten geschichtlichen Vorkommnis nach der Auffassung des Lebens einen einheitlichen Vorgang bildet, ohne Rücksicht darauf, ob sich bei der rechtlichen Beurteilung eine oder mehrere strafbare Handlungen im sachlichrechtlichen Sinne statt oder neben der im Eröffnungsbeschluß bezeichneten Straftat ergeben."*[184]

Der Begriff der Tat i.S.d. Art. 103 Abs. 3 GG ist dabei nach h.L. weit auszulegen[185]. Tat in diesem Sinne meint *„einen nach natürlicher Auffassung zu beurteilenden einheitlichen geschichtlichen Lebensvorgang, auf den Anklage und Eröffnungsbeschluss hinweisen und innerhalb dessen der Angeklagte als Täter oder Teilnehmer einen Straftatbestand verwirklicht haben soll.*"[186] Eine Tat im Sinne des Art. 103 Abs. 3 GG lag demnach beispielsweise vor, wenn die wiederholte Nichtbefolgung einer Einberufung zum zivilen Ersatzdienst auf die ein für alle Mal getroffene und fortwirkende Gewissensentscheidung des Täters zurückging; eine dazwischen getroffene Entscheidung wegen Dienstflucht stand dem nicht entgegen[187]. Die EKMR hatte aber inzwischen die mehrfache Sanktionierung für die mehrmalige Verweigerung des Wehrdienstantritts für zulässig erachtet[188].

---

183 Vgl. § 2. B).

184 BGHSt 23, 141, 145; 25, 388, 390; BGH NJW 1981, 997; *Lillich*, Doppelstrafverbot bei Karteldelikten, 1978, S. 17.

185 *Schmahl,* in: Schmidt-Bleibtreu/Hofmann/Hopfauf, Komm. z. GG, 2011, Art. 103 Rn. 41.

186 *Schmahl,* in: Schmidt-Bleibtreu/Hofmann/Hopfauf, Komm. z. GG, 2011, Art. 103 Rn. 41.

187 BVerfGE 23, 191, 203; *Schmahl,* in: Schmidt-Bleibtreu/Hofmann/Hopfauf, Komm. z. GG, 2011, Art. 103 Rn. 41.

188 *Schmahl,* in: Schmidt-Bleibtreu/Hofmann/Hopfauf, Komm. z. GG, 2011, Art. 103 Rn. 41.

Gemeint ist also ein vom materiellen Strafrecht unabhängiger, ausschließlich prozessualer Tatbegriff. Daher ist es für die herrschende Meinung ohne Belang, ob die für die Strafbarkeit bedeutenden Tatsachen in der Anklage aufgeführt sind oder vom Gericht erst im Gang des Hauptverfahrens ermittelt werden[189]. Allein maßgeblich für ihre Zuordnung zum Verfahrensgegenstand ist ihr Zusammenhang mit dem vom Gericht untersuchten Wirklichkeitsausschnitt. Es ist also unbedeutend, ob die Staatsanwaltschaft in der Anklage oder das Gericht im Urteil das Geschehen im Hinblick auf die richtigen Straftatbestände geprüft haben[190]. Für die herrschende Auffassung umfasst die vom Gericht abgeurteilte Tat, alles, was mit dem tatsächlich beurteilten Verhalten einen Lebenssachverhalt bildet, unabhängig davon, ob das Gericht die objektiv richtigen Tatsachen gar nicht kannte oder sie falsch interpretierte oder trotz des zutreffend ermittelten Sachverhalts zu einer falschen rechtlichen Bewertung gekommen ist[191]. Die herrschende Meinung lässt es zur Bejahung der Tatidentität und damit dem Eintritt der Sperrwirkung ausreichen, wenn das Gericht zumindest theoretisch die Möglichkeit gehabt hat, das richtige Strafgesetz anzuwenden oder die Sache an das sachlich zuständige Gericht zu verweisen[192]. Deutlich wird, dass die herrschende Meinung zu Gunsten der Rechtssicherheit von einem weiten Tatbegriff ausgeht. Im selben Ausmaß, wie die Rechtssicherheit dadurch an Gewicht gewinnt, erfährt die materielle Gerechtigkeit Einschränkungen[193]. Veranschaulichen lässt sich dies an dem Urteil des Reichsgerichts vom 3. Dezember 1935[194]: In diesem hat das Reichsgericht in einem obiter dictum folgenden Fall behandelt:

> *Der Angeklagte wurde wegen Schießens an bewohntem Ort, was nach § 367 Abs. 1 Nr. 8 StGB a.F. strafbar war, verurteilt. Nach der Verurteilung stellte sich im Zuge neuerer Aufklärung heraus, dass der Schuss als Mord oder Mordversuch zu qualifizieren ist. Das Reichsgericht nahm dem weiten Tatbegriff der herrschenden Meinung folgend konsequenterweise Tatidentität an*[195].

Das Reichsgericht in genanntem Urteil wie folgt:

> *„Wer durch rechtskräftiges Urteil wegen verbotenen Schießens bestraft ist, kann, weil die Strafklage verbraucht ist, nicht mehr verfolgt werden, wenn nachher ermittelt wird, daß er durch denselben Schuß vorsätzlich einen Menschen getötet hat oder hat töten wollen. Diese –*

---

189 *Lillich*, Doppelstrafverbot bei Kartelldelikten, 1978, S. 17.

190 *Lillich*, Doppelstrafverbot bei Kartelldelikten, 1978, S. 17.

191 *Lillich*, Doppelstrafverbot bei Kartelldelikten, 1978, S. 17.

192 *Lillich*, Doppelstrafverbot bei Kartelldelikten, 1978, S. 17.

193 *Lillich*, Doppelstrafverbot bei Kartelldelikten, 1978, S. 18.

194 RGSt 70, 26 ff.

195 RGSt 70, 26, 30 - 31; siehe auch *Lillich*, Doppelstrafverbot bei Kartelldelikten, 1978, S. 17 Fn. 18.

für sich betrachtet unerfreulichen – Ergebnisse beruhen auf der Rechtsprechung über die Rechtskraft und den Verbrauch der Strafklage."[196]

Selbst wenn dieser Fall nicht gerade einen solchen des täglichen Lebens darstellt, so darf die Einschränkung, die ein weiter Tatbegriff für die materielle Gerechtigkeit im einzelnen Fall bedeuten kann, nicht unterschätzt werden. Unbestritten sind nämlich die Fälle nicht selten, in denen das Opfer nach der Verurteilung nach §§ 223, 230 StGB infolge der Verletzungen stirbt. Für die herrschende Meinung hängt es in diesen Fällen von dem zufälligen Termin der Entscheidung ab, inwieweit das Prinzip der materiellen Gerechtigkeit im Verhältnis zum Grundsatz der Rechtssicherheit zum Tragen kommt[197].

Obgleich die Konturen des prozessualen Tatbegriffs grundsätzlich nichts mit der materiell-rechtlichen Konkurrenzlehre (materiell-rechtliche Begriffe der Tateinheit und Tatmehrheit) zu tun haben, ergibt sich aus ihnen a fortiori, dass eine Handlung nur einen Prozessgegenstand bilden kann, wohingegen mehrere Handlungen unter Umständen auch nur einen einzigen historischen Vorgang und damit ein und dieselbe prozessuale Tat darstellen können[198].

Nach einheitlicher Rechtsprechung liegt grundsätzlich eine Tat im prozessualen Sinne vor, wenn die bereits rechtskräftig abgeurteilte Tat und die nunmehr zur Aburteilung stehende Tat eine einheitliche Handlung im sachlich-rechtlichen Sinne bilden, wenn also Tateinheit i.S.d. § 52 StGB (sog. materiell-rechtliche Idealkonkurrenz) zwischen ihnen besteht[199]. Dies ist grundsätzlich unabhängig davon, ob es sich um einen Fall natürlicher oder rechtlicher Handlungseinheit handelt[200]. Tateinheit und somit auch eine Tat im prozessualen Sinne liegt beispielsweise vor bei der gleichzeitigen unerlaubten Einfuhr von Waffen und Betäubungsmitteln. Die rechtskräftige Verurteilung wegen des Waffendelikts bewirkt, dass eine nachfolgende Aburteilung nach dem BtMG nicht mehr zulässig ist[201].

Der Grundsatz, dass bei Vorliegen von Tateinheit i.S.d. § 52 StGB stets auch eine Tat im prozessualen Sinne vorliegt, gilt für die Fallgruppen der natürlichen Handlungseinheit durchgängig; bei den rechtlichen Handlungseinheiten sind aber Besonderheiten zu beachten[202].

---

196 RGSt 70, 26, 30 - 31.

197 *Lillich*, Doppelstrafverbot bei Kartelldelikten, 1978, S. 18.

198 *Roxin/Schünemann*, Strafverfahrensrecht, 2009, § 20 Rn. 7.

199 BGH NJW 1981, 997; *Radtke*, Systematik des Strafklageverbrauchs, 1994, S. 95; *Roxin/ Schünemann*, Strafverfahrensrecht, 2009, § 20 Rn. 8.

200 *Radtke*, Systematik des Strafklageverbrauchs, 1994, S. 95.

201 *Roxin/Schünemann*, Strafverfahrensrecht, 2009, § 20 Rn. 8.

202 *Radtke*, Systematik des Strafklageverbrauchs, 1994, S. 95.

1. Fortsetzungszusammenhang

Bis zum Jahre 1994 war in der Praxis die Rechtsfigur des Fortsetzungszusammenhangs anerkannt[203]. Ihre Ursprünge hat die Rechtsfigur der fortgesetzten Handlung im Gemeinen Recht. Sie sollte der einfacheren Erfassung und gerechteren Beurteilung von gleichartigen Wiederholungs- und Serientaten dienen[204]. Nach der Rechtsfigur des Fortsetzungszusammenhangs war es möglich, selbständige Handlungen zu einer Tat im materiellen Sinn zusammenzufassen[205]. Die Annahme eines Fortsetzungszusammenhangs zwischen mehreren Einzelhandlungen oder Handlungseinheiten setzte voraus, dass die Delikte das gleiche Rechtsgut verletzten und gewisse Ähnlichkeiten in der äußeren Tatbegehung festzustellen waren. Des Weiteren waren ein zeitlich-räumlicher Zusammenhang der Einzelakte und nach herrschender Meinung ein alle Akte in den wesentlichen Zügen umfassender Gesamtvorsatz erforderlich[206].

Da somit selbständige Handlungen zu einer Tat im materiellen Sinn zusammengefasst werden konnten, lag nach dem geschilderten Grundsatz daher auch prozessual eine einheitliche Tat vor. Daraus folgte, dass bei einer gerichtlichen Entscheidung über einen Teil der Einzelakte alle anderen in Fortsetzungszusammenhang stehenden Einzelakte ebenfalls Bestandteil der prozessualen Tat waren. Der Strafklageverbrauch umfasste alle im Fortsetzungszusammenhang stehenden Einzelakte. Unerheblich waren die Gründe, aus welchen das Gericht die Einzelakte nicht untersuchte und aburteilte[207].

Da die Rechtsfigur des Fortsetzungszusammenhangs mit vielen nicht lösbaren Widersprüchen behaftet war, insbesondere in einigen Fällen zum Vorteil und in anderen Fällen zum Nachteil des Täters gereichte, wurde sie durch Beschluss des Großen Senats des BGH vom 3. Mai 1994 zwar nicht gänzlich aufgegeben, aber auf wenige Ausnahmefälle reduziert[208]. Sie hat nunmehr zur Voraussetzung, dass ihre Annahme gemessen am jeweiligen Straftatbestand zur sachgerechten Erfassung des verwirklichten Unrechts und der Schuld unumgänglich ist[209]. Vorteile für den Täter bestanden in der Rechtskraftwirkung beispielsweise, wenn von

203 *Jäger*, Strafrecht AT, 2011 § 11 Rn. 391.

204 *Fischer*, Strafgesetzbuch, 2011, Vor § 52 Rn. 47.

205 *Jäger*, Strafrecht AT, 2011, § 11 Rn. 391.

206 *Jäger*, Strafrecht AT, 2011, § 11 Rn. 391; *Radtke*, Systematik des Strafklageverbrauchs, 1994, S. 96.

207 *Radtke*, Systematik des Strafklageverbrauchs, 1994, S. 96.

208 *Fischer*, Strafgesetzbuch, 2011, Vor § 52 Rn. 48; *Jäger*, Strafrecht AT, 2011, § 11 Rn. 391, der jedoch die Ansicht vertritt, der Große Senat des BGH habe das Rechtsinstitut des Fortsetzungszusammenhangs im Jahre 1994 aufgegeben.

209 *Fischer*, Strafgesetzbuch, 2011, Vor § 52 Rn. 48.

mehreren in Fortsetzungszusammenhang begangenen Straftaten nur einige rechtskräftig abgeurteilt wurden. Die nicht entdeckten Straftaten konnten wegen der Behandlung als eine Tat im materiellen Sinne und des damit verbundenen Eintritts des Strafklageverbrauchs nicht mehr verfolgt werden[210]. Da bei dem Fortsetzungszusammenhang die einzelnen Taten zu einer Tat im materiellen Sinne zusammengefasst wurden, begann die Verjährung für alle Taten erst mit Beendigung der letzten Tat. Dies stellte für den Täter einen Nachteil dar[211].

2. Dauerstraftaten und Organisationsdelikte

Unklar und umstritten ist die prozessuale Behandlung des Zusammentreffens eines Zustands- mit einem Dauerdelikt sowie der Idealkonkurrenz durch die sog. Klammerwirkung einer dritten, nicht minderschweren Straftat. In solchen Fällen hatte der BGH lange Zeit in großzügiger Weise Idealkonkurrenz und eine einheitliche prozessuale Tat angenommen. So stehe ein Fahren ohne Erlaubnis (§ 21 Abs. 1 Nr. 1 StVG) mit den während der Fahrt begangenen Raub- und Sexualdelikten im Verhältnis der Tateinheit und bilde mit ihnen eine Tat[212].

Die Tragweite des Strafklageverbrauchs bei der Bejahung der Möglichkeit der Idealkonkurrenz bei der Klammerwirkung soll an dem Beschluss des BGH vom 9. August 1983[213] verdeutlich werden:

> *Der Beschwerdeführer stahl in der Nacht vom 8. zum 9.6.1981 einen PKW und fuhr mit diesem, obwohl er die erforderliche Fahrerlaubnis nicht besaß. Später lud er den Mitangeklagten zum Mitfahren ein. Beide beschlossen, Prostituierte aufzunehmen, sie mit einem Messer zu bedrohen und ihnen Geld abzufordern. Diesen Plan führten sie in drei Fällen aus. Von einer der Frauen forderte der Beschwerdeführer den Oral- und Geschlechtsverkehr*[214].
> *Das LG hat den Beschwerdeführer und den früheren Mitangeklagten N wegen gemeinschaftlichen räuberischen Angriffs auf Kraftfahrer in Tateinheit mit räuberischer Erpressung in drei Fällen, in einem Fall auch in Tateinheit mit Vergewaltigung und sexueller Nötigung, verurteilt. Das Jugendschöffengericht hatte den Beschwerdeführer in einem rechtskräftigen Urteil vom 4. Februar 1982 u.a. wegen des erwähnten Fahrzeugdiebstahls in Tateinheit mit vorsätzlichem Fahren ohne Fahrerlaubnis zu Jugendstrafe verurteilt. Nach den Schuldfeststellungen „öffnete" der Beschwerdeführer am 8. Juni 1981 mit einem der gestohlenen Schlüssel den PKW, fuhr mit dem Wagen herum, bis er ihn schließlich wieder abstellte*[215].

Der BGH entschied, dass durch das rechtskräftige Urteil des Jugendschöffengerichts die Strafklage auch wegen der unterwegs begangenen Raubtaten und we-

---

210 *Jäger*, Strafrecht AT, 2011, § 11 Rn. 391.
211 *Jäger*, Strafrecht AT, 2011, § 11 Rn. 391.
212 *Roxin/Schünemann*, Strafverfahrensrecht, 2009, § 20 Rn. 8.
213 BGH NStZ 1984, 135.
214 BGH NStZ 1984, 135.
215 BGH NStZ 1984, 135.

gen des Sexualdelikts verbraucht worden sei. Die verwirklichten Straftatbestände stünden mit dem vom Jugendschöffengericht abgeurteilten Vergehen des (fortgesetzten) Fahrens ohne Fahrerlaubnis nach § 21 Abs. 1 Nr. 1 StVG im Verhältnis der Tateinheit. Auf Grund dessen, dass die sexuelle Nötigung und die Vergewaltigung während des durch die Entführung herbeigeführten und noch aufrechterhaltenen Zustandes der Unfreiheit des Opfers begangen worden seien, stehe sie mit der Entführung in Tateinheit. Das vorsätzliche Fahren ohne Fahrerlaubnis sei durch dieselbe Handlung wie die Entführung, namentlich durch das Fahren mit dem PKW verwirklicht worden. Es stehe deshalb zu dieser im Verhältnis der Tateinheit[216].

Der BGH führt weiter aus, dass die rechtskräftig abgeurteilte Tat des fortgesetzten Fahrens ohne Fahrerlaubnis mit den Raubtaten und den Sexualdelikten tateinheitlich zusammentreffe; daher handele es sich prozessual nur um eine Tat i.S.d. § 264 StPO. Dass das fortgesetzte Fahren ohne Fahrerlaubnis nicht geeignet gewesen sei, Tateinheit auch zwischen den Raubtaten und den Sexualdelikten und dem Diebstahl des Fahrzeugs herzustellen, sei in diesem Zusammenhang unerheblich[217].

Ein einheitlicher Lebensvorgang solle auch dann vorliegen, wenn der Täter während des Fahrens ohne Fahrerlaubnis indessen einen Bankraub begeht[218].

Eine Ausnahme gilt nach dem Urteil des BGH vom 11. Juni 1980 – 3 StR 9/80[219] – für die Organisationsdelikte der §§ 129, 129a StGB. Dieser Entscheidung liegt folgender – hier verkürzt dargestellter – Sachverhalt zu Grunde:

> *Das LG hat die Angeklagte M wegen eines am 24. Mai 1972 tateinheitlich begangenen Verbrechens des dreifachen Mordes, des sechsfachen versuchten Mordes und der Herbeiführung einer Sprengstoffexplosion zu lebenslanger Freiheitsstrafe, ferner wegen eines am 12. Mai 1972 tateinheitlich begangenen Verbrechens des versuchten Mordes und des Herbeiführens einer Sprengstoffexplosion sowie wegen eines am 15. Mai 1972 begangenen Verbrechens der Beihilfe zum versuchten Mord zu einer Gesamtfreiheitsstrafe von 15 Jahren verurteilt. Den Angeklagten B hat es wegen Beteiligung an der am 24. Mai 1972 begangenen Straftat der Beihilfe zum Mord in drei Fällen, zum versuchten Mord in sechs Fällen und zur Herbeiführung einer Sprengstoffexplosion, sämtlich zueinander in Tateinheit stehend, schuldig gesprochen*[220].

Der BGH führt in dieser Entscheidung aus, dass wenn jemand Mitglied einer kriminellen oder terroristischen Vereinigung ist, die im Dienste dieser Vereini-

---

216 BGH NStZ 1984, 135.

217 BGH NStZ 1984, 135.

218 BGH NStZ 1996, 41, 42; *Roxin/Schünemann*, Strafverfahrensrecht, 2009, § 20 Rn. 8.

219 BGH NJW 1980, 2718 ff.

220 BGH NJW 1980, 2718.

gung begangenen Straftaten mit den §§ 129, 129a StGB in Idealkonkurrenz stehen[221].

„Das LG geht davon aus, daß die Straftat der Beteiligung an einer kriminellen Vereinigung und eine Straftat, die von dem Mitglied dieser Vereinigung in Verfolgung von deren Zielen begangen ist, im Verhältnis der Tatmehrheit zueinander stehen. Dies trifft nicht zu. Wird nämlich durch einen Akt, durch den sich der Täter an einer kriminellen Vereinigung in Verfolgung ihrer Ziele als Mitglied beteiligt, eine andere Norm verletzt, so liegt, [...] zwischen dem Vergehen nach § 129 StGB und der anderen Straftat Tateinheit (§ 52 StGB) vor."[222]

Trotzdem sollen sie nach dem BGH selbständige „Taten" i.S.d. Rechtskraftlehre sein, wenn sie mit schwererer Höchststrafe bedroht sind als das Organisationsdelikt[223].

„Daß die Verbrechen, die Gegenstand dieses Strafverfahrens sind, in Tateinheit zu § 129 StGB stehen, führt, auch wenn die Angekl. jetzt insoweit nicht mehr verurteilt werden können, nicht dazu, daß Idealkonkurrenz auch zu den weiteren Straftaten gegeben ist, derentwegen die Angekl. bereits verurteilt sind. An sich selbständige Straftaten können nämlich durch die Klammerwirkung der Dauerstraftat des § 129 StGB nur dann zu einer Handlung zusammengefaßt werden, wenn sie im Verhältnis zu ihr leichter oder annähernd gleichgewichtig sind [...]. Das ist bei den Verbrechen, die Gegenstand dieses Strafverfahrens sind und für die das Gesetz erheblich höhere Strafen androht als § 129 StGB, nicht der Fall. Diese Straftaten stehen deshalb zu den bereits abgeurteilten, ebenfalls in Tateinheit zu § 129 StGB stehenden Vergehen in Realkonkurrenz."[224]

Argumentativ hat der BGH sein Ergebnis unter anderem darauf gestützt, dass für diese Ausnahme die besondere Struktur und der Telos des § 129 StGB, die Strafverfolgung krimineller Vereinigungen zu verbessern, spreche[225]. Eine andere Ansicht führe zu einer nicht zu rechtfertigenden Privilegierung der Mitglieder einer kriminellen Vereinigung gegenüber Einzeltätern oder Banden, denen es an der organisatorischen Verfestigung fehle. Diese Privilegierung widerspreche dem Zweck des § 129 StGB, der bei kriminellen Vereinigungen die Möglichkeit der Strafverfolgung verbessern, nicht aber verschlechtern wollte[226].

Das BVerfG hat durch Beschluss vom 8. Januar 1981 – 2 BvR 873/80[227] – das Urteil des BGH nicht beanstandet. Eine Tateinheit führe zwar bei tatsächlichen Handlungseinheiten notwendig zur Annahme eines einheitlichen Geschehens i.S.d. Art. 103 Abs. 3 GG. Dies gelte aber nicht für lediglich rechtliche Hand-

---

221 BGH NJW 1980, 2718; *Roxin/Schünemann*, Strafverfahrensrecht, 2009, § 20 Rn. 9.

222 BGH NJW 1980, 2718.

223 *Roxin/Schünemann*, Strafverfahrensrecht, 2009, § 20 Rn. 9.

224 BGH NJW 1980, 2718.

225 BGH NJW 1980, 2718, 2719; *Radtke*, Systematik des Strafklageverbrauchs, 1994, S. 97.

226 BGH NJW 1980, 2718, 2719; *Radtke*, Systematik des Strafklageverbrauchs, 1994, S. 97.

227 BVerfG NJW 1981, 1433 ff.

lungseinheiten, wie sie etwa durch eine Dauerstraftat begründet werden[228]. Das BVerfG[229] hat wie folgt formuliert:

> *„Der Begriff der Tateinheit (§ 52 StGB) ist von dem Tatbegriff des Art. 103 III GG zu trennen. Darauf weist bereits der Umstand hin, daß eine Tat i.S. des Prozeßrechts vorliegen kann, obwohl die durch den Vorgang verwirklichten Tatbestände zueinander in Tatmehrheit (§ 53 StGB) stehen [...]. Schon das RG hatte den prozessualen Tatbegriff aus diesen Erwägungen heraus als einen eigenständigen entwickelt und vom Handlungsbegriff des materiellen Strafrechts abgelöst [...]. Es hat ausgesprochen, der verfahrensrechtliche Tatbegriff habe mit dem sachlichrechtlichen Handlungsbegriff nichts gemein [...]. Darauf greift Art. 103 III GG zurück."*[230]

Weiter führt das BVerfG aus, dass diese ausschließlich prozessuale Bedeutung des Tatbegriffs sachlich gerechtfertigt und geboten sei, denn die Rechtsfiguren der Tateinheit (§ 52 StGB) und der Tatidentität (Art. 103 Abs. 3 GG) verfolgten verschiedene Zwecke[231]. Während es jenem durch die Regelungen der §§ 52 ff. StGB um die Vermeidung schuldunangemessener Strafhöhen gehe, bezwecke der Begriff der Tatidentität i.S.d. Art. 103 Abs. 3 GG ausschließlich, die Grenzen der materiellen Rechtskraft abzustecken. Die materielle Rechtskraft wolle den Verurteilten davor bewahren, wegen des in der Anklage bezeichneten und individualisierten Sachverhalts nochmals gerichtlich belangt zu werden[232].

Der in der Rechtsprechung des BGH ausgesprochene Grundsatz, wonach eine Handlung im Sinne des materiellen Rechts auch stets prozessual nur eine Tat sei, stelle lediglich einen Grundsatz dar, von dem es – jedenfalls bei rechtlichen Handlungseinheiten – auch Ausnahmen geben könne[233].

3. Realkonkurrenz

Auch bei Delikten, die in Tatmehrheit i.S.d. § 53 StGB stehen, kann eine einheitliche prozessuale Tat vorliegen[234]. Regelmäßig liegen bei Handlungsmehrheit aber mehrere prozessuale Taten vor. Jedoch ergibt sich aus der von der Rechtsprechung herausgebildeten Unabhängigkeit des prozessualen Tatbegriffs vom Begriff der Handlung im Sinne der §§ 52, 53 StGB, dass auch bei materiellrechtlicher Tatmehrheit i.S.d. § 53 StGB eine einheitliche Tat im prozessualen

---

228 *Roxin/Schünemann*, Strafverfahrensrecht, 2009, § 20 Rn. 9 Fn. 5.

229 BVerfG NJW 1981, 1433, 1434.

230 BVerfG NJW 1981, 1433, 1434.

231 BVerfG NJW 1981, 1433, 1434.

232 BVerfG NJW 1981, 1433, 1434 - 1435; *Radtke*, Systematik des Strafklageverbrauchs, 1994, S. 98.

233 BVerfG NJW 1981, 1433, 1435; *Radtke*, Systematik des Strafklageverbrauchs, 1994, S. 98.

234 BGH NJW 1980, 2718, 2719; *Radtke*, Systematik des Strafklageverbrauchs, 1994, S. 95.

Sinne vorliegen kann. Daraus folgt, dass der prozessuale Tatbegriff weiter als der der materiell-rechtlichen Handlung ist[235]. Auch im Falle einer Handlungsmehrheit kann also eine prozessuale Tat vorliegen. Es wurde bisher aber noch keine Begriffsbestimmung gefunden, die eine zweifelsfreie Anwendung für jeden einzelnen Fall gewährleistet. Einigkeit besteht aber darin, dass ein nur persönlicher Zusammenhang nicht ausreicht. Notwendig ist vielmehr ein enger sachlicher Zusammenhang der mehreren Straftaten. Die notwendige innere Verknüpfung der mehreren Taten muss sich unmittelbar aus den ihnen zu Grunde liegenden Handlungen und Ereignissen unter Berücksichtigung ihrer strafrechtlichen Bedeutung ergeben, dergestalt, dass keine der Taten für sich allein verständlich abgehandelt werden kann und ihre getrennte Würdigung und Aburteilung als unnatürliche Trennung eines einheitlichen Lebensvorganges empfunden würde[236]. Maßgeblich sind die Umstände des Einzelfalles[237]. Diese Überlegungen scheinen wieder für eine faktische Betrachtungsweise bei der prozessualen Erfassung der materiell-rechtlichen Handlungsmehrheit zu sprechen[238]. Will man aber auf die strafrechtliche Bedeutung abstellen, so steht dies im Widerspruch des von der Rechtsprechung vertretenen rein faktischen Tatbegriffs. Durch das Abstellen auf die strafrechtliche Bedeutung würde der Tatbegriff nämlich mit normativen Kriterien angereichert[239].

II. Weitere Ansichten über den Tatbegriff

Im Folgenden werden weitere prozessuale und materiell-rechtliche Ansichten über den Tatbegriff dargestellt und kritisch hinterfragt. Dabei beschränkt sich die vorliegende Bearbeitung auf die wesentlichen Ansichten, welche sich in der Literatur herausgebildet haben. Des Weiteren wird noch auf die m.E. bisher auch von der herrschenden Rechtsauffassung zum prozessualen Tatbegriff zu wenig beachtete Bestimmtheit des prozessualen Tatbegriffs durch das materielle Recht eingegangen. Diese Bestimmtheit ist so zu verstehen, dass der dem prozessualen Tatbegriff zu Grunde liegende Lebenssachverhalt und das materielle Recht miteinander korrelieren. Auf diese Thematik ist zwingend bereits bei der Bestimmung des Tatbegriffs auf nationaler Ebene einzugehen. Wenn nämlich aufgezeigt werden kann, dass es schon auf nationaler Ebene schwerlich möglich ist,

---

235 *Radtke*, Systematik des Strafklageverbrauchs, 1994, S. 99.

236 BGH NJW 1959, 823, 824; BGH NJW 1980, 2718, 2719; *Radtke*, Systematik des Strafklageverbrauchs, 1994, S. 99.

237 BGH NJW 1980, 2718, 2719.

238 *Radtke*, Systematik des Strafklageverbrauchs, 1994, S. 99.

239 *Radtke*, Systematik des Strafklageverbrauchs, 1994, S. 99.

einen rein prozessualen Tatbegriff zu gewährleisten, der frei von normativen Wertungen ist, die das materielle Recht zwingend enthält, so kann darin bereits ein Indiz dafür gesehen werden, dass auf europäischer Ebene erst recht kein vom materiellen Recht der Schengen-Staaten unabhängiger Tatbegriff kreiert werden kann.

1. Prozessuale Ansichten

Die Rechtsauffassung der herrschenden Meinung zum prozessualen Tatbegriff ist selbst von Anhängern eines prozessualen Tatbegriffsverständnisses nicht uneingeschränkt geteilt worden.

a) Ansicht von Baumann

So vertritt *Baumann* die Auffassung, dass Sperrkraft einer rechtskräftigen Entscheidung nur bezüglich derselben Person und bezüglich desselben Lebenssachverhalts besteht, bei im Prinzip gleichartiger Rechtsfolgebehauptung. Dass sich der Umfang der Rechtskraft nur auf dieselbe Person und denselben Lebenssachverhalt erstreckt, ist allgemeine Meinung. Im Unterschied zur herrschenden Meinung verlangt *Baumann* für die Identität der Tat über den einheitlichen Lebenssachverhalt hinaus noch eine „im Prinzip gleichartige Rechtsfolgenbehauptung“[240]. Er will also den Umfang der materiellen Rechtskrafterstreckung in Fällen einengen, in welchen „krasse Unterschiede in der rechtlichen Bewertung“ desselben Lebenssachverhaltes auftreten[241]. Zur Verdeutlichung seiner Ansicht führt *Baumann* einige Fälle an, von denen an dieser Stelle zwei dargestellt werden sollen:

Fall 1

Bei einer Silvesterfeier kommt es zu schweren Körperverletzungen, Beleidigungen und Sachbeschädigungen. Der Täter ist nur wegen schwerer Körperverletzung rechtskräftig verurteilt[242].

Fall 2

B ist wegen ruhestörenden Lärms (nach OWiG) verurteilt. Nach Rechtskraft stellt sich heraus, dass der von B während der Tat abgegebene Schuss den X getötet hat[243].

240 *Baumann*, Grundbegriffe und Verfahrensprinzipien, S. 179.
241 *Lillich*, Doppelstrafverbot bei Kartelldelikten, 1978, S. 18.
242 *Baumann*, Grundbegriffe und Verfahrensprinzipien, S. 167.
243 *Baumann*, Grundbegriffe und Verfahrensprinzipien, S. 167.

In Fall 1 sperrt nach Ansicht von *Baumann* die Verurteilung wegen schwerer Körperverletzung diesen Tatkomplex für diesen Täter. A könne danach wegen der anderen ideal oder real konkurrierenden Delikte nicht erneut angeklagt werden. Eine Anklage wegen Beleidigung, also unter einem anderen rechtlichen Gesichtspunkt, sei nicht mehr möglich[244]. Auch nach der herrschenden Meinung liegt in den Geschehnissen bezüglich der Silvesterfeier eine Tat im prozessualen Sinne vor, sodass auch nach dieser bei Verurteilung wegen schwerer Körperverletzung die Strafklage wegen der Beleidigungen und der Sachbeschädigungen verbraucht wäre. In diesem Fall tritt die Einschränkung des Strafklageverbrauchs durch die Anwendung der Theorie von *Baumann* im Vergleich zu der herrschenden Meinung noch nicht hervor.

Im zweiten Fall geht *Baumann* dagegen nicht von dem Eintritt einer Sperrkraft aus. Dies ergibt sich nach seiner Auffassung daraus, dass die Rechtsfolgenbehauptung nicht identisch sei. Zur Untermauerung seiner Ansicht führt er aus, dass auch die herrschende Meinung in diesem Fall mit dem Argument arbeitet, dass der Lebenssachverhalt ein anderer würde, wenn vom ersten Richter so schwerwiegende Tatsachen (der Schuss war ein Mord) nicht gesehen und nicht ermittelt worden sind und auch nicht ermittelt werden konnten. Er führt weiter aus, dass dies zu schwierigen Grenzproblemen führen könne, wenn bspw. der erste Richter eine versuchte Körperverletzung angenommen und freigesprochen hat, sich aber später herausstellt, dass ein Mord vorliegt[245]. Zwar ist *Baumann* dahin gehend zuzustimmen, dass auch die herrschende Meinung, welche von einem „rein“ prozessualen Tatbegriff ausgeht, in Fällen großer Abweichungen in der Rechtsfolge, geneigt ist, die Annahme einer Tat zu verneinen, um sich den Ergebnissen ihres eigenen Tatbegriffsverständnisses zu Gunsten der materiellen Gerechtigkeit zu entziehen. Jedoch erscheint ein Abstellen auf eine „im Prinzip gleichartige Rechtsfolgebehauptung“ nicht als geeignet, den Umfang der Rechtskraft, gleichsam korrigierend zu lenken. So bereitet bereits die Beantwortung der Frage Schwierigkeiten, bis zu welcher Divergenz in der Rechtsfolgebehauptung noch von einer „im Prinzip gleichartigen Rechtsfolgebehauptung“ ausgegangen werden kann. Allein die Angabe, eine Divergenz in der Rechtsfolgebehauptung liege bspw. zwischen einer Lebenslangen Freiheitsstrafe und einer Geldbuße oder einer Geldstrafe vor[246], ist noch zu ungenau, um eine praxistaugliche Divergenzvorgabe zu sein. Wäre beispielsweise auch von einer „im Prinzip gleichartigen Rechtsfolgebehauptung“ auszugehen, wenn eine lebenslange Freiheitsstrafe und eine zeitige Freiheitsstrafe im oberen Bereich in Frage stehen würden? Das

244 *Baumann*, Grundbegriffe und Verfahrensprinzipien, S. 179.
245 *Baumann*, Grundbegriffe und Verfahrensprinzipien, S. 179.
246 *Lillich*, Doppelstrafverbot bei Kartelldelikten, 1978, S. 18.

Abstellen auf eine „im Prinzip gleichartige Rechtsfolgebehauptung“ führt zu keinem Gewinn hinsichtlich eines gerechteren Ausgleichs zwischen der materiellen Gerechtigkeit einerseits und der Rechtssicherheit andererseits. Vielmehr müsste in jedem Einzelfall erneut die Frage beantwortet werden, ob von einer gleichartigen Rechtsfolgebehauptung ausgegangen werden kann. Das zusätzliche Abstellen auf die Rechtsfolgebehauptung bringt somit keinen Gewinn an Rechtssicherheit.

Überträgt man die Ansicht von *Baumann* – trotz der angeführten Schwächen dieser Ansicht – auf den bereits geschilderten Fall des Reichsgerichts vom 3. Dezember 1935[247], in welchem das Gericht in einem obiter dictum den Fall behandelt hat, dass der Angeklagte wegen Schießens an bewohntem Ort verurteilt wurde, wobei sich später im Zuge neuerer Aufklärung herausstellte, dass der Schuss als Mord oder Mordversuch zu qualifizieren war[248], so bewirkt die gravierende Divergenz in der behaupteten Straffolge, dass die Sperrkraft der rechtskräftigen Entscheidung wegen des Bagatelldelikts nicht einer erneuten Verurteilung wegen Mordes entgegensteht[249].

b) Ansicht von Henkel

Aber auch nach dem Tatbegriffsverständnis von *Henkel*, der auch auf einen prozessualen Tatbegriff abstellt, erfährt der Tatbegriff der herrschenden Auffassung wesentliche Beschränkungen.

Nach *Henkel* überstrapaziert die herrschende Meinung zum prozessualen Tatbegriff diesen zum Nachteil der materiellen Gerechtigkeit. Der herrschenden Meinung könne nicht gefolgt werden, wenn sie für den Umfang der Rechtskraftwirkung ausschließlich auf den durch Tatidentität zusammengefassten Tatsachenkomplex abstelle, den das Gericht rechtlich, also abstrakt-hypothetisch, in der Hauptverhandlung hätte aburteilen können, ohne die Grenzen des Verhandlungsgegenstandes zu überschreiten (§ 264 StPO)[250]. Vielmehr solle sich die materielle Rechtskraft nur auf den Wirklichkeitsausschnitt erstrecken, der vom Gericht bei Anwendung der ihm obliegenden Kognitionspflicht tatsächlich erkannt werden konnte[251].

---

247 Vgl. § 2. C) I.; RGSt 70, 26 ff.

248 RGSt 70, 26, 30 - 31; siehe auch *Lillich*, Doppelstrafverbot bei Kartelldelikten, 1978, S. 17 Fn. 18.

249 *Lillich*, Doppelstrafverbot bei Kartelldelikten, 1978, S. 18.

250 *Henkel*, Strafverfahrensrecht, 1968, S. 388 - 389.

251 *Henkel*, Strafverfahrensrecht, 1968, S. 389; *Lillich*, Doppelstrafverbot bei Kartelldelikten, 1978, S. 18.

Der Umfang der Sperrwirkung des ne-bis-in-idem werde nicht nur durch das bestimmt, was das Gericht hypothetisch abzuurteilen imstande war, sondern auch dadurch, was es bei sorgfältiger Erfüllung der Wahrheitserforschungspflicht abzuurteilen hatte. Treten also Tatsachen, die außerhalb der Kognitionspflicht in dem vorbezeichneten Sinne liegen, erst nachträglich zu Tage, so stünde einer erneuten Aburteilung unter dem veränderten Gesichtspunkt nichts entgegen[252]. So soll beispielsweise der wegen Körperverletzung Verurteilte, wenn das Opfer nach der Hauptverhandlung infolge der erlittenen Verletzungen stirbt, wegen Körperverletzung mit Todesfolge verfolgbar sein[253].

Auf das obiter dictum im Fall des Reichsgerichts vom 3. Dezember 1935[254] bezogen, bedeutet dies, dass eine Berücksichtigung des nachträglich eingetretenen Todes in einem weiteren Verfahren möglich wäre. Die praktische Verwirklichung des nach dieser Ansicht noch vorhandenen Strafanspruchs soll durch eine „Ergänzungsklage" erfolgen[255]. Das neue Verfahren soll aber nicht eine Unterstützung des ersten Urteils sein, sondern vielmehr seiner Ergänzung dienen. Das ergangene Urteil soll rechtskräftig bleiben und lediglich vervollständigt werden. Die in dem ersten Urteil ausgesprochene Strafe ist nach Ansicht von *Henkel* in der Aburteilung in Anrechnung zu bringen[256].

Henkel engt den Tatbegriff der herrschenden Meinung aber noch dadurch ein, dass er der objektiven Feststellung des historischen Ereignisses eine wertende Betrachtung darüber anschließen will, ob der bereits rechtskräftig abgeurteilte Vorgang denselben „Unrechtsgehalt" betrifft wie der später abzuurteilende[257]. Auf den Fall des Reichsgerichts bezogen würde dies trotz identischen historischen Geschehens zur Verneinung der Tatidentität führen, weil der Unrechtsgehalt eines verbotenen Schießens sich erheblich von dem einer vorsätzlichen Tötung unterscheidet, sodass der wesentliche Unrechtsgehalt im Urteil unberücksichtigt geblieben ist[258].

---

252 *Henkel*, Strafverfahrensrecht, 1968, S 389.

253 *Henkel*, Strafverfahrensrecht, 1968, S. 389.

254 Vgl. § 2. C) I. und II. 1. a); RGSt 70, 26, 30 - 31.

255 *Henkel*, Strafverfahrensrecht, 1968, S. 390; *Lillich*, Doppelstrafverbot bei Kartelldelikten, 1978, S. 18 Fn. 25.

256 *Henkel*; Strafverfahrensrecht, 1968, S. 390.

257 *Lillich*, Doppelstrafverbot bei Kartelldelikten, 1978, S. 19.

258 *Henkel*, Strafverfahrensrecht, 1968, S. 387; *Lillich*, Doppelstrafverbot bei Kartelldelikten, 1978, S. 19.

c) Bewertung

Wie gesehen, hat die Rechtsauffassung der herrschenden Meinung zum prozessualen Tatbegriff selbst von ihren Anhängern keine bedingungslose Zustimmung erfahren[259]. Der Kritik an der h.M. ist im Ergebnis beizutreten. Zum einen fehlt es an der hinreichenden Bestimmtheit des prozessualen Tatbegriffs, wenn dort für seine Bestimmung auf das Verhalten des Angeklagten, das nach natürlicher Lebensauffassung mit dem in Anklage und Eröffnungsbeschluss bezeichneten Verhalten einen einheitlichen Lebensvorgang bildet, abgestellt wird[260]. Diesbezüglich ist *Lillich* zuzustimmen, der die Ansicht vertritt, dass durch diese vage Begriffsbildung nur eine scheinbare Festlegung erfolge[261]. Zur Begründung seiner Ansicht stellt *Lillich* einen Vergleich zwischen dem Urteil des BGH vom 18. Juni 1957 – 5 StR 164/57[262]– und dem Urteil des BGH vom 24. Februar 1959 – 1 StR 29/59[263]– an[264]. Beiden Entscheidungen lag als Prozessgegenstand jeweils eine Kindstötung zu Grunde, die im Anschluss an Abtreibungsversuche vorgenommen wurden[265].

In ersterem Fall blieb ungeklärt, ob das Kind – wovon die Täter ausgingen – gelebt hatte[266]. Der BGH will in diesem Fall eine Wahlfeststellung zwischen Abtreibung und Totschlag in Idealkonkurrenz einerseits und Abtreibung und versuchtem Totschlag in Realkonkurrenz andererseits zulassen[267].

> *„Es kam also eine wahldeutige Verurteilung in Betracht. Der Angeklagte ist entweder der vollendeten Abtreibung und des versuchten Totschlages als einer weiteren selbständigen Handlung oder der vollendeten Abtreibung in Tateinheit mit vollendetem Totschlag schuldig."*[268]

Es bestehe kein Zweifel daran, dass die zweite Alternative nur eine Tat i.S.v. §§ 155, 264 StPO sei. Der Übergang von Ideal- zu Realkonkurrenz ergebe sich lediglich aus materiell-rechtlichen Gründen, da die erfolgreiche Abtreibungshandlung beendet sei, als der Tötungsversuch beginnt. Derselbe historische Zu-

259 Vgl. § 2. C) II. 1.
260 *Lillich*, Doppelstrafverbot bei Kartelldelikten, 1978, S. 17 und 23.
261 *Lillich*, Doppelstrafverbot bei Kartelldelikten, 1978, S. 23.
262 BGHSt 10, 291 ff.
263 BGHSt 13, 21 ff.
264 *Lillich*, Doppelstrafverbot bei Kartelldelikten, 1978, S. 23.
265 *Lillich*, Doppelstrafverbot bei Kartelldelikten, 1978, S. 23.
266 BGHSt 10, 291, 292.
267 *Lillich*, Doppelstrafverbot bei Kartelldelikten, 1978, S. 23.
268 BGHSt 10, 291, 294.

sammenhang bestehe bereits deshalb, weil derselbe äußere Geschehensablauf auch eine tateinheitliche Verwirklichung der §§ 218, 212 StGB sein könne[269].

> *„Durch die spätere Tötung des lebenden Kindes, die Totschlagshandlung, wurde also zugleich der Tatbestand des § 218 StGB vollendet. Beide Straftaten stehen miteinander in Tateinheit (§ 73 StGB).“*[270]

In dem Urteil des BGH vom 24. Februar 1959 – 1 StR 29/59[271]– vertritt dieser jedoch die Ansicht, dass es sich bei der versuchten Abtreibung und der nachfolgenden Tötung um zwei unterschiedliche Taten handelt. Dies begründet er damit, dass auch die „nahe zeitliche Aufeinanderfolge“ und dieselbe in Abtreibungs- und Tötungsvorsatz enthaltene ablehnende Grundhaltung gegenüber dem Kind den erforderlichen inneren Sachzusammenhang nicht schaffen könnten[272].

> *„Diese nahe zeitliche Aufeinanderfolge schuf jedoch den für die Annahme einer einheitlichen Tat im verfahrensrechtlichen Sinn erforderlichen inneren Sachzusammenhang ebensowenig wie die Tatsache, daß Abtreibungs- und Tötungsvorsatz derselben ablehnenden Grundhaltung der Angeklagten gegenüber dem zu erwartenden Kind entsprangen.“*[273]

Zutreffend erkennt *Lillich* bereits, dass dieser Widerspruch unlösbar erscheint. Der BGH scheint die Konsequenzen seines eigenen Tatbegriffs nicht mit seinem Gerechtigkeitsempfinden vereinbaren zu können. Bei konsequenter Anwendung des von ihm zu Grunde gelegten prozessualen Tatbegriffs wäre wegen der bereits rechtskräftigen Entscheidung über die Abtreibung eine Bestrafung wegen der nachfolgenden Kindstötung nicht mehr möglich gewesen[274]. Es lässt sich der Eindruck nicht vermeiden, dass der BGH den Tatbegriff im jeweiligen konkreten Einzelfall ergebnisorientiert auslegt. Dies führt aber zu einer Aufweichung des Tatbegriffs und zu einem Verlust an dessen Bestimmtheit und damit an Rechtssicherheit und Gerechtigkeit.

In dem Urteil des BGH vom 24. Februar 1959[275] wird auch deutlich, dass die h.M. die von ihr postulierte Unabhängigkeit des Tatbegriffs von materiell-rechtlichen Einflüssen nicht durchhält[276]. So hat der BGH die fehlende Tatidentität u.a. mit der

---

269 *Lillich*, Doppelstrafverbot bei Kartelldelikten, 1978, S. 23.

270 BGHSt 10, 291, 294.

271 BGHSt 13, 21 ff.

272 *Lillich*, Doppelstrafverbot bei Kartelldelikten, 1978, S. 24.

273 BGHSt 13, 21, 27.

274 *Lillich*, Doppelstrafverbot bei Kartelldelikten, 1978, S. 24.

275 BGHSt 13, 21 ff.

276 *Lillich*, Doppelstrafverbot bei Kartelldelikten, 1978, S. 24.

„ [...] Andersartigkeit des rechtlich mißbilligten Verhaltens, des bedrohten Rechtsguts und des Unrechtsgehaltes der Tat [...] [welcher] der Angeklagten einen neuen Willensentschluß abnötigte“[277]

begründet[278]. An dieser Formulierung wird deutlich, dass der BGH den prozessualen Tatbegriff mit materiell-rechtlichen Kriterien anreichert, wenn er u.a. auf den Rechtsgüterschutz abstellt[279].

2. Materiell-rechtliche Theorien

In der Literatur hat sich eine Mindermeinung herausgebildet, die die von der herrschenden Rechtsansicht zum prozessualen Tatbegriff behauptete Unabhängigkeit des Tatbegriffs von materiell-rechtlichen Kriterien bestreitet. Nach dieser Mindermeinung könne der Tatbegriff nicht allein durch das Abstellen auf eine faktische Betrachtungsweise bestimmt werden. Vielmehr solle der Begriff der Tat nur durch einen zwischen Rechtsnorm und Lebenssachverhalt hin- und herwandernden Blick erfasst werden können. Für die Beantwortung der Frage, ob eine Tatidentität angenommen werden kann, sei auf materiell-rechtliche Gesichtspunkte abzustellen, wie die Tathandlung und die Rechtsgutsverletzung[280].

a) Handlungstheorien

Nach den Vertretern der Handlungstheorien liegt Tatidentität vor, wenn die Tatbestandsverwirklichungen in den beiden betrachteten Komplexen wenigstens einen identischen Teilakt aufweisen. Dieselbe Tat liegt nicht vor, wenn bspw. die Täterin nach einem Abtreibungsversuch, der eine vorzeitige Geburt auslöst, das geborene Kind, unmittelbar im Anschluss an die Geburt tötet[281]. Auch liegt keine Tatidentität vor zwischen Flucht vom Unfallort und der Herbeiführung des Unfalls, zwischen dem Mitwirken bei der Wegnahme fremder Sachen und zuvor erfolgter Beihilfe oder späterem Ankauf der Diebesbeute und zwischen dem Nichtanzeigen eines geplanten Mordes und der Anstiftung zu diesem[282].

---

277 BGHSt 13, 21, 26.

278 *Lillich*, Doppelstrafverbot bei Kartelldelikten, 1978, S. 24.

279 *Lillich*, Doppelstrafverbot bei Kartelldelikten, 1978, S. 25.

280 *Lillich*, Doppelstrafverbot bei Kartelldelikten, 1978, S. 20.

281 BGHSt 13, 21; *Herzberg*, JuS 1972, 113, 119; *Lillich*, Doppelstrafverbot bei Kartelldelikten, 1978, S. 21.

282 *Herzberg*, JuS 1972, 113, 119.

b) Rechtsgutsverletzungstheorien

Der Tatbegriff wird nach der Rechtsgutsverletzungstheorie durch die Identität des verletzten Rechtsgutes und durch die Identität der Verletzungshandlung bestimmt. Da die Straftatbestände häufig dieselben Rechtsgüter schützen und wegen der häufig vorkommenden mehrfachen Schutzrichtung einer Strafnorm, soll eine Teilüberdeckung der beeinträchtigten Rechtsgüter zur Annahme der Tatidentität ausreichen. Die Teilüberdeckung der beeinträchtigten Rechtsgüter allein kann aber zur Bestimmung der Tatidentität nicht genügen, denn auf jedes Rechtsgut kann eine beliebig große Anzahl von Angriffen erfolgen. Die Begrenzung der Reichweite des Tatbegriffs auf einen Angriff erfolgt durch Hinzuziehung des materiell-rechtlichen Handlungsbegriffs[283]. Um eine Tat handelt es sich nach der Ansicht der Rechtsgutsverletzung mithin, wenn durch eine Handlung – einschließlich der sog. „natürlichen“ Handlungseinheit[284] – ein bestimmtes Rechtsgut beeinträchtigt wird[285].

c) Gemischte Theorien

Nach der Auffassung von *Schwinge* liegt „dieselbe Tat“ i.S.d. Strafprozessordung in zwei Fällen vor:

Zum einen:

> *„Bei mindestens stückweiser Identität der konkreten Ausführungstätigkeiten.“ Identität der Tat sei dann gegeben, „wenn sich der Handlungsabschnitt, der der tatbestandsmäßigen Ausführungstätigkeit desjenigen gesetzlichen Deliktstyps entspricht, auf den sich Eröffnungsbeschluß oder Urteil beziehen, wenigstens zu einem Teile in dem neu zur Beurteilung stehenden natürlichen Vorgang wiederfindet.“ Voraussetzung sei aber, dass keine erheblichen rechtlichen Veränderungen in den übrigen Tatbestandsvoraussetzungen eingetreten seien*[286].

Zum anderen:

> *„Bei Identität des materiellen Unrechtsgehalts der miteinander verglichenen, äußerlich voneinander verschiedenen Handlungen.“ Damit meint er, dass sich „beide Taten also entweder gegen das gleiche Schutz- und Handlungsobjekt richten müssen [...] oder wenigstens als fortgesetzte Handlung oder Sammelstraftat ein Wertganzes bilden“*[287].

---

283 *Bertel*, Identität der Tat, 1970, S. 172 - 173; *Lillich*, Doppelstrafverbot bei Kartelldelikten, 1978, S. 22.

284 *Bertel*, Identität der Tat, 1970, S. 171

285 *Lillich*, Doppelstrafverbot bei Kartelldelikten, 1978, S. 21 - 22.

286 *Schwinge*, ZStW 52 (1932), 203, 236

287 *Schwinge*, ZStW 52 (1932), 203, 236.

Wie sich spätestens mit der Formel: „Identität der Tat = Identität der Handlung + Identität des Erfolges“ zeigt, verlangt *Schwinge* für die Annahme der Tatidentität, ein kumulatives Abstellen sowohl auf die Ausführungshandlung als auch die Rechtsgutsverletzung[288].

d) Bewertung

Die Handlungstheorie ist abzulehnen. Neben dem Vorwurf, dass sie den Tatbegriff mit den Schwierigkeiten des materiell-rechtlichen Handlungsbegriffs belaste[289], scheint die Abgrenzung danach, ob ein Teil eines Verhaltens des präsumtiven Täters als Bestandteil beider Tatbestandserfüllungen anzusehen ist, allzu oft zufällig getroffen werden zu müssen[290].

Auch die Tatbegriffsbestimmung mit Hilfe der geschützten Rechtsgüter erscheint bereits auf nationaler Ebene nicht zu überzeugen. Ein solches Vorgehen engt den Tatbegriff zu sehr ein. Zwar führt die Theorie der Rechtsgutsverletzung zu dem wünschenswerten Ergebnis, dass sie nur solches Verhalten zu einer Tat vereinigt, welches dieselbe Angriffsrichtung hat[291]. Jedoch muss sie sich entgegenhalten lassen, dass sie den ne-bis-in-idem-Schutz zu stark einengt. Wenn man die Annahme des Vorhandenseins von Tatidentität davon abhängig macht, dass dieselben Rechtsgüter verletzt wurden, so führt dies auf Grund der vielen verschiedenen Schutzrichtungen der Normen dazu, dass theoretisch bereits eine Handlung so viele Verfahren nach sich ziehen kann, wie Rechtsgüter betroffen sein können. Die schlichte Abgabe eines Schusses könnte nach dieser Theorie dazu führen, dass der präsumtive Täter mit einem Verfahren der Wilderei, der Tötung und des Verstoßes gegen das Waffengesetz, jeweils als eine andere Tat in einem anderen Prozess überzogen wird[292].

3. Gemischt-materiell-rechtlicher Tatbegriff

a) Ansicht von Lillich

Nach *Lillich* soll die Lösung am besten geeignet sein, die die beiden materiellrechtlichen Theorien kombiniert. Es solle also eine Kombination der Handlungstheorie mit der Theorie der Rechtsgutverletzung stattfinden[293]. Nur eine solche

288 *Lillich*, Doppelstrafverbot bei Kartelldelikten, 1978, S. 22 - 23.
289 *Lillich*, Doppelstrafverbot bei Kartelldelikten, 1978, S. 25.
290 *Lillich*, Doppelstrafverbot bei Kartelldelikten, 1978, S. 26.
291 *Lillich*, Doppelstrafverbot bei Kartelldelikten, 1978, S. 26.
292 *Lillich*, Doppelstrafverbot bei Kartelldelikten, 1978, S. 26.
293 *Lillich*, Doppelstrafverbot bei Kartelldelikten, 1978, S. 27.

Vorgehensweise vermöge die dogmatischen Schwächen des prozessualen Tatbegriffs der h.M. und die Unzulänglichkeiten bei dem Abstellen auf nur eine der materiell-rechtlichen Theorien zu überwinden[294].

Eine Tat im Sinne der §§ 155, 264 StPO[295] liegt nach seiner Ansicht vor,

> *„wenn eine Handlung Bestandteil der Tatbestandserfüllung verschiedener Strafvorschriften ist oder wenn in einem Verhaltenskomplex, der aus mehreren Handlungen bestehen kann, ein einheitlicher Angriff auf dasselbe Rechtsgut zu sehen ist.“*[296]

In dem Fall des Reichsgerichts vom 3. Dezember 1935 liege durch die Abgabe eines Schusses nur eine Handlung vor, sodass der Schütze nur mit einem Verfahren rechnen müsse[297].

Zwischen dem geschilderten Fall der Kindstötung und dem vorausgegangenen Abtreibungsversuch besteht nach der Ansicht von *Lillich* keine Tatidentität. Vielmehr sollen nach seiner Ansicht zwei verschiedene Taten vorliegen. Dies folge daraus, dass keine sich deckende Ausführungshandlung vorhanden sei und die Tötung nach der Geburt im Verhältnis zu dem Abtreibungsversuch eine neue Rechtsgutsverletzung darstelle[298].

Für die Fälle der nachträglich eingetretenen schweren Folge, wenn das Opfer also bspw. auf Grund der fahrlässig verursachten Verletzung nach der Verurteilung gemäß § 229 StGB verstirbt, sei wegen der Identität der Handlung ein zweites Verfahren ausgeschlossen[299].

b) Bewertung

Der Lösungsansatz von *Lillich* will die aufgezeigten dogmatischen Schwächen des prozessualen Tatbegriffs und die Unzulänglichkeiten bei dem Abstellen auf nur eine der materiell-rechtlichen Theorien durch eine Kombination der Handlungstheorie mit der Theorie der Rechtsgutverletzung überwinden. *Lillich* stellt – wie gesehen – für die Beurteilung, ob eine Tat vorliegt im Ergebnis darauf ab, ob dieselbe Handlung Bestandteil der Tatbestandserfüllung verschiedener Strafvorschriften ist oder ob in einem Verhaltenskomplex, der aus mehreren Handlungen bestehen kann, ein einheitlicher Angriff auf dasselbe Rechtsgut zu sehen ist[300].

---

294 So im Ergebnis: *Lillich*, Doppelstrafverbot bei Kartelldelikten, 1978, S. 27.

295 Dieses Tatbegriffsverständnis lässt sich auch auf den Tatbegriff in Art. 103 Abs. 3 GG übertragen, vgl. dazu *Herzberg*, JuS 1972, 113.

296 *Lillich*, Doppelstrafverbot bei Kartelldelikten, 1978, S. 27.

297 Vgl. § 2. C) I.; RG 70, 26, 30; *Lillich*, Doppelstrafverbot bei Kartelldelikten, 1978, S. 27.

298 *Lillich*, Doppelstrafverbot bei Kartelldelikten, 1978, S. 28.

299 *Lillich*, Doppelstrafverbot bei Kartelldelikten, 1978, S. 28.

300 Vgl. § 2. C) II. 3. a); *Lillich*, Doppelstrafverbot bei Kartelldelikten, 1978, S. 27.

Die Schwäche dieses Lösungsansatzes besteht zum einen darin, dass er in seinem ersten Teil zur Konkretisierung des Tatbegriffs selbst auf den Begriff „eine Handlung“ abstellt. Der Handlungsbegriff ist aber seinerseits nicht leicht zu fassen. Es ist schon fraglich, ob zur Bestimmung des Handlungsbegriffs auf die natürliche Handlungseinheit oder die rechtliche Handlungseinheit abzustellen ist. Aber bereits die natürliche Handlungseinheit besitzt eine große Weite, die im Vergleich zu dem prozessualen Tatbegriff nicht zu einer größeren Bestimmtheit führt. Nach ihr liegt eine Tat vor, wenn und soweit sich rechtsgutsverletzendes Handeln des Täters in „natürlicher Betrachtung“ als Einheit darstellt. Der Begriff setzt nach der Rechtsprechung voraus, dass zwischen mehreren strafrechtlich erheblichen Verhaltensweisen ein unmittelbarer räumlicher und zeitlicher Zusammenhang besteht und dass das gesamte Tätigwerden bei natürlicher Betrachtungsweise auch für einen Dritten als ein einheitliches Tun erscheint[301]. Wegen der auf den Einzelfall bezogenen Wertungsabhängigkeit ist eine einheitliche Anwendung dieser Formel sehr erschwert[302].

Bereits für die aufgezeigten Fälle[303] vermag der Lösungsansatz keine dogmatisch überzeugende Grundlage zu bieten.

Warum soll es sich bei der Kindstötung und der vorausgehenden Abtreibungsversuche nicht um eine Handlung handeln? Stellt man auf die natürliche Handlungseinheit ab, so erscheint die Annahme einer einheitlichen Handlung zumindest nicht von vornherein ausgeschlossen. Eine nähere Begründung bleibt *Lillich* diesbezüglich schuldig.

Zum anderen ist nicht ersichtlich, wann von einem „einheitlichen Angriff“ auf dasselbe Rechtsgut ausgegangen werden kann. Warum in dem Fall der Kindstötung mit anschließenden Abtreibungsversuchen nicht von einem einheitlichen Angriff auszugehen ist, bleibt im Dunkeln.

Letztlich führt der Begriff „eine Handlung“ zu keiner Konkretisierung gegenüber dem prozessualen Tatbegriff, weil er ähnlich unbestimmt ist wie letzterer. Das Abstellen auf den Rechtsgüterschutz vermag nur bei gleichem Rechtsgut die Annahme einer Tatidentität zu gewährleisten, und bietet damit keinen hinreichenden ne-bis-in-idem-Schutz. Selbst die Verknüpfung beider Ansätze vermag wegen der aufgezeigten Weite des Handlungsbegriffs und der Unbestimmtheit des Begriffs des „einheitlichen Angriffs“ nur in sehr begrenztem Maße, eine weitere Konkretisierung des Tatbegriffs zu gewährleisten.

---

301 *Fischer*, Strafgesetzbuch, 2011, Vor § 52 Rn. 3.

302 *Fischer*, Strafgesetzbuch, 2011, Vor § 52 Rn. 3.

303 Vgl. § 2. C) II. 3. a).

4. Ergebnis

Festzuhalten ist, dass die Auffassung der herrschenden Meinung zum prozessualen Tatbegriff selbst von ihren Anhängern nicht uneingeschränkt geteilt worden ist[304].

Darüber hinaus sollte die Frage beantwortet werden, ob es bereits auf nationaler Ebene unmöglich erscheint, einen rein prozessualen Tatbegriff zu gewährleisten, der frei von normativen Wertungen ist[305]. Die Frage kann nach vorstehenden Ausführungen dahin gehend beantwortet werden, dass selbst die h.M. die von ihr geforderte Unabhängigkeit des Tatbegriffs von materiell-rechtlichen Einflüssen nicht in ihrer vollen Tragweite durchhält. Dies wird besonders deutlich, wenn der BGH in seinem Urteil vom 24. Februar 1959 – 1 StR 29/59[306] – die fehlende Tatidentität u.a. mit der Andersartigkeit des rechtlich missbilligten Verhaltens, des bedrohten Rechtsgutes und des Unrechtsgehalts der Tat begründet[307]. Dies stellt ein wichtiges Indiz für das Ergebnis der noch vorzunehmenden Auslegung des Tatbegriffs in Art. 54 SDÜ dar[308]. Da es nämlich bereits auf nationaler Ebene nicht möglich erscheint, einen rein prozessualen Tatbegriff zu gewährleisten, lässt sich bereits an dieser Stelle der Bearbeitung erahnen, dass das vom EuGH vertretene rein faktische Tatbegriffsverständnis in Art. 54 SDÜ eine reine Utopie darstellt. Vielmehr drängt sich die Vermutung auf, dass auch der Tatbegriff in Art. 54 SDÜ vom materiellen Recht beeinflusst wird[309].

---

304 Vgl. § 2. C) II. 1. c); § 2. C) II. 1. a) und b).

305 Vgl. § 2. C) II.

306 BGHSt 13, 21 ff.

307 Vgl. § 2. C) II. 1. c); *Lillich*, Doppelstrafverbot bei Kartelldelikten, 1978, S. 24.

308 Auslegung des Tatbegriffs vgl. § 8 und § 9.

309 Vgl. § 8 und § 9.

§ 3. Der Tatbegriff in anderen Schengen-Staaten

Nachdem nunmehr die geschichtliche Entwicklung des ne-bis-in-idem-Grundsatzes und das Tatbegriffsverständnis in Deutschland veranschaulicht wurden, will die vorliegende Arbeit ihre Betrachtung auch auf die Tatbegriffe anderer Schengen-Staaten richten. Dies ist unabdingbar, um die Unterschiede und die damit einhergehenden Schwierigkeiten bei der Definition eines europäischen Tatbegriffs zu verdeutlichen. Eine nähere Auseinandersetzung erfolgt in diesem Zusammenhang mit den Tatbegriffen der Schengen-Staaten Frankreich, Italien, den Niederlanden und England.

A) Der Tatbegriff im französischen Strafverfahrenssystem

Obwohl der ne-bis-in-idem-Grundsatz in der französischen Strafrechtspraxis nur sehr begrenzt angewandt wurde, so wurde er doch bereits unter dem Ancien Régime anerkannt. Später wurde der ne-bis-in-idem-Grundsatz in der Verfassung vom 3. – 14. September 1791 und im Code vom 3. brumaire an IV 3) sogar ausdrücklich normiert[310].

Der ne-bis-in-idem-Grundsatz ist im Code d'Instruction Criminelle von 1808 in den Art. 246 CIC und Art. 360 CIC verankert[311]:

Der Schutz, den der in Art. 246, 360 CIC normierte ne-bis-in-idem-Grundsatz gewährt, ist aber lediglich rudimentär ausgeprägt[312]. Dies ergibt sich bereits aus Art. 246 CIC. In diesem wird ausgeführt, dass der Beschuldigte, hinsichtlich dessen ein beschließendes Gericht entschieden hat, vor dieses nicht mehr gestellt werden kann, es sei denn, dass sich neue Anschuldigungen ergeben[313].

Diese Einstellungsbeschlüsse entfalten zwar grundsätzlich Rechtskraft (arrêts de non-lieu). Die Rechtskraft umfasst die materielle Tat, die den Gegenstand der Verfolgung bildet. Die materielle Tat kann nicht erneut unter einer anderen rechtlichen Qualifizierung verfolgt werden. Die Rechtskraft kann aber durchbrochen werden. Es ist nämlich zu beachten, dass die Rechtskraft des Urteils bei ei-

310 *Spinellis*, Rechtskraft, 1962, S. 137.

311 *Mansdörfer*, Prinzip des ne bis in idem, 2004, S. 65; *Spinellis*, Rechtskraft, 1962, S. 137.

312 *Mansdörfer*, Prinzip des ne bis in idem, 2004, S. 65.

313 *Spinellis*, Rechtskraft, 1962, S. 137.

ner Einstellung aus tatsächlichen Gründen bedingt ist. Das Verfahren kann nämlich schon dann wieder aufgenommen werden, wenn neue Tatsachen oder Beweise vorgetragen werden. Auch bei einer Einstellung, die auf rechtlichen Gründen beruht, kann das Verfahren wieder aufgenommen werden, wenn an dem Vorliegen der Voraussetzungen für die Einstellung durch neue Tatsachen Zweifel entstehen[314].

Der ne-bis-in-idem-Grundsatz wird des Weiteren in Art. 360 CIC angesprochen[315]. Der Art. 360 CIC bezieht sich im Unterschied zu Art. 246 CIC auf die Rechtskraft von Endurteilen[316]. Art. 360 CIC lautet wie folgt:

> *„Wer gesetzlich freigesprochen ist, kann wegen derselben Tat nicht wieder eingezogen oder angeklagt werden."*[317]

Aus dem Wortlaut dieser Vorschrift ergibt sich, dass Voraussetzung für den Eintritt der Rechtskraft ist, dass eine Entscheidung in der Sache vorliegt und es sich in dem späteren Verfahren um dieselbe Tat handelt[318]. Bei der Entscheidung muss es sich um ein formell rechtskräftiges Urteil handeln. Als weitere Voraussetzungen verlangt die französische Rechtsdoktrin, die Identität des Objekts, der Streitsache und der Personen[319]. Für die vorliegende Arbeit interessiert vor allem die Frage, wann von einer Identität der Streitsache (identié de cause), also von derselben Tat gesprochen werden kann.

Zu klären ist in diesem Zusammenhang die Frage, ob der Begriff der Tat dabei auf die faktisch tatsächliche Handlung abstellt oder aber ob die rechtliche Qualifikation entscheidend für die Tatbegriffsbestimmung sein soll[320]. Der Begriff der Tat wird nicht faktisch tatsächlich betrachtet. Maßgeblich soll vielmehr dessen rechtliche Einordnung, die sog. fait légal bzw. fait qualifié, sein[321]. Auf Grund des Abstellens auf die Verschiedenheit der rechtlichen Einordnung besteht die Gefahr, dass eine Person mehreren Anklagen ausgesetzt wird, in denen ein identisches tatsächliches Geschehen vorliegt. Um dem Angeklagten dennoch Schutz vor mehreren Anklagen zu bieten, ist der Richter mit einem umfassenden Fragerecht ausgestattet. Dadurch kann er die Tat in einem Verfahren unter verschiedenen rechtlichen Gesichtspunkten mit strafklageverbrauchender Wirkung würdigen. Um den Schutz des Angeklagten aber nicht gänzlich auszuhöhlen,

---

314 *Mansdörfer*, Prinzip des ne bis in idem, 2004, S. 65; *Spinellis*, Rechtskraft, 1962, S. 137 - 138.
315 *Spinellis*, Rechtskraft, 1962, S. 138.
316 *Mansdörfer*, Prinzip des ne bis in idem, 2004, S. 65.
317 *Spinellis*, Rechtskraft, 1962, S. 138.
318 *Mansdörfer*, Prinzip des ne bis in idem, 2004, S. 65.
319 *Spinellis*, Rechtskraft, 1962, S. 138.
320 *Mansdörfer*, Prinzip des ne bis in idem, 2004, S. 65 - 66; *Spinellis*, Rechtskraft, 1962, S. 138.
321 *Mansdörfer*, Prinzip des ne bis in idem, 2004, S. 65 - 66.

führen reine Verfahrensfehler grundsätzlich nicht dazu, die Eröffnung eines erneuten Verfahrens zu rechtfertigen[322].

Nachdem das Tatbegriffsverständnis in Frankreich lange Zeit umstritten war, und die Rechtsprechung zunächst der im Code d'Instruction Criminelle begründeten Tradition folgte und die rechtliche Einordnung als maßgeblich erachtete, hat der Gesetzgeber der herrschenden Lehre entsprechend für Verfahren vor dem cour d'assises eine tatsächliche Sichtweise angeordnet und dem Präsident des cour d'assises mit einem umfassenden Fragerecht ausgestattet. Nach herrschender Auffassung sind diese Vorschriften auch auf die Prozesse vor den anderen Gerichten auszudehnen. Die französischen Gerichte haben ihrer Betrachtung daher einen historischen Tatbegriff zu Grunde zulegen[323].

B) Der Tatbegriff im italienischen Strafverfahrenssystem

Die Funktion des ne-bis-in-idem-Grundsatzes als individuelle Freiheitsgarantie gegenüber dem Staat ist für das italienische Strafverfahrenssystem allgemein anerkannt und wurde von der Strafpozessrechtsreform Ende der achtziger Jahre des 20. Jahrhunderts bestätigt[324].

Bereits in der italienischen Strafprozessordnung von 1930 (Codice Processuale Penale: cpp-alt) war die Sperrwirkung der materiellen Rechtskraft des Strafurteils expressis verbis in Art. 90 cpp-alt normiert[325].

In Art. 90 cpp-alt hieß es:

> *„Unzulässigkeit einer zweiten Aburteilung: Der durch ein unwiderrufliches Urteil auch in Abwesenheit, verurteilte oder freigesprochene Angeklagte, kann wegen derselben Tat nicht einem Strafverfahren erneut unterworfen werden, auch nicht wenn die Tat nach dem Titel, nach dem Grad oder nach den Umständen als verschieden betrachtet wird, mit Ausnahme der von den Art. 17, 89 und 492 vorgesehenen Fälle. Wenn trotzdem ein neues Verfahren eingeleitet wurde, erlässt der Richter in jeder Verfahrenslage eine Entscheidung, wodurch er erklärt, dass er nicht weiter verfahren darf, weil die Strafklage nicht erhoben werden konnte."*[326]

Auch im italienischen Strafverfahrenssystem setzt die Anwendung des ne-bis-in-idem-Grundsatzes voraus, dass es sich bei dem erneuten Verfahren um eines wegen derselben Tat und gegen dieselbe Person handelt[327]. Es wird ganz deutlich,

322 *Mansdörfer*, Prinzip des ne bis in idem, 2004, S. 66.

323 *Mansdörfer*, Prinzip des ne bis in idem, 2004, S. 66 - 67.

324 *Mansdörfer*, Prinzip des ne bis in idem, 2004, S. 75.

325 *Spinellis,* Rechtskraft, 1962, S. 147.

326 *Spinellis*, Rechtskraft, 1962, S. 147 - 148.

327 *Spinellis*, Rechtskraft, 1962, S. 148.

dass Art. 90 cpp-alt mit seiner Formulierung, bei der Beurteilung des Vorliegens von Tatidentität auf die geschichtliche Individualität der Tat und nicht auf deren juristische Würdigung abstellte. Unter dem Begriff *„Titel"* in Art. 90 cpp-alt wurde die Qualifikation der Tat verstanden[328].

In Zusammenhang mit Art. 90 cpp-alt von 1930 stellte daher die Rechtsprechung beim Tatbegriff rein auf die äußere Tat ab, ohne den inneren Willen des Täters und die rechtliche Qualifikation der Tat insoweit zu berücksichtigen[329]. So konnte nach einem Freispruch vom Vorwurf des Mordes keine erneute Verfolgung wegen fahrlässiger Tötung erfolgen. Gleiches galt für das Verhältnis zwischen Diebstahl und Unterschlagung[330]. Daher untersagen die Art. 648, 649 der italienischen Strafprozessordnung vom 22. September 1988 (Codice di Procedura Penale: cpp-neu) heute einen Prozess wegen derselben Tat (fatto), auch dann, wenn die Tat wegen der Bezeichnung der strafbaren Handlung, wegen des Grades oder wegen der Umstände anders zu beurteilen ist[331]. Bemerkenswert ist, dass die italienische StPO dem Institut der Rechtskraft eine solch große Bedeutung zumisst, dass sie in den Art. 629 ff. cpp-neu eine Durchbrechung der Rechtskraft in einem Wiederaufnahmeverfahren nur zu Gunsten des Angeklagten zulässt[332].

C) Der Tatbegriff im niederländischen Strafverfahrenssystem

Der ne-bis-in-idem-Grundsatz ist auch in der niederländischen Jurisprudenz als Verfahrenshindernis anerkannt. Die Grundlage eines jeden Strafverfahrens bildet die Tat als historisches Geschehen, wie es in der Anklageschrift dargestellt ist. Jedoch ist es in dem niederländischen Strafprozess möglich, dass die Staatsanwaltschaft dem Gericht nicht nur den angeklagten Sachverhalt zur Kenntnis bringen darf, sondern überdies eine Vielzahl gleichgelagerter Fälle. Dem Angeklagten steht es frei, diese weiteren Fälle einzuräumen, sodass sie bei der Strafzumessung berücksichtigt und nach höchstrichterlicher Rechtsprechung mit strafklageverbrauchender Wirkung abgeurteilt werden können[333]. Eine weitere Besonderheit der niederländischen Rechtsordnung besteht in ihrer Liberalität gegenüber ausländischen Entscheidungen[334]. Soweit ersichtlich besitzen die Nie-

---

328 *Spinellis*, Rechtskraft, 1962, S. 148.
329 *Mansdörfer*, Prinzip des ne bis in idem, 2004, S. 75.
330 *Mansdörfer*, Prinzip des ne bis in idem, 2004, S. 75; *Spinellis*, Rechtskraft, 1962, S. 148.
331 *Mansdörfer*, Prinzip des ne bis in idem, 2004, S. 75.
332 *Mansdörfer*, Prinzip des ne bis in idem, 2004, S. 75 - 76.
333 *Mansdörfer*, Prinzip des ne bis in idem, 2004, S. 70; *Rüter*, JR 1988, 136, 138.
334 *Mansdörfer*, Prinzip des ne bis in idem, 2004, S. 71.

derlande die liberalsten ne-bis-in-idem-Regelungen innerhalb der EU[335]. So akzeptiert das niederländische Strafrecht bereits seit über hundert Jahren jedes ausländische Strafurteil als Strafverfolgungshindernis, selbst dann, wenn dadurch gegen die Niederlande gerichtete, auf ihrem Territorium oder von ihren Staatsbürgen im Ausland begangene Taten abgeurteilt werden[336]. Im Jahre 1985 wurde die ne-bis-in-idem-Vorschrift des Art. 68 Wetboek van Strafrecht dahin gehend ergänzt, dass in den Niederlanden ein Strafverfolgungshindernis besteht, wenn eine Verfahrensbeendigung (settlement) außerhalb der Hauptverhandlung in einem ausländischen Staat erfolgt ist und der Beschuldigte oder Angeklagte die Bedingungen der Verfahrensbeendigung erfüllt hat[337]. Das Schengener Übereinkommen hat daher zu keiner großen Veränderung in der niederländischen Strafgerichtsbarkeit geführt[338], vor allem, weil die Niederlande auch den Vertrag zwischen den Mitgliedstaaten der EG über die gegenseitige Anwendung des ne-bis-in-idem-Prinzips unterzeichnet haben[339].

D) Der Tatbegriff im englischen Strafverfahrenssystem

Der englische Strafprozess ist ein Anklageprozess, der durch die Parteiherrschaft bestimmt wird. Die Berücksichtigung des ne-bis-in-idem-Grundsatzes in einem Strafverfahren ist daher von dem Vorbringen einer Einrede seitens der interessierten Partei, die in der Regel mit dem Angeklagten identisch sein wird, abhängig. Dabei kennt das englische Strafverfahrensrecht zwei Einreden, die aus einer früheren Aburteilung abgeleitet werden können. Die eine obliegt dem früheren Angeklagten, welcher freigesprochen wurde, die andere dem früher verurteilten Angeklagten. Es sind namentlich die sog. „plea of autrefois acquit“ und die sog. „plea of autrefois convict“. Diese Einreden basieren auf dem Common Law, bei dem bereits früh der Grundsatz: „nemo debet bis vexari“ zu finden ist. Dieser Grundsatz ist im Gesetzesrecht mannigfach ausgeprägt. Es hat heute allgemeine Anerkennung gefunden, dass, wenn durch das zuständige Gericht ein Urteil erlassen wurde, dieses Urteil in Bezug auf die abgeurteilte Sache endgültig ist und als Grundlage für eine Einrede gegen jede spätere Verfolgung nutzbar gemacht

335 *Wyngaert*: Anm. zu BGH vom 13.5.1997, NStZ 1998, 153.
336 *Radtke/Busch*, EuGRZ 2000, 421; *Rüter*, JR 1988, 136, 137.
337 *Wyngaert*: Anm. zu BGH vom 13.5.1997, NStZ 1998, 153.
338 *Mansdörfer*, Das Prinzip des ne bis in idem, 2004, S. 71.
339 *Mansdörfer*, Das Prinzip des ne bis in idem, 2004, S. 71; *Rüter*, JR 1988, 136, 138 und Fn. 6.

werden kann. Sinn und Zweck dieses Grundsatzes ist es, zu verhindern, dass jemand für dieselbe Straftat mehrmals verurteilt und bestraft wird[340].

Für die erfolgreiche Erhebung der zwei Einreden ist erforderlich, dass der Angeklagte schon im ersten Prozess in Gefahr (in jeopardy) wegen derselben Tat war. Das ist der Fall, wenn erstens das Gericht für die Aburteilung der Tat zuständig war, zweitens der Prozess durch eine rechtswirksame Anklageschrift (on good indictment) eingeleitet wurde, sodass ein gültiges Urteil ergehen konnte und drittens das Urteil in der Sache selbst ergangen ist (on the merits)[341]. Der Angeklagte war nicht „in jeopardy", wenn aus prozessualen Mängeln keine rechtsgültige Verurteilung erfolgen konnte. Die Richtigkeit des Urteils ist unbeachtlich, soweit es nicht aufgehoben wurde. Unbedeutend ist auch, ob das Urteil in einem Verfahren „on indictment" oder in einem summarischen Verfahren ergangen ist. Ausreichend, um die plea of autrefois acquit zu begründen, ist ein Freispruch durch ein zuständiges ausländisches Gericht[342].

Im Rahmen dieser Arbeit interessiert besonders die Frage nach der Tatidentität. Tatidentität liegt im englischen Strafprozess vor, wenn der Angeklagte im Vorprozess wegen der jetzt unter Anklage stehenden Tat verurteilt werden konnte, dann nämlich sind die in beiden Prozessen angeklagten Taten identisch[343]. Der Umfang der Rechtskraft ist somit abhängig davon, ob das zuvor mit der Sache befasste Gericht die Möglichkeit hatte, die Tat abzuurteilen und diese ist wiederum davon abhängig, ob das Gericht die Möglichkeit einer Klageumgestaltung hatte[344].

Abschließend festzuhalten bleibt, dass der Grundsatz des Verbrauchs der Strafklage seit dem Mittelalter Bestandteil des Common Law gewesen ist[345]. Der Inhalt dieser Maxime ist aber von dem ne-bis-in-idem-Grundsatz im deutschen Strafverfahrensrecht ebenso grundverschieden, wie es der Tatbegriff ist[346]. Das englische Strafverfahrensrecht versteht unter Tat nicht das natürliche historische Ereignis. Daher erstreckt sich die Rechtskraftwirkung nicht stets auf diesen gesamten Vorgang[347]. Maßgeblich ist vielmehr einzig die rechtliche Qualifizierung des Tatsachenkomplexes in dem Umfang, in dem die übrigen Prozessgrundsätze von Common Law bzw. Statute Law sie im Zeitpunkt der Gerichtsentscheidung zulassen. Unabhängig von der Beurteilung der natürlichen Einheit des histori-

340 *Spinellis*, Rechtskraft, 1962, S. 153.
341 *Spinellis*, Rechtskraft, 1962, S. 153 - 154.
342 *Spinellis*, Rechtskraft, 1962, S. 154.
343 *Spinellis*, Rechtskraft, 1962, S. 154.
344 *Spinellis*, Rechtskraft, 1962, S. 154.
345 *Kielwein*, ZStW 68 (1956), 163, 176.
346 *Kielwein*, ZStW 68 (1956), 163, 176 - 177.
347 *Kielwein*, ZStW 68 (1956), 163, 177.

schen Ereignisses werden die Straftatbestände, die in einem Strafverfahren trotz Vorhandenseins der materiell-rechtlichen Voraussetzung nicht abgeurteilt werden können, nicht zur res judicata und können daher erneut verfolgt werden[348].

348 *Kielwein*, ZStW 68 (1956), 163, 177.

§ 4. Erforderlichkeit eines ne-bis-in-idem-Schutzes

A) Erforderlichkeit eines ne-bis-in-idem-Schutzes auf nationaler Ebene – Allgemeine Überlegungen

Bei der Frage, ob eine materielle Rechtskraft und sogar ein ne-bis-in-idem-Grundsatz im Strafprozess anerkannt werden darf, gehen die Ansichten auseinander.

Eine Ansicht, insbesondere das ältere Schrifttum sieht die Rechtfertigung des ne-bis-in-idem-Grundsatzes in der Billigkeit gegenüber dem Angeklagten. Daher müsse der Täter, gegen den bereits ein Strafverfahren betrieben wurde, vor einem weiteren Strafverfahren verschont bleiben. Ansonsten würde die Gefahr der erneuten Verfolgung und Bestrafung wie ein „Damoklesschwert" über dem Angeklagten schweben[349].

Dieser Ansicht wird entgegnet, dass die Rechtfertigung der Anerkennung des ne-bis-in-idem-Grundsatzes bereits deshalb nicht allein in dem Schutz des Angeklagten vor erneuter Verfolgung und Bestrafung gesehen werden könne, da ansonsten der Einwilligung des Angeklagten in die Wiederholung des Verfahrens Bedeutung zukommen müsse[350].

Eine weitverbreitete Meinung argumentiert mit dem Sinn und Zweck des Grundsatzes, der darin bestehe, die Rechtsordnung und die Rechtssicherheit zu erhalten[351]. Rechtssicherheit kann von einer Rechtsordnung, nur bei Endlichkeit des staatlichen Strafanspruchs, gewährleistet werden. Daher besteht die Bedeutung der Rechtskraft darin, dem zwingenden Erfordernis eines jeden an rechtsstaatlichen Prinzipien orientierten Strafverfahrens dadurch zu genügen, dass keine unbeschränkte Wiederholung der Bestrafung und Verfolgung des Täters stattfinden darf. Ansonsten würde bei dem „Streben nach einer unerreichbaren absoluten Gerechtigkeit die Verwirklichung der einzigen möglichen endlichen und beschränkten Gerechtigkeit aufgegeben"[352].

Bei allen nachvollziehbaren Anstrengungen zur Auffindung eines Urteils, welches der materiellen Wahrheit und Gerechtigkeit entspricht, muss doch be-

349 *Eichhorn*, GS 1886, 401, 406; *Spinellis*, Rechtskraft, 1962, S. 9 - 10.
350 *Kries*, Strafprozeßrecht, 1892, S. 594; *Spinellis*, Rechtskraft, 1962, S. 10.
351 *Kries*, Strafprozeßrecht, 1892, S. 593 - 594; *Spinellis*, Rechtskraft, 1962, S. 9.
352 *Berner*, GA 1855, 472, 473; *Spinellis*, Rechtskraft, 1962, S. 9.

dacht werden, dass die menschliche Erkenntnis strak beschränkt ist. So wird immer wieder die Situation eintreten, dass das Ergebnis des ersten Verfahrens als nicht richtig erscheint, in dem menschlichen Glauben, dass eine Wiederholung des Verfahrens zu einem gerechteren und damit nunmehr richtigen Ergebnis führen werde[353]. Bei gleichbleibenden verschiedenen Faktoren, wie etwa die Tatsachenkenntnis und die Urteilskraft des Richters, ist die Möglichkeit bei erneuter Verfolgung des Angeklagten zu einem gerechteren Urteil zu gelangen aber gar nicht vorhanden oder nur sehr gering[354]. Dabei muss aber immer bedacht werden, dass das neue Urteil auch noch weiter von einem gerechten Ergebnis entfernen sein kann, als das erste[355]. Bei gleich bleibenden Faktoren ist daher eine Wiederholung des Strafverfahrens sinnlos und daher als unzulässig anzusehen. Sinn kann die Wiederholung eines Strafverfahrens daher – wenn überhaupt – nur machen, wenn einer der Faktoren sich ändert. Dass ein höheres Gericht mit womöglich größerer Sachkunde ein näher an der materiellen Wahrheit liegendes Urteil fällen kann, vermag dabei keine Änderung der Faktoren im Vergleich zum ersten Verfahren zu begründen. Die Möglichkeit, dass sich ein ranghöheres Gericht mit der Sache befasst, wird durch den Instanzenzug durch Einlegung eines Rechtsmittels grundsätzlich voll erschöpft. Daher kann sich einzig und allein die Tatsachenerkenntnis ändern[356]. Ob und zu welchem Zeitpunkt sich die Tatsachenerkenntnis ändert, kann nicht im Voraus mit Sicherheit gesagt werden. Daher wäre praktisch jeder Angeklagte der nicht vorhersehbaren Gefahr einer erneuten Verfolgung und Bestrafung ausgesetzt. Andererseits könnte bei offensichtlich besserer Tatsachenerkenntnis nach der Erstverurteilung durch Wiederholung des Strafverfahrens ein Urteil ergehen, dass der materiellen Wahrheit und der Gerechtigkeit näher als das erste Urteil käme. Es zeigt sich, dass die Rechtskraft ein zweischneidiges Schwert ist; je mehr Wert auf das Auffinden der materiellen Gerechtigkeit gelegt wird, umso mehr wird die Rechtssicherheit in Frage gestellt. Der Angeklagte müsste noch lange Zeit nach einer Aburteilung damit rechnen, erneut wegen derselben Sache verfolgt und bestraft zu werden. Was von der oben erwähnten ersteren Ansicht unter Billigkeit gemeint war, ist gerade diese subjektive Seite der Rechtssicherheit bei dem Angeklagten[357]. Auch würde die Möglichkeit der Wiederholung des Strafverfahrens eine Einschränkung der Rechtskraft bedeuten, die der im Inquisitionsprozess ähnelt. Die Rechtskraft ist

353 *Spinellis*, Rechtskraft, 1962, S. 13.
354 *Spinellis*, Rechtskraft, 1962, S. 12.
355 *Spinellis*, Rechtskraft, 1962, S. 12 - 13.
356 *Spinellis*, Rechtskraft, 1962, S. 13.
357 *Spinellis*, Rechtskraft, 1962, S. 13.

aber gerade dazu berufen, einen Schaden für die Rechtssicherheit und Rechtsordnung zu beseitigen[358].

Abschließend bleibt festzuhalten, dass es für die Gewährleistung von Rechtssicherheit unabdingbar ist, über die materielle Rechtskraft hinaus einen ne-bis-in-idem-Grundsatz anzuerkennen.

B) Erforderlichkeit eines europäischen ne-bis-in-idem-Schutzes

I. Einleitung

In diesem Teil der Bearbeitung wird die Erforderlichkeit eines ne-bis-in-idem-Schutzes auf europäischer Ebene untersucht.

Um die Frage zu klären, ob ein Bedürfnis für die Anerkennung eines zwischenstaatlichen ne-bis-in-idem-Grundsatzes existiert, wird im Rahmen dieser Arbeit zunächst untersucht, ob ein nennenswertes Potenzial für internationale Mehrfachverfolgung und -bestrafung besteht. Die Frage nach dem Verbot der Doppelbestrafung stellt sich in diesem Zusammenhang für das Gebiet der Europäischen Union auf zwei Ebenen: Zum einen muss der ne-bis-in-idem-Grundsatz im Verhältnis mitgliedsstaatlicher Sanktionen – also auf vertikaler Ebene – und zum anderen im Verhältnis der einzelnen EU Staaten untereinander – also auf horizontaler Ebene – unterschieden werden[359].

II. Potenzial internationaler Mehrfachverfolgung und -bestrafung auf horizontaler Ebene

Bei der Beantwortung der Frage, ob tatsächlich ein nennenswertes Potenzial für internationale Mehrfachverfolgung und -bestrafung auf horizontaler Ebene erkennbar ist, ist zunächst zu veranschaulichen, wie es zu Strafgewaltskonflikten, also zu sich überschneidenden Strafgewalten, kommen kann. Hierfür ist es unabdingbar, die Voraussetzungen aufzuzeigen, unter welchen ein Staat seine Strafgewalt auf begangene Straftaten erstrecken kann[360]. Unter einem Strafanspruch wird das Recht eines Hoheitsträgers verstanden, auf eine an einem bestimmten Ort geschehene Handlung eines Täters mit seinem Strafrecht zu reagieren[361].

---

358 *Spinellis*, Rechtskraft, 1962, S. 13 - 14.

359 *Jagla*, ne bis in idem, 2007, S. 13.

360 *Eicker*, Transstaatliche Strafverfolgung, 2004, S. 11

361 *Eicker*, Transstaatliche Strafverfolgung, 2004, S. 11; *Lagodny*, ZStW 101 (1989), 987 Fn. 2.

An der Notwendigkeit eines zwischenstaatlichen ne-bis-in-idem-Grundsatzes könnten vorab Zweifel bestehen, wenn für den Fall sich überschneidender Strafansprüche bereits de lege lata ein ausreichender Mechanismus zur Regelung der Strafgewaltskompetenz bestünde. Ein solcher könnte darin bestehen, dass sich die Strafansprüche verschiedener Staaten gegenseitig ausschließen oder aber deren Zusammenwirken nur einen einzigen strafberechtigten Staat übrig lassen würden[362]. In diesem Fall wäre die Gefahr einer Mehrfachverfolgung und -bestrafung schon von Gesetzes wegen stark eingedämmt[363].

Um eine systematische Herangehensweise an die aufgeworfenen Fragen zu ermöglichen, wird als erstes untersucht, ob und gegebenenfalls unter welchen Umständen Strafgewaltskonflikte entstehen können.

1. Zuständigkeitskonkurrenz

Besonderes Augenmerk bei der Betrachtung von Zuständigkeitskonkurrenzen ist auf das sog. „Internationale Strafrecht" zu richten. Vorab ist klarzustellen, dass im Rahmen der vorliegenden Arbeit der Begriff „Internationales Strafrecht" im engeren – traditionellen oder klassischen – Sinn verstanden wird. In diesem engeren Sinn steht die Bezeichnung „Internationales Strafrecht" für die Normen in einzelstaatlichen Straf(prozess)gesetzen, durch die der räumliche Geltungsbereich des nationalen Strafrechts gegenüber dem anderer Staaten abgegrenzt wird[364]. Obwohl es sich bei diesen Vorschriften um rein nationales Strafanwendungsrecht handelt, steckt es die einzelstaatliche Strafrechtshoheit räumlich ab und bestimmt dabei, ob eine inländische Strafgewalt für einen bestimmten Fall gegeben ist, und zwar auch, ob im Hinblick auf eine im Ausland begangene Tat ein nationaler Strafanspruch besteht[365].

Es ist anzunehmen, dass das so verstandene internationale Strafrecht jeweils einzelstaatlich normierte Anknüpfungsprinzipien enthält, die die nationale Strafgewalt des betreffenden Staates zwar begrenzt, jedoch nicht in der Lage ist, eine internationale Überschneidung einzelstaatlicher Strafansprüche auszuschließen[366].

Im internationalen Zivilverfahrensrecht kann bei Fällen mit Auslandsbezug die ausschließliche Gerichtskompetenz eines Staates entstehen. Die Wirkung eines ausländischen Hoheitsaktes muss dort also grundsätzlich von den anderen

362 *Eicker*, Transstaatliche Strafverfolgung, 2004, S. 11.

363 *Eicker*, Transstaatliche Strafverfolgung, 2004, S. 11

364 *Eicker*, Transstaatliche Strafverfolgung, 2004, S. 12; *Liebscher*, JBl 1974, 393.

365 *Eicker*, Transstaatliche Strafverfolgung, 2004, S. 12; *Hecker*, StV 2001, 306.

366 *Eicker*, Transstaatliche Strafverfolgung, 2004, S. 13.

Staaten hingenommen werden[367]. Dagegen tritt bei Sachverhalten mit Auslandsbezug im internationalen Strafrecht regelmäßig eine Konkurrenz der Zuständigkeiten der einzelnen Schengen-Staaten ein[368]. Dies ist bedingt durch die Anwendung der unterschiedlichen Prinzipien des internationalen Strafrechts, die in den Strafgesetzen und Strafprozessordnungen der einzelnen Staaten enthalten sind[369]. Es handelt sich dabei namentlich um das Territorialitätsprinzip, das aktive und passive Personalitätsprinzip, das Schutzprinzip, das Universal- oder auch Weltrechtsprinzip sowie das Prinzip der stellvertretenden Strafrechtspflege[370]. Der Geltungsbereich des deutschen materiellen Strafrechts für Taten, die Beziehungen zum Ausland aufweisen, ergibt sich aus den §§ 3 bis 7 StGB und 9 StGB[371]. Besonders erwähnenswert sind in diesem Zusammenhang die §§ 5, 6 und 7 StGB, welche die deutsche Strafgewalt unter näher bestimmten Voraussetzungen auf Auslandstaten erstrecken. § 6 StGB bspw. enthält eine Auflistung der Taten, die nach dem Weltrechtsprinzip dem Strafrecht der Bundesrepublik Deutschland ohne Rücksicht auf Tatort, Recht des Tatorts und Staatsangehörigkeit des Täters unterliegen[372]. Aus dieser Mehrfachzuständigkeit können dem Delinquenten Nachteile erwachsen. Ist der Delinquent bereits in einem Schengen-Staat abgeurteilt worden, so könnte er dennoch in einem anderen Mitgliedstaat wegen der gleichen Tat erneut strafrechtlich verfolgt und sogar verurteilt werden, soweit sich aus dem Völkerrecht keine Verpflichtung zur Anerkennung von nationalen Strafurteilen eines Schengen-Staates ergäbe[373].

a) Territorialitätsprinzip

Das deutsche StGB knüpft in erster Linie an das Territorialitätsprinzip, den sog. Gebietsgrundsatz, an[374]. Daher verwundert es nicht, dass innerhalb der Schengen-Staaten das Territorialitätsprinzip, das am meisten anerkannte Prinzip hinsichtlich der Ausübung von Staatsgewalt darstellt. Das Territorialitätsprinzip ist der einzige Grundsatz, welcher in allen Staaten verwurzelt ist[375]. Nach dem Territorialitätsprinzip darf der Staat auf alle Handlungen, die innerhalb seines Staatsgebiets begangen werden, seine Strafgesetze anwenden. So machen alle

367 *Hein*, Zuständigkeitskonflikt, 2002, S. 48.
368 *Hein*, Zuständigkeitskonflikt, 2002, S. 48.
369 *Jagla*, ne bis in idem, 2007, S. 15.
370 *Jagla*, ne bis in idem, 2007, S. 15.
371 *Wessels/Beulke*, Strafrecht AT, 2010, § 2 Rn. 62.
372 *Fischer*, Strafgesetzbuch, 2011, § 6 Rn. 1.
373 *Hein*, Zuständigkeitskonflikte, 2002, S. 48.
374 *Fischer*, Strafgesetzbuch, 2011, Vor §§ 3 - 7 Rn. 3.
375 *Oehler*; Internationales Strafrecht, 1983, § 16 Rn. 152.

Staaten für auf ihrem Staatsgebiet begangene Straftaten einen eigenen Strafanspruch geltend[376]. Die überaus große Bedeutung, die von diesem Prinzip ausgeht, beruht darauf, dass der Täter und die strafrechtliche Norm des Staates, auf dessen Territorium die Straftat begangen wird bzw. auf die sich die Straftat auswirkt, eine sowohl in örtlicher als auch persönlicher und sachlicher Hinsicht bestehende Beziehung zueinander haben[377].

Für die Bundesrepublik Deutschland ist das Territorialitätsprinzip in § 3 StGB ausdrücklich normiert[378]. § 3 StGB ordnete an, dass das deutsche Strafrecht für Taten gilt, die im Inland begangen werden. Das Territorialitätsprinzip findet seine Grundlage in der Bindung der Staatsgewalt an das Territorium. Diese Bindung ist für die Bundesrepublik Deutschland grundgesetzlich nach Art. 23, 20 Abs. 2 Satz 1 GG verankert[379]. Seine Rechtfertigung findet dieses Prinzip in dem Selbstschutz des Staates. Dass das Staatsgebiet zum Anknüpfungspunkt für den Geltungsbereich des staatlichen Strafrechts durch das Territorialitätsprinzip gemacht wird, folgt logischen Grundsätzen, da auf dem Territorium des Staates die eigene staatliche Strafgewalt schrankenlos und daher am umfassendsten ist[380].

Ein weiterer Grund für die Anwendung des Territorialitätsprinzips besteht in dem Bezug, welcher zwischen jeder Strafnorm eines Staates zu dem jeweiligen Staatsgebiet besteht. So ist Anknüpfungspunkt einer jeden staatlichen Rechtsnorm, ihr Geltungsbereich innerhalb eines bestimmten Gebiets. Andernfalls liegt keine Rechtsnorm, sondern eine bloße Äußerung vor, die für keinen Teil eines bestimmten Gebietes verbindlich ist. Der Bezug einer strafrechtlichen Norm zu einem bestimmten im Voraus klar definierten Gebiet ist unerlässlich, um die Durchsetzung der Norm durch staatlichen Zwang in Gestalt der Verfolgung und der Strafvollstreckung zu ermöglichen[381]. Für die Bestimmung des richtigen Adressaten der Norm ist von grundlegender Bedeutung, in welchem Bereich oder gegen welche Personengruppe sie durchsetzbar sein soll. Eine Ausdehnung des Anwendungsbereichs der Norm auf Täter, die im Ausland eine Tat begehen, ist nicht nur völkerrechtlich beschränkt zulässig, sondern meist auch ineffektiv. Die Durchsetzbarkeit einer solchen Norm ist zumeist nicht gewährleistet. Daraus folgt, dass die Durchsetzbarkeit der Norm für Inlandstaten die Regel und für Auslandstaten die Ausnahme darstellt. Darauf fußt es, dass alle Staaten der Erde das Territorialitätsprinzip als Grundsatz kennen, aber die Erstreckung des Straf-

376 *Oehler*, Internationales Strafrecht, 1983, § 16 Rn. 152.
377 *Jagla*, ne bis in idem, 2007, S. 15.
378 *Oehler*, Internationales Strafrecht, 1983, § 16 Rn. 153.
379 *Oehler*, Internationales Strafrecht, 1983, § 16 Rn. 153.
380 *Oehler*, Internationales Strafrecht, 1983, § 16 Rn. 153.
381 *Oehler*, Internationales Strafrecht, 1983, § 16 Rn. 154.

rechts auf Taten, die im Ausland begangen wurden lediglich als begrenzte Ausnahme zur territorialen Geltung des Strafrechts erscheint[382].

Es mag vielleicht trivial erscheinen, aber für die Anwendung des Territorialitätsprinzips ist es von überragender Bedeutung, wo ein bestimmtes Verbrechen oder Vergehen begangen worden ist. Diese Frage wird in den meisten europäischen Staaten mit Hilfe des sogenannten Ubiquitätsprinzips beantwortet. Nach diesem Prinzip werden bei räumlichem oder zeitlichem Auseinanderfallen von Tathandlung und/oder Erfolg sowohl der Handlungs- als auch der Erfolgsort als Tatort im Sinne des Territorialitätsprinzips angesehen[383]. Das im Rahmen des Territorialitätsprinzips angewandte Ubiquitätsprinzip führt daher bereits zu sich überschneidenden Strafgewalten und beschwört damit bereits die Gefahr von Doppelverfolgungen und -bestrafungen herauf[384]. Zusätzlich kommt es zu Überschneidungen der Strafgewalten, wenn einzelne Teilhandlungen von mehraktigen Delikten oder Dauerdelikten in verschiedenen Staaten begangen werden oder wenn das sog. *Flaggenprinzip* zur Anwendung gelangt. Nach diesem gelten Taten, die an Bord von Schiffen oder Flugzeugen begangen werden, als in dem Staat begangen, unter dessen Flagge das Schiff oder Flugzeug unterwegs ist. Zugleich ist aber auch die Strafgewalt des Staates gegeben, auf dessen Hoheitsgebiet sich das Schiff bzw. Flugzeug befindet. Wenn sich Staaten weigern, fremde Urteile anzuerkennen, welche sich auf eine Straftat beziehen, die zumindest auch auf ihrem Territorium begangen wurde, so kann es zu einer Doppelverfolgung und -bestrafung kommen[385].

b) Aktives Personalitätsprinzip

Nach dem aktiven Personalitätsprinzip – auch Staatsangehörigkeitsgrundsatz genannt – findet inländisches Strafrecht auf alle von Inländern begangene Straftaten Anwendung, unabhängig vom Tatort und der Nationalität des Opfers[386]. Anders ausgedrückt, setzt dieses Prinzip fest, dass der Staat seine Strafgewalt auf alle Straftaten erstrecken darf, die von seinen eigenen Staatsangehörigen – im Ausland – begangen werden[387].

Das Prinzip wird von zwei Grundgedanken durchzogen: zum einen von der staatlichen Souveränität und zum anderen von der internationalen Solidarität. Der erstgenannte Gedanke basiert darauf, dass jeder Staat das Recht haben sollte,

---

382 *Oehler*, Internationales Strafrecht, 1983, § 16 Rn. 154 - 155.

383 *Hein*, Zuständigkeitskonflikte, 2002, S. 31 - 32; *Jagla*, ne bis in idem, 2007, S. 16.

384 Ähnlich: *Jagla*, ne bis in idem, 2007, S. 16.

385 *Jagla*, ne bis in idem, 2007, S. 16.

386 *Eicker*, Transstaatliche Strafverfolgung, 2004, S. 16.

387 *Jagla*, ne bis in idem, 2007, S. 16.

das Verhalten seiner Staatsangehörigen im Ausland zu kontrollieren. Der letztgenannte Aspekt beruht darauf, dass ein Staat mit demjenigen Staat zusammenarbeiten soll, auf dessen Staatsgebiet die Straftat begangen wurde[388].

Der Heimatstaat will darüber hinaus nicht sehenden Auges hinnehmen müssen, dass ein Staatsbürger, der sich über seine Staatsangehörigkeit zu bestimmten Werten und Normen dieses Heimatstaates bekennt, sich nach einer im Ausland begangenen Tat in seinen Nationalstaat flüchten kann, von dem aus bestenfalls noch nicht einmal eine Auslieferung in den Tatortstat möglich ist. Es wäre für den Bürger, der sich im Ausland einer Straftat schuldig gemacht hat, ohne das aktive Personalitätsprinzip möglich, sich nach seiner Rückkehr in seinem Heimatstaat straffrei bewegen zu können. Der Heimatstaat würde dadurch zum sog. „Asylland“[389]. Die Strafrechtspflege im Heimatstaat würde erheblich gestört. Vor allem würde es zu Ungleichbehandlungen kommen. Denn auf Täter, die in ihrem Heimatstaat Straftaten begangen haben, würde sich die inländische Strafgewalt erstrecken, während sie sich auf Staatsangehörige, welche im Ausland delinquieren, nicht erstrecken würde. Das jeweilige nationale Strafrecht würde zu nicht zu rechtfertigenden Ungleichbehandlungen führen, wenn es für die gleiche kriminelle Energie bei Inlandstaaten zu einer Strafbarkeit käme, bei Auslandsbezug aber zur völligen Straflosigkeit des Delinquenten. Das nationale Strafrecht könnte seiner Funktion, Rechtsfrieden zu stiften, nur noch in sehr geminderter Form gerecht werden[390].

Nicht vergessen werden soll, dass das aktive Personalitätsprinzip auch durch die Mehrstaatigkeit, infolge doppelter Staatsbürgerschaften, eine nicht zu unterschätzende Gefahr für mehrfache Strafverfolgung und Bestrafung in sich birgt. Wenn der Täter bspw. sowohl Inhaber der Staatsbürgerschaft von Staat X, als auch von Staat Y ist und beide Staaten beabsichtigen ihren auf das aktive Personalitätsprinzip gestützten Strafanspruch wegen derselben Tat durchzusetzen, führt dies zu einer Mehrfachverfolgung und -bestrafung[391].

c) Passives Personalitätsprinzip

Durch das passive Personalitätsprinzip erstreckt der Heimatstaat seine Strafgewalt auf Straftaten, die im Ausland gegenüber seinen eigenen Staatsangehörigen begangen werden. Es beruht auf den Erwägungen, dass ein fremder Staat womöglich dazu neigen wird, dem Rechtsgüterschutz der sich bei ihm befindlichen

388 *Jagla*, ne bis in idem, 2007, S. 17.
389 *Eicker*, Transstaatliche Strafverfolgung, 2004, S. 17; *Jagla*, ne bis in idem, 2007, S. 17.
390 *Eicker*, Transstaatliche Strafverfolgung, 2004, S. 17.
391 So im Ergebnis auch *Eicker*, Transstaatliche Strafverfolgung, 2004, S. 17.

Ausländern nicht mit dem gleichen Engagement nachzukommen, wie dem seiner eigenen Staatsangehörigen. Das Recht eines Staates, seine eigenen Staatsbürger, auch weltweit, vor widerrechtlichen Angriffen Dritter zu schützen, erscheint legitim[392]. Wenngleich das passive Personalitätsprinzip von einem gegenseitigen Misstrauen der Staaten untereinander durchzogen wird. Ob ein solches Misstrauen in den Schengen-Staaten bzw. in den EU-Staaten besteht oder aber berechtigt ist, erscheint bereits äußerst fraglich. Dem soll an dieser Stelle jedoch nicht nachgegangen werden. Die zulässige Reichweite dieses Prinzips ist umstritten. Um eine unangemessene Einmischung in die inneren Angelegenheiten des Tatortstaates auszuschließen, wird jedenfalls verlangt, dass die verfolgte Tat sowohl am Ort des verfolgenden Staates als auch am Tatort strafbar ist[393].

d) Schutzprinzip

Das Schutzprinzip beruht auf dem Gedanken, dass jeder Staat das Recht haben muss, seine Strafgewalt hinsichtlich solcher Straftaten auszuüben, die sich gegen seine eigene Sicherheit oder gegen andere wichtige öffentliche Belange richten[394]. Der jeweilige Staat erstreckt seine Strafgewalt also auf alle Inlandsgüter, gleichviel welche Staatsangehörigkeit der Täter innehat und an welchem Ort sie verletzt werden[395]. Weder die Staatsangehörigkeit des Delinquenten noch der Tatort spielen also eine Rolle. Maßgeblich ist allein das angegriffene Rechtsobjekt. Typische Beispiele für Straftaten, für die das Schutzprinzip die Strafgewalt ausdehnt, sind der Hoch- und Landesverrat und Straftaten gegen die Landesverteidigung[396]. Seine Rechtfertigung findet das Prinzip in dem Selbstschutz des jeweiligen Staates. Ähnlich wie bei dem passiven Personalitätsprinzip befürchtet wird, dass dem eigenen Staatsangehörigen von dem fremden Staat kein oder nur ein unzureichender Schutz gewährt wird, so bestehen Zweifel daran, ob die Rechtsgüter eines Staates von anderen Staaten hinreichend geschützt werden[397].

e) Universalitätsprinzip / Weltrechtsprinzip

Der tragende Gedanke des Universalitäts- oder Weltrechtsprinzips besteht darin, dass das inländische Strafrecht für alle Taten gelten soll, durch die gemeinsame,

392 *Jagla*, ne bis in idem, 2007, S. 17.
393 *Jagla*, ne bis in idem, 2007, S. 17.
394 *Jagla*, ne bis in idem, 2007, S. 17 bis 18.
395 *Eicker*, Transstaatliche Strafverfolgung, 2004, S. 19.
396 *Jagla*, ne bis in idem, 2007, S. 17 bis 18.
397 *Jagla*, ne bis in idem, 2007, S. 18.

in allen Kulturstaaten anerkannte Rechtsgüter verletzt werden[398]. Diese Rechtsgüter sind von so großer Bedeutung, dass die gesamte Staatengemeinschaft ein Interesse an ihrer Verteidigung besitzt[399]. Das überregionale Interesse der „Weltgemeinschaft" ergibt sich daraus, dass bei diesen Taten der Täter Feind der Rechtsordnungen aller Staaten ist[400] oder weil auf Grund der staatsübergreifenden Begehungsweise oder der extremen Gefährlichkeit eine internationale Zusammenarbeit in der Strafverfolgung erforderlich ist[401]. Es sind Taten erfasst, die als derart schädlich oder bedrohlich für die Menschheit gelten, dass jeder Staat zur Verfolgung legitimiert ist[402]. Solche Straftaten werden als „delicta iuris gentium" bezeichnet. Zu diesen gehören bspw. Völkermord, Menschenhandel, Sklavenhandel, Kriegsverbrechen und terroristische Gewaltakte.[403]. Der bedeutende Unterschied zwischen dem Universalitäts- oder auch Weltrechtsprinzip im Vergleich zum Territorialitäts-, Personalitäts- und Schutzprinzip besteht darin, dass ersteres eine Anknüpfung an die Tat in Gestalt von Tatort oder Beeinträchtigung inländischer Interessen, Rechtsgüter oder Rechtsgutträger nicht voraussetzt[404]. Die Strafkompetenz des Staates ist völlig losgelöst von objektiven oder subjektiven Begebenheiten und ist im Rahmen dieses Prinzips schrankenlos[405].

Wohl auch deshalb hat der *3. Senat des BGH in seinem Urteil vom 30. April 1999 – 3 StR 215/98*[406] – über den Wortlaut des in § 6 StGB normierten Weltrechtsprinzips hinaus verlangt, dass im Einzelfall ein legitimer Anknüpfungspunkt bestehen müsse, der einen unmittelbaren Bezug der Strafverfolgung zum Inland herstellt. Nur dann könne die Anwendung innerstaatlicher (deutscher) Strafgewalt auf Auslandstaten eines Ausländers gerechtfertigt sein. Im Falle des Nichtvorhandenseins eines derartigen Inlandsbezugs verstoße die Strafverfolgung gegen das Nichteinmischungsprinzip, welches aus der völkerrechtlich gebotenen Beachtung der Souveränität der Staaten folge[407]. Nach dem Leitgedanken des Universalitäts- oder Weltrechtsprinzips soll kein völkerrechtliches Verbrechen unbestraft bleiben[408].

---

398 *Eicker*, Transstaatliche Strafverfolgung, 2004, S. 21; *Eser,* in: Schönke/Schröder, Strafgesetzbuch, 2010, Vorbemerkungen zu den §§ 3 - 9 Rn. 19.

399 *Jagla*, ne bis in idem, 2007, S. 18.

400 *Oehler*, Internationales Strafrecht, 1983, § 53 Rn. 878.

401 *Eicker*, Transstaatliche Strafverfolgung, 2004, S. 21.

402 *Eicker*, Transstaatliche Strafverfolgung, 2004, S. 21.

403 *Eicker*, Transstaatliche Strafverfolgung, 2004, S. 21; *Jagla*, ne bis in idem, 2007, S. 18.

404 *Jagla*, ne bis in idem, 2007, S. 18.

405 *Jagla*, ne bis in idem, 2007, S. 18.

406 BGHSt 45, 65, 66.

407 BGHSt 45, 65,66.

408 *Jagla*, ne bis in idem, 2007, S. 19.

f) Prinzip der stellvertretenden Strafrechtspflege

Nach dem Prinzip der stellvertretenden Strafrechtspflege besteht ein nationaler Strafanspruch (nur), wenn dem eigentlich zuständigen ausländischen Staat die Wahrnehmung seines eigenen Strafanspruchs wegen tatsächlicher oder aber rechtlicher Gründe nicht möglich ist[409]. Wie bereits bei dem Personalitäts-, Schutz- und Weltrechtsprinzip wird der Anwendungsbereich des nationalen Strafrechts auf Auslandstaten ausgedehnt. Auf eine hinreichende Beziehung des Staates zu der Tat wird wie beim Weltrechtsprinzip bewusst verzichtet[410]. Als Ausgleich für die fehlende Beziehung zwischen dem Staat und der Tat ist das Prinzip der stellvertretenden Strafrechtspflege subsidiär zu den anderen Prinzipien[411].

Es basiert auf dem „aut dedere aut iudicare"-Gedanken zur Schließung von Zuständigkeitslücken. Sein Anwendungsbereich ist bspw. eröffnet, wenn die Zuständigkeit nach dem Universalitätsprinzip nicht gegeben ist, da diese lediglich für einige schwerwiegende Verbrechen begründet ist. Die Legitimation für das Universalprinzip wird aus der Solidarität der Staaten bei der Verbrechensverfolgung hergeleitet[412].

Weitere Voraussetzung ist, anders als nach dem Weltrechtsprinzip, dass das Verhalten auch im Tatortstaat mit Strafe bedroht ist und das der Täter in dem Staat festgenommen wird, welcher den Strafanspruch erhebt. Darüber hinaus darf der ausländische Staat von seinem bei der Tat bestehenden Auslieferungsrecht keinen Gebrauch gemacht haben. Für diesen Fall darf die Strafgewalt durch einen anderen Staat gleichsam „stellvertretend" ausgeübt werden[413].

2. Zwischenergebnis

In diesem Teil der Bearbeitung sollte die Frage beantwortet werden, ob ein nennenswertes Potenzial für internationale Mehrfachverfolgung und -bestrafung auf horizontaler Ebene besteht. Hierfür wurde zunächst untersucht, wie es zu Strafgewaltskonflikten kommen kann[414]. In diesem Zusammenhang wurde sowohl das Bestehen, als auch das Entstehen von Strafgewaltkonflikten und somit von überschneidenden Strafgewalten festgestellt[415]. Bei dieser Betrachtung von Zustän-

409 *Eicker*, Transstaatliche Strafverfolgung, 2004, S. 24; *Pappas*, Strafrechtspflege, S. 9.
410 *Jagla*, ne bis in idem, 2007, S. 19.
411 *Jagla*, ne bis in idem, 2007, S. 19.
412 *Jagla*, ne bis in idem, 2007, S. 19.
413 *Jagla*, ne bis in idem, 2007, S. 19.
414 Vgl. §. 4. B) II. ff.
415 Vgl. § 4. B) II. 1. ff.

digkeitskonkurrenzen wurde besonderes Augenmerk auf das sog. „Internationale Strafrecht“ gerichtet[416].

Festzuhalten ist, dass die Anwendung der genannten Prinzipien in Angelegenheiten mit Auslandsbezug zu Zuständigkeitsüberschneidungen einzelner Staaten führen kann. Dadurch besteht die große Gefahr für einen Delinquenten, für ein und dieselbe Tat sowohl mehrfach verfolgt, als auch mehrfach bestraft zu werden[417].

Auch wenn nicht alle Staaten sämtliche Prinzipien in ihre Rechtsordnungen übernommen haben, so zeigt sich doch eine Tendenz aller Staaten dahin, dass es ihnen überwiegend auf die Verwirklichung ihrer nationalen Interessen ankommt. Deshalb haben sie den Anwendungsbereich der Prinzipien, auch unter Inkaufnahme von Interessenskollisionen zwischen den Staaten, bewusst weit ausgedehnt[418].

Hauptsächlich kommt es beim Zusammentreffen des Personalitätsprinzips mit dem Territorialitätsgrundsatz zu Zuständigkeitskonflikten. Aber auch beim Zusammentreffen des Schutz- und des Territorialitätsprinzips sowie aller anderen Prinzipien kann es zu Überschneidungen der Zuständigkeiten der einzelnen Staaten und damit zu Zuständigkeitskonflikten kommen. Allein bereits wegen des im Rahmen des Territorialitätsprinzips anzuwendenden Ubiquitätsprinzips kommt es immer wieder zur Doppelverfolgung oder gar -bestrafung. Namentlich bei Fällen der international organisierten Kriminalität können wegen des Ubiquitätsprinzips viele verschiedene Tatorte entstehen[419]. Auch bei der Anwendung des Universalitätsprinzips ergeben sich ähnliche Probleme. Die Zielrichtung dieses Prinzips, namentlich die Vermeidung von Zuständigkeitslücken, wird zwar weitestgehend erreicht. Jedoch kommt es durch die gleichzeitige Anwendung des Territorialitäts- und des Personalitätsprinzips zu Überschneidungen der Zuständigkeiten und somit zu Zuständigkeitskonflikten zwischen den einzelnen Staaten[420].

Die Problematik der Zuständigkeitskonflikte soll an folgendem von *Jagla*[421] gebildeten Beispiel verdeutlicht werden:

> *Ein Staatsangehöriger des Staates A verschickt von Staat B aus eine Briefbombe in Staat C. Diese Bombe detoniert in einer in Staat C stationierten Behörde des Staates D. Zu den verletzen zählen unter anderem Staatsangehörige der Staaten D, E und, F.*

---

416 Vgl. § 4. B) II. 1.
417 *Jagla*, ne bis in idem, 2007, S. 20.
418 *Jagla*, ne bis in idem, 2007, S. 20.
419 *Jagla*, ne bis in idem, 2007, S. 20.
420 *Jagla*, ne bis in idem, 2007, S. 20.
421 *Jagla*, ne bis in idem, 2007, S. 20 - 21.

Für die Strafverfolgung des Täters ist zum einen der Staat A nach dem aktiven Personalitätsprinzip zuständig. Zudem ist der Staat B als Handlungsort nach dem Territorialitätsprinzip zuständig. Der Staat C ist als Erfolgsort ebenfalls nach dem Territorialitätsprinzip zuständig. Nach dem Schutzprinzip ist auch der Staat D für die Strafverfolgung des Täters zuständig, weil seine Behörde angegriffen wurde. Da die Verletzten aus den Staaten D, E und F stammen, sind diese Staaten nach dem passiven Personalitätsprinzip zuständig. Darüber hinaus sind nach dem Universalitätsprinzip sogar alle Staaten der Erde zuständig, wenn es sich bei der Tathandlung um einen terroristischen Gewaltakt handelt[422].

Solange jeder Staat selbst bestimmen kann, welche Prinzipien er anwendet und auch keine Tendenz dahin erkennbar ist, dass bei Zuständigkeitskonflikten ein Staat freiwillig davon absieht, seine Strafgewalt anzuwenden, noch das diesbezüglich feste Regelungen zwischen den Staaten getroffen werden, wird die Gefahr von Mehrfachverfolgungen und -bestrafungen weiter bestehen[423].

So wünschenswert eine zwischenstaatlich verbindliche Kompetenzverteilung auch ist, so fern scheint selbige. Nicht einmal eine völkergewohnheitsrechtliche Kompetenzverteilung existiert[424]. Erforderlich wäre eine verbindliche Verteilung der Kompetenzen im Rahmen einer gestuften Rangordnung der aufgeführten Prinzipien[425]. Unabhängig davon, ob eine solche zwischenstaatlich verbindliche Kompetenzverteilung überhaupt im Stande wäre, einen vollumfänglichen Schutz vor Mehrfachverfolgung und -bestrafung innerhalb der Schengen-Staaten zu gewährleisten[426], vermag sie auf Grund ihres Fehlens de lege lata überhaupt keinen Schutz zu gewährleisten.

III. Potenzial internationaler Mehrfachverfolgung und -bestrafung auf vertikaler Ebene

1. Strafgesetzgebungsbefugnis der EU

Für den Fall, dass der EU eine eigene Strafgewalt zusteht, stellt sich die Frage der Erforderlichkeit eines ne-bis-in-idem-Schutzes auch im Verhältnis mitgliedsstaatlicher Sanktionen. Daher wird unter diesem Punkt nunmehr die Strafgewaltbefugnis der EU untersucht.

422 *Jagla*, ne bis in idem, 2007, S. 20 - 21.

423 *Eicker*, Transstaatliche Strafverfolgung, 2004, S. 30; *Jagla*, ne bis in idem, 2007, S. 21.

424 *Eicker*, Transstaatliche Strafverfolgung, 2004, S. 30.

425 *Eicker*, Transstaatliche Strafverfolgung, 2004, S. 30.

426 Vgl. § 9. B) II. 3.

a) Rechtslage bis zum Inkrafttreten des Vertrags von Lissabon

Wegen des Prinzips der begrenzten Einzelermächtigung konnte von einer Rechtsetzungskompetenz der EG auf dem Gebiet des Kriminalstrafrechts nur dann ausgegangen werden, wenn sie sich auf eine primärrechtliche Kompetenzgrundlage berufen konnte, die den Rechtsetzungsorganen der Gemeinschaft die Befugnis verlieh, supranationale Straftatbestände zu schaffen[427]. Supranationale Rechtssetzung auf dem Gebiet des Kriminalstrafrechts kam allenfalls in Form der Verordnung in Betracht. Die Richtlinie schied von vornherein für die Setzung supranationalen Strafrechts aus, da sie keine unmittelbare Wirkung in den Mitgliedstaaten entfaltet, sondern grundsätzlich der Umsetzung durch die Mitgliedsstaaten bedarf[428].

In früheren Entscheidungen vertrat der EuGH die Ansicht, dass den Mitgliedstaaten die grundsätzliche Zuständigkeit für die Schaffung von Strafsanktionen zukomme[429].

Durch das Urteil des EuGH vom 27. Oktober 1992[430] war wieder Bewegung in diese Frage gekommen[431]. Einige vertraten die Ansicht, in dem Urteil sei überhaupt keine Aussage über die Befugnis zum Erlass punitiver und kriminalstrafrechtlicher Sanktionen getroffen worden. Andere waren der Meinung, der EuGH habe zumindest das Bestehen einer Kompetenz der EG im Bereich des Kriminalstrafrechts nicht ausgeschlossen[432].

Die Literatur verneinte eine Rechtssetzungskompetenz der EG für den Bereich des Kriminalstrafrechts überwiegend[433].

Dies habe sich bereits aus dem Prinzip der begrenzten Einzelermächtigung (Art. 5 Abs. 1 EGV) ergeben. Nach diesem habe sich nämlich eine solche Befugnis unmittelbar aus dem Primärrecht selbst ergeben müssen[434].

Zudem wurde auf den Willen der vertragsschließenden Parteien verwiesen. So sei bereits den „Vätern" der EGKS und wenig später der EWG und der EAG die

427 *Hecker*, Europäisches Strafrecht, 2007, § 4 Rn. 83.

428 *Hecker*, Europäisches Strafrecht, 2007, § 4 Rn. 83.

429 *Hecker*, Europäisches Strafrecht, 2010, § 4 Rn. 68; EuGHE 1977, 1495 ff.; 1981., 2595 ff.; 1989, 195 ff.

430 EuGHE 1992, 5383 ff.

431 *Hecker*, Europäisches Strafrecht, 2010, § 4 Rn. 68.

432 So noch *Hecker*, Europäisches Strafrecht, 2007, § 4 Rn. 86 in der 2. Auflage. In der aktuellen 3. Auflage aus dem Jahre 2010 sind diese Ausführungen nicht mehr enthalten. Dies berührt die Gültigkeit der Ausführungen auch noch zum jetzigen Zeitpunkt aber nicht.

433 *Hecker*, Europäisches Strafrecht, 2007, § 4 Rn. 88; *Kühne*, Strafprozessrecht, 2010, § 3 Rn. 54; *Radtke*: Anm. zu EuGH vom 9.3.2006, NStZ 2008, 162, 164; *Satzger*, Strafrecht, 2010, § 8 Rn. 20.

434 *Hecker*, Europäisches Strafrecht, 2007, § 4 Rn. 88.

strafrechtliche Problematik bewusst gewesen, da Anfang der 50er Jahre des 20. Jahrhunderts das Projekt einer Europäischen Verteidigungsgemeinschaft, welcher Strafgewalt für ein einheitliches Militärstrafgesetzbuch übertragen werden sollte, scheiterte. Dass in den Verträgen das Strafrecht gleichwohl nicht erwähnt wurde, spreche dafür, dass keine strafrechtlichen Regelungen auf der früheren Gemeinschaftsebene intendiert gewesen seien[435]. Zudem berief sich die Literatur darauf, dass sich auch aus der Systematik von EGV und EUV-alt, seit dem Vertrag von Amsterdam, ein Argument gegen eine Strafrechtssetzungskompetenz im Gemeinschaftsrecht ergebe[436]. Daraus, dass durch den Vertag von Amsterdam die sog dritte Säule überwiegend in das Gemeinschaftsrecht, namentlich in die erste Säule der EU, überführt wurde, das Strafrecht aber in der dritten Säule verblieb, ergebe sich, dass dieses nicht in das Gemeinschaftsrecht integriert, sondern als Gegenstand intergouvernementaler Zusammenarbeit fortgeführt werden sollte[437].

Letztlich argumentierte die Literatur mit zwei durch den Vertrag von Amsterdam eingefügte Vorschriften, namentlich mit Art. 135 Satz 2 und Art. 280 Abs. 4 Satz 2 EGV. Durch den in diesen Vorschriften enthaltenen Vorbehalt hinsichtlich des Strafrechts werde deutlich, dass auch bezüglich dieser Kompetenznormen, das Strafrecht ausgenommen sein sollte[438].

Es ist jedoch hervorzuheben, dass die EG trotz ihrer mangelnden Strafgewalt in einigen Segmenten gemeinschaftsrechtliche Sanktionen verhängen konnte. Hätte es sich nunmehr bei diesen Sanktionen um Strafen gehandelt, so hätte die Gefahr bestanden, dass sich gemeinschaftsrechtliche und mitgliedsstaatliche Sanktionen wegen desselben Sachverhalts überschnitten und somit eine Doppelbestrafung erfolgt wäre[439].

Zwar wurde diese Problematik dadurch entschärft, dass Geldbußen, welche durch die Europäische Kommission im EG-Kartellrecht verhängt werden konnten, nach Art. 23 V VO 1/2003 (Art. 15 IV VO 17/62) „keinen strafrechtlichen Charakter" haben. Jedoch wurde dadurch noch nichts darüber gesagt, ob sie nicht doch strafrechtlichen Grundsätzen unterliegen konnten. Wenn sie strafrechtlichen Grundsätzen unterlegen hätten, dann wären sie dem Strafrecht im weiteren Sinne zuzurechnen gewesen, sodass eine Doppelverfolgung und -bestrafung hätte drohen können, anderenfalls wären sie rein verwaltungsrechtlicher Natur

---

435 *Satzger*, Strafrecht, 2010, § 8 Rn. 21.
436 *Satzger*, Strafrecht, 2010, § 8 Rn. 22.
437 *Satzger*, Strafrecht, 2010, § 8 Rn. 22.
438 *Satzger*, Strafrecht, 2010, § 8 Rn. 23.
439 *Jagla*, ne bis in idem, 2007, S. 13.

gewesen, sodass keine echte Gefahr der Mehrfachverfolgung und -bestrafung gedroht hätte[440].

Nach *Jagla* – deren Ausführungen sich ebenfalls auf die Rechtslage vor Inkrafttreten des Vertrags von Lissabon beziehen – sprachen die überwiegenden Gründe für eine Einordnung als Strafen i.w.S. Zum einen sei ihnen eine repressive und präventive Zweckbestimmung im Vergleich zu den in Art. 24 VO 1/2003 (Art. 16 VO 17/62) geregelten Zwangsgeldern zugekommen. Zum anderen habe die Schwere der Sanktionen, welche verhängt werden konnten für eine Strafe i.w.S. gesprochen[441]. Konsequenz dieser Zurechnung sei gewesen, dass auf das EG-Kartellverfahren die besonderen rechtsstaatlichen Garantien des materiellen Strafrechts und des Strafverfahrensrechts hätten Anwendung finden müssen und ein etwaiges Verbot der Doppelbestrafung auch für sie Geltung erlangt hätte[442].

b) Rechtslage seit dem Inkrafttreten des Vertrags von Lissabon

Die Streitfrage der Rechtssetzungskompetenz hat sich durch das Inkrafttreten des Vertrags von Lissabon erübrigt[443]. Denn durch die mit seinem Inkrafttreten verbundene Schaffung und Neugestaltung von Vorschriften des AEUV und des EUV-neu ist den Argumenten gegen eine supranationale Strafrechtssetzungskompetenz die Grundlage entzogen worden[444].

Wie *Satzger* zutreffend ausführt „schweigen“ die Verträge nicht mehr in gleichem Maße wie früher hinsichtlich strafrechtlicher Vorschriften. Vielmehr enthalten insbesondere Art. 82 und 83 AEUV detaillierte Vorschriften, welche sich im Kontext supranationaler Rechtsgrundlagen zumindest mit dem Strafrecht beschäftigen[445]. Darüber hinaus sind dadurch, dass durch den Vertrag von Lissabon die Säulenstruktur aufgehoben und die PJZS in den supranational strukturierten AEUV integriert wurde, die dortigen Entscheidungsstrukturen – wie bspw. die Mehrheitsentscheidung im Rat – grundsätzlich anwendbar[446]. Aber auch das stärkste Argument gegen die Strafrechtssetzungskompetenz im Gemeinschaftsrecht ist durch das Inkrafttreten des Vertrags von Lissabon entfallen. So sind die Vorbehalte der Art. 135 und 280 Abs. 4 EGV in deren Nachfolgevorschriften, namentlich Art. 33 und Art. 325 AEUV, gestrichen worden. Nach zustimmungswürdiger Ansicht von *Satzger* kann dies nur so verstanden werden, dass

440 Vgl. *Jagla*, ne bis in idem, 2007, S. 13.
441 *Jagla*, ne bis in idem, 2007, S. 13 - 14.
442 *Hecker*, Europäisches Strafrecht, 2007, § 4 Rn. 102; *Jagla*, ne bis in idem, 2007, S. 14.
443 *Satzger*, Strafrecht, 2010, § 8 Rn. 20
444 *Satzger*, Strafrecht, 2010, § 8 Rn. 24.
445 *Satzger*, Strafrecht, 2010, § 8 Rn. 24.
446 *Satzger*, Strafrecht, 2010, § 8 Rn. 24.

kein allgemeiner Strafrechtsvorbehalt mehr existieren soll. Dies kann daraus abgeleitet werden, dass diese Vorbehalte vor dem Hintergrund der heftigen Diskussionen um ihre Bedeutung aufgegeben, aber die Vorschriften ansonsten sinngemäß übernommen wurden[447]. Letztlich spricht für die grundsätzliche Möglichkeit, Regelungen mit strafrechtlichem Charakter auf diese Rechtsgrundlagen zu stützen, auch Art. 325 Abs. 4 AEUV, der eine wirksame Bekämpfung der Betrugskriminalität zum Nachteil der Union ermöglichen soll. Denn dieser sieht seinerseits – wie bisher Art. 280 Abs. 4 EGV – eine Rechtsgrundlage für die Vornahme aller *„erforderlichen Maßnahmen zur Verhütung und Bekämpfung von Betrügereien, die sich gegen die finanziellen Interessen der Union richten"* vor. Dadurch wird auch der Erlass von Verordnungen möglich sein[448].

Es kann daher der Ansicht von *Satzger* dahin gehend gefolgt werden, dass davon auszugehen ist, dass zumindest grundsätzlich, gestützt auf die Vorschrift des Art. 325 Abs. 4 AEUV, unmittelbar anwendbare Straftatbestände geschaffen werden könnten. Wobei der Begriff der „Betrügereien" im europarechtlichen Sinne zu verstehen ist, und sich somit die Unionskompetenz nach dieser Vorschrift auch auf andere Handlungen mit Täuschungscharakter, bspw. bestimmte Urkundendelikte, beziehen kann[449].

Hecker vertritt die Ansicht, dass der Art. 325 Abs. 4 AEUV eine spezielle Kompetenzgrundlage für die Angleichung mitgliedstaatlichen Strafrechts zumindest insoweit darstellt, also dies zur Erreichung des spezifischen Schutzzwecks, namentlich der Bekämpfung von Betrügereien zum Nachteil der Union, erforderlich ist. Im Bereich des EU-Finanzschutzes sei jedenfalls eine Strafrechtsharmonisierung durch Richtlinien möglich. Die Offenheit des Art. 325 Abs. 4 AEUV lasse darüber hinaus die Auslegung zu, dass auf seiner Grundlage sogar supranationale Straftatbestände zur Bekämpfung des EU-Betrugs erlassen werden dürfen. Dadurch wachse der Union erstmals eine *„originäre supranationale Strafrechtssetzungskompetenz"* zu[450].

2. Zwischenergebnis

Da zurzeit noch kein Verbot der Mehrfachverfolgung und -bestrafung auf vertikaler Ebene innerhalb der EU existiert, besteht zur Vermeidung von Mehrfachverfolgungen und -bestrafungen ein Bedürfnis nach einem ne-bis-in-idem-Schutz auch auf dieser Ebene[451]. Mit anderen Worten: Der ne-bis-in-idem-Schutz wird

447 *Satzger*, Strafrecht, 2010, § 8 Rn. 24.
448 *Satzger*, Strafrecht, 2010, § 8 Rn. 24.
449 *Satzger*, Strafrecht, 2010, § 8 Rn. 25; *Zimmermann*, JURA 2009, 844, 846.
450 *Hecker*, Europäisches Strafrecht, 2010, § 4 Rn. 81.
451 So im Ergebnis auch: *Jagla*, ne bis in idem, 2007, S. 15.

also auf vertikaler Ebene relevant, wenn eine Tat eine punitive Sanktion des Gemeinschaftsrechts und zugleich eine Ahndung nach einer nationalen Strafnorm verwirkt[452]. Fraglich ist in diesem Zusammenhang, wie zu verfahren ist, wenn der Täter bereits nach EU-Recht oder dem Recht eines Schengen-Staates wegen derselben Tat belangt worden ist[453].

Zwar ist der ne-bis-in-idem-Grundsatz im europäischen Recht in Art. 54 SDÜ normiert. Aus dieser EU-binnenrechtlichen Anerkennung des ne-bis-in-idem-Grundsatzes folgt aber noch nicht ohne Weiteres, dass der Grundsatz auch im Verhältnis einer EU-Sanktion zu einer nationalen Sanktion gilt. Maßgeblich für das Verhältnis von nationaler und europäischer Sanktion ist vielmehr das Verhältnis von nationaler und europäischer Rechtsordnung[454]. Als Indiz welches gegen einen ne-bis-in-idem-Schutz sprechen könnte, kann die Vorschrift des § 51 Abs. 3 StGB herangezogen werden[455].

Diese lautet wie folgt:

> *„Ist der Verurteilte wegen derselben Tat im Ausland bestraft worden, so wird auf die neue Strafe die ausländische angerechnet, soweit sie vollstreckt ist. Für eine andere im Ausland erlittene Freiheitsentziehung gilt Absatz 1 entsprechend.“*

Wie *Kühne* richtig ausführt, kann in Anbetracht dessen, dass die Rechtsordnungen der Gemeinschaft und der Schengen-Staaten nicht unverbunden nebeneinander stehen, sondern vielmehr auf mannigfache Weise ineinander greifen und das Gemeinschaftsrecht hinsichtlich seines Geltungsanspruchs Bestandteil auch der mitgliedstaatlichen Rechtswirklichkeit ist, insofern nicht angenommen werden, dass es sich um „ausländisches“ Recht handelt. Daher bleibt nach zutreffender Ansicht von *Kühne* Raum für die Annahme der Geltung eines ne-bis-in-idem-Schutzes[456].

Wenn die nationale Entscheidung als innereuropäische Entscheidung, also gleichsam wie eine zweite Entscheidung eines EU-Organs nach der Erst-Entscheidung eines EU-Organs behandelt wird, dann kommt stets der ne-bis-in-idem-Grundsatz zur Anwendung. Daher wird es überwiegend für zulässig erachtet, dass parallele Verfahren der europäischen und nationalen Hoheitsträger

---

452 *Kühne*, Strafprozessrecht, 2010, § 3 Rn. 62.

453 *Kühne*, Strafprozessrecht, 2010, § 3 Rn. 62.

454 So auch *Mayer*, Ne-bis-in-idem-Wirkung, 1992, S. 263, dessen Ausführungen sich auf die EG beziehen. Durch den am 1. Dezember 2009 in Kraft getretenen Vertrag von Lissabon ist die Europäische Union nach Art. 1 Abs. 3 Satz 3 EUV n.F., als deren Rechtsnachfolgerin, an die Stelle der bisherigen EG getreten. Daher können die vor diesem Ereignis liegenden Ausführungen zur EG auch auf die EU, als Rechtsnachfolgerin der EG, angewandt werden und besitzen damit weiterhin Geltung.

455 *Kühne*, Strafprozessrecht, 2010, § 3 Rn. 62.

456 *Kühne*, Strafprozessrecht, 2010, § 3 Rn. 62.

für denselben Sachverhalt stattfinden; im Verhältnis von nationaler und EU-Sanktion gelte der ne-bis-in-idem-Grundsatz hinsichtlich derselben Tat nicht. Der EuGH und ein Großteil der Literatur vertreten die Ansicht, dass es zwischen der europäischen und der nationalen Rechtsordnung zu Überschneidungen kommt, sie aber nicht identisch sind. Wegen der Überschneidung der Schutzbereiche sei aber eine Anrechnung der Erstsanktion in entsprechender Anwendung von § 51 Abs. 3 StGB aus Billigkeitsgründen geboten[457].

IV. Ergebnis

In diesem Teil der Bearbeitung sollte die Erforderlichkeit eines ne-bis-in-idem-Schutzes auf europäischer Ebene untersucht werden[458]. Hierfür wurde entsprechend der angedachten Vorgehensweise zunächst hinterfragt, ob ein nennenswertes Potenzial für internationale Mehrfachverfolgung und -bestrafung besteht, indem der Problematik von Strafgewaltkonflikten nachgegangen wurde.

Zu konstatieren bleibt letztlich, dass sowohl im Verhältnis der EU[459] zu den Mitgliedstaaten durch die dort einzig vorhandene Anrechnungslösung, als auch im Verhältnis der Mitgliedstaaten untereinander durch die Überschneidungen der Prinzipien des internationalen Strafrechts, Doppelverfolgungen und -bestrafungen jederzeit möglich sind[460].

Die Notwendigkeit der Etablierung eines vollumfassenden ne-bis-in-idem-Schutzes auf europäischer Ebene – sogar auf internationaler Ebene – ist nach alledem nachgewiesen.

Nachdem nunmehr gezeigt wurde, wie wünschenswert eine staatenübergreifende Kompetenzverteilung zur Entschärfung der Zuständigkeitskonflikte ist, erscheint es kaum nachvollziehbar, dass noch keine verbindlichen Regeln dergestalt existieren. Der Grund für die bisher fehlende Bereitschaft nach der Schaffung solcher Regelungen besteht nicht zuletzt in der inkonsequenten Anerkennung des Erledigungsprinzips im internationalen Bereich und vor allem in der strengen Anwendung des Legalitätsprinzips. Zwar kann mittels des Anrechnungsprinzips erreicht werden, dass es zu keiner Kumulierung der Dauer des

457 *Kühne*, Strafprozessrecht, 2010, § 3 Rn. 62; *Mayer*, Ne-bis-in-idem-Wirkung, 1992, S. 266.

458 Vgl. § 4. B).

459 Durch den am 1. Dezember 2009 in Kraft getretenen Vertrag von Lissabon ist die Europäische Union nach Art. 1 Abs. 3 Satz 3 EUV n.F., als deren Rechtsnachfolgerin, an die Stelle der bisherigen EG getreten. Daher können die vor diesem Ereignis liegenden Ausführungen zur EG auch auf die EU, als Rechtsnachfolgerin der EG, angewandt werden und besitzen damit weiterhin Geltung.

460 *Jagla*, ne bis in idem, 2007, S. 21

Strafvollzugs kommt. Jedoch vermag das Prinzip nicht die mehrfache Strafverfolgung und Verurteilung zu verhindern[461]. Das Anrechnungsprinzip ist also nicht in der Lage den Täter vor einer erneuten Strafverfolgung und der mit dieser verbundenen Stigmatisierung und Belastung zu schützen[462].

461 So im Ergebnis auch *Eicker*, Transstaatliche Strafverfolgung, 2004, S. 30.

462 Vgl. § 5. B) III.

§ 5. Anerkennung einer ne-bis-in-idem-Wirkung ausländischer Entscheidungen im Inland

Wie bereits gesehen, besteht auf europäischer Ebene die Gefahr für einen Beschuldigten, mehrfach wegen derselben Tat verfolgt oder sogar bestraft zu werden[463]. Das Erfordernis nach der Anerkennung eines europäischen ne-bis-in-idem-Grundsatzes bestünde daher nur dann nicht, wenn die Rechtsordnungen der einzelnen Schengen-Staaten solche innerstaatlichen Regelungen enthielten, wonach ausländischen Verfahrensabschlüssen bereits in vollem Umfang strafklageverbrauchende Wirkung zukäme. An dieser Stelle der vorliegenden Arbeit soll nunmehr der Frage nachgegangen werden, ob zumindest im deutschen Recht eine ne-bis-in-idem-Wirkung ausländischer Entscheidungen – also auf horizontaler Ebene – anerkannt ist.

A) Frühere Rechtslage in Deutschland

Bereits im Strafgesetzbuch des Deutschen Reichs war bis zum Jahre 1940 ein transnationaler ne-bis-in-idem-Grundsatz, wenn auch nur in engen Grenzen, anerkannt[464]. In § 4 Satz 1 RStGB war der Grundsatz normiert, dass wegen der im Ausland begangenen Verbrechen und Vergehen grundsätzlich keine Strafverfolgung stattfindet.

> *„Wegen der im Auslande begangenen Verbrechen und Vergehen findet in der Regel keine Verfolgung statt."*[465]

Jedoch sahen § 4 Satz 2 Nr. 1, Nr. 2 und Nr. 3 RStGB hiervon Ausnahmen vor, wenn es dort heißt:

> *„Jedoch kann nach den Strafgesetzen des Deutschen Reichs verfolgt werden:*
> *1) ein Ausländer, welcher im Auslande eine hochverrätherische Handlung gegen das Deutsche Reich oder einen Bundesstaat, oder ein Münzverbrechen begangen hat;*
> *2) ein Deutscher, welcher im Auslande eine hochverrätherische oder landesverrätherische Handlung gegen das Deutsche Reich oder einen Bundesstaat, eine Beleidigung gegen einen Bundesfürsten oder ein Münzverbrechen begangen hat;*

---

463 Vgl. § 4 B) IV.

464 *Kniebühler*, Transnationales ‚ne bis in idem', 2005, S. 133; Strafgesetzbuch für das Deutsche Reich vom 15. Mai 1871, RGBl. 1871, 127 ff.

465 Strafgesetzbuch für das Deutsche Reich vom 15. Mai 1871, RGBl. 1871, 127, 128.

3) ein Deutscher, welcher im Auslande eine Handlung begangen hat, die nach den Gesetzen des Deutschen Reichs als Verbrechen oder Vergehen anzusehen und durch die Gesetze des Orts, an welchem sie begangen wurde, mit Strafe bedroht ist.“[466]

Nach § 5 RStGB war es aber ausgeschlossen, einen Deutschen gemäß § 4 Satz 2 Nr. 3 RStGB wegen einer Auslandstat zu verfolgen, wenn

„1) von den Gerichten des Auslandes über die Handlung rechtskräftig erkannt und entweder eine Freisprechung erfolgt oder die ausgesprochene Strafe vollzogen,
2) die Strafverfolgung oder die Strafvollstreckung nach den Gesetzen des Auslandes verjährt oder die Strafe erlassen, oder
3) der nach den Gesetzen des Auslandes zur Verfolgbarkeit der Handlung erforderliche Antrag des Verletzten nicht gestellt worden ist.“[467]

Bereits an anderer Stelle der vorliegenden Arbeit wurde darauf eingegangen, dass die nationalsozialistische Herrschaft zu einem Rückschlag in der Entwicklung des ne-bis-in-idem-Grundsatzes in Deutschland führte[468]. Diese Rückentwicklung war jedoch nicht nur auf die Geltung des ne-bis-in-idem-Grundsatzes im rein innerstaatlichen Bereich beschränkt. Vielmehr war den Nationalsozialisten im Dritten Reich auch die mit der Anerkennung eines transnationalen ne-bis-in-idem-Grundsatzes verbundene Selbstbeschränkung ein Dorn im Auge, die nicht in das totalitäre Denken des Regimes passte. Daher wurde mit der *Verordnung über den Geltungsbereich des Strafrechts vom 6. Mai 1940* die Rechtslage grundlegend geändert[469]. Durch Art. 1 dieser Verordnung wurden unter anderem die bis dahin geltenden §§ 3 bis 5 RStGB ersetzt. Der neue § 3 Satz 1 RStGB lautete:

„Das deutsche Strafrecht gilt für die Tat eines deutschen Staatsangehörigen, einerlei, ob er sie im Inland oder im Ausland begeht.“[470]

Diese Vorschrift ermöglichte es, dass Auslandstaten von Deutschen, im Inland stets verfolgt werden konnten und führte damit zu einem Rückschlag in der Entwicklung eines europäischen ne-bis-in-idem-Grundsatzes[471].

---

466 Strafgesetzbuch für das Deutsche Reich vom 15. Mai 1871, RGBl. 1871, 127, 128.

467 Strafgesetzbuch für das Deutsche Reich vom 15. Mai 1871, RGBl. 1871, 127, 129.

468 Vgl. § 1. und § 1. F) II.

469 Vgl. § 1. F) II.; *Kniebühler*, Transnationales ‚ne bis in idem‘, 2005, S. 133; Art. 1 der Verordnung über den Geltungsberiech des Strafrechts vom 6. Mai 1940, RGBl. 1940 I, 754.

470 Art. 1 der Verordnung über den Geltungsbereich des Strafrechts vom 6. Mai 1940, RGBl. 1940 I, 754.

471 Vgl. § 1. F) II.

B) Heutige Rechtslage in Deutschland

Es drängt sich die Frage auf, ob angesichts der Gefahr der Mehrfachverfolgung und -bestrafung eine Verpflichtung für die Bundesrepublik Deutschland auf nationaler Ebene besteht, einem ausländischen Urteil Strafklageverbrauchende Wirkung zukommen zu lassen.

I. Art. 103 Abs. 3 GG

1. Einleitung

Das Verbot eine verbrauchte Strafklage zu wiederholen ist durch Art. 103 Abs. 3 GG zum Rang eines Verfassungsrechtssatzes erhoben worden[472].

Art. 103 Abs. 3 GG lautet:

> *„Niemand darf wegen derselben Tat auf Grund der allgemeinen Strafgesetze mehrmals bestraft werden.“*

Dieser Verfassungsrechtssatz geht von einem weiten prozessualen Tatbegriff aus[473]. Art. 103 Abs. 3 GG versteht daher unter Tat – in Übereinstimmung mit dem Strafprozessrecht, § 264 StPO – den *„geschichtlichen Vorgang, auf welchen Anklage und Eröffnungsbeschluss hinweisen und innerhalb dessen der Angeklagte als Täter oder Teilnehmer einen Straftatbestand verwirklicht haben soll.“*[474]

Bei unbefangener Betrachtung der Reichweite der ne-bis-in-idem-Wirkung im deutschen Recht könnte davon ausgegangen werden, dass sich die ne-bis-in-idem-Wirkung ausländischer Strafurteile für die deutschen Gerichte aus den grundgesetzlichen Vorgaben der Art. 103 Abs. 3 GG, Art. 25 GG i.V.m. einer allgemeinen Regel des Völkerrechts, Art. 20 Abs. 3 GG (Rechtsstaatsprinzip), Art. 3 Abs. 1 GG und Art. 1 Abs. 1 GG i.V.m. 2 Abs. 1 GG (Menschenwürde) ableiten lasse[475]. Nach der Rechtsprechung des BGH sollen ausländische Urteile von diesem Verfassungsgrundsatz jedoch nicht erfasst werden. Art. 103 Abs. 3 GG bezieht sich prinzipiell allein auf die Einmaligkeit der Strafverfolgung durch deutsche Gerichte. Durch ein Urteil eines ausländischen Gerichts wird die Strafklage für die deutschen Gerichte nicht verbraucht. Art. 103 Abs. 3 GG hindert

---

472 BGH NStZ 1998, 149, 151.

473 *Kniebühler*, Transnationales ‚ne bis in idem‘, 2005, S. 154.

474 BVerfG NJW 1978, 414; *Meyer-Goßner*, Strafprozessordnung, 2011, § 264 Rn. 1.

475 *Mayer*, Ne-bis-in-idem-Wirkung, 1992, S. 20.

die deutschen Gerichte somit nicht, eine durch ein ausländisches Gericht bereits abgeurteilte Tat erneut abzuurteilen[476].

Da also ein identischer Lebenssachverhalt wegen den unterschiedlichen Anknüpfungsprinzipien des jeweiligen materiellen Strafrechts die Strafgewalt mehrerer Staaten begründen kann, birgt eine auf eine wiederholte nationale Strafverfolgung begrenzte ne-bis-in-idem-Wirkung erhebliche Schwierigkeiten in sich[477].

2. Schranken des Art. 103 Abs. 3 GG

Über die oben beschriebene Beschränkung des Schutzbereichs auf eine inländische Zweitverfolgung bei vorausgegangener inländischer Erstverfolgung hinaus,[478] erfährt der Umfang der verfassungsrechtlichen ne-bis-in-idem-Gewährleistung in Art. 103 Abs. 3 GG noch weitere Einschränkungen[479]. So gibt es die Möglichkeit, gegen ein noch nicht formell rechtskräftig abgeschlossenes Strafverfahren Rechtsmittel einzulegen. Die Staatsanwaltschaft kann in diesem Zusammenhang auch Rechtsmittel zu Ungunsten des Verurteilten einlegen. Außerdem kennt die Strafprozessordnung auch außerordentliche Rechtsbehelfe gegen rechtskräftige Strafurteile. Als Beispiel hierfür kann die Wiedereinsetzung in den vorigen Stand nach den §§ 44 ff. StPO angeführt werden, die bei einer Versäumung der Rechtsmittelfristen beantragt werden kann. Die Auffassung, dass diese Vorschriften rechtsstaatlich ambivalent seien und sich daher noch nicht als Eingriffe in den Schutzbereich des Art. 103 Abs. 3 GG darstellen[480], vermag kaum zu überzeugen[481]. Auch wenn ein Antrag der Staatsanwaltschaft auf Wiedereinsetzung in den vorigen Stand zu Lasten des Verurteilten kaum in Betracht kommt, so gibt es aber auch die Wiederaufnahme rechtskräftig abgeschlossener Verfahren zu Ungunsten des Verurteilten nach § 362 StPO[482]. Zumindest letztere ist aber stets als Eingriff in den Schutzbereich des Art. 103 Abs. 3 GG anzusehen[483]. Als Berechtigung für eine solche Wiederaufnahme zu Ungunsten des Verurteilten wird die Übernahme des seinerzeitigen Standes des Strafprozessrechts durch das Grundgesetz aber auch die Durchbrechung des Prinzips der Rechtssicherheit um des Grundsatzes der materiellen Gerechtigkeit willen ange-

---

476 BGH NStZ 1998, 149, 151.

477 *Radtke/Busch*, EuGRZ 2000, 421.

478 Vgl. § 5. B) I. 1.

479 *Radtke*, in: Festschrift für Seebode, 2008, S. 297.

480 So aber *Schmidt-Aßmann,* in: Maunz/Dürig, Komm. z. GG, 2010, Art. 103 Rn. 268.

481 *Schroede*r, JuS 1997, 227, 229.

482 *Schroeder*, JuS 1997, 227, 229.

483 *Schmidt-Aßmann,* in: Maunz/Dürig, Komm. z. GG, 2010, Art. 103 Rn. 270.

führt[484]. Außerdem führt nicht jede verfahrenserledigende Entscheidung zu einem Verbrauch der Strafklage im Sinne des ne-bis-in-idem-Grundsatzes. Zum anderen ist der Schutzbereich des in Art. 103 Abs. 3 GG normierten ne-bis-in-idem-Grundsatzes in gegenständlicher Hinsicht durch den Begriff der Tat umgrenzt[485].

3. Die Rechtsprechung des BVerfG zu Art. 103 Abs. 3 GG

Das BVerfG stellt für die Auslegung des Art. 103 Abs. 3 GG in ständiger Rechtsprechung auf das „vorverfassungsrechtliche Gesamtbild" ab. Entscheidend sei also die traditionelle Gestaltung und Auslegung, die der ne-bis-in-idem-Grundsatz im Strafprozess erhalten habe[486]. Dies wird auch in der Leitentscheidung des BVerfG vom 17. Januar 1961 – 2 BvL 17/60[487] – zur generellen Geltung des ne-bis-in-idem-Grundsatzes für ausländische Strafurteile deutlich. Dort führt das BVerfG wie folgt aus:

> *„Durch Art. 103 Abs. 3 GG ist das Verbot, eine verbrauchte Strafklage zu wiederholen, zum Rang eines Verfassungsgrundsatzes erhoben worden. Die Vorschrift nimmt auf den bei Inkrafttreten des Grundgesetzes geltenden Stand des Prozeßrechts und seine Auslegung durch die herrschende Rechtsprechung Bezug [...]."*[488]

Weiter führt das BVerfG in dieser Entscheidung aus:

> *„Das verfassungsrechtliche Verbot der erneuten Strafklage nach rechtskräftigem richterlichen Sachentscheid kann aber nur gelten, wenn ein Gericht der Bundesrepublik Deutschland entschieden hat."*[489]

Das BVerfG geht davon aus, dass ausländischen Strafurteilen keinerlei ne-bis-in-idem-Wirkung aus Art. 103 Abs. 3 GG zukomme. Dies folgert es daraus, dass auch nach dem bei Inkrafttreten des Grundgesetzes geltenden Stand des Prozessrechts und seiner Auslegung durch die herrschende Rechtsprechung, ausländischen Strafurteilen keinerlei ne-bis-in-idem-Wirkung beigemessen worden sei, sodass sich auch heute aus Art. 103 Abs. 3 GG keine solche Wirkung ergebe[490].

---

484 *Schroeder*, JuS 1997, 227, 229 - 230.

485 *Radtke*, in: Festschrift für Seebode, 2008, S. 297.

486 BVerfGE 3, 248, 252; 9, 89, 96; 12, 62, 66; *Mayer*, Ne-bis-in-idem-Wirkung, 1992, S. 21.

487 BVerfGE 12, 62 ff.

488 BVerfGE 12, 62, 66.

489 BVerfGE 12, 62, 66.

490 BVerfGE 12, 62, 66; *Mayer*, Ne-bis-in-idem-Wirkung, 1992, S. 22.

4. *Zwischenergebnis zu Art. 103 Abs. 3 GG*

Festzuhalten ist, dass die Rechtsprechung die Geltung der ne-bis-in-idem-Wirkung des Art. 103 Abs. 3 GG auf strafrechtliche Entscheidungen deutscher Gerichte beschränkt[491]. Ausländische strafrechtliche Entscheidungen sind daher von Art. 103 Abs. 3 GG nicht erfasst[492].

Eine solche Beschränkung ist aber nach dem Wortlaut des Art. 103 Abs. 3 GG, der nur von den „allgemeinen Strafgesetzen" spricht, nicht zwingend. Vielmehr ist der Wortlaut des Art. 103 Abs. 3 GG auch für eine Auslegung dahin gehend offen, die auch ausländischen Strafurteilen ne-bis-in-idem-Wirkung in der Bundesrepublik Deutschland zuerkennen will. Wünschenswert wäre in diesem Zusammenhang, dass das BVerfG nicht mit Hilfe des vorverfassungsrechtlichen Gesamtbildes ausländischen Entscheidungen generell die ne-bis-in-idem-Wirkung abspricht. Will das BVerfG seine Argumentation weiterhin auf das vorverfassungsrechtliche Gesamtbild stützen, so ist eine differenzierte Lösung erforderlich, in welcher das BVerfG zumindest eine partielle ne-bis-in-idem-Wirkung ausländischer Entscheidungen untersucht[493].

II. Art. 25 GG

1. *Einleitung*

Nachdem festgestellt wurde, dass Art. 103 Abs. 3 GG weder einen hinreichenden Schutz vor erneuter Bestrafung, noch vor erneuter Strafverfolgung durch deutsche Gerichte bei vorausgegangener ausländischer Aburteilung gewährleistet[494], soll nunmehr untersucht werden, ob Art. 25 GG in diesem Kontext einen hinreichenden ne-bis-in-idem-Schutz gewährt.

Über Art. 25 GG könnte auch eine „allgemeine Regel" für die deutschen Strafgerichte eine innerstaatliche Verpflichtung begründen, ausländischen Strafurteilen generell gleiche ne-bis-in-idem-Wirkung zuzuerkennen wie inländischen[495]. Aus dem Wortlaut des Art. 25 Satz 1 GG erschließt sich bereits, dass die „allgemeinen Regeln" des Völkerrechts Bestandteil des Bundesrechts sind und „den Gesetzen" (vgl. Art. 25 Satz 2 GG), nicht aber dem Grundgesetz, vor-

491 BVerfGE 12, 62, 66.
492 *Mayer*, Ne-bis-in-idem-Wirkung, 1992, S. 40.
493 *Mayer*, Ne-bis-in-idem-Wirkung, 1992, S. 40.
494 Vgl. § 5. B) ff.
495 *Mayer*, Ne-bis-in-idem-Wirkung, 1992 S. 40 - 41.

gehen[496]. Völkerrechtsregeln sind „allgemeine Regeln des Völkerrechts" im Sinne des Art. 25 GG, wenn sie von der überwiegenden Mehrheit der Staaten anerkannt werden[497]. Nach h.M. soll es dabei nicht darauf ankommen, dass gerade die Bundesrepublik Deutschland die entsprechende Regelung anerkannt hat, um sie als „allgemein" i.S.d. Art. 25 Satz 1 GG qualifizieren zu können[498].

Im Völkerrecht ist ein Begriff „allgemeine Regeln" ungebräuchlich[499]. Dort wird vielmehr zwischen Völkervertragsrecht, welches grundsätzlich nicht von Art. 25 GG erfasst wird, da mit Art. 59 Abs. 2 GG dafür eine Sonderregelung im Grundgesetz enthalten ist, und Völkergewohnheitsrecht unterschieden[500]. Art. 25 GG erstreckt sich aber nicht auf das gesamte Reservoir des Völkergewohnheitsrechts, sondern nur auf Gewohnheitsrechtsnormen, welche allgemein gelten. Notwendige aber auch hinreichende Bedingung, damit von einer „allgemeinen" Geltung i.S.d. Art. 25 GG einer völkerrechtlichen Gewohnheitsrechtsnorm ausgegangen werden kann, ist, dass die Mehrheit der Staaten die ungeschriebene Norm als Bestandteil des Völkergewohnheitsrechts akzeptiert, zu der andererseits die Bundesrepublik Deutschland nicht gehören muss[501]. Es muss also zum einen eine überwiegende Überzeugung von der Rechtsgültigkeit der Gewohnheitsrechtsnorm bestehen und zum anderen muss die Staatenpraxis dieser Überzeugung entsprechen[502].

2. Die Rechtsprechung des BVerfG

In seinem Beschluss vom 31. März 1987 – 2 BvM 2/86 – vertrat das BVerfG[503] bereits die Ansicht, dass derzeit noch keine allgemeine Regel des Völkerrechts i.S.d. Art. 25 GG dahin gehend existiere, dass

> *„niemand wegen desselben Lebenssachverhalts, dessentwegen er bereits nach den Gesetzen eines Staates rechtskräftig verurteilt oder freigesprochen worden ist, von einem Gericht eines anderen Staates, dessen strafrechtliche Gerichtsbarkeit gleichfalls gegeben ist, neuerlich verfolgt oder bestraft werden darf oder jedenfalls eine im Ausland verbüßte Freiheitsstrafe bei einer neuerlichen Verurteilung auf den Strafausspruch anzurechnen oder bei der Dauer des Strafvollzugs zu berücksichtigen ist."*[504]

---

496 *Kunig*, JURA 1989, 667, 669; *Mayer*, Ne-bis-in-idem-Wirkung, 1992, S. 41.

497 So noch *Brockmeyer,* in: Schmidt-Bleibtreu/Klein, Komm. z. GG, 2004, Art. 25 Rn. 1 in der 10. Aufl.

498 *Hillgruber,* in: Schmidt-Bleibtreu/Hofmann/Hopfauf, Komm. z. GG, 2011, Art. 25 Rn. 8.

499 *Kunig*, JURA 1989, 667, 669.

500 *Kunig*, JURA 1989, 667, 670; *Mayer*, Ne-bis-in-idem-Wirkung, 1992, S. 41.

501 *Kunig*, JURA 1989, 667, 669 - 670; *Mayer*, Ne-bis-in-idem-Wirkung, 1992, S. 41.

502 *Kunig*, JURA 1989, 667, 669; *Mayer*, Ne-bis-in-idem-Wirkung, 1992, S. 41.

503 BVerfG NJW 1987, 2155 ff.

504 BVerfG NJW 1987, 2155, 2158.

Das BVerfG führt weiter aus, dass der ne-bis-in-idem-Grundsatz nur eine allgemeine Regel des Völkerrechts i.S.d. Art. 25 GG ist, die die erneute Verurteilung eines Angeklagten wegen desselben Lebenssachverhalts allenfalls im selben Staat verwehrt[505].

a) Schengener Durchführungsübereinkommen

Es drängt sich an dieser Stelle die Frage auf, ob zumindest seit dem Inkrafttreten des Schengener Durchführungsübereinkommens vom 19. Juni 1990 und dem in ihm normierten ne-bis-in-idem-Grundsatz zwischen den Vertragsstaaten in Art. 54 SDÜ, eine allgemeine Regel des Völkerrechts i.S.d. Art. 25 GG besteht.

Das BVerfG hatte in jüngerer Vergangenheit in einem Verfassungsbeschwerdeverfahren aus dem Jahre 2006 – 2 BvR 38/06[506] – Gelegenheit, darüber zu befinden. Das BVerfG hat in dieser Entscheidung trotz Geltung des SDÜ im Wesentlichen an seiner früheren Rechtsprechung festgehalten. Das BVerfG verneint in diesem Verfahren trotz des inzwischen geltenden SDÜ einen Verstoß des amtsgerichtlichen Urteils gegen Art. 2 Abs. 1 i.V.m. Art. 25 GG. Zur Veranschaulichung der Entscheidung des BVerfG soll der ihr zu Grunde liegende Sachverhalt kurz skizziert werden:

> *Das Amtsgericht hat die Beschwerdeführerin wegen fahrlässiger Trunkenheit im Verkehr zu einer Geldstrafe verurteilt. Die Verurteilung erfolgte wegen einer Trunkenheitsfahrt der Beschwerdeführerin in der Schweiz am 6. Juni 2004. Wegen dieser Tat hatten das Staßenverkehrsamt des Schweizer Kantons Aargau der Beschwerdeführerin mit Verfügung vom 8. Juli 2004 den ausländischen Führerschein für die Dauer von zwei Monaten für die Länder Schweiz und Liechtenstein aberkannt und das Bezirksamt Baden (Schweiz) sie mit Entscheidung vom 26. August 2004 rechtskräftig wegen Trunkenheit im Verkehr zu einer Geldstrafe verurteilt. Diese hatte die Beschwerdeführerin bei Einleitung des gegen sie gerichteten Ermittlungsverfahrens in Deutschland bereits entrichtet.*[507]

Das BVerfG führt aus, dass das SDÜ vom 19. Juni 1990 zwar die Regelungen des EG-ne-bis-in-idem-Übereinkommens in ihrem wesentlichen Wortlaut übernommen und in Art. 54 SDÜ auch den ne-bis-in-idem-Grundsatz normiert hat. Das BVerfG verkennt auch nicht, dass durch die Einbeziehung des Übereinkommens durch das so genannte Schengen-Protokoll zum Amsterdamer Vertrag vom 2. Oktober 1997 in den institutionellen Rahmen der EU mittlerweile der in Art. 54 SDÜ gewährleistete ne-bis-in-idem-Grundsatz im Wesentlichen zwi-

505 BVerfG NJW 1987, 2155, 2158.

506 BVerfGK 13, 7 ff.

507 BVerfGK 13, 7, 8.

schen allen Mitgliedstaaten der EU[508] Anwendung findet[509]. Nach Ansicht des BVerfG rechtfertigt die Aufnahme des ne-bis-in-idem-Grundsatzes in das SDÜ durch Art. 54 SDÜ allerdings nicht die Annahme, dass dies ein Ausdruck von Völkergewohnheitsrecht voraussetzenden Rechtsüberzeugung der Mitgliedstaaten der EU[510] sei[511]. Dem stünde bereits der Ausnahmecharakter des SDÜ entgegen. Darüber hinaus ergebe sich dies aus den nicht unerheblichen Einschränkungen des Prinzips, die dieses unter anderem durch Art. 55 SDÜ erfahren hat[512]. Außerdem sei nicht zu übersehen, dass der Grundsatz nach Art. 54 SDÜ nur dann zur Anwendung komme, wenn die verhängte Sanktion bereits vollstreckt worden ist, gerade vollstreckt wird oder nach dem Recht des Urteilsstaates nicht mehr vollstreckt werden kann[513].

Dem BVerfG ist zuzustimmen. Insbesondere das weitere Argument des BVerfG überzeugt. Richtigerweise stellt das BVerfG darauf ab, dass hinsichtlich Inhalt und Umfang des zwischenstaatlichen Verbots ne-bis-in-idem selbst unter den Mitgliedstaaten der EU[514] keine Einigkeit herrscht. Dies zeigt sich bereits daran, dass das auf der Ebene der *EG*[515] im Jahre 2001 ausgegebene Ziel der Überprüfung der Art. 54 bis 57 SDÜ im Lichte einer uneingeschränkten Anwendung des Grundsatzes der gegenseitigen Anerkennung bislang ohne fassbares

---

508 Durch den am 1. Dezember 2009 in Kraft getretenen Vertrag von Lissabon ist die Europäische Union nach Art. 1 Abs. 3 Satz 3 EUV n.F., als deren Rechtsnachfolgerin, an die Stelle der bisherigen EG getreten. Daher können die vor diesem Ereignis liegenden Ausführungen des BVerfG zur EG auch auf die EU, als Rechtsnachfolgerin der EG, angewandt werden und besitzen damit weiterhin Gültigkeit.

509 BVerfGK 7, 18.

510 Durch den am 1. Dezember 2009 in Kraft getretenen Vertrag von Lissabon ist die Europäische Union nach Art. 1 Abs. 3 Satz 3 EUV n.F., als deren Rechtsnachfolgerin, an die Stelle der bisherigen EG getreten. Daher können die vor diesem Ereignis liegenden Ausführungen des BVerfG zur EG auch auf die EU, als Rechtsnachfolgerin der EG, angewandt werden und besitzen damit weiterhin Gültigkeit.

511 BVerfGK 7, 18.

512 BVerfGK 7, 18.

513 BVerfGK 7, 18-19.

514 Durch den am 1. Dezember 2009 in Kraft getretenen Vertrag von Lissabon ist die Europäische Union nach Art. 1 Abs. 3 Satz 3 EUV n.F., als deren Rechtsnachfolgerin, an die Stelle der bisherigen EG getreten. Daher können die vor diesem Ereignis liegenden Ausführungen des BVerfG zur EG auch auf die EU, als Rechtsnachfolgerin der EG, angewandt werden und besitzen damit weiterhin Gültigkeit.

515 Durch den am 1. Dezember 2009 in Kraft getretenen Vertrag von Lissabon ist die Europäische Union nach Art. 1 Abs. 3 Satz 3 EUV n.F., als deren Rechtsnachfolgerin, an die Stelle der bisherigen EG getreten. Daher können die vor diesem Ereignis liegenden Ausführungen des BVerfG zur EG auch auf die EU, als Rechtsnachfolgerin der EG, angewandt werden und besitzen damit weiterhin Gültigkeit.

Ergebnis geblieben ist[516]. Das SDÜ zeigt vielmehr, dass die Anerkennung eines ne-bis-in-idem-Grundsatzes auf europäischer Ebene eher eine punktuelle Erscheinung ist, die starken Beschränkungen unterliegt. Dies spricht sogar eher gegen die Annahme einer Rechtsüberzeugung der Staaten über eine allgemeine rechtliche Geltung dieses Prinzips und somit letztlich gegen die Annahme, dass mit der Normierung des ne-bis-in-idem-Grundsatzes in Art. 54 SDÜ eine allgemeine Regel des Völkerrechts i.S.v. Art. 25 GG geschaffen wurde[517].

b) Europäische Menschenrechtskonvention

Auf supranationaler Ebene ist der ne-bis-in-idem-Grundsatz in mehreren völkerrechtlichen Übereinkommen wie der EMRK und dem IPbpR verankert[518]. Mit Art. 4 Abs. 1 des 7. Zusatzprotokolls vom 22. November 1984 zur EMRK wurde das ne-bis-in-idem-Prinzip wie folgt eingeführt:

> *„Niemand darf wegen einer strafbaren Handlung, wegen der er bereits nach dem Gesetz oder dem Strafverfahren eines Staates rechtskräftig verurteilt oder freigesprochen worden ist, in einem Strafverfahren desselben Staates erneut vor Gericht gestellt oder bestraft werden.“*[519]

Aus Art. 4 Abs. 1 des 7. Zusatzprotokolls zur EMRK wird ersichtlich, dass der ne-bis-in-idem-Grundsatz nicht auf horizontaler Ebene, also nicht zwischen dem Erstverfolger- und dem Zweitverfolgerstaat, Geltung beansprucht[520]. Sowohl die supranationalen als auch die nationalen Regelungen über das Verbot doppelter Strafverfolgung schließen eine erneute Strafverfolgung desselben Beschuldigten wegen derselben Tat allein durch den Staat aus, der bereits das erste Strafverfahren durchgeführt hat[521].

Vom BVerfG erfolgte bisher auch keine weitergehende Auseinandersetzung mit den übrigen Bestimmungen der EMRK, welche früher zur Lösung des ne-bis-in-idem-Problems herangezogen worden waren[522].

Es soll an dieser Stelle nicht unerwähnt bleiben, dass die Europäische Kommission für Menschenrechte bereits mehrmals angedeutet hatte, dass einer doppelten Bestrafung der Anspruch auf ein „fair trial“ nach Art. 6 Abs. 3 EMRK entgegensehen könne[523].

---

516 BVerfGK 7, 19.

517 BVerfGK 7, 20.

518 *Radtke/Busch*, EuGRZ 2000, 421.

519 *Mayer*, Ne-bis-in-idem-Wirkung, 1992, S. 47.

520 *Mayer*, Ne-bis-in-idem-Wirkung, 1992, S. 48; *Radtke/Busch*, EuGRZ 2000, 421.

521 Vgl. „Einleitung“; *Radtke/Busch*, EuGRZ 2000, 421.

522 *Mayer*, Ne-bis-in-idem-Wirkung, 1992, S. 48.

523 *Mayer*, Ne-bis-in-idem-Wirkung, 1992, S. 48.

c) Andere internationale Übereinkommen

Wegen der Begrenztheit der ne-bis-in-idem-Wirkung der EMRK, namentlich der Nichtgeltung auf horizontaler Ebene[524], stellt sich die Frage, ob andere internationale Verträge, welche eine solche ausdrückliche Einschränkung nicht enthalten, einen staatenübergreifenden ne-bis-in-idem-Schutz gewährleisten. Zur Untersuchung bieten sich der *Internationale Pakt über bürgerliche und politische Rechte vom 19. Dezember 1966 (IPbpR)*[525] und die *Amerikanische Menschenrechtskonvention (AMRK)* an, die eine solche ausdrückliche Einschränkung der ne-bis-in-idem-Wirkung auf Strafverfahren desselben Staates nicht enthalten.

Art. 14 Abs. 7 IPbpR lautet wie folgt:

> *„Niemand darf wegen einer strafbaren Handlung, wegen der er bereits nach dem Gesetz und dem Strafverfahrensrecht des jeweiligen Landes rechtskräftig verurteilt oder freigesprochen worden ist, erneut verfolgt oder bestraft werden.“*

Das BVerfG vertritt unter Bezugnahme auf die *Denkschrift der Bundesregierung zum Internationalen Pakt über bürgerliche und politische Rechte vom 19. Dezember 1966*[526], in welcher ausgeführt wird, dass *„in den Diskussionen in den Vereinten Nationen [...] weiter festgestellt [wurde], daß mit Art. 14 Abs. 7 keine grenzüberschreitende Bedeutung, sondern Verurteilungen im jeweils eigenen Lande angesprochen sein sollten*“[527], die Ansicht, dass Art. 14 Abs. 7 IPbpR nach seinem Wortlaut die Geltung des ne-bis-in-idem-Grundsatzes nicht auf vorangegangene Strafverfahren in einem anderen Staat erstreckt[528].

Auch Art. 8 Abs. 4 AMRK erstreckt sich nach Ansicht des BVerfG[529] nur auf Strafurteile desselben Staates, wenn es dort heißt:

> *„an accused person acquitted by a non-appealable judgement shall not be subjected to a new trial for the same cause.“*[530]

Es kann festgehalten werden, dass das BVerfG aus dem Nichtvorhandensein einer ausdrücklichen Beschränkung des ne-bis-in-idem-Grundsatzes auf inländische Strafurteile in diesen internationalen Verträgen nicht den Schluss zieht, dass der IPbpR und die AMRK einen weitergehenden Schutz vor Doppelverfolgung oder -bestrafung, namentlich eine ne-bis-in-idem-Wirkung für alle Strafurteile,

---

524 Vgl. § 5. B) II. 2.b).

525 Gesetz zu dem Internationalen Pakt vom 19. Dezember 1966 über bürgerliche und politische Rechte, BGBl. 1973 II, S. 1533 ff.

526 BT-Drs 7/660, S. 27. ff.

527 BT-Drs 7/660, S. 35.

528 BVerfG NJW 1987, 2155, 2158; *Mayer*, Ne-bis-in-idem-Wirkung, 1992, S. 45.

529 BVerfG NJW 1987, 2155 ff.

530 BVerfG NJW 1987, 2155, 2158; *Mayer*, Ne-bis-in-idem-Wirkung, 1992, S. 47.

gewährleisten[531]. Dies obwohl ein Vergleich mit dem Wortlaut des Art. 4 Abs. 1 des 7. Zusatzprotokolls zur EMRK, in welchem eine solche Einschränkung ausdrücklich enthalten ist, diesen Schluss nahe legt[532].

3. Zwischenergebnis zu Art. 25 GG

Art. 25 GG vermag, selbst im Kontext mit den allgemeinen Regeln des Völkerrechts, nicht eine ne-bis-in-idem-Wirkung ausländischer Strafentscheidungen, die sich auf dieselbe Tat beziehen, in der Bundesrepublik Deutschland zu gewährleisten. Dies ist darin begründet, dass es derzeit weder eine „allgemeine Regel des Völkerrechts“ des Inhalts gibt, dass ausländische Entscheidungen unterschiedslos und generell im Inland ne-bis-in-idem-Wirkung entfalten, noch eine „allgemeine Regel des Völkerrechts“ dahin gehend existiert, dass die ne-bis-in-idem-Wirkung zumindest beschränkt auf bestimmte Fallgruppen eintritt[533].

Mayer geht zu Recht davon aus, dass sich kein gemeinsamer kleinster Nenner finden lässt, auf Grund dessen eine „allgemeine Regel“, welcher man weltweite Übung und Geltung bescheinigen könnte, bezüglich der Anerkennung ausländischer Strafurteile behaupten könnte. Es ist ihm des Weiteren zuzustimmen, wenn er zu dem Ergebnis kommt, dass sich nicht einmal eine „allgemeine Regel“ des Völkerrechts finden lässt, die überhaupt eine irgendwie geartete Berücksichtigung ausländischer Strafurteile verlangt. So erkennen viele Staaten ausländischen Strafentscheidungen auch nur im Einzelfall nach ihrem Ermessen Wirkung zu[534].

III. § 51 Abs. 3 StGB

Nach der Vorschrift des § 51 Abs. 3 Satz 1 StGB wird auf eine inländische Strafe die ausländische Strafe, soweit sie vollstreckt ist, angerechnet, wenn der Angeklagte im Ausland wegen „derselben Tat“ bestraft worden ist. In der Rechtsprechung ist anerkannt, dass eine Anrechnung erfolgen muss, wenn das ausländische und das inländische Urteil „dieselbe Tat“ im Sinne des prozessualen Tatbegriffs gemäß § 264 StPO betreffen[535]. Diese Ansicht wird auch vom Wortlaut des § 51 Abs. 3 Satz 1 StGB gestützt.

---

531 *Mayer*, Ne-bis-in-idem-Wirkung, 1992, S. 48.

532 *Mayer*, Ne-bis-in-idem-Wirkung, 1992, S. 48; Wortlaut des Art. 4 Abs. 1 des 7. Zusatzprotokolls zur EMRK, vgl. § 5. B) II. 2. b).

533 *Mayer*, Ne-bis-in-idem-Wirkung, 1992, S. 57.

534 *Mayer*, Ne-bis-in-idem-Wirkung, 1992, S. 57.

535 BGH NStZ 1988, 271, 272.

Aus dem Telos dieser Vorschrift und im Hinblick auf § 51 Abs. 1 Satz 1 StGB folgt aber, dass sich der sachliche Gehalt dieser Regelung darin nicht erschöpft. Vielmehr ist eine im Ausland vollstreckte Strafe auch dann auf eine inländische Strafe anzurechnen, wenn die ausländische Strafvollstreckung eine selbständige prozessuale Tat betrifft, die im inländischen Erkenntnis nicht mitabgeurteilt wird, die aber Gegenstand des inländischen Strafverfahrens gewesen ist[536].

Diese Auslegung folgt aus dem Sinn des § 51 Abs. 3 Satz 1 StGB. Die Vorschrift dient dem Zweck, zu verhindern, dass der Täter durch eine Doppelverurteilung schlechter steht, als er stünde, wenn er für „dieselbe Tat" nur einmal in einem inländischen Verfahren verurteilt worden wäre[537]. Es wird ganz deutlich, dass die Vorschrift selbst voraussetzt, dass Art. 103 Abs. 3 GG einer erneuten Verurteilung wegen „derselben Tat" (im prozessualen Sinne) im Inland, bei vorausgegangener ausländischer Verurteilung, nicht entgegensteht. Andernfalls bestünde kein Bedürfnis nach einer Vorschrift wie der des § 51 Abs. 3 Satz 1 StGB, die dazu dient, ein Korrektiv dahin gehend zu gewährleisten, dass wenn schon eine erneute Strafverfolgung stattfinden darf, wenigsten eine gewisse Abfederung der erneuten Bestrafung durch eine Anrechnung der bereits vollstreckten ausländischen Strafe stattfindet.

Dass eine im Ausland vollstreckte Strafe auch dann auf eine inländische Strafe anzurechnen ist, wenn zwischen beiden keine Tatidentität besteht, begründet der BGH in seiner Entscheidung vom 22. Dezember 1987 – 1 StR 423/87[538] – wie folgt:

> *„Andererseits soll der Täter durch die Anrechnung einer ausländischen Strafvollstreckung nicht besser gestellt werden, als wenn das gesamte Tatgeschehen im Inland abgeurteilt worden wäre [...]. Diesen Grundsätzen ist zu entnehmen, daß bei der Entscheidung über die Anrechnung der im Ausland erlittenen Haft der Angekl. so zu stellen ist, als wenn er die ausländische Freiheitsentziehung im Inland erlitten hätte. In einem solchen Fall würde sich die Anrechnung nach § 51 I 1 StGB bestimmen. Danach hinge die Anrechnung davon ab, ob die Freiheitsentziehung aus Anlaß einer Tat erlitten worden ist, die Gegenstand des Verfahrens ist oder gewesen ist. Dieser Zusammenhang gebietet es, auch § 51 III 1 StGB dahin auszulegen, daß eine ausländische Haft unabhängig von einer Tatidentität i.S. des § 264 StPO immer dann anzurechnen ist, wenn der Angekl. sie aus Anlaß einer Tat erlitten hat, die Gegenstand des inländischen Verfahrens ist oder gewesen ist. Eine Auslegung dahin, daß der Tatbegriff in § 51 I und III derselbe ist, liegt auch deshalb nahe, weil Abs. 3 Satz 2 auf Abs. 1 dieser Vorschrift verweist. Für eine ungleiche Behandlung der Anrechnung bei ausländischer Strafvollstreckung und ausländischer Freiheitsentziehung, die keine Strafvollstreckung ist, besteht kein sachlicher Grund."*[539]

---

536 BGH NStZ 1988, 271, 272; BGH NStZ 1990, 231.

537 BGH NStZ 1988, 271, 272.

538 BGH NStZ 1988, 271 f.

539 BGH NStZ 1988, 271, 272.

Selbst wenn man mit dem BGH davon ausginge, dass eine im Ausland vollstreckte Strafe auch dann auf eine inländische Strafe anzurechnen sei, wenn die ausländische Strafvollstreckung eine selbständige prozessuale Tat betrifft, die in der inländischen Strafentscheidung nicht mitabgeurteilt wird, die aber Gegenstand des inländischen Strafverfahrens gewesen ist, so vermag § 51 Abs. 3 Satz 1 StGB das Bedürfnis nach einem umfassenden ne-bis-in-idem-Schutz nicht zu befriedigen.

Die Vorschrift des § 51 Abs. 3 Satz 1 StGB gewährleistet bereits kein „Nachschlagverbot"[540]. In dem nachfolgenden inländischen Verfahren kann also bewusst eine höhere Strafe angesetzt werden, um letztlich doch die gewünschte Strafe trotz Anrechnung im Ergebnis zu erhalten. Aber auch ohne einen solchen „Aufschlag", kann das Gericht, wenn es einen anderen Strafrahmen als das erstverurteilende ausländische Gericht für angemessen erachtet, eine höhere Strafe verhängen, sodass der „Überschuss" noch vollstreckt werden könnte. Dies kommt vor allem bei Delikten in Betracht, für die die Rechtsordnungen der einzelnen Mitgliedsstaaten erheblich voneinander abweichende Strafrahmen vorsehen. In diesem Zusammenhang ist insbesondere auf die Betäubungsmitteldelikte hinzuweisen, bei denen ganz erheblich voneinander abweichende Strafrahmen zwischen den einzelnen Rechtsordnungen bestehen.

Ein großes Manko der Vorschrift des § 51 Abs. 3 Satz 1 StGB besteht auch darin, dass sie den Täter nach Freispruch nicht vor einer erneuten Strafverfolgung im Inland schützt[541]. Aber § 51 Abs. 3 Satz 1 StGB vermag den Täter selbst dann nicht vor einer erneuten Strafverfolgung zu schützen, wenn bereits ein den Täter belastendes ausländisches Urteil vorausgegangen ist.

Allein die mit einer erneuten Strafverfolgung verbundene Stigmatisierung und Belastung des Täters zeigt, dass § 51 Abs. 3 Satz 1 StGB keine hinreichende ne-bis-in-idem-Wirkung für den bereits abgeurteilten Täter gewährt. § 51 Abs. 3 Satz 1 StGB vermag daher das Bedürfnis nach einem umfassenden ne-bis-in-idem-Schutz nicht zu befriedigen.

IV. Rechtsstaatsprinzip (Art. 20 Abs. 3 GG)

Das in Art. 20 Abs. 3 GG für die Bundesrepublik Deutschland verankerte Rechtsstaatsprinzip vermag keine generelle ne-bis-in-idem-Wirkung ausländischer Strafurteile zu gebieten[542]. Mit dem Rechtsstaatsprinzip ist unter Gerech-

540 *Schroeder*, JuS 1997, 227, 229.

541 *Schroeder*, JuS 1997, 227, 229.

542 So im Ergebnis auch *Mayer*, Ne-bis-in-idem-Wirkung, 1992, S. 68 - 69.

tigkeitserwägungen lediglich eine erneute Bestrafung ohne die Verfolgung eines im Verhältnis zur ersten Strafe anderen oder wenigsten weiteren Zwecks unvereinbar[543]. Zwischen ausländischen und inländischen Strafurteilen bestehen nur partielle Überscheidungen der Zwecke. Einer völligen Identität der Zwecke eines ausländischen und inländischen Strafurteils steht bereits entgegen, dass jeder einzelne Staat mit der Zweitbestrafung eigene schutzwürdige Interessen verfolgt[544]. Dadurch kann es lediglich zu einer partiellen ne-bis-in-idem-Wirkung von Auslandsurteilen wegen Zweckverbrauchs kommen[545].

V. Zwischenergebnis

Die eingangs gestellte Frage[546], ob angesichts der Gefahr der Mehrfachverfolgung und -bestrafung eine Verpflichtung für die Bundesrepublik Deutschland auf nationaler Ebene besteht, einem ausländischen Urteil Strafklageverbrauchende Wirkung beizumessen, muss nach den vorstehenden Ausführungen verneint werden.

C) Ergebnis

Letztlich kann festgehalten werden, dass im deutschen Recht eine ne-bis-in-idem-Wirkung ausländischer Entscheidungen nicht anerkannt ist. Somit besteht auf Grund der Gefahr von Mehrfachverfolgung und -bestrafung auf europäischer Ebene das Bedürfnis nach der Anerkennung eines transnationalen ne-bis-in-idem-Schutzes.

543 *Mayer*, Ne-bis-in-idem-Wirkung, 1992, S. 62.
544 *Mayer*, Ne-bis-in-idem-Wirkung, 1992, S. 62.
545 *Mayer*, Ne-bis-in-idem-Wirkung, 1992, S. 63.
546 Vgl. § 5. B).

§ 6. Abwägung des Für und Wider der Anerkennung eines zwischenstaatlichen ne-bis-in-idem-Schutzes

A) Einleitung

Die vorstehenden Ausführungen haben verdeutlich, dass innerhalb der Schengen-Staaten eine große Gefahr für eine Mehrfachverfolgung und -bestrafung desselben Beschuldigten wegen derselben Tat besteht[547]. Daher wurde das Erfordernis der Anerkennung eines europäischen ne-bis-in-idem-Grundsatzes bereits bejaht[548]. An dieser Stelle der Bearbeitung sollen nunmehr die Argumente, die für und gegen eine solche Anerkennung sprechen, dargestellt werden.

B) Erhöhte Gefahr der Mehrfachverfolgung und -bestrafung durch Mobilitätszuwachs

Viele Menschen halten sich in unserer modernen Zeit, die durch eine große Mobilität gekennzeichnet ist, nicht während ihres ganzen Lebens in nur einem Staat auf. Vielmehr verlassen Personen beispielsweise aus beruflichen, wirtschaftlichen oder persönlichen Gründen zeitweise oder gar dauerhaft ihren Herkunftsstaat[549]. Bereits dadurch hat sich die Wahrscheinlichkeit für einen Delinquenten erhöht, wegen ein und derselben Tat verschiedenen Strafgewalten zu unterliegen. Diese Wahrscheinlichkeit wird innerhalb des Schengen-Gebiets zusätzlich noch durch die verstärkte polizeiliche und justizielle Zusammenarbeit zwischen den Schengen-Staaten und vor allem durch die wachsende Mobilität durch den Abbau der Binnengrenzen erhöht. Das wünschenswerte Zusammenwachsen einzelner Staaten und die damit einhergehende Steigerung der Mobilität dürfen nicht zu einer Erhöhung der Gefahr vor Repressalien für den Einzelnen führen. Daher sollen die Art. 54 ff. SDÜ als Ausgleich dienen, die das Verbot von Doppelverfolgung und -bestrafung für dieselbe Tat im Schengen-Gebiet vorschreiben. Diese Vorschrift soll den EU-Staatsangehörigen die Einmaligkeit der Strafverfolgung und Bestrafung garantieren, sie vor unnötigen Belastungen schützen und es

---

547 Vgl. § 4.
548 Vgl. § 5. C).
549 *Mansdörfer*, Das Prinzip des ne bis in idem, 2004, S. 18.

ihnen dadurch ermöglichen, den größtmöglichen Nutzen von dem gemeinsamen Raum der Freiheit, der Sicherheit und des Rechts zu ziehen[550].

C) „Forum-shopping“

Aus dem Zivilrecht ist das Problem des „forum-shopping“[551] bereits bekannt. Nunmehr ist fraglich, ob die Anerkennung eines europäischen ne-bis-in-idem-Grundsatzes die Gefahr des Entstehens eines „forum-shopping“ auch im Strafrecht in sich birgt und somit gegen eine solche Anerkennung sprechen kann. Als „forum-shopping“ wird die Situation bezeichnet, dass sich der Kläger (oder im Strafrecht der Beschuldigte oder die Strafverfolgungsbehörde) den örtlichen Gerichtsstand so wählt, dass eine Klage (oder Verurteilung) für ihn den günstigsten Ausgang hätte[552]. Während das „forum-shopping“ im Zivilrecht anerkannt ist[553], gestaltet sich dies im Strafrecht schwierig. Es wird befürchtet, dass sich sowohl der Beschuldigte als auch die Strafverfolgungsbehörde gehalten sieht, jeweils den örtlichen Gerichtsstand zu wählen, in welchem sich am ehesten das erhoffte Ergebnis des Verfahrens verwirklichen lässt[554].

I. „Forum-shopping“ durch die Strafverfolgungsbehörden

Die mit der Strafverfolgung betraute Stelle könnte, in dem Wissen, dass es auf Grund der Sperrwirkung nur ein einziges Mal zu einem Verfahren kommen kann, versuchen, den Beschuldigten von derjenigen Rechtsordnung aburteilen zu lassen, von der die umfangreichste Sanktionierung zu erwarten steht[555]. Es ist daher zu befürchten, dass die konkurrierenden Strafansprüche zu einem Wettlauf um die Aufnahme der Strafverfolgung führen. Damit würde die Frage, welcher Staat die Strafverfolgung wahrnimmt, allein durch das Kriterium der zeitlichen Priorität beantwortet. Damit wäre die Strafbefugnis eines Staates davon abhängig, dass er der Erste ist, der es schafft, die Tat abzuurteilen i.S.d. Art. 54 SDÜ. Dies würde aber willkürliche Ergebnisse in der Strafverfolgungsbefugnis provo-

---

550 *Jagla*, ne bis in idem, 2007, S. 30.

551 Gebräuchlich ist auch der Ausdruck „procedure shopping“, vgl. *Kühne*, Strafprozessrecht, 2010, § 3 Rn. 78.

552 *Jagla*, ne bis in idem, 2007, S. 32.

553 *Geimer*, in: Zöller, Zivilprozessordnung, 2010, IZPR Rn. 58 m.w.N.

554 *Eicker*, Transstaatliche Strafverfolgung, 2004, S. 254; *Kniebühler*, Transnationales ‚ne bis in idem‘, 2005, S. 130, 131.

555 *Kniebühler*, Transnationales ‚ne bis in idem‘, 2005, S. 130.

zieren. Dem Zufall wäre Tür und Tor geöffnet, ganz nach dem Motto „ wer zuerst kommt, mahlt zuerst“[556].

Gegen die Befürchtung eines von Seiten der Strafverfolgungsbehörden betriebenen „forum-shopping“ ist jedoch zu bedenken, dass in Staaten, deren Strafverfolgungsbehörden dem Legalitätsprinzip unterworfen sind, diese ab einem gewissen Ermittlungsstadium zur Erhebung der Anklage vor den eigenen nationalen Gerichten verpflichtet sind, wenn hinreichender Tatverdacht besteht[557]. Außerdem darf nicht vergessen werden, dass der Ort der Strafverfolgung und der Aburteilung maßgeblich nach den vorhandenen Spuren von den Strafverfolgungsbehörden ausgesucht werden. Darüber hinaus kann der Gefahr des „forum-shopping“ dadurch begegnet werden, dass nach gewissen Regeln von vornherein bestimmt wird, welcher Staat verfolgungs- oder urteilsbefugt ist und andere Staaten somit zur Auslieferung verpflichtet sind[558]. Auf die Frage, wie die Ausgestaltung der Zuständigkeitsregeln aussehen muss, um einem „forum-shopping“ wirksam zu begegnen, wird in der vorliegenden Arbeit im Rahmen meines eigenen Lösungsansatzes einzugehen sein[559].

II. „Forum-shopping“ durch den Beschuldigten

Aber auch ein Straftäter, der durch sein Verhalten gegen mehrere Rechtsordnungen verstößt, könnte sich der Strafverfolgung in dem Staat stellen, in welchem ihm eine geringe Strafe erwartet[560].

Bei näherer Betrachtung des „forum-shopping“ durch den Straftäter zeigt sich jedoch, dass die Befürchtungen größtenteils unbegründet sind. Lediglich Straftäter, die über umfassende Rechtskenntnisse verfügen oder sich solche durch entsprechend gute juristische Beratung verschaffen, wären überhaupt in der Lage, die angedrohten Sanktionen in den verschiedenen nationalen Staaten zu vergleichen[561]. Außerdem könnte einem „forum-shopping“ durch den Straftäter durch eine Auslieferung begegnet werden[562]. Darüber hinaus greift auch an dieser

556 So im Ergebnis auch *Eicker*, Transstaatliche Strafverfolgung, 2004, S. 254, der aber bereits auf die Strafverfolgung abstellt.

557 *Kniebühler*, Transnationales ‚ne bis in idem‘, 2005, S. 131.

558 Vgl. § 9. B) II. 1. b); *Jagla*, ne bis in idem, 2007, S. 33.

559 Vgl. § 9. B) II. 2.

560 *Jagla*, ne bis in idem, 2007, S. 33.

561 *Kniebühler*, Transnationales ‚ne bis in idem‘, 2005, S. 131.

562 *Kniebühler*; Transnationales ‚ne bis in idem‘, 2005, S. 132.

Stelle das Argument, dass dem „forum-shopping“ durch eine vorherige allgemeine Zuständigkeitsregel entgegengetreten werden kann[563].

III. Zusammenfassung

Durch die Anwendung bereits vorhandener und in der Rechtspraxis genutzter Mittel kann der Gefahr des „forum-shopping“ wirksam begegnet werden[564]. Darüber hinaus kann die Gefahr des „forum-shopping“ durch entsprechende Vereinheitlichung der Zuständigkeitsregelungen zwischen den Schengen-Mitgliedstaaten noch zusätzlich verringert werden. Die Befürchtung, dass die Geltung eines zwischenstaatlichen ne-bis-in-idem-Schutzes die Gefahr des „forum-shopping“ vergrößere, geht aber, wie die obigen Ausführungen zeigen, auch zum heutigen Zeitpunkt bereits fehl[565].

D) Ergebnis

Es bleibt festzuhalten, dass die Anerkennung eines zwischenstaatlichen ne-bis-in-idem-Grundsatzes im Rahmen der EU unverzichtbar ist, um auf grenzüberschreitende Kriminalität adäquat zu reagieren[566]. Vor allem wurde aufgezeigt, dass die Argumente gegen einen europäischen ne-bis-in-idem-Grundsatz, insbesondere die Gefahr eines „forum-shopping“ nicht durchgreifen[567]. Alle Alternativen zu der Anerkennung eines europäischen ne-bis-in-idem-Grundsatzes sind in der einen oder anderen Art und Weise lückenhaft. Sie eignen sich daher höchstens zur Ergänzung eines europäischen ne-bis-in-idem-Grundsatzes, vermögen diesen aber nicht zu ersetzen[568].

---

563 Vgl. § 6. C) I.

564 *Kniebühler*, Transnationales ‚ne bis in idem‘, 2005, S. 132.

565 Vgl. § 6 C) I. und II.

566 *Jagla*, ne bis in idem, 2007, S. 43.

567 Vgl. § 6. C).

568 Vgl. § 5. B) ff.; *Jagla*, ne bis in idem, 2007, S. 43.

§ 7. Schengener Durchführungsübereinkommen

Nachdem sowohl die Erforderlichkeit als auch die Unverzichtbarkeit der Anerkennung eines zwischenstaatlichen ne-bis-in-idem-Grundsatzes festgestellt wurde[569], soll im Folgenden kurz die Entwicklung dieses Prinzips in seiner grenzüberschreitenden Form, die dieses durch das Schengener Durchführungsübereinkommen erfahren hat, dargestellt werden. Zu diesem Zweck wird zunächst die Entstehungsgeschichte des Schengener Durchführungsübereinkommens[570] sowie der Beitritt der einzelnen Mitgliedstaaten[571] aufgezeigt. Danach richtet sich die Betrachtung auf die Errungenschaften der endgültigen Fassung des Schengener Durchführungsübereinkommens[572]. Abschließend wird untersucht, ob der am 1. Dezember 2009 in Kraft getretene *Vertrag von Lissabon*[573] Auswirkungen auf das Schengener Durchführungsübereinkommen und damit verbunden auch auf den in Art. 54 SDÜ normierten ne-bis-in-idem-Grundsatz hat[574].

A) Der Weg zum Schengener Durchführungsübereinkommen

Bereits in dem EWG vom 25. März 1957 war die Schaffung eines Binnenmarktes in Europa als Ziel erklärt worden. Jedoch zeigte sich Anfang der 80 Jahre, dass noch nicht alle Staaten der EG bereit waren die Grenzkontrollen abzubauen. Daher schlossen Deutschland und Frankreich das Deutsch-Französische Abkommen (auch Saarbrücker Abkommen genannt) vom 13. Juli 1984, in welchem sie die Erleichterung der Grenzkontrollen vereinbarten. Dieses Abkommen zwischen Frankreich und Deutschland sah den vollständigen Abbau der Grenzkontrollen vor und ist insoweit als Vorläufer des ersten Schengener Abkommens anzusehen[575].

569 Vgl. § 4., § 5 und § 6.
570 Vgl. § 7. A).
571 Vgl. § 7. B).
572 Vgl. § 7. C), D) und E).
573 *Thiele*, EuR 2010, 30.
574 Vgl. § 7. F).
575 *Brüggemann-Buck*, Migration in Europa, 1999, S. 197; *Würz*, SDÜ, 1997, Rn. 11.

Am 14. Juni 1985 beschlossen die Regierungschefs von Belgien, der Bundesrepublik Deutschland, Frankreich, Luxemburg und den Niederlanden in der Ortschaft Schengen in Luxemburg das Abkommen von Schengen[576]. Hauptziel des Schengener Abkommens war der schrittweise Abbau der gegenseitigen Personenkontrollen an den gemeinsamen Grenzen zwischen den Vertragsparteien bis zum 1. Januar 1990 (Schengen I)[577]. In diesem Übereinkommen bekundeten die Unterzeichnerstaaten bereits ihr Bestreben, die Kooperation zwischen den Zoll- und Polizeibehörden der Vertragsstaaten, insbesondere im Kampf gegen die Kriminalität, zu intensivieren. Konkrete Regelungen wurden nicht vereinbart[578]. Diese sollten in einem Zusatzübereinkommen festgelegt werden und Bedingung für den Wegfall der Grenzkontrollen sein. Im Dezember 1989 war der Entwurf des Zusatzabkommens annähernd fertig gestellt, sodass die Unterzeichnung eigentlich kurz bevorstand. Die Unterzeichnung wurde aber wegen des ungeklärten Status der DDR verschoben, da die DDR auf Grund der sich anbahnenden Wiedervereinigung nicht als Drittstaat behandelt werden sollte[579]. Erst fünf Jahre später wurde am 19. Juni 1990 von den Benelux-Staaten, Deutschland und Frankreich das *„Übereinkommen zur Durchführung des Übereinkommens von Schengen“* (SDÜ – informell auch als Schengen II bezeichnet) unterzeichnet, in welchem die konkreten Verfahrensabläufe der Umsetzung des Übereinkommens in gesetzlicher und technischer Hinsicht festgelegt sind[580]. Dieser völkerrechtliche Vertrag sollte die durch den Wegfall der Binnengrenzen befürchtete Einbuße an innerer Sicherheit ausgleichen[581]. Das SDÜ trat am 1. September 1993 in Kraft. Erst nachdem aber auch die technischen und rechtlichen Voraussetzungen in allen Gründungsländern geschaffen wurden, konnte die praktische Verwirklichung des SDÜ am 26. März 1995 erfolgen[582].

Durch den Vertrag von Amsterdam, der am 1. Mai 1999 in Kraft trat, wurde der gesamte Schengen-Besitzstand („Schengen-Acquis“) in den Rahmen der EU einbezogen[583]. Die Zusammenarbeit zwischen den Schengener Vertragsstaaten erfolgte seit dem 1. Mai 1999 in dem institutionellen und juristischen Rahmen der früheren 3. Säule der EU[584].

---

576 *Brüggemann-Buck*, Migration in Europa, 1999, S. 198.

577 *Brüggemann-Buck*, Migration in Europa, 1999, S. 198; *Hecker*, Europäisches Strafrecht, 2010, § 5 Rn. 29.

578 *Würz*, SDÜ, 1997, Rn. 11.

579 *Brüggemann-Buck*, Migration in Europa, 1999, S. 198; *Würz*, SDÜ, 1997, Rn. 12.

580 *Würz*, SDÜ, 1997, Rn. 12; http://de.wikipedia.org/wiki/Schengener_Durchf%C3%BChrungs%C3%BCbereinkommen

581 *Hecker*, Europäisches Strafrecht, 2010, § 5 Rn. 29.

582 *Hecker*, Europäisches Strafrecht, 2010, § 5 Rn. 30; *Würz*, SDÜ, 1997, Rn. 12.

583 *Hecker*, Europäisches Strafrecht, 2010, § 5 Rn. 68.

584 *Hecker*, Europäisches Strafrecht, 2010, § 5 Rn. 68.

Die formale Abwicklung erfolgte durch ein dem Vertrag beigefügtes Protokoll, mit dem die Vertragsparteien primärrechtlich ermächtigt wurden, untereinander eine engere Zusammenarbeit im Rahmen des Schengen-Besitzstandes, welcher in einem Anhang zum Protokoll definiert wird, einzurichten (sog. Schengen-Protokoll)[585].

B) Mitgliedstaaten

Das SDÜ konnte wegen technischer Schwierigkeiten bei der Inbetriebnahme des Schengener Informationssystems (SIS) erst am 26. März 1995 in all seinen Teilen zwischen den Erstunterzeichnerstaaten Belgien, der Bundesrepublik Deutschland, Frankreich, Luxemburg und den Niederlanden sowie in den Beitrittsstaaten Spanien und Portugal in Kraft gesetzt werden[586]. Seit 1995 traten dem SDÜ die Staaten Italien, Griechenland, Österreich, Dänemark, Finnland und Schweden bei[587].

Für die Republik Island und das Königreich Norwegen wurde mit Wirkung vom 25. März 2001 der Schengen-Besitzstand in Kraft gesetzt[588]. Seit diesem Zeitpunkt wenden sie das Schengen-Regelwerk vollumfänglich an[589]. Diese beiden Nordischen Staaten sind zwar keine EU-Mitglieder und können damit gemäß Art. 140 Abs. 1 Satz 1 SDÜ dem Abkommen nicht beitreten. Sie gehören aber der Nordischen Passunion an und wurden 1996 mittels Kooperationsabkommen in den Schengen-Verbund aufgenommen[590]. Auf der Grundlage des Amsterdamer Vertrags wurden diese Kooperationsabkommen durch inhaltlich sehr ähnliche Assoziierungsabkommen mit der EU abgelöst[591].

Am 16. April 2003 wurde zwischen den 15 alten und den 10 neuen Mitgliedstaaten, namentlich Estland, Lettland, Litauen, Polen, Ungarn, Slowenien, Tschechien, der Slowakei, Malta und Zypern der *Vertrag über den Beitritt zur Europäischen Union* geschlossen. In diesem Vertrag ist in Art. 3 Abs. 1 i.V.m. Anhang I Nr. 2 geregelt, dass einige Bestimmungen des Schengen-Besitzstands, u.a. Art. 54 ff. SDÜ, ab dem Tag des Beitritts – also ab dem 1. Mai 2004 – für die

585 So noch *Hecker*, Europäisches Strafrecht, 2007, § 13 Rn. 67. In der 3. Auflage 2010 sind diese Ausführungen nicht mehr enthalten. Dennoch beanspruchen diese Ausführungen nach wie vor Gültigkeit.

586 *Hecker*, Europäisches Strafrecht, 2010, § 5 Rn. 30; *Würz*, SDÜ, 1997, Rn. 12.

587 *Hecker*, Europäisches Strafrecht, 2010, § 5 Rn. 30.

588 *Kniebühler*, Transnationales ‚ne bis in idem', 2005, S. 171 Fn. 396.

589 *Hecker*, Europäisches Strafrecht, 2010, § 5 Rn. 30.

590 *Kniebühler*, Transnationales ‚ne bis in idem', 2005, S. 170 - 171.

591 *Kniebühler*, Transnationales ‚ne bis in idem", 2005, S. 171.

neuen Mitgliedstaaten bindend und in ihnen anzuwenden sind[592]. Eine ähnliche Regelung gilt für Rumänien und Bulgarien, die der EU am 1. Januar 2007 beigetreten sind[593].

Auch die Schweiz wendet das Schengen-Regelwerk seit dem 12. Dezember 2008 vollständig an. Großbritannien und Irland sind zwar keine Parteien des Schengener Abkommens. Sie können den Schengen-Besitzstand aber mit Billigung der Union ganz oder teilweise übernehmen[594].

Infolgedessen sind die Art. 54 ff. SDÜ auch auf die neuen Mitglieder der EU anwendbar[595]. Der räumliche Anwendungsbereich des Art. 54 SDÜ erstreckt sich daher derzeit auf 30 europäische Staaten, darunter alle 27 EU-Mitgliedstaaten sowie die assoziierten Staaten Island, Norwegen und die Schweiz[596].

C) Abschaffung der Kontrollen an den Binnengrenzen und der Personenverkehr

Seit dem Inkrafttreten des SDÜ dürfen die Binnengrenzen des Schengener Vertragsraums gemäß Art. 2 Abs. 1 SDÜ grundsätzlich an *„jeder Stelle ohne Personenkontrolle überschritten werden.“*[597]

Jedoch scheint die Vorschrift des Art. 2 Abs. 1 SDÜ nur auf den ersten Blick in der Lage zu sein, eine kontrollfreie Binnengrenze zu gewährleisten. Dies zeigt sich, wenn man sich die Begriffsbestimmungen in Art. 1 SDÜ vergegenwärtigt.

So versteht das SDÜ unter Binnengrenzen gemäß Art. 1 des Übereinkommens *„die gemeinsamen Landgrenzen der Vertragsparteien sowie ihre Flughäfen für die Binnenflüge und ihre Seehäfen für die regelmäßigen Fährverbindungen ausschließlich von und nach dem Gebiet der Vertragsparteien ohne Fahrtunterbrechung in außerhalb des Gebiets gelegenen Häfen“*[598]. Mit dem Begriff der Grenzkontrolle meint das SDÜ nach seinem Art. 1 *„an den Grenzen vorgenommene Kontrolle, die unabhängig von jedem anderen Anlaß ausschließlich auf-*

592 Vgl. *Akte über die Bedingungen des Beitritts* und den *Anhang I der Beitrittsakte* in ABlEU 2003 Nr. L 236, S. 33 und S. 50; vgl dazu auch *Jagla*, ne bis in idem, 2007, S. 50;

593 Vgl. Art. 4 Abs. 1 des *Protokolls über die Bedingungen und Einzelheiten der Aufnahme der Republik Bulgarien und Rumänien in die EU* i.V.m. Nr. 2 des *Anhangs II des Protokolls* in ABlEU 2005 Nr. L 157, S. 30 und S. 49; vgl. dazu auch *Jagla*, ne bis in idem, 2007, S. 50.

594 *Hecker*, Europäisches Strafrecht, 2010, § 5 Rn. 30.

595 *Jagla*, ne bis in idem, 2007, S. 50.

596 *Hecker*, Europäisches Strafrecht, 2010, § 13 Rn. 13; *Hecker*, JuS 2010, 176, 177; *Jagla*, ne bis in idem, 2007, S. 50.

597 *Würz*, SDÜ, 1997, Rn. 25.

598 Vgl. Art. 1 SDÜ.

grund des beabsichtigten Grenzübertritts durchgeführt wird"[599]. Das bedeutet, dass an den gemeinsamen Grenzen der Schengener-Mitgliedstaaten keine verdachts- und ereignisunabhängigen Grenzkontrollen mehr zulässig sind[600]. Jedoch bedarf es keiner großen Fantasie des jeweiligen Schengen-Staats, sich vordergründig plausibel erscheinende Gründe für eine Kontrolle einfallen zu lassen und damit vorzutäuschen, dass ihr Anlass nicht der bloße Grenzübertritt sei. Den Schengen-Staaten ist es somit faktisch möglich, Kontrollen an den Binnengrenzen vorzunehmen, die – zumindest scheinbar –keine Grenzkontrollen i.S.d. Art. 1 SDÜ sind und damit auch nicht von Art. 2 Abs. 1 SDÜ erfasst werden. So hat beispielsweise Frankreich seine Binnengrenzen zu den anderen Schengener Vertragsstaaten im Juni 1995 (vorübergehend) wieder geschlossen. Als Begründung wurde angeführt, dass Frankreich aus den Niederlanden mit Drogen überschwemmt werde und das Land (algerische) Terroristen abwehren müsse. Im April 1996 sind die französischen Grenzkontrollen an den Grenzen zu Deutschland und Spanien wieder abgeschafft worden[601]. Jedoch hat Belgien im Jahr 2000 vorübergehend wieder Grenzkontrollen – zu allen Nachbarstaaten – eingeführt, mit der Begründung, der steigenden Zahl illegaler Zuwanderungen zu begegnen[602].

Darüber hinaus ist nach Art. 2 Abs. 2 SDÜ für einen begrenzten Zeitraum eine Wiederaufnahme von Personenkontrollen an den Binnengrenzen ausnahmsweise zulässig, wenn die öffentliche Ordnung oder die nationale Sicherheit dies erfordern. Eine generelle Wiederaufnahme von Personenkontrollen an den Binnengrenzen wird durch Art. 2 Abs. 2 SDÜ aber nicht gestattet und ist sogar unzulässig[603]. Beabsichtigt ein Schengen-Mitgliedsstaat Maßnahmen nach Art. 2 Abs. 2 SDÜ zu ergreifen, so hat er grundsätzlich zuvor, die anderen Vertragsstaaten zu konsultieren. Nur wenn die öffentliche Ordnung oder die nationale Sicherheit ein sofortiges Handeln verlangen, genügt es, dass die betroffene Vertragspartei die erforderlichen Maßnahmen ergreift und die anderen Vertragsstaaten möglichst frühzeitig über die getroffenen Maßnahmen unterrichtet[604]. Beispiele für Fälle, in denen Mitgliedstaaten das SDÜ vorübergehend außer Kraft setzen und wieder Grenzkontrollen durchführen sind internationale Großveranstaltungen (Fußball-Europa- und Weltmeisterschaft) oder Gipfeltreffen. In jüngster Zeit wurde das SDÜ im Vorfeld des G8-Gipfels in Heiligendamm im Juni 2007 an den deut-

599 Vgl. Art. 1 SDÜ.
600 *Würz*, SDÜ, 1997, Rn. 25.
601 *Schwind*, Kriminologie, 2011, § 31 Rn. 18.
602 *Schwind*, Kriminologie, 2011, § 31 Rn. 18.
603 *Würz*, SDÜ, 1997, Rn. 26.
604 *Würz*, SDÜ, 1997, Rn. 26.

schen Außengrenzen außer Kraft gesetzt[605]. Auch zum Schutz der Fußball-Weltmeisterschaft 2006 wurden vorübergehend wieder Grenzkontrollen durchgeführt[606].

D) Überschreiten der Außengrenzen

An den Außengrenzen des Schengen-Raums, also bei einer Einreise von einem Drittstaat in den Schengen-Raum, finden dagegen weiterhin Grenzkontrollen statt. Die Modalitäten der Grenzüberschreitung ergeben sich aus den Art. 3 bis 8 des zweiten Kapitels des zweiten Teils des SDÜ[607]. Durch diese für die Mitgliedstaaten verbindlichen Regelungen soll ein einheitliches Grenzkontrollverfahren gewährleistet werden. Außengrenzen sind nach der Begriffsbestimmung in Art. 1 SDÜ *„die Land- und Seegrenzen sowie die Flug- und Seehäfen der Vertragsparteien, soweit sie nicht Binnengrenzen sind"*[608].

Die Wichtigkeit gemeinsamer Standards nach Art. 6 SDÜ für die Einreise in den Schengen-Raum darf nicht unterschätzt werden, da nach Überschreiten der Außengrenze die Binnengrenzen nach Art. 2 SDÜ grundsätzlich an jeder Stelle ohne Personenkontrollen überschritten werden dürfen.

Zwar gilt der freie Personenverkehr grundsätzlich nur für die Bürger der an Schengen beteiligten Länder. Bürger von Drittstaaten, sog. Drittstaatsangehörige, können aber ein sog. Schengen-Visum erhalten, welches sie zu einem Aufenthalt in den Schengen-Mitgliedstaaten bis zu drei Monaten pro Halbjahr berechtigt[609]. Darüber hinaus dürfen sich Drittausländer gemäß Art. 19 Abs. 1 SDÜ mit einem Schengen-Visum bis zu drei Monaten innerhalb eines Zeitraumes von sechs Monaten frei in den Schengen-Mitgliedstaaten bewegen, wenn die Einreisevoraussetzungen des Art. 5 SDÜ erfüllt sind[610].

605 http://de.wikipedia.org/wiki/Schengener_Durchf%C3%BChrungs%C3%BCbereinkommen
606 *Schwind*, Kriminologie, 2010, § 31 Rn. 18.
607 *Würz*, SDÜ, 1997, Rn. 28.
608 Vgl. Art. 1 SDÜ.
609 *Würz*, SDÜ, 1997, Rn. 33.
610 *Würz*, SDÜ, 1997, Rn. 36.

E) Polizeiliche und justizielle Zusammenarbeit in Strafsachen auf der Grundlage des SDÜ

Dem durch den Wegfall der Binnengrenzkontrollen befürchteten Anstieg der grenzüberschreitenden Kriminalität soll durch eine verstärkte polizeiliche Zusammenarbeit der assoziierten Staaten entgegengetreten werden.

I. Polizei und Sicherheit

Im ersten Kapitel des dritten Titels des SDÜ ist die polizeiliche Zusammenarbeit geregelt. Besonders erwähnenswert ist in diesem Zusammenhang die grenzüberschreitende Nacheile gemäß Art. 41 SDÜ[611]. Denn durch die Abschaffung der Kontrollen an den Binnengrenzen innerhalb des Schengen-Raums ist auch die Mobilität der Delinquenten in diesem Bereich gestiegen. Es ist für sie einfacher geworden, die Binnengrenzen zu überschreiten. Daher wurde den Beamten einer Vertragspartei, die in ihrem Land eine auf frischer Tat betroffene Person verfolgen, durch Art. 41 SDÜ die Befugnis erteilt, die Verfolgung auf dem Hoheitsgebiet einer anderen Vertragspartei fortzusetzen, wenn deren zuständige Behörden nicht rechtzeitig eingreifen können. Die Regelung der Nacheile ist jedoch durch eine Fülle von Zusatzprotokollen und nationalen Erklärungen derart verkompliziert worden, dass die Funktionsfähigkeit einer grenzüberschreitenden Nacheile de lege praktisch ausgeschlossen ist. In der Praxis hat dies dazu geführt, dass die Nacheile auf der Grundlage persönlicher Kooperation zwischen den betroffenen Polizeidienststellen über die Grenzen und die Gesetze hinweg durchgeführt wird[612].

Des Weiteren wurde im zweiten Kapitel in Art. 48 ff. SDÜ die „Rechtshilfe in Strafsachen" und im dritten Kapitel in Art. 54 ff. SDÜ das „Verbot der Doppelbestrafung" normiert[613].

---

611 *Kühne*, Strafprozessrecht, 2010, § 3 Rn. 76.

612 *Kühne*, Strafprozessrecht, 2010, § 3 Rn. 76.

613 Eine ausführliche Auseinandersetzung mit dem in Art. 54 SDÜ normierten Verbot der Doppelverfolgung und Doppelbestrafung sowie dem in diesem Zusammenhang bedeutsamen Tatbegriff erfolgt im Rahmen dieser Arbeit in den §§ 8. und 9.

II. Schengener Informationssystem, SIS

Als eine der wesentlichsten Ausgleichmaßnahmen für die fehlenden Binnengrenzkontrollen wurde das Schengener Informationssystem (SIS) geschaffen[614]. Es ist im vierten Titel des SDÜ in den Art. 92 bis 119 SDÜ geregelt und spielt eine herausragende Rolle für die transnationale Strafverfolgung[615]. Das SIS ist ein staatenübergreifendes, computergestütztes polizeiliches Fahndungssystem, das in den Vertragsstaaten des SDÜ den Online-Zugriff auf polizeiliche Fahndungsdaten ermöglicht[616]. Durch das SIS werden Ausschreibungen, die der Suche nach Personen oder Sachen dienen, im Rahmen der Anwendung des SDÜ im Bereich des Personenverkehrs zum Abruf im automatisierten Verfahren bereitgehalten[617]. Es wurde im März 1995 eröffnet und ist derzeit in 16 Staaten, namentlich Belgien, Dänemark, Deutschland, Finnland, Frankreich, Griechenland, Island, Italien, Luxemburg, Niederlande, Norwegen, Österreich, Portugal, Schweden, Schweiz, Spanien, etabliert[618].

F) Vertrag von Lissabon

In diesem Teil der Arbeit wird untersucht, ob der am 1. Dezember 2009 in Kraft getretene *Vertrag von Lissabon*[619] Auswirkungen auf das SDÜ und damit verbunden auch auf den in Art. 54 SDÜ normierten ne-bis-in-idem-Grundsatz hat. Dazu wird zunächst in groben Zügen der Vertrag von Lissabon dargestellt, um sich im Anschluss daran mit den etwaigen konkreten Änderungen hinsichtlich des ne-bis-in-idem-Grundsatzes in Art. 54 SDÜ zu beschäftigen.

I. Allgemeine Ausführungen zu dem Vertrag von Lissabon

In engem Zusammenhang mit dem Vertrag von Lissabon steht das Scheitern des in den Jahren 2002 und 2003 erarbeiteten *Vertrags über eine Verfassung für Europa*, infolge ablehnender Volksabstimmungen in Frankreich und den Niederlanden Mitte 2005[620]. Durch das Scheitern nicht entmutigt einigte sich der Euro-

614 *Würz*, SDÜ, 1997, Rn. 152.
615 *Kühne*, Strafprozessrecht, 2010, § 3 Rn. 77.
616 *Hecker*, Europäisches Strafrecht, 2010, § 5 Rn. 48.
617 *Hecker*, Europäisches Strafrecht, 2010, § 5 Rn. 48; *Kühne*, Strafprozessrecht, 2010, § 3 Rn. 77.
618 *Hecker*, Europäisches Strafrecht, 2010, § 5 Rn. 48.
619 *Thiele*, EuR 2010, 30.
620 *Hecker*, Iurratio 2009, 81.

päische Rat unter deutscher Präsidentschaft am 23. Juni 2007, eine Regierungskonferenz zur Ausarbeitung eines EU-Reformvertrages anzuberaumen. Diese wurde am 23. Juli 2007 durch die Außenminister der EU offiziell eröffnet[621]. Auf dem EU-Gipfel vom 18./19. Oktober 2007 einigten sich die Staats- und Regierungschefs auf der Grundlage eines revidierten Vertragsentwurfs, der am 5. Oktober 2007 von der portugiesischen EU-Präsidentschaft veröffentlich wurde[622]. Der endgültige Vertragstext wurde am 13. Dezember 2007 in Lissabon unterzeichnet[623]. Er trat am 1. Dezember 2009 in Kraft[624].

Durch den *Vertrag über die Europäische Union in der Fassung des Vertrags von Lissabon* (EUV-neu) gründeten die Vertragsparteien untereinander eine Europäische Union (Art. 1 Abs. 1 EUV n.F. sog. „Union"), der die Mitgliedstaaten Zuständigkeiten zur Verwirklichung ihrer gemeinsamen Ziele übertrugen[625]. Der Vertrag von Lissabon ersetzt den bisherigen EGV durch den *Vertrag über die Arbeitsweise der Europäischen Union (AEUV)*. Letzterer und der EUV-neu bilden nach Art. 1 Abs. 3 EUV n.F. die Grundlage der Union[626]. Die Union tritt nach Art. 1 Abs. 3 Satz 3 EUV n.F., als deren Rechtsnachfolgerin, an die Stelle der bisherigen EG[627]. Die EU besitzt Rechtspersönlichkeit nach Art. 47 EUV n.F.

II. Auswirkungen auf den ne-bis-in-idem-Grundsatz in Art. 54 SDÜ

An dieser Stelle der Bearbeitung wird untersucht, ob der Vertrag von Lissabon zu Änderungen des ne-bis-in-idem-Schutzes in Art. 54 SDÜ geführt hat, oder ob eine solche zumindest zu erwarten steht.

Durch den Vertrag von Lissabon wurde das „Drei-Säulen-Modell" aufgelöst[628] und die bisherige dritte Säule der EU, namentlich die PJZS, in den supranationalen Bereich übernommen[629]. Die bisher im EUV-alt geregelte PJZS wurde unter der Überschrift „Raum der Freiheit, der Sicherheit und des Rechts" in dem Titel V. des AEUV integriert[630]. Die entsprechenden Vorschriften finden sich in den Art. 67, 82 bis 89 AEUV wieder[631]. Jedoch erfindet der Vertrag von Lissa-

621 *Hecker*, Iurratio 2009, 81.
622 *Hecker*, Iurratio 2009, 81.
623 *Beukelmann*, NJW 2010, 2081; *Hecker*, Iurratio 2009, 81.
624 *Beukelmann*, NJW 2010, 2081; *Thiele*, EuR 2010, 30.
625 *Hecker*, Iurratio 2009, 81.
626 *Hecker*, Iurratio 2009, 81.
627 *Hecker*, Iurratio 2009, 81.
628 *Beukelmann*, NJW 2010, 2081, 2081 - 2082.
629 *Hecker*, Iurratio 2009, 81.
630 *Beukelmann*, NJW 2010, 2081, 2082; *Schwarze*, EuR 2009, 9, 24 - 25.
631 *Hecker*, Iurratio 2009, 81.

bon das europäische Strafrecht nicht neu[632]. Bereits in dem EUV in der Fassung vor dem Inkrafttreten des Vertrags von Lissabon (EUV-alt) waren in den Art. 29 bis 42 EUV a.F. Bestimmungen über die grenzüberschreitende europäische polizeiliche und justizielle Zusammenarbeit in Strafsachen normiert. Diese Zusammenarbeit wurde zur Schaffung eines „Raumes der Freiheit, der Sicherheit und des Rechts" als Unionsziel durch den am 1. Mai 1999 in Kraft getretenen Vertrag von Amsterdam niedergelegt[633]. Der Vertrag von Lissabon stellt dieses Ziel mit Art. 3 Abs. 2 EUV n.F. fast an die Spitze des Vertragstextes. Er verbürgt sich für die Unionsbürger, indem er diesen einen Raum der Freiheit, der Sicherheit und des Rechts ohne Binnengrenzen bieten möchte, in welchem der freie Personenverkehr gewährleistet ist[634]. Die Vorschrift selbst zeigt jedoch, wie sich aus dem Text in der Parenthese ergibt, dass die Verwirklichung dieses Zieles nur in Verbindung mit der Ergreifung geeigneter Maßnahmen möglich ist.

So lautet Art. 3 Abs. 2 EUV n.F.:

> *„Die Union bietet ihren Bürgerinnen und Bürgern einen Raum der Freiheit, der Sicherheit und des Rechts ohne Binnengrenzen, in dem – in Verbindung mit geeigneten Maßnahmen in Bezug auf die Kontrollen an den Außengrenzen, das Asyl, die Einwanderung sowie die Verhütung und Bekämpfung der Kriminalität – der freie Personenverkehr gewährleistet ist."*

Art. 67 Abs. 1 AEUV stellt in diesem Zusammenhang klar, dass die Grundrechte und die verschiedenen Rechtsordnungen und -traditionen der Mitgliedstaaten geachtet werden, wenn es dort heißt:

> *„Die Union bildet einen Raum der Freiheit, der Sicherheit und des Rechts, in dem die Grundrechte und die verschiedenen Rechtsordnungen und -traditionen der Mitgliedstaaten geachtet werden."*

Die Garantie eines Raums der Freiheit, der Sicherheit und des Rechts nach Art. 3 Abs. 2 EUV n.F. in Verbindung mit der Gewährleistung, die Grundrechte und die verschiedenen Rechtsordnungen und -traditionen der Mitgliedstaaten zu achten, führt zwingend zu einer Anerkennung eines transnationalen Doppelverfolgungs- und Doppelbestrafungsverbots. Zum einen ist die innerstaatliche Geltung des Doppelverfolgungs- und -bestrafungsverbots in den Mitgliedsstaaten der EU bereits allgemein anerkannt[635]. Ein solches gehört also zu den Grund-

---

632 *Hecker*, Iurratio 2009, 81.

633 *Hecker*, Iurratio 2009, 81, 82.

634 *Hecker*, Iurratio 2009, 81, 82.

635 Vgl. § 3.; *Eser*, in: Meyer, Charta der Grundrechte, 2011, Art. 50 Rn. 1. Eser spricht in diesem Zusammenhang zwar nur von einem Doppelbestrafungsverbot. Jedoch kann aus der Bezugnahme auf Art. 4. des Protokolls Nr. 7 zur EMRK, in welchem ein innerstaatliches Doppelverfolgungsverbot und Doppelbestrafungsverbot normiert ist, geschlossen werden, dass Eser auch ein Doppelverfolgungsverbot in den Mitgliedsstaaten der EU für allgemein anerkannt hält.

rechten, zumindest aber zu den Rechtsordnungen und -traditionen, der Mitgliedstaaten. Zum anderen lässt sich der anvisierte Raum der Freiheit, der Sicherheit und des Rechts nur erreichen, wenn der Einzelne nicht befürchten muss, wegen derselben Tat, wegen der er bereits durch einen Mitgliedstaat abgeurteilt wurde, erneut von einem anderen Mitgliedstaat verfolgt oder sogar verurteilt werden zu können. Bereits daran wird deutlich, dass durch den Vertrag von Lissabon nicht von der bereits vor seinem Inkrafttreten betriebenen intensiven Kooperation nach dem Grundsatz der gegenseitigen Anerkennung justizieller Entscheidungen abgewichen werden sollte. Nach letztgenanntem Grundsatz, der also nach wie vor Gültigkeit besitzt, sollen strafrechtliche Entscheidungen der nationalen Justizbehörden grundsätzlich ohne Prüfung in allen anderen Mitgliedstaaten Gültigkeit beanspruchen und Wirksamkeit entfalten können[636]. Dieser Grundsatz ist nach wie vor in Art. 54 SDÜ verankert, der ein transnationales Doppelverfolgungs- und -bestrafungsverbot statuiert[637]. Darüber hinaus wird in Art. 82 AEUV klargestellt, dass die justizielle Zusammenarbeit in Strafsachen auf dem Grundsatz der gegenseitigen Anerkennung gerichtlicher Urteile und Entscheidungen basiert[638]:

„Die justizielle Zusammenarbeit in Strafsachen in der Union beruht auf dem Grundsatz der gegenseitigen Anerkennung gerichtlicher Urteile und Entscheidungen und umfasst die Angleichung der Rechtsvorschriften der Mitgliedstaaten […].“

Der Vertrag von Lissabon hält auch an den Strukturelementen der Kooperation und der Koordinierung der Tätigkeit der Mitgliedstaaten in Angelegenheiten mit grenzüberschreitender Dimension fest[639]. Dies folgt bereits aus Art. 67 Abs. 3 AEUV, in welchem es heißt:

„Die Union wirkt darauf hin, durch Maßnahmen zur Verhütung und Bekämpfung von Kriminalität sowie von Rassismus und Fremdenfeindlichkeit, zur Koordinierung und Zusammenarbeit von Polizeibehörden und Organen der Strafrechtspflege und den anderen zuständigen Behörden sowie durch die gegenseitige Anerkennung strafrechtlicher Entscheidungen und erforderlichenfalls durch die Angleichung der strafrechtlichen Rechtsvorschriften ein hohes Maß an Sicherheit zu gewährleisten.“

Letztlich ist noch zu erwähnen, dass die Zuständigkeit der EU für die Rechtsangleichung im Bereich des Strafrechts durch den Vertrag von Lissabon eine inhaltliche Ausweitung erfahren hat[640]: So können durch Art. 83 Abs. 1 AEUV mit

---

636 *Hecker*, Iurratio 2009, 81, 82.

637 Vgl. *Hecker*, Iurratio 2009, 81, 82, der jedoch nur von einem transnationalen Doppelbestrafungsverbot spricht.

638 *Beukelmann*, NJW 2010, 2081, 2082; *Hecker*, Iurratio 2009, 81, 82.

639 *Hecker*, Iurratio 2009, 81, 82.

640 *Beukelmann*, NJW 2010, 2081, 2081 - 2082.

Hilfe von Richtlinien Mindestvorschriften zur Festlegung von Straftaten und Strafen in Bereichen besonders schwerer Kriminalität festgelegt werden, welche wegen der Art oder der Auswirkungen der Straftaten oder auf Grund einer besonderen Notwendigkeit, sie auf einer gemeinsamen Grundlage zu bekämpfen, eine grenzüberschreitende Dimension aufweisen[641]. In Art. 83 Abs. 1 AEUV heißt es:

> *„Das Europäische Parlament und der Rat können gemäß dem ordentlichen Gesetzgebungsverfahren durch Richtlinien Mindestvorschriften zur Festlegung von Straftaten und Strafen in Bereichen besonders schwerer Kriminalität festlegen, die aufgrund der Art oder der Auswirkungen der Straftaten oder aufgrund einer besonderen Notwendigkeit, sie auf einer gemeinsamen Grundlage zu bekämpfen, eine grenzüberschreitende Dimension haben."*

III. Ergebnis

In diesem Teil der Bearbeitung sollte untersucht werden, ob der am 1. Dezember 2009 in Kraft getretene Vertrag von Lissabon zu Änderungen des in Art. 54 SDÜ normierten ne-bis-in-idem-Grundsatzes führte, oder ob solche zumindest zu erwarten sind[642].

Es kann festgestellt werden, dass durch den Vertrag von Lissabon an der Anerkennung strafrechtlicher Entscheidungen der nationalen Justizbehörden festgehalten wurde. Die Ausprägung dieses Prinzip, wie es sich in Art. 54 SDÜ findet, hat mit Art. 82 Abs. 1 AEUV ausdrücklich Einzug in die Verträge gefunden. Auch die Zusammenarbeit in Strafsachen zur Verwirklichung des Raums der Freiheit, der Sicherheit und des Rechts, die bisher in der dritten Säule der EU – sog. PJZS – geregelt war, wurde durch den Vertrag von Lissabon in den supranationalen Bereich übernommen, vgl. Art. 67, 82 bis 89 AEUV[643]. Auch an dem in Art. 54 SDÜ normierten transstaatlichen Doppelverfolgungs- und Doppelbestrafungsverbot wurde festgehalten.

---

641 *Beukelmann*, NJW 2010, 2081, 2081 - 2082.

642 Vgl. § 7. F).

643 *Hecker*, Iurratio 2009, 81.

§ 8. Tatbegriff im Sinne des SDÜ

Nachdem nunmehr sowohl die Notwendigkeit und Unverzichtbarkeit der Anerkennung eines europäischen ne-bis-in-idem-Schutzes erörtert und bejaht[644], als auch im Anschluss daran ein allgemeiner Überblick über die Entstehung dieses Prinzips in seiner grenzüberschreitenden Form dargestellt wurde[645], soll im Weiteren auf die Regelung des Art. 54 SDÜ eingegangen werden. In dieser wird das Verbot der Doppelverfolgung und Doppelbestrafung in den Schengen-Staaten ausdrücklich normiert. Der geneigte Leser wird bereits ahnen, dass wegen der aufgezeigten Schwierigkeiten bei der Bestimmung des Umfangs der „Tat" im deutschen Recht, auch die Bestimmung eines Strafklageverbrauchs in Strafverfahren mit einem transnationalen Bezug enorme Schwierigkeiten bereitet[646]. Dies gilt für den Schengen-Raum nicht zuletzt deshalb, weil sich im SDÜ keine Definition dazu findet, was unter „derselben Tat" in Art. 54 SDÜ zu verstehen ist. Dennoch ist es unumgänglich die Frage zu klären, unter welchen Voraussetzungen „dieselbe Tat" i.S.d. Art. 54 SDÜ vorliegt. Das Verbot der Doppelverfolgung- und -bestrafung kann nämlich nur eingreifen, wenn „dieselbe Tat", also das „idem" vorliegt. Liegt bereits keine Tatidentität vor, so handelt es sich um verschiedene Taten und das Verbot der Doppelverfolgung- und -bestrafung aus Art. 54 SDÜ findet keine Anwendung[647].

A) Entbehrlichkeit von Art. 54 SDÜ wegen Art. 50 EU-Grundrechtecharta

Bevor näher auf die Vorschrift des Art. 54 SDÜ eingegangen wird, muss jedoch vorab untersucht werden, ob die Kodifizierung des Doppelverfolgungs- und Doppelbestrafungsverbots in Art. 50 EU-Grundrechtecharta, die sich aus Art. 54 SDÜ ergebende ne-bis-in-idem-Gewährleistung entbehrlich macht. Im Falle der

644 Vgl. § 4., § 5. und § 6.

645 Vgl. § 7.

646 Vgl. wegen der Schwierigkeiten der Tatbegriffsdefinition im deutschen Recht, § 2. B) und C); *Radtke*, in: Festschrift für Seebode, 2008, S. 297, 298.

647 So auch *Jagla*, ne bis in idem, 2007, S. 100, die aber nur auf das Verbot der Doppelbestrafung abstellt.

Bejahung einer Entbehrlichkeit könnte eine Tatbegriffsbestimmung in Art. 54 SDÜ bereits überflüssig sein.

Die EU-Grundrechtecharta wurde durch den Vertrag von Lissabon mit Art. 6 Abs. 1 EUV n.F. für rechtsverbindlich erklärt und in das Primärrecht aufgenommen[648]. Somit bindet die Charta alle Organe und Einrichtungen der Union, für die Mitgliedstaaten gilt sie, mit Ausnahme des Vereinigten Königreichs und Polens, ausschließlich bei der Durchführung des Unionsrechts[649]. Zwar gewährleistet bereits der Art. 54 SDÜ für einen Großteil der EU-Mitgliedstaaten ein Doppelverfolgungs- und Doppelbestrafungsverbot. Jedoch darf nicht vergessen werden, dass bisher nicht alle Mitgliedstaaten der EU dem SDÜ beigetreten sind und daher die unionsweite Bedeutung von Art. 50 EU-Grundrechtecharta nicht zu vernachlässigen ist[650]. Diese Bedeutung gewinnt noch dadurch an Gewicht, dass die in Art. 52 Abs. 1 EU-Grundrechtecharta vorgesehenen Garantien auch dann zu beachten sind, soweit in besonderen Abkommen Ausnahmen vom Doppelverfolgungs- und -bestrafungsverbot bzw. dahin gehende nationale Vorbehalte, wie bspw. nach Art. 55 SDÜ, vorgesehen sind[651].

Daher stellt sich die Frage, in welchem Verhältnis Art. 54 SDÜ zu Art. 50 EU-Grundrechtecharta steht:

Das Verhältnis zwischen Art. 54 SDÜ und Art. 50 EU-Grundrechtecharta ist noch nicht abschließend geklärt[652]. Jedoch ist zu beachten, dass der ne-bis-in-idem-Grundsatz in Art. 50 EU-Grundrechtecharta nunmehr als justizielles Grundrecht verankert – und typisch für die Formulierung von Grundrechten – zielorientiert weit gefasst wurde[653]. Art. 54 SDÜ nimmt mit seinem Tatbegriffsverständnis die Funktion einer einfachgesetzlichen „Schrankenbestimmung" zu Art. 50 EU-Grundrechtecharta ein[654]. Dass solche Schranken in der Charta sogar angelegt sind, wird durch Art. 54 Abs. 1 EU-Grundrechtecharta deutlich. Diese Vorschrift formuliert gleichsam die „Schranken-Schranken" für Eingriffe in den Schutzbereich der Grundrechte und setzt eine sekundärrechtliche Begrenzung der

---

648 *Hecker*, JuS 2010, 176, 178 Fn. 10 ; *Satzger*, Strafrecht, 2010, § 10 Rn. 67; *Schwarze*, EuR 2009, 9, 16.

649 *Hecker*, JuS 2010, 176, 178 Fn. 10; *Satzger*, Strafrecht, 2010, § 10 Rn. 67; *Schwarze*, EuR 2009, 9, 16.

650 *Eser,* in: Meyer, Charta der Grundrechte, 2011, Art. 50 Rn. 11.

651 *Eser,* in: Meyer, Charta der Grundrechte, 2011, Art. 50 Rn. 16.

652 *Satzger*, Strafrecht, 2010, § 10 Rn. 68.

653 *Satzger*, Strafrecht, 2010, § 10 Rn. 68.

654 *Satzger*, Strafrecht, 2010, § 10 Rn. 68. Satzger zieht diesen Schluss für das Vollstreckungselement in Art. 54 SDÜ. Jedoch fungiert Art. 54 SDÜ auch bzgl. seines Tatbegriffs, wegen der Ausgestaltung des ne-bis-in-idem-Grundsatzes als justizielles Grundrecht in Art. 50 EU-Grundrechtecharta und dessen damit verbundener inhaltlichen Weite, als einfachgesetzliche „Schrankenbestimmung" zu Art. 50 EU-Grundrechtecharta.

Grundrechte daher gleichsam voraus[655]. Der transnationale ne-bis-in-idem-Grundsatz innerhalb der EU bestimmt sich also weiterhin nach dem Gewährleistungsumfang des Art. 54 SDÜ und der dazu ergangenen Rechtsprechung[656].

Abschließend kann festgestellt werden, dass die Kodifizierung des ne-bis-in-idem-Grundsatzes in Art. 50 EU-Grundrechtecharta die sich aus Art. 54 SDÜ ergebende ne-bis-in-idem-Gewährleistung nicht entbehrlich macht. Eine eingehende Auseinandersetzung mit Art. 54 SDÜ und dem in ihr enthaltenen Tatbegriff ist somit angebracht und erfolgt nachfolgend[657].

B) Art. 54 SDÜ

Die zentrale Vorschrift des Verbots der Doppelbestrafung für die Mitgliedstaaten der Europäischen Union enthält Art. 54 SDÜ[658]. In dieser Vorschrift, die am 1. Mai 1999 in den Rechtsraum des Titels VI des EUV-alt überführt worden ist[659] und seit dem Inkrafttreten des Vertrags von Lissabon am 1. Dezember 2009 in die Art. 67, 82 bis 89 AEUV und Art. 3 Abs. 2 EUV n.F. Einzug gefunden hat[660], heißt es in der deutschen Fassung:

> *„Wer durch eine Vertragspartei rechtskräftig abgeurteilt worden ist, darf durch eine andere Vertragspartei wegen derselben Tat nicht verfolgt werden, vorausgesetzt, daß im Fall einer Verurteilung die Sanktion bereits vollstreckt worden ist, gerade vollstreckt wird oder nach dem Recht des Urteilsstaats nicht mehr vollstreckt werden kann."*

Die Reglung des Art. 54 SDÜ entspricht nahezu wörtlich dem am 25. Mai 1987 im Rahmen der EPZ geschaffenen Übereinkommen der Mitgliedstaaten der EG über das Verbot der doppelten Strafverfolgung, sog. *EG-ne bis in idem-Übk*[661]. Es stellte die erste Bestimmung dar, in welcher das Verbot der Doppelverfolgung und Doppelbestrafung im zwischenstaatlichen Bereich im Rahmen der EG festgelegt wurde[662]. Art. 6 Abs. 2 des EG-ne bis in idem-Übereinkommens bestimmt, dass das Übereinkommen 90 Tage nach Hinterlegung der Ratifikations-, Annahme- oder Genehmigungsurkunden durch alle Staaten, die an dem Tag, an

---

655 *Satzger*, Strafrecht, 2010, § 10 Rn. 68.

656 *Satzger*, Strafrecht, 2010, § 10 Rn. 68.

657 Vgl. § 8. B).

658 *Radtke*, in: Festschrift für Seebode, 2008, S. 297, 303.

659 *Radtke*, in: Festschrift für Seebode, 2008, S. 297, 303.

660 *Hecker*, Iurratio 2009, 81.

661 *Hecker*, Europäisches Strafrecht, 2010, § 13 Rn. 10; *Kühne*; Strafprozessrecht, 2010, § 3 Rn. 60; *Ligeti*, Strafrecht und strafrechtliche Zusammenarbeit, 2005, S. 102; *Ranft*, Strafprozeßrecht, 2005, Rn. 291.

662 *Jagla*, ne bis in idem, 2007, S. 48.

dem es zur Unterzeichnung aufgelegt wurde, Mitglieder der EG waren, in Kraft tritt[663]. Das Übereinkommen wurde aber bis zum heutigen Tage noch nicht von allen Mitgliedstaaten ratifiziert, sodass das Datum seines Inkrafttretens noch nicht feststeht[664]. Zwischen verschiedenen Staaten wurde die Anwendbarkeit des Übereinkommens aber bereits nach Art. 6 Abs. 3 vorgezogen. Für Deutschland ist das Übereinkommen bisher lediglich im Verhältnis zu Belgien, Dänemark, Frankreich, Irland, Italien, den Niederlanden, Österreich und Portugal vorzeitig in Kraft getreten[665].

Der Unterschied zwischen dem EG-ne bis in idem-Übereinkommen und dem Schengener Durchführungsübereinkommen besteht darin, dass sich das EG-ne bis in idem-Übereinkommen ausschließlich zum Ziel machte, ein Verbot der Doppelbestrafung im EG-Bereich zu schaffen. Die Schengener Verträge zielen dagegen auf die Schaffung eines Wirtschaftsraums ohne Binnengrenzen ab. Nur durch die Öffnung der Binnengrenzen konnte ein freier Personen-, Waren- und Dienstleistungsverkehr geschaffen werden[666]. Die Schaffung des freien Personen-, Waren- und Dienstleistungsverkehrs stellt jedoch die Mitgliedstaaten vor neue Herausforderungen hinsichtlich der damit einhergehenden ansteigenden grenzüberschreitenden Kriminalität. Dieser musste mit einer verstärkten polizeilichen Zusammenarbeit entgegengetreten werden[667]. Die verstärkte polizeiliche Zusammenarbeit und die wachsende Mobilität durch den Abbau der Grenzkontrollen birgt die Gefahr vermehrter Doppelverfolgungen und -bestrafungen innerhalb des Schengen-Raums in sich. Aber auch die Ausdehnung der nationalen Strafgewalten macht die internationale Regelung des ne-bis-in-idem-Grundsatzes notwendig[668]. Daher war die Schaffung eines ne-bis-in-idem-Schutzes innerhalb der Mitgliedstaaten des Schengener Durchführungsübereinkommens unabdinglich, um einer Vervielfachung von Doppelbestrafungen, aber auch schon Doppelverfolgungen, entgegenzutreten[669]. Das transnationale Doppelbestrafungsverbot hat somit die Funktion als rechtsstaatliches Korrektiv, der durch die international arbeitsteilig operierenden Strafverfolgung wachsenden Gefahr einer Mehrfachverfolgung innerhalb des Schengen-Raums, entgegenzuwirken[670]. Art. 54 SDÜ verbietet in diesem Zusammenhang nicht nur eine Doppelbestrafung, son-

---

663 *Jagla*, ne bis in idem, 2007, S. 48.

664 *Hecker*, Europäisches Strafrecht, 2010, § 13 Rn. 11; *Kühne*, Strafprozessrecht, 2010, § 3 Rn. 60.

665 *Jagla*, ne bis in idem, 2007, S. 48.

666 *Ligeti*, Strafrecht und strafrechtliche Zusammenarbeit, 2005, S. 102.

667 *Ligeti*, Strafrecht und strafrechtliche Zusammenarbeit, 2005, S. 102.

668 *Ligeti*, Strafrecht und strafrechtliche Zusammenarbeit, 2005, S. 97.

669 Vgl. § 4. B); *Ligeti*, Strafrecht und strafrechtliche Zusammenarbeit, 2005, S. 102.

670 *Hecker*, Europäisches Strafrecht, 2010, § 13 Rn. 54.

dern stellt sogar ein Verfahrenshindernis dar, das jeder weiteren Verfolgung entgegensteht. Somit dürfen, wenn eine Person durch eine Vertragspartei wegen derselben Tat rechtskräftig abgeurteilt worden ist, nicht einmal mehr Ermittlungen gegen dieselbe Person wegen derselben Tat geführt werden (sog. totales Erledigungsprinzip)[671]. Eine Begrenzung des Anwendungsbereichs auf ein Doppelbestrafungsverbot würde der Konzeption des SDÜ nicht gerecht werden. Daher ist bereits die nochmalige Verfolgung einer Person wegen desselben Sachverhalts nicht mehr zulässig („Verbot der Doppelverfolgung")[672]. Das Verfahrenshindernis setzt aber voraus, dass es sich um „dieselbe Tat" handelt. Von ganz zentraler Bedeutung ist bei der Auslegung des Art. 54 SDÜ neben der Qualität der Rechts- oder Bestandskraft eines ausländischen Verfahrensabschlusses auch die Festlegung von deren Umfang, was durch den Begriff der „Tat" erfolgt[673].

C) Definition des Tatbegriffs im Art. 54 SDÜ

Durch den Begriff der „Tat" i.S.d. Art. 54 SDÜ wird neben der Definition des Umfangs der gerichtlichen Untersuchungs- und Erledigungsbefugnis auch die Frage beantwortet, inwieweit in Bezug auf die materielle Rechtskraft auch die Strafklage verbraucht wird[674]. Daher ist die Frage zu klären, unter welchen Voraussetzungen „dieselbe Tat" vorliegt. Besteht keine Tatidentität, so handelt es sich um unterschiedliche Taten, sodass das Verbot der Mehrfachverfolgung- und -bestrafung nicht eingreift. Das SDÜ selbst enthält keine Definition des Tatbegriffs[675].

I. Schwierigkeiten bei der Definition des Tatbegriffs

Die Formulierung des Art. 54 SDÜ mag auf den ersten Blick recht simpel und durchaus griffig erscheinen. Der Rechtsanwender wird aber bei dem Versuch, die Vorschrift im konkreten Fall zur Anwendung zu bringen, vor nahezu unüberwindbare Hindernisse gestellt.

Kühne führt bereits zutreffend aus, dass sich Rechtsbegriffe, welche auf nationaler Ebene durchaus einfach und eindeutig erscheinen, im Kontext fremder

671 *Kniebühler*, Transnationales ‚ne bis in idem', 2005, S. 301.
672 *Kniebühler*, Transnationales ‚ne bis in idem', 2005, S. 301.
673 *Kniebühler*, Transnationales ‚ne bis in idem', 2005, S. 274.
674 *Kniebühler*, Transnationales ‚ne bis in idem', 2005, S. 2742
675 So auch *Jagla*, ne bis in idem, 2007, S. 100, die jedoch nur auf das Verbot der Doppelbestrafung abstellt.

Sprach- und Rechtssysteme als überaus schillernd erweisen. Zwar bezieht sich diese Aussage von *Kühne* auf den Begriff der rechtskräftigen Entscheidung in Art. 54 SDÜ. Jedoch führt er weiter aus, dass dies ein Phänomen sei, welches sich praktisch bei jedem Rechtsbegriff manifestiere. Juristische Begriffe bezögen sich, selbst wenn sie in unterschiedlichen Sprachen deckungsgleich seien, immer auf ihr nationales Binnensystem, weshalb eine naive Gleichstellung nicht möglich sei[676]. Dass *Kühne* zuzustimmen ist, zeigt sich besonders im Rahmen des Tatbegriffs in Art. 54 SDÜ. In dieser Vorschrift tritt die Schwierigkeit, zwischen unterschiedlich strukturierten Rechtssystemen zu kooperieren, in ihrer vollen Härte zum Vorschein[677]. Bei Taten mit Auslandbezug erhöht sich die Komplexität einer einheitlichen Definition des von Art. 54 SDÜ vorausgesetzten Tatbegriffs auf Grund der stark divergierenden Strafprozessrechtssysteme der einzelnen Schengen-Staaten.

Der Versuch den Tatbegriff i.S.d. Art. 54 SDÜ zu definieren wird auch noch dadurch erschwert, dass innerhalb der Rechtsordnungen der Vertragsparteien ein unterschiedliches Verständnis des Tatbegriffs vorherrscht[678]. Das Tatbegriffsverständnis des einzelnen Mitgliedsstaats bestimmt im internen Bereich vor allem über die Frage, inwieweit er bereit ist, eine verfahrenshindernde Wirkung eines Verfahrensabschlusses anzuerkennen. Darüber hinaus sind die Vertragsparteien geneigt, bei Fehlen einer eindeutigen Regelung auf Gemeinschaftsebene, ihr eigenes Verständnis vom Umfang des Strafklageverbrauchs auch auf den vertraglichen Bereich auszudehnen, um zu vermeiden, dass der eigene Strafanspruch durch einen besonders weiten Strafklageverbrauch vereitelt wird[679]. Alle diese grundsätzlichen Schwierigkeiten sind bei der Ermittlung des Tatbegriffs i.S.d. Art. 54 SDÜ zu berücksichtigen.

Zudem stehen für das Verständnis des Tatbegriffs in Art. 54 SDÜ zwei Betrachtungsweisen zur Verfügung. Zum einen kann der Begriff des „idem" dahin gehend verstanden werden, dass er auf die zu Grunde liegende natürliche Handlung abstellt. Zum anderen kann er dahin gehend verstanden werden, dass er sich an der rechtlichen Einordnung der Handlung orientiert[680].

Nachfolgend soll der Versuch unternommen werden, mit Hilfe anderer transnationaler Übereinkommen, der Rechtsprechung des BGH und des EuGH sowie der Auslegungsmethoden, eine Definition des Tatbegriffs herauszuarbeiten.

---

676 *Kühne*, JZ 1998, 876.

677 *Kühne*, JZ 1998, 876.

678 Vgl. § 3; *Kniebühler*, Transnationales ‚ne bis in idem', 2005, S. 274.

679 *Kniebühler*, Transnationales ‚ne bis in idem', 2005, S. 274.

680 *Specht*, Geltung des Grundsatzes, 1999, S. 159.

II. Tatbegriffsbestimmung mit Hilfe anderer internationaler Übereinkommen

Das SDÜ stellt nicht die einzige Rechtsquelle dar, in welcher der ne-bis-in-idem-Grundsatz eine Kodifizierung erfahren hat. Vielmehr hat er bspw. auch Einzug in die Charta der Grundrechte der Europäischen Union und in die EMRK gefunden. An dieser Stelle der Arbeit soll untersucht werden, ob anhand eines Vergleichs mit den ne-bis-in-idem-Gewährleistungen in diesen Übereinkommen eine Konkretisierung oder gar eine Definition des Tatbegriffsverständnisses in Art. 54 SDÜ erreicht werden kann.

1. Der ne-bis-in-idem-Grundsatz im Rahmen der Charta der Grundrechte der Europäischen Union

In der Charta der Grundrechte der Europäischen Union ist der ne-bis-in-idem-Grundsatz in dem Kapitel VI unter der Überschrift *„Justizielle Rechte"* in Art. 50 EU-Grundrechtecharta geregelt. Mit Hilfe des Wortlauts des Art. 50 EU-Grundrechtecharta wird der Versuch einer Konkretisierung oder gar Definition des Tatbegriffs in Art. 54 SDÜ unternommen. Ein solches Vorgehen bietet sich bereits deshalb an, weil Art. 54 SDÜ ohnehin generell im Lichte der Grundrechtsbestimmung des Art. 50 EU-Grundrechtecharta interpretiert werden muss[681].

Art. 50 EU-Grundrechtecharta lautet:

> *„Niemand darf wegen einer Straftat, derentwegen er bereits in der Union nach dem Gesetz rechtskräftig verurteilt oder freigesprochen worden ist, in einem Strafverfahren erneut verfolgt oder bestraft werden."*

Der Begriff der „Straftat" in Art. 50 EU-Grundrechtecharta könnte dafür sprechen, dass die Vorschrift auf einen „idem crimen" abstellt. Jedoch ist auch im Rahmen des Art. 50 EU-Grundrechtecharta die Frage des Umfangs des Doppelbestrafungsverbots umstritten. Er ist davon abhängig, was unter dem Begriff „Straftat" zu verstehen ist. Während dieser Begriff in einigen EU-Gerichtsbarkeiten im normativen Sinne gedeutet und daher maßgeblich auf den abgeurteilten Deliktstatbestand abgestellt wird, kommt es nach deutscher Auffassung in mehr prozessualem Sinne auf die Gleichartigkeit des Lebensvorgangs an, welcher nach natürlicher Lebensauffassung als einheitlich zu bewerten ist, auf den die Anklage hinweist und innerhalb dessen der Angeklagte einen Straftatbestand verwirklicht haben soll[682].

681 *Satzger*, Strafrecht, 2010, § 10 Rn. 68.

682 *Eser,* in: Meyer, Charta der Grundrechte, 2011, Art. 50 Rn. 9.

So wichtig auch die Gewährleistung eines transnationalen Doppelverfolgungs- und Doppelbestrafungsverbots über die durch Art. 54 SDÜ gebundenen Staaten hinaus ist, vermag Art. 50 EU-Grundrechtecharta mit seiner Formulierung „Straftat" keinen zwingenden Schluss für die Tatbegriffsdefinition in Art. 54 SDÜ zu geben:

Zum einen ist es umstritten, ob der Begriff der „Straftat" in Art. 50 EU-Grundrechtecharta im normativen Sinne zu deuten und daher maßgeblich auf den abgeurteilten Deliktstatbestand abzustellen ist oder aber von solchen Einflüssen weitestgehend frei im prozessualen Sinne auf die Gleichartigkeit des Lebensvorgangs abzuheben ist[683]. Wenn aber bereits der Begriff der Straftat in Art. 50 EU-Grundrechtecharta nicht einheitlich verstanden wird, so kann er schwerlich eine Grundlage für eine Auslegung des in Art. 54 SDÜ enthaltenen Tatbegriffs bilden.

Zum anderen könnte selbst bei unterstellter Eindeutigkeit des Tatbegriffs in Art. 50 EU-Grundrechtecharta diese zumindest nicht zu einer zwingenden Auslegung des Tatbegriffs in Art. 54 SDÜ führen. Zwar wurde die EU-Grundrechtecharta durch den Vertrag von Lissabon mit Art. 6 Abs. 1 EUV n.F. für rechtsverbindlich erklärt und in das Primärrecht aufgenommen[684]. Somit bindet die Charta alle Organe und Einrichtungen der Union. Für die Mitgliedstaaten gilt sie, mit Ausnahme des Vereinigten Königreichs und Polens, ausschließlich bei der Durchführung des Unionsrechts[685]. Dies ändert aber nichts an der Unabhängigkeit beider Regelwerke voneinander.

Da somit nicht einmal Einigkeit bei dem Verständnis des Begriffs der „Straftat" in Art. 50 EU-Grundrechtecharta besteht, kann dieser schwerlich für eine Konkretisierung oder gar eine Definition des Tatbegriffs in Art. 54 SDÜ fruchtbar gemacht werden.

2. Der ne-bis-in-idem-Grundsatz im Rahmen des Art. 4 des Protokolls Nr. 7 zur EMRK

Auch im Rahmen des Art. 4 des Protokolls Nr. 7 zur EMRK wird anhand des Wortlauts versucht, eine Konkretisierung des Tatbegriffsverständnisses in Art. 54 SDÜ zu erreichen.

Vorab sei der Vollständigkeit halber bereits darauf hingewiesen, dass ein ganz wesentlicher Unterschied zwischen Art. 4 des Protokolls Nr. 7 zur EMRK und dem Art. 50 EU-Grundrechtecharta darin besteht, dass sich aus dem Wortlaut

683 *Eser;* in: Meyer, Charta der Grundrechte, 2011, Art. 50 Rn. 9.
684 *Hecker*, JuS 2010, 176, 178 Fn. 10; *Schwarze*, EuR 2009, 9, 16.
685 *Hecker*, JuS 2010, 176, 178 Fn. 10; *Schwarze*, EuR 2009, 9, 16.

von Ersterem ergibt, wenn es dort heißt, *„[...] desselben Staates [...]“*, dass lediglich die innerstaatliche Geltung des ohnehin in den Mitgliedstaaten der EU bereits anerkannten Doppelbestrafungsverbots bekräftigt werden soll. Art. 50 EU-Grundrechtecharta will demgegenüber die unionsweite auch zwischenstaatliche Anerkennung des ne-bis-in-idem-Grundsatzes gewährleisten[686].

Art. 4 des Protokolls Nr. 7 zur EMRK lautet:

> (1) *„Niemand darf wegen einer Straftat, wegen der er bereits nach dem Gesetz und dem Strafverfahrensrecht eines Staates rechtskräftig verurteilt oder freigesprochen worden ist, in einem Strafverfahren desselben Staates erneut verfolgt oder bestraft werden.*
> (2) *Absatz 1 schließt die Wiederaufnahme des Verfahrens nach dem Gesetz und dem Strafverfahrensrecht des betreffenden Staates nicht aus, falls neue oder neu bekannt gewordene Tatsachen vorliegen oder das vorausgegangene Verfahren schwere, den Ausgang des Verfahrens berührende Mängel aufweist.*
> (3) *Von diesem Artikel darf nicht nach Artikel 15 der Konvention abgewichen werden.“*

Der EuGH hat bereits in seinem Urteil vom 9. März 2006 in der Rechtssache Van Esbroeck hervorgehoben, dass die Auslegung des Tatbegriffs in Art. 54 SDÜ auch auf dem gegenüber Art. 4 des Protokolls Nr. 7 zur EMRK divergierenden Wortlaut beruhe[687]. Aus dem Wortlaut des Art. 54 SDÜ, der den Ausdruck „dieselbe Tat“ verwendet, folge, dass diese Vorschrift nur auf das Vorliegen der fraglichen Tat abstelle und nicht auf ihre rechtliche Qualifizierung[688]. Im Gegensatz dazu wird in Art. 4 des Protokolls Nr. 7 zur EMRK der Begriff „Straftat“ verwendet. Die Verwendung des Begriffs der „Straftat“ impliziert nach Ansicht des EuGH die Relevanz des Kriteriums der rechtlichen Qualifizierung der Tat als Voraussetzung für die Anwendung des in Art. 4 des Protokolls Nr. 7 zur EMRK niedergelegten ne-bis-in-idem-Grundsatzes[689].

Der EuGH übersieht aber, dass eine Konkretisierung des Tatbegriffsverständnisses in Art. 54 SDÜ mit Hilfe des Wortlauts der Vorschrift des Art. 4 des Protokolls Nr. 7 zur EMRK bereits vor dem Problem steht, dass der Begriff der „Straftat“ in letzterer Vorschrift gerade nicht einheitlich i.S.e. *idem crimen* verstanden wird. Denn genau wie der Begriff der „Straftat“ in Art. 50 EU-Grundrechtecharta wird auch der Begriff der „Straftat“ in Art. 4 Abs. 1 des Protokolls Nr. 7 zur EMRK nur teilweise im mehr prozessualen Sinne verstanden, wenn

---

686 *Eser*, in: Meyer, Charta der Grundrechte, 2011, Art. 50 Rn. 1.

687 Vgl. *Frenz*, Europarecht, Band 4, 2009, Kapitel 13 § 3 Rn. 5162: Frenz stellt zwar auf den gegenüber Art. 54 SDÜ divergierenden Wortlaut des Art. 50 EU-Grundrechtecharta ab. Jedoch verweist er in seiner diesbezüglichen Fn. 303 auf die Rn. 28 der Entscheidung des EuGH im Fall Van Esbroeck. In dieser findet Art. 50 EU-Grundrechtecharta aber keine Erwähnung. Vielmehr wird in dieser unter anderem auf den divergierenden Wortlaut des Art. 4 des Protokolls Nr. 7 zur EMRK Bezug genommen.

688 EuGH NJW 2006, 1781, 1782 [Rn. 27].

689 EuGH NJW 2006, 1781, 1782 [Rn. 28].

dort nicht nur auf den Urteilstenor abgestellt wird, sondern dieser vielmehr im Zusammenhang mit der gesamten Entscheidung zu verstehen und dabei insbesondere der Lebenssachverhalt festzustellen ist, der Gegenstand des früheren Verfahrens war[690]. Die Rechtsprechung des EGMR ist in Bezug darauf nicht einheitlich[691]. War zunächst noch die Tendenz erkennbar, dass die normative Aufspaltung eines einheitlichen Lebensvorgangs in getrennt verfolgbare Straftatbestände zugelassen wird[692], sofern sich diese nicht in ihren wesentlichen Elementen gleichen[693], stellt der EGMR seit seiner jüngsten einschlägigen Entscheidung im Fall Zolotukhin nicht mehr auf die rechtliche Qualifizierung, sondern auf den zu Grunde liegenden Sachverhalt für die Bestimmung der Tatidentität ab[694].

a) EGMR Urteil vom 23. Oktober 1995 (Gradinger gegen Österreich)

So hat der EGMR in seiner Entscheidung im Fall Gradinger – Urteil des EGMR vom 23. Oktober 1995[695] – eine Verletzung des Art. 4 des Protokolls Nr. 7 zur EMRK deshalb angenommen, weil in einem rechtskräftig abgeschlossenen gerichtlichen Verfahren einerseits *„die erschwerenden Umstände, auf die in § 81 Abs. 2 öStGB Bezug genommen wurde, nämlich ein Blutalkoholgehalt von 0,8 ‰ oder mehr, in Bezug auf den Beschwerdeführer nicht festzustellen waren“*, während andererseits die Verwaltungsbehörden bei ihrer Bestrafung des Beschwerdeführers nach § 99 Abs. 1 lit. a öStVO 1960 befanden, *„dass der genannte Alkoholgehalt erreicht worden sei“.*[696]

Der EGMR führte weiter aus:

> *„Der Gerichtshof ist sich völlig bewußt, daß die in Rede stehenden Bestimmungen verschieden sind, nicht nur was die Bezeichnung der strafbaren Handlungen betrifft, sondern was wichtiger ist, auch was ihre Art und ihren Zweck anlangt. Er bemerkt weiters, daß die in § 5 StVO vorgesehene Strafbestimmung nur einen der Gesichtspunkte der gem Art. 81 Abs. 2 StGB strafbaren Handlung widerspiegelt. Dennoch gründeten sich beide strittigen Entschei-*

---

690 *Eser,* in: Meyer, Charta der Grundrechte, 2011, Art. 50 Rn. 9.

691 *Eser,* in: Meyer, Charta der Grundrechte, 2011, Art. 54 Rn. 9.

692 *Eser,* in: Meyer, Charta der Grundrechte, 2011, Art. 50 Rn. 9. In der Fn. 18 zu dieser Textstelle verweist Eser auf die Entscheidung des EGMR im Fall Gradinger vom 23. Oktober 1995 (Z. 55), wo Straftat als einheitliches Verhalten verstanden wurde, wohingegen die Mehrheit im Fall Oliveira vom 30. Juli 1998 (Z. 27) eine normative Differenzierung nach Deliktstatbeständen für zulässig erachtete.

693 *Eser,* in: Meyer, Charta der Grundrechte, 2011, Art. 50 Rn. 9. In der Fn. 19 verweist Eser diesbezüglich auf die Entscheidung des EGMR im Fall Franz Fischer vom 29. Mai 2001 (Z. 25).

694 EGMR NJOZ 2010, 2630, 2633 - 2634 [Rn. 81 u. 82]; *Grabenwarter,* in: Ehlers, Europäische Grundrechte und Grundfreiheiten, 2009, § 6 Rn. 65.

695 EGMR ÖJZ 1995, 954 ff.

696 VfGH EuGRZ 2010, 631, 634 [Rn. 2.1].

dungen auf das gleiche Verhalten. Demgemäß hat eine Verletzung des Art. 4 7. ZP MRK staatgefunden. (Z 55)"[697]

Es wird deutlich, dass der EGMR im Fall Gradinger die Identität der rechtlichen Qualifikation als Kriterium zur Bestimmung der „strafbaren Handlung" ausgeschlossen hat. Vielmehr hat er darauf abgestellt, dass sich beide strittigen Entscheidungen auf das gleiche Verhalten (based on the same conduct) gründen[698]. Etwaig vorhandene strukturelle Unterschiede der dabei angewendeten Rechtsvorschriften blieben dagegen unberücksichtigt; vielmehr wurde ihre Bedeutsamkeit für die Frage der kumulativen Anwendung ausdrücklich verneint[699]. Unterschiede in der Bezeichnung der strafbaren Handlungen und was noch wichtiger ist, auch Unterschiede was ihre Art und ihren Zweck anlangt, sollen – nach der vom EGMR im Urteil Gradinger vertretenen Ansicht – bedeutungslos sein[700].

b) EGMR Urteil vom 30. Juli 1998 (Oliveira gegen die Schweiz)

Im Fall Oliveira – Urteil des EGMR vom 30. Juli 1998[701] – hat der EGMR sodann jedoch genau die gegenteilige Lösung gewählt, indem er die rechtliche Qualifikation als das Kriterium für die Identität der „strafbaren Handlung" annahm[702].

Dem Fall lag folgender Sachverhalt zu Grunde:

Frau Oliveira geriet am 15. Dezember 1990 auf einer eis- und schneebedeckten Straße mit ihrem Fahrzeug auf die entgegengesetzte Fahrbahn, wo sie einen PKW touchierte und mit einem weiteren PKW, der von M gelenkt wurde, kollidierte. M erlitt schwere Verletzungen[703]*. Frau Oliveira wurde zuerst vom Polizeirichteramt wegen Nichtbeherrschung des Fahrzeuges, weil sie ihre Geschwindigkeit nicht den Straßenverhältnissen anpasste, zur Zahlung einer Geldstrafe i.H.v. 200 sfr verurteilt*[704]*. Am 25. Januar 1993 erließ der Bezirksanwalt einen Strafbefehl, mit dem über Frau Oliveira eine Geldstrafe von 2000 sfr wegen fahrlässiger Körperverletzung nach Art. 125 StGB verhängt wurde*[705]*. In der weiteren Folge verhängte das Bezirksgericht Zürich und sodann das Berufungsgericht Zürich wegen fahrlässiger Körper-*

697 EGMR ÖJZ 1995, 954, 956.

698 EGMR ÖJZ 1995, 954, 956 [Z. 55]; EGMR ÖJZ 1999, 77, 78 (Abweichende Meinung des Richters *Repik*); VfGH EuGRZ 2010, 631, 634 [Rn. 2.1].

699 *Oberndorfer,* in: Festschrift für Wimmer, 2008, S. 429, 435 - 436.

700 EGMR ÖJZ 1995, 954, 956 [Z. 55]; *Oberndorfer,* in: Festschrift für Wimmer, 2008, S. 429, 436.

701 EGMR ÖJZ 1999, 77 f.

702 EGMR ÖJZ 1999, 77, 78 (Abweichende Meinung des Richters *Repik*).

703 EGMR ÖJZ 1999, 77.

704 EGMR ÖJZ 1999, 77, 78 [Z. 25].

705 EGMR ÖJZ 1999, 77.

verletzung eine Geldstrafe i.H.v. 1500 sfr. Von diesem Betrag wurde aber der Betrag der ursprünglichen Geldstrafe abgezogen[706].

Der EGMR führte in dem Fall Oliveira aus[707]:

> *„Es handelt sich um ein typisches Beispiel einer Idealkonkurrenz (a single act constituting various offences, concours idéal d'infractions). Der maßgebliche Wesenszug dieses Begriffs besteht darin, daß eine einzige Straftat (criminal act, fait pénal) in zwei getrennte strafbare Handlungen zerfällt, im vorliegenden Fall die Nichtbeherrschung des Fahrzeugs und die fahrlässige Körperverletzung. In solchen Fällen wird üblicherweise die geringere Strafe von der höheren absorbiert. Dabei gibt es nichts, was Art. 4 7.ZP MRK verletzen würde, weil diese Bestimmung es verbietet, daß jemand zweimal wegen der gleichen strafbaren Handlung verurteil wird, während in Fällen der Idealkonkurrenz ein krimineller Akt in zwei getrennte strafbare Handlungen zerfällt. (Z 26).*
> *Es hätte sicherlich den Grundsätzen einer ordentlichen Rechtspflege mehr entsprochen, wenn die beiden strafbaren Handlungen, die auf die gleiche Straftat zurückgingen, vom gleichen Gericht in einem einzigen Verfahren abgestraft worden wären. Es hat in der Tat den Anschein, daß dies im vorliegenden Fall hätte geschehen sollen, zumal das Polizeirichteramt im Hinblick auf den Umstand, daß die Schwere der vom Verletzen erlittenen Verletzungen außerhalb seiner Zuständigkeit lagen, den Akt der Bezirksanwaltschaft übermitteln hätten sollen, damit dieses über beide strafbaren Handlungen zugleich hätte befinden können. Der Umstand, daß dieses Verfahren im Fall von Frau Oliveira nicht eingehalten wurde, ist jedoch irrelevant, was die Einhaltung des Art. 4 7.ZP MRK anlangt, weil diese Bestimmung das Vorliegen zweier verschiedener strafbarer Handlungen nicht ausschließt, selbst wenn beide von der gleichen Tathandlung umfaßt sind (even if they are all part of a single criminal act) und von verschiedenen Gerichten abgeurteilt werden, vor allem dann, wenn – wie im vorliegenden Fall – die Strafen nicht kumuliert wurden, sondern die geringe Strafe von der höheren absorbiert wurde. (Z 27).*
> *Der vorliegende Fall unterscheidet sich daher vom […] Fall Gradinger gg Österreich, in dem zwei verschiedene Gerichte (two different courts, deux instances différentes) zu widersprüchlichen Feststellungen betreffend den Blutalkoholgehalt des Bf gelangten. (Z 28)*
> *Als Schlußfolgerung ergibt sich daher, daß keine Verletzung des Art. 4 7. ZP MRK stattgefunden hat. (Z 29)"*[708]

Festzuhalten bleibt, dass der EGMR im Fall Oliveira akzeptierte, dass die Beschwerdeführerin wegen zweier getrennt strafbarer Handlungen bestraft wurde. Das Nichtbeherrschen des Fahrzeugs auf der einen und die fahrlässige Körperverletzung auf der anderen Seite lagen in Idealkonkurrenz vor, sodass ein und dieselbe faktische Handlung tatbildmäßig zwei getrennt strafbare Tatbestände verwirklichte[709]. Im Gegensatz dazu hat der EGMR im Fall Gradinger darauf abgestellt, ob die Entscheidungen auf das „gleiche Verhalten" gründeten. Er nahm sodann eine Verletzung des Doppelbestrafungsverbots an, da ein in alkoholi-

706 EGMR ÖJZ 1999, 77, 78 [Z. 25].

707 EGMR ÖJZ 1999, 77, 78.

708 EGMR ÖJZ 1999, 77, 78.

709 *Oberndorfer*, in: Festschrift für Wimmer, 2008, S. 429, 431.

siertem Zustand verursachter Verkehrsunfall nicht nur strafgerichtlich, sondern auch verwaltungsstrafrechtlich verfolgt wurde und beide Entscheidungen – nach Ansicht des EGMR – auf das „gleiche Verhalten" gründeten[710].

c) EGMR Urteil vom 29. Mai 2001 (Franz Fischer gegen Österreich)

Die Judikatur im Fall Oliveira setzte der EGMR im Fall Franz Fischer – Urteil des EGMR vom 29. Mai 2001[711] – fort[712]. Dieser Entscheidung lag folgender Sachverhalt zu Grunde:

> *Der Beschwerdeführer fuhr in alkoholisiertem Zustand eine Radfahrerin nieder. Diese wurde dadurch tödlich verletzt. Nach dem Zusammenstoß beging der Beschwerdeführer Fahrerflucht und stellte sich erst im Laufe der Nacht der Polizei[713]. Über den Beschwerdeführer wurde wegen Verletzung des § 5 Abs. 1 i.V.m. § 99 Abs. 1 lit. a öStVO, weil er in einem durch Alkohol beeinträchtigten und fahruntüchtigen Zustand einen PKW gelenkt hatte, durch die Verwaltungsbehörde eine Geldstrafe verhängt. Des Weiteren wurde er auch nach § 81 Abs. 2 öStGB für schuldig erkannt, fahrlässig den Tod eines anderen herbeigeführt zu haben „nachdem er sich ... durch den Genuss von Alkohol in einen die Zurechnungsfähigkeit nicht ausschließenden Rauschzustand versetzt" hatte, und er wurde deswegen zu einer Freiheitsstrafe von 6 Monaten verurteilt[714].*

Der EGMR führte in dem Fall Franz Fischer aus[715]:

> *„Im vorliegenden Fall wurde der Bf zuerst von der Verwaltungsbehörde wegen Fahrens unter Alkoholeinfluss gem § 5 Abs. 1 und § 99 Abs. 1 lit a StVO bestraft. Im nachfolgenden Strafverfahren wurde er wegen fahrlässiger Tötung mit der besonderen Qualifikation nach § 81 Abs. 2 „sich in einen Rauschzustand [versetzt zu haben]" verurteilt. Der GH merkt an, dass es zwei Unterschiede zwischen dem Fall Gradinger und dem vorliegenden Fall gibt: die Verfahren wurden in umgekehrter Reihenfolge geführt, und es gab keine Inkonsistenz zwischen der Sachverhaltsbeurteilung der Verwaltungsbehörden und der Strafgerichte, da beide befanden, dass der Bf einen Blutalkoholgehalt von über 0,8 g/l hatte. (Z 28)*
>
> *Der GH erachtet jedoch, dass diese Unterschiede nicht entscheidend sind. Wie bereits oben gesagt, betrifft die Frage, ob der Grundsatz des non bis in idem verletzt ist, die Verwandtschaft zwischen den beiden in Rede stehenden strafbaren Handlungen und kann daher nicht von der Reihenfolge abhängen, in welcher die betreffenden Verfahren geführt werden. Was den Umstand anlangt, dass Herr Gradinger von der besonderen Qualifikation nach § 81 Z 2 StGB freigesprochen (was acquitted oft the special element under Article 81 § 2 of the Criminal Code) aber wegen alkoholisierten Fahrens schuldig gesprochen wurde, während der Bf im vorliegenden Fall wegen beider strafbarer Handlungen schuldig erkannt wurde, wiederholt der GH, dass Art. 4 7.ZP MKR sich nicht auf das Recht beschränkt, nicht zweimal bestraft zu*

---

710 *Oberndorfer,* in: Festschrift für Wimmer, 2008, S. 429, 431.

711 EGMR ÖJZ 2001, 657 ff.

712 VfGH EuGRZ 2010, 631, 635 [Rn. 2.3].

713 EGMR ÖJZ 2001, 657.

714 EGMR ÖJZ 2001, 657.

715 EGMR ÖJZ 2001, 657, 658 - 659.

werden, sondern auch auf das Recht bezieht, nicht zweimal vor Gericht gestellt zu werden. Was im vorliegenden Fall entscheidend ist, ist, dass der Bf auf der Grundlage einer Handlung (on the bases of one act) zweimal vor Gericht gestellt und bestraft wurde, da die Verwaltungsstraftat des alkoholisierten Fahrens nach § 5 Abs. 1 und § 99 Abs. 1 lit a StVO und die besondere Qualifikation nach Art. 81 Z 2 StGB, so wie sie von den Gerichten ausgelegt wird, sich in ihren wesentlichen Elementen nicht unterscheiden (do not differ in their essential elements). (Z 29)
Der GH ist nicht überzeugt von der Argumentation der Regierung, dass der Fall im Hinblick auf die Herabsetzung der über den Bf verhängten Freiheitsstrafe um einen Monat (somit um das Äquivalent gegenüber der Geldstrafe, welche im Verwaltungsverfahren bezahlt wurde), einer Lösung zugeführt wurde. Die Herabsetzung der Freiheitsstrafe Kraft des Gnadenrechts des BPräs [Bundespräsidenten] vermag die oben getroffene Feststellung nicht zu ändern, dass der Bf für die im Wesentlichen gleiche Straftat zweimal vor Gericht gestellt wurde und auch nicht den Umstand, dass beide Verurteilungen aufrecht sind. [...]. (Z 30)
Schließlich bemerkt der GH, dass es in einem Fall wie dem vorliegenden dem Vertragsstaat frei bleibt, zu regeln, welche der beiden strafbaren Handlungen verfolgt werden soll. Er merkt weiters an, dass sich die Rechtslage in Österreich im Gefolge des U [Urteils des] VfGH [vom] 5.12.1996 geändert hat, sodass heute die Verwaltungsübertretung des Fahrens unter Alkoholeinfluss gem. § 5 Abs. 1 und § 99 Abs. 1 lit a StVO nicht verfolgt wird, wenn der Sachverhalt auch die besondere Qualifikation der strafbaren Handlung nach Art. 81 Abs. 2 StVO aufweist. Zur maßgeblichen Zeit jedoch wurde dem Bf wegen beider strafbarer Handlungen, die die gleichen Tatbestandsmerkmale enthielten, der Prozess gemacht, und er wurde wegen beider Straftaten bestraft. (Z 31)
Es hat daher eine Verletzung des Art. 4 7. ZP MRK stattgefunden. (Z 32)"[716]

Wie der EGMR im Fall Fischer selbst einräumt, erscheint sein eigener Ansatz in den Urteilen Gradinger und Oliveira für die Entscheidung, ob die jeweiligen Beschwerdeführer erneut für eine strafbare Handlung, wegen der sie rechtskräftig verurteilt oder freigesprochen worden sind, verfolgt oder bestraft werden können, widersprüchlich[717]. Auf Grund dieses unüberbrückbaren Widerspruchs in den ersten beiden von ihm entschiedenen Fällen Gradinger und Oliveira untersuchte der EGMR seit dem Urteil im Fall Fischer bis in die jüngste Vergangenheit, ob die Straftatbestände in ihren „wesentlichen Elementen" identisch waren („same essential elements")[718]. Dabei ist es dem EGMR erstmals in den Urteilen der letzten Jahre – vor allem aber im Fall Fischer – unter Bezugnahme auf die Rechtsprechung des öVfGH gelungen, einen Ansatz zu einer einigermaßen zufrieden stellenden Lösung zu entwickeln[719]. So hat der EGMR in seinem Urteil im Fall Fischer ausgeführt, dass die Frage, ob eine „erneute" Strafverfolgung vorliegt, nicht einfach davon abhängig gemacht werden kann, dass die zweite Bestrafung wegen der nominell identischen strafbaren Handlung erfolgt. Viel-

716 EGMR ÖJZ 2001, 657, 658 - 659.
717 EGMR ÖJZ 2001, 657, 658 [Z. 23].
718 *Grabenwarter*, Europäische Menschenrechtskonvention, 2009, § 24 Rn. 144.
719 *Oberndorfer*, in: Festschrift für Wimmer, 2008, S. 429, 435.

mehr sind die Fälle nicht selten, in denen der Gesetzgeber mehrere Strafdrohungen für Fälle vorsieht, in welchen die Tat dann mehrere strafbare Handlungen verwirklicht[720]. Eine genauere Prüfung kann dann zeigen, dass nur eine strafbare Handlung verfolgt werden soll, weil diese bereits „alles Unrecht umfasst, das in den anderen enthalten ist (encompasses all the wrongs contained in the others).“[721] Eine doppelte oder eine „erneute“ Verfolgung wäre in diesem Fall grundrechtswidrig und entspräche auch nicht dem verfassungskonform verstandenen Willen des Gesetzgebers[722]. Für den Fall, dass verschiedene strafbare Handlungen, welche auf einer Tathandlung beruhen, nacheinander verfolgt werden sollen, und zwar eine nach der rechtskräftigen Entscheidung über die andere, verlangt der EGMR nunmehr, zu prüfen, „ob solche strafbare Handlungen die gleichen wesentlichen Tatbestandsmerkmale haben oder nicht.“[723] Weisen sie die gleichen wesentlichen Tatbestandsmerkmale auf, so verhindert Art. 4 des Protokolls Nr. 7 zur EMRK, dass der Beschuldigte „erneut“ vor Gericht gestellt wird. Wenn jedoch der sich in einem Straftatbestand manifestierende Unrechtsgehalt in einem wesentlichen Element von dem eines anderen abweicht, steht die ne-bis-in-idem-Gewährleistung des Art. 4 des Protokolls Nr. 7. zur EMRK selbst bei eintätigem Zusammentreffen beider Tatbestände einer mehrfachen Strafverfolgung nicht entgegen[724].

d) EGMR Urteil vom 2. September 2004 (Bachmaier gegen Österreich)

Der EGMR hat diese Rechtsprechung in der Folge im Fall Bachmaier – Urteil des EGMR vom 2. September 2004[725] – bestätigt, wobei er ausdrücklich feststellte, dass der Erschwerungsgrund der Trunkenheit am Steuer nur in einem von zwei Verfahren geprüft worden ist[726].

720 EGMR ÖJZ 2001, 657, 658 [Z. 25]; *Oberndorfer,* in: Festschrift für Wimmer, 2008, S. 429, 436.

721 EGMR ÖJZ 2001, 657, 658 [Z. 25]; *Oberndorfer,* in: Festschrift für Wimmer, 2008, S. 429, 436.

722 *Oberndorfer,* in: Festschrift für Wimmer, 2008, S. 429, 436.

723 EGMR ÖJZ 2001, 657, 658 [Z. 25]; *Oberndorfer,* in: Festschrift für Wimmer, 2008, S. 429, 437.

724 *Oberndorfer,* in: Festschrift für Wimmer, 2008, S. 429, 437.

725 EGMR ÖJZ 2005, 358 ff.

726 EGMR ÖJZ 2005, 358, 359; VfGH EuGRZ 2010, 631, 635 [Rn. 2.4].

e) EGMR Urteil vom 7. Dezember 2006 (Hauser-Sporn gegen Österreich)

Der EGMR bekräftigte seine Rechtsprechung auch im Fall Hauser-Sporn – Urteil des EGMR vom 7. Dezember 2006[727] – , in welchem er von strafbaren Handlungen ausging, die in ihren „wesentlichen Elementen“ verschieden waren, und annahm, dass sich die strafbare Handlung des Imstichlassens eines Verletzten und die strafbare Handlung des Unterlassens der Information der Polizei über einen Unfall verschiedene Akte und Unterlassungen betrafen[728].

f) EGMR Urteil vom 10. Februar 2009 (Zolotukhin gegen Russland)

Letztlich soll die Rechtsprechung des EGMR zum Begriff der „Straftat“ in Art. 4 des Protokolls Nr. 7 zur EMRK an dem Fall Zolotukhin – Urteil des EGMR vom 10. Februar 2009[729] – dargestellt werden. In diesem sah der EGMR eine Verletzung des Art. 4 des Protokolls Nr. 7 zur EMRK darin, dass der Beschwerdeführer wegen Beleidigungen von Polizeibeamten sowohl mit einer Verwaltungsstrafe als auch nach dem Strafgesetzbuch wegen Widerstands gegen die Staatsgewalt bestraft wurde[730]. In dieser Entscheidung stellt der EGMR ausführlich seine bisherige Rechtsprechung zu Art. 4 des Protokolls Nr. 7 zur EMRK, insbesondere in Bezug auf den Tatbegriff („idem“), dar. In diesem Zusammenhang führte der EGMR als Erstes drei verschiedene Ansätze hinsichtlich der Frage des Vorliegens einer Bestrafung wegen „derselben strafbaren Handlung“ an[731]:

> *„[70] Die Rechtsprechung, die sich entwickelt hat, seitdem der Gerichtshof Art. 4 Prot. Nr. 7 zur EMRK anwendet, zeigt, dass die Frage, ob die Zuwiderhandlungen, deretwegen ein Bf. verfolgt wurde, dieselben sind, auf unterschiedliche Weise gelöst worden ist.*
> *[71] Zunächst ist auf den Begriff „desselben Verhaltens“ des Bf. abgestellt worden, unabhängig von seiner rechtlichen Qualifizierung (idem factum). Das zeigt der Fall Gradinger/Österreich [...], in dem der Bf. wegen fahrlässiger Tötung nach Strafrecht verurteilt worden war und außerdem wegen Fahrens in einem durch Alkohol beeinflussten Zustand zu einer Geldstrafe im Rahmen eines Verwaltungsstrafverfahrens. Obwohl sich die beiden Taten nach ihrer Bezeichnung, ihrer Art und ihren Zielen unterschieden, war Art. 4 Prot. Nr. 7 zur EMRK nach Auffassung des Gerichtshofs verletzt, weil sich die zwei umstrittenen Entscheidungen auf dasselbe Verhalten des Bf. bezogen.*
> *[72] Der zweite Ansatz geht ebenfalls davon aus, ob das Verhalten des Besch. [Beschwerdeführers], das zu den Verfahren gegen ihn geführt hat, dasselbe ist, nimmt aber an, dass mit ein- und demselben Verhalten mehrere Straftaten begangen werden können (Idealkonkurrenz), die im Rahmen verschiedener Verfahren abgeurteilt werden können. Dem ist der Ge-*

727 EGMR ÖJZ 2007, 511 ff.

728 EGMR ÖJZ 2007, 511, 512 [Z. 44 und 45]; VfGH EuGRZ 2010, 631, 635 [Rn. 2.4].

729 EGMR NJOZ 2010, 2630 ff.

730 EGMR NJOZ 2010, 2630 ff.; VfGH EuGRZ 2010, 631, 635 [Rn. 2.5].

731 EGMR NJOZ 2010, 2630, 2632 - 2633 [Rn. 71 - 73]; VfGH EuGRZ 2010, 631, 635 [Rn. 2.5].

richtshof im Fall Oliveira/Schweiz [...] gefolgt, in dem die Bf. zunächst wegen Nichtbeherrschung ihres Fahrzeugs verurteilt worden war und dann wegen fahrlässiger Körperverletzung. Der Wagen der Bf. war auf die Gegenfahrbahn geraten, war dort mit einem anderen Fahrzeug zusammengestoßen, dann mit einem zweiten, dessen Fahrer schwer verletzt worden war. Der Gerichtshof hat in diesem Sachverhalt einen typischen Fall von Idealkonkurrenz gesehen, während Art. 4 Prot. Nr. 7 zur EMRK nur verbiete, jemanden zweimal für dieselbe Tat zu verurteilen. Seiner Ansicht nach hätte es zwar dem Grundsatz einer geordneten Rechtspflege besser entsprochen, die beiden Taten durch dasselbe Gericht in einem Verfahren abzuurteilen, doch dass dies nicht geschehen sei, sei nicht entscheidend. Dass verschiedene Gerichte über verschiedene Zuwiderhandlungen urteilen, wenngleich sie Teil ein- und derselben strafbaren Handlung sind, verstoße nicht gegen Art. 4 Prot Nr. 7 zur EMRK, und zwar umso weniger als es nicht zur Bildung einer Gesamtstrafe gekommen sei. Später hat der Gerichtshof im Fall Göktan/Frankreich [...] ebenfalls auf Nichtverletzung von Art. 4 Prot. Nr. 7 zur EMRK erkannt, weil der Bf. mit der strafbaren Handlung, für die er verurteilt worden war, zwei unterschiedliche Straftatbestände erfüllt hatte: das Vergehen des Handels mit illegal eingeführten Drogen und das Zollvergehen der Nichtzahlung eines Zollbußgeldes. So ist der Gerichtshof auch in den Fällen Gauthier/Frankreich [...] und Ongun/Türkei [...] vorgegangen.
[73] Der dritte Ansatz legt die Betonung auf die „wesentlichen Elemente" der zwei Straftaten. Im Fall Franz Fischer/Österreich [...] hat der Gerichtshof bestätigt, dass Art. 4 Prot. Nr. 7 bei Idealkonkurrenz mehrere strafrechtliche Verfahren zulässt. Da er es jedoch für unvereinbar mit dieser Vorschrift angesehen hat, jemanden zweimal für „Straftaten" abzuurteilen und zu bestrafen, die sich nur ihrer Bezeichnung nach unterscheiden, war er der Auffassung, er müsse außerdem prüfen, ob diese Straftaten dieselben „wesentlichen Elementen"[732] *umfassten. Im Fall des Franz Fischer hatte die Verwaltungsübertretung, nämlich das Fahren in einem durch Alkohol beeinflussten Zustand, und die „fahrlässige" Tötung im Zustand der Trunkenheit dieselben„wesentlichen Elemente". Daher hat der Gerichtshof hier einen Verstoß gegen Art. 4 Prot. Nr. 7 gesehen. Wenn sich die zwei Straftaten, deretwegen jemand verfolgt wurde, nur leicht überschneiden, so der Gerichtshof weiter, gebe es keinen Grund anzunehmen, dass der Betroffene nicht für jede nacheinander verfolgt werden könne. Dieser Linie ist er auch in den Fällen W. F./Österreich [...] und Sailer/Österreich [...] gefolgt, die alle auf ähnliche Sachverhalte zurückgehen.*"[733]

Der EGMR negiert in seinen weiteren Ausführungen, dass eine Mehrzahl von verschiedenen Ansätzen vorläge, die es zu harmonisieren gelte. Er argumentiert wie folgt[734]:

„[78] Die bisher unterschiedliche Vorgehensweise bei Prüfung, ob die Straftat, deretwegen ein Bf. verfolgt wurde, dieselbe war, wegen der er bereits rechtskräftig freigesprochen oder verurteilt worden ist, hat zu Rechtsunsicherheit geführt, die mit einem Grundrecht, nämlich dem Recht, nicht zweimal wegen derselben Straftat verfolgt zu werden, unvereinbar ist. Deswegen ist der Gerichtshof aufgerufen, zu einer einheitlichen Auslegung des Begriffs „dieselbe Straftat" – das „idem" im Grundsatz „ne bis in idem" – i.S. des Art. 4 Prot. 7 zur EMRK zu finden. Es liegt zwar im Interesse der Rechtssicherheit, der Vorhersehbarkeit und der Gleichheit vor dem Gesetz, dass der Gerichtshof nicht ohne guten Grund von seinen früheren Ent-

732 Dies muss wohl *„wesentlichen Elemente"* heißen.
733 EGMR NJOZ 2010, 2630, 2632 - 2633 [Rn. 70 - 73].
734 VfGH EuGRZ 2010, 631, 636 [Rn. 2.5].

scheidungen abgeht. Doch folgte er bei Auslegung und Anwendung der Konvention nicht einer dynamischen und evolutiven Vorgehensweise, würde das jede Reform oder Verbesserung verhindern [...].
[79] Die völkerrechtlichen Verträge, die den Grundsatz ne bis in idem in der einen oder anderen Form garantieren, verwenden unterschiedliche Formulierungen. So beziehen sich Art. 4 Prot. 7 zur EMRK, Art. 14 VII Internationaler Pakt der Vereinten Nationen über bürgerliche und politische Rechte und Art. 50 Charta der Grundrechte der Europäischen Union auf „dieselbe Straftat" („(same) offence"/„(même) infraction"), die Amerikanische Menschenrechtskonvention auf „dieselbe Strafsache" („same cause"/„même faits"), das Schengener Durchführungsübereinkommen verbietet die Verfolgung für „dieselbe Tat" („same acts"/„mêmes faits") und das Statut des Internationalen Strafgerichtshofs verwendet den Begriff „dasselbe Verhalten" („same conduct"/„mêmes actes constitutifs"). Der EuGH und der Interamerikansiche Gerichtshof für Menschenrechte haben dem Unterschied in der Formulierung „mêmes faits" („same acts" oder „same cause") und dem Begriff „(même) infraction" („(same) offence") Bedeutung zugemessen, als sie sich dafür entschieden haben, als wesentliches Kriterium streng auf die Identität des Sachverhalts abzustellen und nicht auf seine rechtliche Würdigung. Dabei haben beide Gerichtshöfe betont, dass das für den Täter günstig sei, da er nun wisse, dass, einmal verurteilt und seine Strafe verbüßt oder auch freigesprochen, er wegen desselben Sachverhalt keine neuerliche Verfolgung zu befürchten habe...
[80] Der Gerichtshof ist der Auffassung, dass der Begriff „Straftat" („offence"/„infraction") in Art. 4 Prot. Nr. 7 zur EMRK keinen engeren Ansatz zulässt. Die Konvention ist so auszulegen und anzuwenden, dass ihre Garantien praktisch und wirksam, und nicht theoretisch und scheinbar werden. Im Übrigen ist sie ein „lebendes Instrument", das im Licht der gegenwärtigen Lebensverhältnisse ausgelegt werden muss. [...] Die Vorschriften eines völkerrechtlichen Vertrags wie die Konvention sind mit Blick auf ihr Ziel und ihren Zweck unter Berücksichtigung des Grundsatzes des effet utile auszulegen [...].
[81] Ein Ansatz, der die rechtliche Qualifizierung der zwei Straftaten betont, schränkt außerdem die Rechte des Einzelnen zu weit ein, denn wenn der Gerichtshof lediglich feststellt, dass der Betroffene für Straftaten verfolgt wurde, die sich rechtlich unterschiedlich darstellen, besteht die Gefahr, die Garantie des Art. 4 Prot. Nr. 7 zur EMRK zu schwächen und sie nicht praktisch und wirksam werden zu lassen, wie es die Konvention aber verlangt [...].
[82] Daher ist Art. 4 Prot. Nr. 7 zur EMRK so zu verstehen, dass er es verbietet, jemanden für eine zweite „Straftat" zu verfolgen oder zu verurteilen, wenn sie auf denselben oder wesentlich denselben Sachverhalt zurückgeht.
[83] Die Garantie des Art. 4 Prot. Nr. 7 zur EMRK kommt zum Tragen, wenn eine neuerliche Strafverfolgung eingeleitet wird und die frühere Entscheidung auf Freispruch oder Verurteilung schon rechtskräftig ist. In diesem Stadium enthalten die Akten zwangsläufig die Entscheidung, mit der das erste „Strafverfahren" zu Ende gegangen ist, sowie die gegen den Bf. in dem neuen Verfahren erhobenen Anklagepunkte. Normalerweise gehört zu diesen Aktenstücken eine Darstellung des Sachverhalts der Straftat, wegen der gegen den Bf. schon verhandelt worden ist, sowie eine Zusammenfassung des Sachverhalts, der sich auf die zweite, dem Bf. zur Last gelegte Straftat bezieht. Diese beiden Texte sind ein nützlicher Ausgangspunkt für den Gerichtshof bei Prüfung der Frage, ob die Sachverhalte in den beiden Verfahren identisch oder wesentlich dieselben sind. Dabei ist nicht von Bedeutung, welche Teile der neuen Vorwürfe schließlich im zweiten Verfahren aufrecht erhalten oder aufgegeben werden, denn Art. 4 Prot. Nr. 7 zur EMRK schützt vor einer neuen strafrechtlichen Verfolgung oder

der Gefahr, dass es dazu kommt, und nicht vor einer zweiten Verurteilung oder einem zweiten Freispruch […].“[735]

Es wird ganz deutlich, dass der EGMR in der Entscheidung Zolotukhin von seinem bisherigen Verständnis abweicht. Bejahte der EGMR bisher einen Verstoß gegen Art. 4 des Protokolls Nr. 7 zur EMRK nur, wenn jemand wegen derselben tatsächlichen Handlung auf Grund derselben Vorschrift oder auf Grund unterschiedlicher, materiell jedoch mindestens teilweise identischer Vorschriften bestraft wurde[736], so vertritt er nunmehr – zumindest seit der Entscheidung im Fall Zolotukhin – die Ansicht, dass ein Abstellen auf die rechtliche Qualifizierung für die Bestimmung der Tatidentität zu einer zu weitgehenden Einschränkung der Rechte des Einzelnen führen würde[737]. Denn der ne-bis-in-idem-Grundsatz wäre damit auf die Fälle begrenzt, in denen das Verhalten des Täters zu einer gleichen strafrechtlichen Würdigung führen würde. Daher vertritt der EGMR in der Entscheidung Zolotukhin die Auffassung, dass Art. 4 des Protokolls Nr. 7 zur EMRK dahin gehend zu verstehen ist, dass er es verbietet, dass jemand für eine zweite „Straftat“ verfolgt oder verurteilt wird, wenn sie auf denselben oder wesentlich denselben Sachverhalt zurückgeht[738]. Der EGMR orientiert sich für die Auslegung des Art. 4 des Protokolls Nr. 7 zur EMRK nunmehr also am zu Grunde liegenden Sachverhalt. Eine mehrfache Verfolgung eines Beschuldigten wegen einer Tat durch unterschiedliche Gerichte oder Behörden ist somit auch dann unzulässig, wenn es sich um „echte“ Konkurrenzen i.S.v. Idealkonkurrenzen handelt[739].

Anderer Ansicht ist aber *Pöschl.* Nach ihrer Auffassung könne das Abstellen des EGMR in der Entscheidung Zolotukhin lediglich dahin gehend verstanden werden, dass nur für den Fall, dass entsprechend klare Regelungen fehlen – wie offensichtlich nach der für das Urteil im Fall Zolotukhin maßgeblichen russischen Rechtslage – die Annahme nachvollziehbar erscheine, dass dann auf der Grundlage einer Sachverhaltsdarstellung – unabhängig von der rechtlichen Qualifikation – beurteilt werden müsse, ob eine Identität der Tat gegeben sei[740]. Der Rechtsprechung des öVfGH, welche maßgeblich durch die Rechtsprechung des EGMR bestimmt und beeinflusst ist, liege ebenso wie der des EGMR seit dem Urteil im Fall Oliveira die Annahme zu Grunde, dass es für das Vorliegen „der-

735 EGMR NJOZ 2010, 2630, 2633 - 2634 [Rn. 78 - 83].

736 EGMR ÖJZ 2001, 657, 658 und 659 [Z. 25 und 29]; *Grabenwarter,* in: Ehlers, Europäische Grundrechte und Grundfreiheiten, 2009, § 6 Rn. 65.

737 EGMR NJOZ 2010, 2630, 2633 [Rn. 81].

738 EGMR NJOZ 2010, 2630, 2633 - 2634 [Rn. 82]; *Grabenwarter,* in: Ehlers, Europäische Grundrechte und Grundfreiheiten, 2009, § 6 Rn. 65.

739 *Grabenwarter,* in: Ehlers, Europäische Grundrechte und Grundfreiheiten, 2009, § 6 Rn. 65.

740 VfGH EuGRZ 2010, 631, 632 [Rn. 5] (Leitsätze der Bearbeiterin *Pöschl*).

selben strafbaren Handlung“ i.S.d. Art. 4 des Protokolls Nr. 7 zur EMRK nicht auf das tatsächliche Verhalten, sondern vielmehr auf die Straftatbestände ankomme[741]. Dieses Verständnis entspreche sowohl dem Wortlaut von Art. 4 des Protokolls Nr. 7 zur EMRK, als auch der historischen und teleologischen Interpretation[742]. Bei entsprechend klarer Rechtslage sei also nach Art. 4 des Protokolls Nr. 7 zur EMRK weiterhin zu prüfen, ob jemand für dasselbe strafbare Verhalten, für welches er bereits abgeurteilt wurde, erneut verfolgt oder bestraft wurde und ob sich die Straftatbestände, wegen derer er verfolgt wurde, in ihren wesentlichen Elementen unterscheiden[743].

Die Ansicht von *Pöschl* ist abzulehnen. Woraus sie herleitet, dass der EGMR im Fall Zolotukhin eine Einschränkung dahin gehend getroffen habe, dass nur für den Fall des Nichtvorhandenseins entsprechend klarer Regelungen bei der Auslegung des Art. 4 des Protokolls Nr. 7 zur EMRK eine Orientierung am zu Grunde liegenden Sachverhalt erfolgen soll, ist unerfindlich. Der EGMR selbst hat eine solche Einschränkung im Fall Zolotukhin nicht vorgenommen. Vielmehr hat der EGMR ungeachtet der Divergenzen im Wortlaut, gestützt auf den Effektivitätsgrundsatz, die Auslegung der AMRK bzw. des SDÜ durch den IAGMR bzw. den EuGH auf die EMRK übertragen[744]. Begründet hat er dies damit, dass die Konvention so auszulegen und anzuwenden ist, *„dass ihre Garantien praktisch und wirksam, und nicht theoretisch und scheinbar werden.“*[745] Der Gerichtshof legt also bei seiner neueren Interpretation des Tatbegriffs in Art. 4 des Protokolls Nr. 7 zur EMRK besonderen Wert auf die praktische Wirksamkeit der Konvention unter Berücksichtigung des Grundsatzes des effet utile[746]. Dass diese Ausführungen über die konkrete Entscheidung im Fall Zolotukhin hinaus Geltung beanspruchen, zeigt sich auch daran, dass der EGMR ganz allgemein in dieser Entscheidung ausgeführt hat, dass ein Ansatz, welcher die rechtliche Qualifizierung der Straftaten betont, die Rechte des Einzelnen zu sehr einschränkt[747]. Er hat sodann – ohne Einschränkung auf die konkrete Entscheidung – angeführt, dass Art. 4 des Protokolls Nr. 7 zur EMRK so zu verstehen ist, *„dass er es verbietet, jemanden für eine zweite „Straftat“ zu verfolgen oder zu verurteilen, wenn sie auf denselben oder wesentlich denselben Sachverhalt zurückgeht.“*[748]

741 VfGH EuGRZ 2010, 631 [Rn. 2] (Leitsätze der Bearbeiterin *Pöschl*).
742 VfGH EuGRZ 2010, 631 [Rn. 3 u. 4] (Leitsätze der Bearbeiterin *Pöschl*).
743 VfGH EuGRZ 2010, 631 [Rn. 7] (Leitsätze der Bearbeiterin *Pöschl*).
744 *Grabenwarter*, Europäische Menschenrechtskonvention, 2009, § 24 Rn. 145.
745 EGMR NJOZ 2010, 2630, 2633 [Rn. 80].
746 EGMR NJOZ 2010, 2630, 2633 [Rn. 80].
747 EGMR NJOZ 2010, 2630, 2633 [Rn. 81].
748 EGMR NJOZ 2010, 2630, 2633 - 2634 [Rn. 82].

g) Zwischenergebnis

Nach alledem kann festgehalten werden, dass mit Hilfe des Wortlauts des Art. 4 des Protokolls Nr. 7 zur EMRK keine Konkretisierung des Tatbegriffsverständnisses in Art. 54 SDÜ erreicht werden kann. Dies folgt daraus, dass – wie gesehen – selbst in der Rechtsprechung des EGMR zu Art. 4 des Protokolls Nr. 7 zur EMRK kein einheitliches Verständnis des Begriffs der „Straftat" vertreten wird. So hat der EGMR im Fall Gradinger die Identität der rechtlichen Qualifikation als Kriterium zur Bestimmung der „Strafbaren Handlung" ausgeschlossen und stattdessen darauf abgestellt, dass die Entscheidungen auf das gleiche Verhalten gründen[749]. Demgegenüber hat der EGMR im Fall Oliveira genau die gegenteilige Ansicht vertreten, indem er die rechtliche Qualifikation als das Kriterium für die Identität der „strafbaren Handlung" annahm[750]. Auch im Fall Franz Fischer stellte der EGMR auf die rechtliche Qualifikation zur Beurteilung der Tatidentität ab, indem er prüfte, ob die Straftatbestände in ihren „wesentlichen Elementen" identisch waren[751]. Diese zuletzt genannte Rechtsprechung hat der EGMR sodann in den Entscheidungen Bachmaier und Hauser-Sporn bestätigt[752]. In seiner jüngsten einschlägigen Entscheidung weicht der EGMR jedoch wieder von seiner in den Entscheidungen Oliveira, Franz Fischer, Bachmaier und Hauser-Sporn vertretenen Ansicht ab, weil er nunmehr der Auffassung ist, dass ein Abstellen auf die rechtliche Qualifizierung für die Bestimmung der Tatidentität zu einer zu weitgehenden Einschränkung der Rechte des Einzelnen führen würde[753]. Daher sei Art. 4 des Protokolls Nr. 7 zur EMRK so zu verstehen, dass er es verbiete, jemanden für eine zweite „Straftat" zu verfolgen oder zu verurteilen, wenn sie auf denselben oder wesentlich denselben Sachverhalt zurückgehe[754]. Der EGMR stellt im Fall Zolotukhin für die Auslegung des Tatbegriffs in Art. 4 des Protokolls Nr. 7 zur EMRK also darauf ab, ob Gegenstand der Strafverfahren derselbe oder der im Wesentlichen selbe Sachverhalt ist[755].

Der EGMR vertritt also keine einheitliche Linie in der Auslegung des Tatbegriffs in Art. 4 des Protokolls Nr. 7 zur EMRK. Auch ist nicht abzusehen, ob der EGMR nunmehr bei seinem prozessualen Tatbegriffsverständnis bleibt oder in weiteren Entscheidungen wieder einen materiellen oder aber prozessual-mate-

---

749 Vgl. §. 8. C) II. 2. a); EGMR ÖJZ 1995, 954, 956 [Z. 55]; EGMR ÖJZ 1999, 77, 78 (Abweichende Meinung des Richters *Repik*); VfGH EuGRZ 2010, 631, 634 [Rn. 2.1].

750 Vgl. §. 8. C) II. 2. b); EGMR ÖJZ 1999, 77, 78 (Abweichende Meinung des Richters *Repik*).

751 *Grabenwarter*, Europäische Menschenrechtskonvention, 2009, § 24 Rn. 144.

752 Vgl. § 8. C) II. 2. d) und e); EGMR ÖJZ 2005, 358 ff.; EGMR ÖJZ 2007, 511 ff.

753 Vgl. § 8. C) II. 2. f); EGMR NJOZ 2010, 2630, 2633 [Rn. 81].

754 EGMR NJOZ 2010, 2630, 2633 - 2634 [Rn. 82].

755 *Grabenwarter,* in: Ehlers, Europäische Grundrechte und Grundfreiheiten, 2009, § 6 Rn. 65.

riellen Tatbegriff vertreten wird. Da somit nicht einmal ein einheitliches Verständnis des Begriffs der „Straftat" in Art. 4 des Protokolls Nr. 7 zur EMRK existiert, kann dessen Wortlaut nicht für eine Konkretisierung des Tatbegriffs in Art. 54 SDÜ herangezogen werden.

Dieses Ergebnis überrascht nicht, bedenket man, dass Art. 4 des Protokolls Nr. 7 zur EMRK als Vorbild für Art. 50 EU-Grundrechtecharta anzusehen ist[756]. Daher war zu erwarten, dass der Begriff der „Straftat" in beiden Übereinkommen ähnlich ausgelegt wird und bei fehlender Einigkeit im Verständnis des Begriffs der „Straftat" in Art. 50 EU-Grundrechtecharta eine solche auch bei Art. 4 des Protokolls Nr. 7 zur EMRK fehlen wird.

3. Ergebnis

An dieser Stelle der Bearbeitung wurde untersucht, ob die Kodifizierung des ne-bis-in-idem-Grundsatzes in der Charta der Grundrechte der Europäischen Union und in der EMRK für eine Bestimmung des Tatbegriffs in Art. 54 SDÜ nutzbar gemacht werden kann[757].

Zusammenfassend kann festgehalten werden, dass die Kodifizierung des ne-bis-in-idem-Grundsatzes in Art. 50 EU-Grundrechtecharta zwar eine sinnvolle Ergänzung zu der nationalen Gewährleistung des ne-bis-in-idem-Grundsatzes und des durch Art. 54 SDÜ gewährleisteten transnationalen Doppelverfolgungs- und Doppelbestrafungsverbots innerhalb der EU ist. Da jedoch sowohl der Begriff der „Straftat" in Art. 50 EU-Grundrechtecharta, als auch der in Art. 4 des 7. Zusatzprotokolls zur EMRK, selbst nicht einheitlich verstanden wird, vielmehr auch dort umstritten ist, ob dieser im normativen Sinne zu deuten oder aber im prozessualen Sinne zu verstehen ist[758], vermögen beide Übereinkommen bereits wegen dieses Umstandes keine weitere Aufklärung der Frage des Tatbegriffsverständnisses in Art. 54 SDÜ zu geben Dies kann man auch dann nicht anders sehen, wenn man mit dem EuGH davon ausgeht, dass der Unterschied im Wortlaut zwischen Art. 54 SDÜ und Art. 4 des Protokolls Nr. 7 zur EMRK für die Auslegung des Tatbegriffs in Art. 54 SDÜ maßgeblich ist[759]. Es darf nämlich nicht vergessen werden, dass ein Vergleich der Wortlaute in beiden Vorschriften nur dann für eine Konkretisierung des Tatbegriffs in Art. 54 SDÜ fruchtbar gemacht werden kann, wenn der Wortlaut des Art. 4 des Protokolls Nr. 7 zur EMRK selbst keinen Zweifel lässt, ob mit ihm auf einen *idem crimen* oder aber

756 *Frenz*, Europarecht, Band 4, 2009, Kapitel 1 § 2 Rn. 107; *Eser,* in: Meyer, Charta der Grundrechte, 2011, Art. 50 Rn. 1.

757 Vgl. § 8. C) II.

758 Vgl. § 8. C) II. 1. und 2 ff.; *Eser,* in: Meyer, Charta der Grundrechte, 2011, Art. 50 Rn. 9.

759 EuGH NJW 2006, 1781, 1782 [Rn. 28].

auf einen *idem factum* abgestellt wird. Auf die Divergenzen in den Ansichten hinsichtlich des Verständnisses des Begriffs der „Straftat" in Art. 4 des Protokolls Nr. 7 zur EMRK geht der EuGH aber nicht ein. Er stellt damit eine bloße Behauptung auf, wenn er ausführt, dass der in Art 4 des Protokolls Nr. 7 zur EMRK verwendete Begriff der „Straftat" zeige, dass in dieser Vorschrift auf die Relevanz des Kriteriums der rechtlichen Qualifizierung der Tat als Voraussetzung für die Anwendung der ne-bis-in-idem-Gewährleistung abgestellt werde[760].

Nach alledem ist letztlich festzuhalten, dass die Kodifizierungen des ne-bis-in-idem-Grundsatzes in Art. 50 EU-Grundrechtecharta und Art. 4 des 7. Zusatzprotokolls zur EMRK für eine Bestimmung des Tatbegriffs i.S.d. Art. 54 SDÜ nicht fruchtbar gemacht werden können.

III. Rechtsprechung des BGH zum Tatbegriff im Art. 54 SDÜ

Der BGH hatte sich in seinem Beschluss vom 30. Juni 2005 – 5 StR 342/04[761] – mit einem Strafverfahren zu befassen, in welchem es – zumindest auch – um die Auslegung des Begriffs „dieselbe Tat" im Sinne des Art. 54 SDÜ ging. Da es zu diesem Zeitpunkt – soweit ersichtlich – noch keine ausdrückliche Entscheidung des EuGH zum Tatbegriff gab[762], die Ausführungen also zwingend frei von Einflüssen aus der Rechtsprechung des EuGH zum Tatbegriff sind, eignet sich diese Entscheidung besonders gut, um das Tatbegriffsverständnis des BGH darzustellen.

Der BGH hat im Wege der Vorabentscheidung dem EuGH die Frage vorgelegt, ob sich die strafrechtliche Verfolgung auf „dieselbe Tat" i.S.v. Art. 54 SDÜ bezieht, wenn ein Angeklagter wegen der Einfuhr geschmuggelten ausländischen Tabaks nach Italien und des dortigen Besitzes sowie wegen des Unterlassens der Zahlung der Grenzabgabe für den Tabak bei der Einfuhr durch ein italienisches Gericht verurteilt worden ist und danach durch ein deutsches Gericht im Hinblick auf die zeitlich zuvor erfolgte Übernahme der nämlichen Ware in Griechenland wegen Hehlerei an den (formal) griechischen Einfuhrabgaben, welche bei der zuvor von Dritten bewirkten Einfuhr entstanden sind, verurteilt wird, sofern der Angeklagte von Anfang an vorhatte, die Ware nach Übernahme in Griechenland über Italien nach Großbritannien zu transportieren[763].

760 EuGH NJW 2006, 1781, 1782 [Rn. 28].

761 BGH NStZ 2006, 106 ff.; vgl. dazu auch § 8. C) IV. 4.

762 BGH NStZ 2006, 106, 107.

763 BGH, NStZ 2006, 106.

1. Sachverhalt

Dem Beschluss des BGH lag folgender Sachverhalt zu Grunde[764]:

Der Angeklagte übernahm im Jahre 1999 in Griechenland geschmuggelte Zigaretten. Der Transport wurde von Beamten der italienischen Guardia di Finanza (Finanzpolizei) aufgegriffen. Daraufhin wurde der Angeklagte im Jahre 2001 zu einer Freiheitsstrafe von 1 Jahr und 8 Monaten verurteilt, wobei die Vollstreckung der Strafe zur Bewährung ausgesetzt wurde.

Das Landgericht Augsburg verurteilte den Angeklagten in Kenntnis der italienischen Entscheidung zu einer Einzelfreiheitsstrafe von 1 Jahr und 10 Monaten.

Im Jahre 2000 übernahm der Angeklagte in Griechenland wiederum geschmuggelte Zigaretten. Der Angeklagte wurde bei dem Transport von italienischen Beamten festgenommen. Diesmal wurde der Angeklagte zu einer Freiheitsstrafe von 2 Jahren ohne Strafaussetzung zur Bewährung verurteilt.

Auch in Kenntnis dieser italienischen Entscheidung verurteilte das Landgericht Augsburg den Angeklagten zu einer Einzelfreiheitsstrafe von 1 Jahr.

2. Rechtliche Ausführungen

Der BGH hatte in seinem Beschluss also die Frage zu entscheiden, ob entgegen der Auffassung des Landgerichts Augsburg aus den Verurteilungen in Italien Verfahrenshindernisse, namentlich ein Strafklageverbrauch gemäß Art. 54 SDÜ, hinsichtlich des deutschen Strafverfahrens folgt, sodass eine Einstellung des Verfahrens erfolgen müsste.

Zu dem Zeitpunkt, als der BGH sich mit diesem Fall zu befassen hatte, lag – wie bereits ausgeführt[765] – noch keine ausdrückliche Entscheidung des EuGH zum Begriff „derselben Tat" i.S.v. Art. 54 SDÜ vor. Der BGH zog daher die Schlussanträge des Generalanwalts Dámaso Ruíz-Jarabo Colomer in den verbundenen Rechtssachen Gözütok (C-187/91) und Brügge (C-385/01) zur Bestimmung des Tatbegriffs in Art. 54 SDÜ heran. Nach Ansicht des BGH ergibt sich aus den Schlussanträgen des Generalanwalts Ruíz-Jarabo Colomer in den verbundenen Rechtssachen Gözütok (C-187/91) und Brügge (C-385/01), dass dieser für einen Strafklageverbrauch im Sinne des Art. 54 SDÜ eine Identität in 3 Punkten für erforderlich erachtet. Diese seien namentlich derselbe Sachverhalt, ein einziger Täter und ein einziges geschütztes Rechtsgut[766].

764 BGH NStZ 2006, 106, 107.

765 Vgl. § 8. C) III.

766 BGH NStZ 2006, 106, 107; Schlussanträge des Generalanwalts Colomer vom 19.09.2002 in den Rs. C-187/01 (Gözütok) und C-385/01 (Brügge), abgedruckt in Rn. 56, Quelle: http://www.curia.europa.eu.

Der BGH vertritt die Ansicht, dass eine solche Auslegung des Tatbegriffs, wie sie der Generalstaatsanwalt vornimmt, nicht zwingend sei. Die französische Fassung mit der Wendung „les mêmes faits“, die deutsche Fassung mit „dieselbe Tat“ und die englische Fassung mit dem Begriffspaar „same acts“ des Art. 54 SDÜ würden auf eine Auslegung im Sinne eines historischen Vorgangs, sog. „idem factum“ hindeuten[767]. Der BGH schließt aber nicht aus, dass auch eine am strafrechtlichen Tatbestand ausgerichtete Interpretation, sog. „idem crimen“, möglich erscheint. Er führt aber weiter aus, dass ein solches Tatbegriffsverständnis wegen der in den Mitgliedsstaaten stark divergierenden Straftatbestände, kaum geeignet sein könne, um der von Art. 54 SDÜ geschützten Freizügigkeit gerecht zu werden[768].

Im vorliegenden Fall zeigt sich aber, dass auch eine Anlehnung an eine materielle Betrachtung des Tatbegriffs zu kaum auszuräumenden Schwierigkeiten bei der Auslegung führt. So hat das Landgericht Augsburg in dem dem Vorlageverfahren zu Grunde liegenden Sachverhalt für seine Schuldfeststellungen auf die Übernahme der geschmuggelten Zigaretten in Griechenland abgestellt, während die italienischen Gerichte ihre Entscheidung auf die Einfuhr der Zigaretten nach Italien stützten. Folglich hat das Landgericht Augsburg die Verwirklichung einer Hehlerei an den bei der Einfuhr nach Griechenland entstandenen Einfuhrabgaben angenommen. Der italienische Schuldvorwurf bezieht sich auf die Nichtanmeldung der verborgenen Zigaretten und/oder die Nichtbezahlung der bei der Einfuhr nach Italien entstandenen Einfuhrabgaben[769]. Die Strafverfahren beziehen sich somit auf unterschiedliche Rechtsgüter; namentlich zum einen auf die Verhinderung der Vertiefung des durch die Zigarettenschmuggler entweder nach Art. 202 Abs. 1 oder Art. 203 Abs. 3 Zollkodex verursachten (formell griechischen) Steuerschadens durch den Hehler und zum anderen auf die Einhaltung der steuerrechtlichen Erklärungs- und Gestellungspflichten bei der Einfuhr nach Italien[770]. Nach der eingangs erwähnten Ansicht des Generalanwalts Ruíz-Jarabo Colomer würde daher ein Strafklageverbrauch nach Art. 54 SDÜ nicht eintreten, da verschiedene Rechtsgüter vorliegen und somit keine Identität der geschützten Rechtsgüter besteht[771]. Nun stellt aber eine Fahrt von Griechenland nach Italien nach natürlicher Betrachtungsweise durchaus ein geschichtlich-historisches Geschehen dar. Bei einem Abstellen auf den historischen Vorgang läge somit eine Tat im Sinne des Art. 54 SDÜ vor, wohingegen bei einem Abstellen auf die strafrechtlichen Tatbestände keine Tatidentität gegeben wäre. Die Problematik

767 BGH NStZ 2006, 106, 107.

768 BGH NStZ 2006, 106, 107.

769 BGH NStZ 2006, 106, 107.

770 BGH NStZ 2006, 106, 107.

771 BGH NStZ 2006, 106, 107.

eines engen formellen Tatbegriffs („idem crimen“) zeigt sich hier besonders deutlich. Wenn man bedenkt, dass bezüglich des Zolls in Europa stets dieselbe und sogar der Höhe nach identische Abgabenart betroffen ist, die zum Teil dem Gemeinschaftshaushalt zu Gute kommt, so erscheint eine mehrmalige Bestrafung durch die Mitgliedsstaaten als ungerecht[772]. Es lässt sich die Tendenz feststellen, dass die Mitgliedsstaaten geneigt sind, durch ihre jeweiligen steuerstrafrechtlichen Vorschriften, ihr Steueraufkommen zu schützen. Mit der Verfolgung dieses Ziels, wird aber zumindest indirekt auch das Steueraufkommen der Europäischen Union gesichert. Letzteres kann nach Ansicht des BGH als Argument für eine extensive Auslegung des Tatbegriffs herangezogen werden[773]. Es wird ganz deutlich, wie sehr der Eintritt des Strafklageverbrauchs von dem Tatbegriffsverständnis abhängt. Bereits an dieser Stelle der vorliegenden Arbeit zeigt sich, dass nur ein weitgefasster Tatbegriff geeignet erscheint, das auch nach dem Inkrafttreten des Vertrags von Lissabon durch Art. 3 Abs. 2 EUV n.F. anvisierte Ziel zu verwirklichen, einen Raum der Freiheit, der Sicherheit und des Rechts ohne Binnengrenzen zu schaffen.

IV. Rechtsprechung des EuGH zum Tatbegriff im Art. 54 SDÜ

Wie bereits gesehen, wurde durch den Amsterdamer Vertrag der Schengen-Besitzstand in den Rahmen der EU einbezogen[774]. Seit dem Inkrafttreten des Amsterdamer Vertrags am 1. Mai 1999 ist der EuGH – im Zusammenspiel mit Art. 35 EUV a.F. – als zentral und verbindlich entscheidendes Gericht daher für die Auslegung des Art. 54 SDÜ zuständig[775]. Das ist insbesondere im Hinblick auf eine einheitliche Auslegung des Art. 54 SDÜ zu begrüßen[776]. Der EuGH hatte seitdem bereits mehrmals über die Bedeutung und die Reichweite des Art. 54 SDÜ zu entscheiden[777].

Mit dem Inkrafttreten des Vertrags von Lissabon am 1. Dezember 2009 wurde die bisherige Säulenstruktur formell aufgelöst. Der EuGH ist seitdem ein Organ der „gesamten“ EU und daher grundsätzlich für alle Politikbereiche zuständig[778]. Im Gegensatz zur bisherigen Rechtslage bedarf es ausdrücklicher Regelungen,

---

772 BGH NStZ 2006, 106, 108.

773 BGH NStZ 2006, 106, 108.

774 Vgl. § 7. A).

775 *Hecker*, StV 2001, 306, 307; *Kühne*, Strafprozessrecht, 2010, § 3 Rn. 81; *Radtke/Busch*, EuGRZ 2000, 421, 424; *Radtke*, in: Festschrift für Seebode, 2008, S. 297, 303.

776 *Kühne*, Strafprozessrecht, 2010, § 3 Rn. 81.

777 Vgl. § 8. C) IV. 1 bis 5.

778 *Thiele*, EuR 2010, 30, 48 - 49.

wenn der Gerichtshof für die Bereiche der früheren zweiten und dritten Säule nicht bzw. nur eingeschränkt zuständig sein soll. Für die PJZS finden sich nunmehr in den Art. 82 ff. AEUV Regelungen. In Art. 276 AEUV wird eine Zuständigkeit des Gerichtshofs nur für die Kontrolle nationaler Maßnahmen ausgeschlossen[779]. Durch den Vertrag von Lissabon wurden die Beschränkungen bezüglich des Vorabentscheidungsverfahrens im Bereich der früheren dritten Säule aufgegeben. Die Entscheidungsbefugnis des EuGH folgt nunmehr auch für die PJZS aus der allgemeinen Regelung des Art. 267 AEUV[780]. Der EuGH ist somit weiterhin im Wege des Vorabentscheidungsverfahrens für die Auslegung des Tatbegriffs in Art. 54 SDÜ zuständig.

Nachdem festgestellt wurde, dass der EuGH weiterhin für die Auslegung des Tatbegriffs in Art. 54 SDÜ zuständig ist, ist nunmehr zu untersuchen, welches Tatbegriffsverständnis der EuGH seinen Entscheidungen zu Grunde legt.

Die Rechtsprechung des EuGH zu dem europäischen Doppelbestrafungsverbot war zwar zunächst auf die Klärung der Frage gerichtet, welche Anforderungen an eine rechtskräftige Verurteilung zu stellen sind[781]. Seit dem Jahre 2006 existieren aber auch mehrere Entscheidungen zum Begriff derselben Tat[782]. Für die nachfolgende Bearbeitung interessieren besonders die Urteile *Van Esbroeck*, *Van Straaten*, *Kraaijenbrink* und *Kretzinger*. In diesen Entscheidungen hatte sich der EuGH mit dem Verständnis des Tatbegriffs i.S.d. Art. 54 SDÜ zu beschäftigen.

Vorangestellt wird diesen aber die Entscheidung *Gözütok und Brügge*. Es ist die erste Entscheidung des EuGH zum Schengener Recht und zugleich die erste Entscheidung zur europäischen Zusammenarbeit in Strafsachen[783]. In diesem Vorabentscheidungsverfahren hatte der EuGH sich im Wesentlichen mit dem Verständnis des Begriffs *„rechtskräftig abgeurteilt“* in Art. 54 SDÜ auseinanderzusetzen. Anders ausgedrückt ging es in dieser ersten Entscheidung darum, welcher Natur und Herkunft Entscheidungen sein müssen, um die innereuropäische Sperrwirkung auslösen zu können[784]. Jedoch hat der EuGH bereits in diesem frühen Stadium der Auslegung des Art. 54 SDÜ, teleologisch ausgerichtete Argumente angeführt, auf welche er in seinen späteren Entscheidungen zur Auslegung des Tatbegriffs in Art. 54 SDÜ zurückgegriffen hat. Die Entscheidung zeigt daher, über ihren eigentlichen Inhalt hinaus, die Erwägungen des Gerichtshofs, wie er sich gegenüber diesem neuen Sachbereich der europäischen

---

779 *Thiele*, EuR 2010, 30, 49.

780 *Thiele*, EuR 2010, 30, 49.

781 *Radtke*, in: Festschrift für Seebode, 2008, S. 297, 303.

782 *Radtke*, in: Festschrift für Seebode, 2008, S. 297, 304.

783 *Thym*: Anm. zu EuGH vom 11.2.2003, NStZ 2003, 334.

784 *Kühne*: Anm. zu EuGH vom 9.3.2006, JZ 2006, 1019.

Integration verhalten wird[785]. Daher dient die vorab erfolgende Auseinandersetzung mit dieser Entscheidung sowohl dem Verständnis für die nachfolgend in dieser Arbeit zu behandelnden, als auch der künftig noch zu erwartenden, speziell auf die Auslegung des Tatbegriffs abstellenden Entscheidungen des EuGH.

1. EuGH Urteil vom 11. Februar 2003 – C-187/01 (Gözütok) und C-385/01 (Brügge)

a) Sachverhalt

Im Wesentlichen lag der Entscheidung des EuGH im Fall *Gözütok und Brügge* folgender Sachverhalt zu Grunde:

Gegen Herrn Gözütok wurde in den Niederlanden wegen des Besitzes von Betäubungsmitteln ermittelt. Die eingeleitete Strafverfolgung wurde gegen Zahlung eines Geldbetrags beendet. Danach verurteilte das AG Aachen Herrn Gözütok am 13. Januar 1997 zu einer Gesamtfreiheitsstrafe von 1 Jahr und 5 Monaten, deren Vollstreckung zur Bewährung ausgesetzt wurde. In der Berufung gegen dieses Urteil stellte das LG Aachen das Strafverfahren gegen Herrn Gözütok mit Beschluss vom 27. August 1997 u.a. mit der Begründung ein, dass nach Art. 54 SDÜ die endgültige Beendigung der strafrechtlichen Verfolgung durch die niederländischen Behörden für die deutschen Strafverfolgungsbehörden verbindlich sei, da das Verfahren durch eine von der Staatsanwaltschaft ausgehende transactie des niederländischen Rechts eingestellt worden sei. Die Staatsanwaltschaft hat gegen den Beschluss des LG Aachen sofortige Beschwerde beim OLG Köln eingelegt, welches das Verfahren ausgesetzt und dem EuGH zur Vorabentscheidung vorgelegt hat[786].

Herr Brügge wurde von der belgischen Staatsanwaltschaft wegen einer Körperverletzung angeklagt. Ein von der Staatsanwaltschaft Bonn eingeleitetes Ermittlungsverfahren gegen ihn wegen besagter Tat, derentwegen er vor die Rechtbank van Eerste Aanleg Veurne geladen wurde, stellte die Staatsanwaltschaft Bonn gegen Zahlung eines Geldbetrages ein. Die Rechtbank van Eerste Aanleg Veurne setzte daraufhin das bei ihr anhängige Verfahren aus und legte es dem EuGH zur Vorabentscheidung bzgl. der Auslegung des Art. 54 SDÜ vor[787].

785 *Thym:* Anm. zu EuGH vom 11.2.2003, NStZ 2003, 334.

786 EuGH NStZ 2003, 332, 333.

787 EuGH NStZ 2003, 332, 333.

b) Rechtliche Ausführungen des EuGH

Im Rahmen der Beantwortung der eigentlichen Vorlagefragen, hat der EuGH Ausführungen in dieser Entscheidung gemacht, die allgemein für die Auslegung des Art. 54 SDÜ herangezogen werden können. So hat der EuGH bereits hervorgehoben, dass die Anwendung des Art. 54 SDÜ nicht von der Harmonisierung oder der Angleichung des Strafrechts der Mitgliedstaaten abhängig ist[788]. Das in Art. 54 SDÜ aufgestellte Verbot der Doppelbestrafung impliziere, dass ein gegenseitiges Vertrauen der Mitgliedstaaten in ihre jeweiligen Strafjustizsysteme bestehe und dass jeder Mitgliedstaat die Anwendung des in den anderen Mitgliedstaaten geltenden Strafrechts akzeptiert, auch wenn die Anwendung seines eigenen nationalen Rechts zu einem anderen Ergebnis führen würde[789].

c) Bewertung

Das Urteil des EuGH überzeugt in den im Rahmen dieser Arbeit aufgezeigten allgemeinen Ausführungen zur Anwendung des Art. 54 SDÜ.

Der EuGH argumentiert richtigerweise mit dem Sinn und Zweck des SDÜ. Dieser besteht in der Vertiefung der europäischen Integration. Der EU soll die Möglichkeit gegeben werden, sich schneller zu einem Raum der Freiheit, der Sicherheit und des Rechts zu entwickeln, dessen Erhaltung und Weiterentwicklung sie zum Ziel hat[790]. Art. 54 SDÜ will in diesem Zusammenhang die Gewähr dafür bieten, dass eine Person von ihrem Recht auf Freizügigkeit Gebrauch machen kann, ohne der Gefahr ausgesetzt zu sein, wegen derselben Tat in mehreren Mitgliedstaaten verfolgt oder sogar bestraft zu werden[791]. Hierfür ist aber unabdingbar, dass ein gegenseitiges Vertrauen der Mitgliedstaaten in ihre jeweiligen Strafjustizsysteme besteht und dass jeder Mitgliedstaat die Anwendung des in den anderen Mitgliedstaaten geltenden Strafrechts auch dann akzeptiert, wenn die Anwendung seines eigenen Rechts zu einem anderen Ergebnis führen würde. Soweit diese Voraussetzung noch nicht gänzlich erfüllt ist, ist das Urteil des EuGH geeignet als „self-fulfilling prophecy“ einen Beitrag zur Herstellung des gegenseitigen Vertrauens zu schaffen[792].

Obwohl der EuGH sich in dieser Entscheidung noch nicht mit dem Tatbegriffsverständnis in Art. 54 SDÜ auseinandergesetzt hat, zeigt sich bereits in dieser ersten Entscheidung des EuGH zum Schengener Recht – zumindest rück-

---

788 EuGH NJW 2003, 1173 [Rn. 32].

789 EuGH NJW 2003, 1173 [Rn. 33].

790 EuGH NJW 2003, 1173, 1174 [Rn. 37].

791 EuGH NJW 2003, 1173, 1174 [Rn. 38].

792 *Thym:* Anm. zu EuGH vom 11.2.2003, NStZ 2003, 334, 335.

schauend betrachtet – die Tendenz zu einem autonomen europäischen Tatbegriff, der unabhängig von den Tatbegriffsverständnissen und den Rechtsordnungen der Schengen-Staaten ist. Dabei ist bereits zu erahnen, dass der EuGH einen weiten Tatbegriff präferieren wird, der sich am Lebenssachverhalt und nicht etwa an normativen Gesichtspunkten orientiert. Denn nur ein weiter Tatbegriff erscheint als geeignet, dem Einzelnen das Recht auf Freizügigkeit innerhalb der Schengen-Staaten zu gewähren, ohne dass dieser Angst haben muss wegen derselben Tat in mehreren Mitgliedstaaten verfolgt oder sogar bestraf zu werden. Ein Abstellen auf normative Elemente dagegen birgt die Gefahr in sich, den Tatbegriff mit den verschiedenen Wertungen der nationalen Strafrechtssysteme aufzublähen, was zu schier unvorhersehbaren Schwierigkeiten bei der Tatbegriffsdefinition und letztlich nur allzu leicht zu einer Annäherung auf niedrigstem Niveau führen kann.

2. EuGH Urteil vom 9. März 2006 – C-436/04 (Van Esbroeck)

Das Urteil im Fall Van Esbroeck stellte die auch in Deutschland lang erwartete erste Entscheidung des EuGH zur Auslegung des Begriffs „dieselbe Tat" i.S.v. Art. 54 SDÜ dar[793].

a) Sachverhalt

Das Verfahren, welches dem Vorlagebeschluss des belgischen Hof van Cassatie zu Grunde lag, betraf eine Konstellation verbotenen Handeltreibens mit Betäubungsmittel, die im Erstverfolgungsstaat Norwegen unter dem Aspekt der verbotenen Einfuhr von Betäubungsmitteln und im Zweitverfolgungsstaat Belgien unter dem Aspekt der verbotenen Ausfuhr derselben Menge Rauschgift behandelt wurde[794].

Im Einzelnen stellte sich der Sachverhalt wie folgt dar:

> *In Belgien wurde gegen Herrn Van Esbroeck wegen Handels mit Betäubungsmitteln ein Strafverfahren eingeleitet. Mit Urteil eines erstinstanzlichen Gerichts in Bergen (Norwegen) vom 2. Oktober 2000 wurde der belgische Staatsangehörige Van Esbroeck, wegen einer am 1. Juni 1999 begangenen unerlaubten Einfuhr von Betäubungsmitteln nach Norwegen zu einer Freiheitsstrafe von fünf Jahren verurteilt. Nach Teilverbüßung seiner Strafe wurde er am 8. Februar 2002 auf Bewährung entlassen und unter Begleitung nach Belgien zurückgebracht, wo am 27. November 2002 ein Strafverfahren – wegen des Vorwurfs der am 31. Mai 1999 erfolgten Ausfuhr der vorgenannten Betäubungsmittel aus Belgien – gegen ihn eingeleitet wurde[795]. Dieses Strafverfahren führte am 19. März 2003 zu einer Verurteilung zu einer Gefäng-*

793 *Radtke*: Anm. zu EuGH vom 9.3.2006, NStZ 2008, 162.

794 *Radtke*: Anm. zu EuGH vom 9.3.2006, NStZ 2008, 162.

795 *Radtke*: Anm. zu EuGH vom 9.3.2006, NStZ 2008, 162.

nisstrafe von einem Jahr. Dieses Urteil wurde durch Urteil des Hof van Beroup Antwerpen vom 9. Januar 2004 bestätigt. Beide Gerichte wandten Art. 36 Abs. 2 lit. a des Einheits-Übereinkommens von 1961 über die Betäubungsmittel in der durch das Protokoll von 1972 geänderten Fassung (Einheits-Übereinkommen) an, wonach jeder der in dem Übereinkommen begangenen, als selbständiger Verstoß gilt. Der angeklagte Van Esbroeck legte gegen dieses Urteil Kassationsbeschwerde ein und berief sich auf einen Verstoß gegen den in Art. 54 SDÜ niedergelegten ne-bis-in-idem-Grundsatz[796]*. Auf die Kassationsbeschwerde hin setzte der belgische Hof van Cassatie das Verfahren aus und legte dem EuGH uneben der Frage des zeitlichen Anwendungsbereichs von Art. 54 SDÜ (vgl. 1. Leitsatz) die Frage zur Vorabentscheidung vor, ob Art. 54 SDÜ i.V.m. Art. 71 SDÜ dahin gehend auszulegen ist, dass die strafbare Handlung des Besitzes zum Zweck der Aus- und Einfuhr, die sich auf dieselben Betäubungsmittel und psychotropen Stoffe aller Art einschließlich Cannabis beziehen und die in verschiedenen Staaten, die das SDÜ unterzeichnet haben oder in denen der Schengen-Besitzstand durchgeführt und angewandt wird, als Aus- oder Einfuhr strafrechtlich verfolgt wird, als „dieselbe Tat" i.S.d. genannten Art. 54 SDÜ angesehen wird*[797]*.*

b) Rechtliche Ausführungen des EuGH

Wie der EuGH in der Entscheidung Van Esbroeck[798] richtig ausführt, kann die Anwendbarkeit des Art. 54 SDÜ nicht von der Harmonisierung mitgliedstaatlicher Strafvorschriften abhängig sein. Daher kann die Möglichkeit divergierender rechtlicher Qualifizierungen derselben Tat in zwei Vertragsstaaten die Anwendung des transnationalen Doppelbestrafungsverbots nicht hindern[799]. Das alleinig maßgebliche Kriterium für die Frage der Einschlägigkeit des Art. 54 SDÜ ist die *„Identität der materiellen Tat."* Nach dem EuGH wird dabei Tat verstanden *„als das Vorhandensein eines Komplexes konkreter, unlösbar miteinander verbundener Tatsachen, unabhängig von der rechtlichen Qualifizierung dieser Tatsachen oder von dem geschützten rechtlichen Interesse."*[800] Die endgültige Beurteilung, ob die tatsächlichen Voraussetzungen der Tatidentität im konkreten Einzelfall gegeben sind, obliege den zuständigen nationalen Gerichten[801]. Um „dieselbe Tat" i.S.d. Art. 54 SDÜ handele es sich grundsätzlich wenn in zwei Vertragsstaaten die illegale Ein- und Ausfuhr von Betäubungsmitteln strafrechtlich verfolgt wird, wobei die abschließende Beurteilung Sache der zuständigen nationalen Gerichte sei[802]. Der EuGH verfolgt auch in diesem Fall das Ziel, innereuro-

---

796 EuGH EuZW 2006, 274; *Radtke*: Anm. zu EuGH vom 9.3.2006, NStZ 2008, 162.
797 *Radtke*: Anm. zu EuGH vom 9.3.2006, NStZ 2008, 162, 162 - 163.
798 EuGH NJW 2006, 1781 ff; EuGH JZ 2006, 1018 ff.
799 EuGH NJW 2006, 1781, 1782 [Rn. 31]; EuGH JZ 2006, 1018, 1019 [Rn. 31].
800 EuGH NJW 2006, 1781, 1782 u. 1783 [Rn. 35, 36 u. 42]; EuGH JZ 2006, 1018, 1019 [Rn. 35, 36].
801 EuGH NJW 2006, 1781, 1782 [Rn. 38]; EuGH JZ 2006, 1018, 1019 [Rn. 38].
802 EuGH NJW 2006, 1781, 1782 u. 1783 [Rn. 37, 38 u. 42]; EuGH JZ 2006, 1018, 1019 [Rn. 37 u. Rn. 38]; EuGH JZ 2007, 245, 246 [Rn. 51 u. Rn. 52].

päische Rechtssicherheit zu gewähren. Hierfür gibt er – wie gesehen – eine weit gefasste, selbst nach deutschem Rechtsverständnis zutreffende Beschreibung des Tatgegenstandes als Grundlage für die Sperrwirkung des Art. 54 SDÜ[803].

Bereits in dieser Entscheidung wird ganz deutlich, dass der EuGH sowohl Bestrebungen einer normativen Anreicherung des Tatbegriffs, als auch dem Verlangen nach der Maßgeblichkeit des Tatbegriffs und der Reichweite der strafprozessualen Erledigungswirkung im jeweiligen Erstverfolgerstaat klar zurückweist[804]. Der EuGH hat einer Normativierung des prozessualen Tatbegriffs, also der Einbeziehung materiell-rechtlicher Kriterien, wie insbesondere der Identität der in den jeweiligen Verfahren betroffenen Rechtsgüter eine klare Absage erteilt[805]. Die insofern missverständliche Formulierung *„Identität der materiellen Tat“* darf nicht dazu verleiten, anzunehmen, der Gerichtshof wolle den Tatbegriff mit materiell-rechtlichen Wertungen anreichern („idem crimen“). Vielmehr hat er sich bereits in dieser Entscheidung für einen faktischen Tatbegriff („idem factum“) ausgesprochen[806]. Erst recht darf die Formulierung nicht dazu verlocken hierunter die materiell-rechtliche Tat i.S.d. § 52 StGB zu verstehen. Der vom EuGH verwendete Begriff wird nämlich in der Entscheidung weiter definiert („verstanden“) als das Vorhandensein eines Komplexes unlösbar miteinander verbundener Tatsachen und nimmt damit letztlich den historischen Lebenssachverhalt in den Blick, wie er zur Definition der prozessualen Tat in § 264 StGB verwendet wird[807].

Nur kurz sei noch erwähnt, dass der EuGH in zeitlicher Hinsicht in der Entscheidung Van Esbroeck klargestellt hat, dass der in Art. 54 SDÜ normierte ne-bis-in-idem-Grundsatz auch auf ein Strafverfahren anzuwenden ist, welches in einem Vertragsstaat wegen einer Tat eingeleitet worden ist, die in einem anderen Vertragsstaat bereits zur Verurteilung des Delinquenten geführt hat, auch wenn das SDÜ in diesem letztgenannten Staat zum Zeitpunkt der Verkündung dieser Verurteilung noch nicht in Kraft war, sofern es in den betreffenden Vertragsstaaten zu dem Zeitpunkt, zu dem das mit einem zweiten Verfahren befasste Gericht die Voraussetzungen für die Anwendung des Grundsatzes ne-bis-in-idem geprüft hat, in Kraft war[808].

803 *Kühne*: Anm. zu EuGH vom 9.3.2006, JZ 2006, 1019, 1020.
804 *Radtke*: Anm. zu EuGH vom 9.3.2006, NStZ 2008, 162, 164.
805 *Radtke*: Anm. zu EuGH vom 9.3.2006, NStZ 2008, 162, 163.
806 *Radtke*, in: Festschrift für Seebode, 2008, S. 297, 306.
807 *Inhofer*, in: Graf, Strafprozessordnung, Art. 54 SDÜ Rn. 34.
808 EuGH NJW 2006, 1781; EuGH JZ 2006, 1018.

c) Bewertung

Dem Gerichtshof ist im Ergebnis, nicht aber in seiner Begründung zuzustimmen.

Die Schaffung eines einheitlichen und von den Verfahrensgegenständen der Mitgliedstaaten autonomen europäischen Tatbegriffs erweist sich bereits an dieser Stelle der Bearbeitung als unumgänglich, um einen Schutz vor Mehrfachverfolgung und Mehrfachbestrafung bei grenzüberschreitender Kriminalität und damit einhergehend das vom EuGH in den Vordergrund gestellte Recht der Unionsbürger auf Freizügigkeit zu gewährleisten[809]. Nimmt man dieses Ziel also ernst, so kann nur durch die Anknüpfung an das der Anklage und der meist gerichtlichen Abschlussentscheidung im Erstverfolgerstaat zu Grunde gelegte tatsächliche Geschehen unter weitestgehendem Ausschluss materiell-strafrechtlicher Einflüsse verhindert werden, dass es auf internationaler Ebene zu einer Zersplitterung des Verfahrensgegenstandes kommt. Ein Abstellen auf einen „idem crimen" würde wegen der nationalen Besonderheiten in dem materiellen Strafrecht und in den Verfahrensordnungen zu einer unterschiedlichen Reichweite des Strafklageverbrauchs europäischer Entscheidungen führen[810]. Dies wäre mit Unsicherheiten für den jeweiligen Täter verbunden. Er wäre gehalten, um einer möglichen Gefahr der Mehrfachverfolgung und -bestrafung zu entgehen, von seinem Recht auf Freizügigkeit innerhalb der Vertragsstaaten allenfalls sehr eingeschränkt Gebrauch zu machen. Dies würde aber zu dem anerkennenswerten Ziel der Schaffung eines Raums der Freiheit, der Sicherheit und des Rechts in starkem Kontrast stehen[811].

Jedoch soll bereits an dieser Stelle nicht verschwiegen werden, dass das Tatbegriffsverständnis des EuGH selbst nicht von normativen Kriterien frei ist. Der EuGH stellt als allein maßgebliches Kriterium für die Frage der Einschlägigkeit des Art. 54 SDÜ auf die *„Identität der materiellen Tat"* ab. Dabei versteht er den Begriff der Tat *„als das Vorhandensein eines Komplexes konkreter, unlösbar miteinander verbundener Tatsachen, unabhängig von der rechtlichen Qualifizierung dieser Tatsachen oder von dem geschützten rechtlichen Interesse."*[812] Er übersieht dabei aber, dass der Lebenssachverhalt seinerseits keine feste Größe darstellt. Dies erschließt sich von selbst, wenn man bedenkt, dass er durch die unterschiedlichen Gesetze der einzelnen Mitgliedstaaten unterschiedlich beschreiben wird. Vielmehr wird der Lebenssachverhalt durch das materielle Recht

---

809 Vgl. bereits § 8. C) IV. 1. c); § 8. C) IV. 2. b); vgl. dazu vor allem auch § 8. D) III. 3; so im Ergebnis auch *Radtke*: Anm. zu EuGH vom 9.3.2006, NStZ 2008, 162, 164.

810 *Radtke*: Anm. zu EuGH vom 9.3.2006, NStZ 2008, 162, 164.

811 So im Ergebnis auch *Radtke*: Anm. zu EuGH vom 9.3.2006, NStZ 2008, 162 164.

812 EuGH NJW 2006, 1781, 1782 u. 1783 [Rn. 35, 36 u. 42]; EuGH JZ 2006, 1018, 1019 [Rn. 35, 36].

der Mitgliedstaaten zumindest mitbestimmt. Diese Erkenntnis führt zu der Einsicht, dass die wünschenswerte Unabhängigkeit des faktischen Tatbegriffs von rechtlichen Wertungen der Mitgliedstaaten nicht durch ein einfaches Abstellen auf ein tatsächliches Geschehen erreicht werden kann. Die Tatbegriffsbestimmung sollte zwar nicht einfach anhand der geschützten Rechtsgüter erfolgen, da ein solches Vorgehen die aufgeworfenen Schwierigkeiten hervorruft[813]. Jedoch ist auf Grund der Bedingtheit des Lebenssachverhalts durch das materielle Recht der Mitgliedstaaten der Lösungsverschlag, wonach ein von den Rechtsordnungen der Mitgliedstaaten unabhängiger Tatbegriff heranzuziehen ist, der sich allein an dem zu Grunde liegenden Lebenssachverhalt orientiert, nicht geeignet, ein autonomes Tatbegriffsverständnis, welches frei von normativen Wertungen der Mitgliedstaaten ist, zu gewährleisten[814].

3. EuGH Urteil vom 28. September 2006 – C-150/05 (Van Straaten)

In der Rechtssache C-150/05 Van Straaten hatte der EuGH sich erneut mit der Auslegung des Tatbegriffs zu befassen.

a) Sachverhalt

Dem Verfahren lag im Wesentlichen folgender Sachverhalt zu Grunde:

> *Nach dem Vorlagebeschluss besaß Van Straaten in Italien am oder um den 27. März 1983 eine Partie von ungefähr 5 Kilogramm Heroin, welches von Italien in die Niederlande verbracht wurde und von dem Van Straaten in der Zeit vom 27. bis zum 30. März 1993 über 1000 Gramm dieser Partie Heroin verfügte[815].*
> *Van Straaten wurde in den Niederlanden zum einen verfolgt, weil er am oder um den 26. März 1983 ca. 5500 Gramm Heroin von Italien in die Niederlande eingeführt haben soll, und des Weiteren, weil er über eine Menge von ca. 1000 Gramm Heroin in den Niederlanden in der Zeit vom 27. bis zum 30. März 1983 oder ungefähr um diese Zeit verfügt haben soll. Darüber hinaus wurde Van Straaten wegen des Führens von Schusswaffen in den Niederlanden verfolgt. Die Arrondissementsrechtbank`s Hertogenbosch (Niederlande) war der Auffassung, dass die Einfuhr von Heroin in die Niederlande nicht rechtlich hinreichend und überzeugend nachgewiesen sei und sprach Van Straaten mit Urteil vom 23. Juni 1983 daher von dem ihm zur Last gelegten Anklagepunkt der Einfuhr von Heroin frei. Sie verhängte gegen Van Straaten wegen den beiden anderen Taten Freiheitsstrafe[816].*
> *In Italien wurde Van Straaten verfolgt, weil er am oder um den 27. März 1983 eine beträchtliche Menge – insgesamt ca. 5 Kilogramm – Heroin besessen und in die Niederlande ausgeführt*

813 Vgl. dazu auch § 8. C) IV. 2. b).
814 Eine ausführliche Darstellung dieser Ansicht erfolgt unter § 9.
815 EuGH JZ 2007, 245
816 EuGH JZ 2007, 245.

habe. Das Tribunale ordinario Mailand (Italien) verhängte in Abwesenheit Van Straatens gegen diesen mit Urteil vom 22. November 1999 eine Freiheitsstrafe und eine Geldstrafe[817].

b) Rechtliche Ausführungen des EuGH

Im Nachfolgenden sollen insbesondere die Unterschiede zu der Entscheidung Van Esbroeck herausgestellt werden. Insoweit zeigt sich, dass der Tatbegriff im Art. 54 SDÜ durch den EuGH im Vergleich zur Entscheidung von Esbroeck eine deutliche Weiterentwicklung erfahren hat.

Der Unterschied zwischen dem Fall Van Esbroeck und Van Straaten besteht entscheidend darin, dass bei Van Esbroeck die Drogen, die von einem in den anderen Staat geschafft wurden, identisch waren, während dies bei Van Straaten nicht der Fall war[818]. Der EuGH hatte in der Entscheidung Van Straaten also die Frage zu beantworten, ob grenzüberschreitende mehrteilige Akte, welche einen Komplex konkreter, unlösbar miteinander verbundener Umstände und damit eine Handlung i.S.d. Art. 54 SDÜ darstellen, auch dann noch als eine Handlung anzusehen sind, wenn der Gegenstand nicht in beiden Schengen-Staaten identisch gewesen ist[819]. Anders ausgedrückt musste der EuGH die Frage entscheiden, ob auch dann eine Handlung i.S.d. Art. 54 SDÜ vorliegt, wenn das Tatobjekt nicht in beiden Schengen-Staaten identisch gewesen ist.

Die am 22. November 1999 in Italien durch das Tribunale ordinario Mailand (Italien) ausgesprochene Verurteilung wurde vom EuGH als in Widerspruch zu Art. 54 SDÜ ergangen angesehen[820]. Der EuGH zieht für die Begründung des Urteils zunächst die Entscheidung von Van Esbroeck heran, indem er nochmals die Bedeutung von Art. 54 SDÜ im Hinblick auf die Freizügigkeit in der EU der Schengener Vertragsstaaten herausstellt[821]. Der Zweck des Art. 54 SDÜ bestehe darin, zu verhindern, dass eine Person, in mehreren Schengener Vertragsstaaten wegen derselben Tat verfolgt würde, nur weil sie ihr Recht auf Freizügigkeit ausübt[822]. Sodann führt er aus, dass dieses Recht nur dann effektiv gewährleistet werde, *„wenn der Urheber einer Handlung weiß, dass er sich, wenn er in einem Mitgliedstaat verurteilt worden ist […], im Schengen Gebiet bewegen kann, ohne befürchten zu müssen, dass er in einem anderen Mitgliedstaat deshalb verfolgt*

817 EuGH JZ 2007, 245.
818 *Kühne*: Anm. zu EuGH vom 28.9.2006, JZ 2007, 247.
819 *Kühne*: Anm. zu EuGH vom 28.9.2006, JZ 2007, 247.
820 *Kühne*: Anm. zu EuGH vom 28.9.2006, JZ 2007, 247.
821 *Kühne*: Anm. zu EuGH vom 28.9.2006, JZ 2007, 247.
822 EuGH JZ 2007, 245, 246 [Rn. 45].

wird, weil diese Handlung in der Rechtsordnung des letztgenannten Mitgliedstaats einen unterschiedlichen Verstoß darstellt."[823]

Hinsichtlich der Frage der divergierenden Drogenmengen in Italien und den Niederlanden vertritt der EuGH die Ansicht, dass es nicht erforderlich sei, dass die Drogenmengen in den beiden betreffenden Vertragsstaaten oder die beteiligten Personen in beiden Vertragsstaaten identisch sind[824]. Daher sei es möglich, dass ein Sachverhalt, in welchem es an einer solchen Identität fehlt, einen Komplex von Tatsachen bildet, die ihrer Natur nach untrennbar verbunden sind[825].

c) Bewertung

Das vom EuGH gefundene Ergebnis entbehrt jeglicher Argumentation. Der EuGH stellt lediglich eine schlichte Behauptung dergestalt auf, dass es nicht erforderlich sei, dass die Drogenmengen oder die beteiligten Personen in beiden Vertragsstaaten identisch sind[826]. Wie *Kühne* zutreffend ausführt, erscheint es bereits äußerst fraglich, ob bei einem größeren Unterschied in der Drogenmenge auf beiden Seiten der Grenze und der damit womöglich einhergehenden Divergenz in der Strafe, der Gerichtshof auch von derselben Tat i.S.d. Art. 54 SDÜ ausgegangen wäre[827]. *Kühne* bedauert es in diesem Zusammenhang zu Recht, dass der EuGH in dem Urteil Van Straaten nicht den Versuch unternommen hat, den Tatbegriff weiter nach abstrakten Kriterien einzugrenzen. Vielmehr überlässt er es den nationalen Gerichten, abschließend zu beurteilen, ob eine materielle Tat eine Tat i.S.d. Art. 54 SDÜ darstellt[828]. Dies erscheint aber bedenklich, da zu erwarten steht, dass dadurch eine Vielzahl unterschiedlicher nationaler Lösungen erfolgt. Dies birgt jedoch die Gefahr in sich, dass gerade keine einheitliche Definition des Tatbegriffs, sondern eher eine unüberschaubare Kasuistik in den Schengener Vertragsstaaten entsteht. Dies würde der Freizügigkeit, die gerade vom EuGH pointiert wird, entgegenwirken[829].

---

823 EuGH JZ 2007, 245, 246 [Rn. 46].

824 *Kühne*: Anm. zu EuGH vom 28.9.2006, JZ 2007, 247; *Radtke*, in: Festschrift für Seebode, 2008, S. 297, 307; EuGH JZ 2007, 245, 246 [Rn. 49].

825 EuGH JZ 2007, 245, 246 [Rn. 50].

826 *Kühne*: Anm. zu EuGH vom 28.9.2006, JZ 2007, 247.

827 *Kühne*: Anm. zu EuGH vom 28.9.2006, JZ 2007, 247.

828 EuGH JZ 2007, 245, 246 [Rn. 52]; *Kühne*: Anm. zu EuGH vom 28.9.2006, JZ 2007, 247.

829 *Kühne*: Anm. zu EuGH vom 28.9.2006, JZ 2007, 247.

4. EuGH Urteil vom 18. Juli 2007 – C-288/05 (Kretzinger)

Der Fall des Herrn Kretzinger[830] ähnelt dem des Herrn Van Esbroeck. Der EuGH hatte sich in dem Vorabentscheidungsersuchen des deutschen BGH erneut mit der Auslegung von Art. 54 SDÜ zu beschäftigen. Für die vorliegende Arbeit interessiert vor allem die Antwort des EuGH auf die erste Vorlagefrage des BGH, in welcher der EuGH wieder die Gelegenheit hatte, sich der Auslegung des Tatbegriffs in Art. 54 SDÜ anzunehmen.

Die erste Vorlagefrage des BGH lautet:

> *„Bezieht sich die strafrechtliche Verfolgung auf „dieselbe Tat" i.S. von Art. 54 SDÜ, wenn ein Angeklagter wegen der Einfuhr geschmuggelten ausländischen Tabaks nach Italien und des dortigen Besitzes sowie wegen des Unterlassens der Zahlung der Grenzabgabe für den Tabak bei der Einfuhr durch ein italienisches Gericht verurteil worden ist und danach durch ein deutsches Gericht im Hinblick auf die zeitlich zuvor erfolgte Übernahme der nämlichen Ware in Griechenland wegen Hehlerei an den (formal) griechischen Einfuhrabgaben, welche bei der zuvor von Dritten bewirkten Einfuhr entstanden sind, verurteilt wird, sofern der Angeklagte von Anfang an vorhatte, die Ware nach Übernahme in Griechenland über Italien nach Großbritannien zu transportieren?"*[831]

a) Sachverhalt

Herr Kretzinger transportierte im Mai 1999 und im April 2000 Zigaretten per Lkw von Griechenland über Italien und Deutschland mit Ziel Vereinigtes Königreich. Die Zigaretten hatte er von Dritten erhalten, die diese aus Nichtmitgliedstaaten der EU nach Griechenland eingeschmuggelt hatten. Die Zigaretten wurden nicht verzollt. Beim ersten Transport wurden 34.500 Stangen Zigaretten am 3. Mai 1999 in Italien von der Guardia di Finanza (Finanzpolizei) beschlagnahmt. Herr Kretzinger wurde mit Urteil vom 22. Februar 2001 von der Corte di appello di Venezia als Berufungsgericht wegen einer Straftat der Einfuhr und des Besitzes von 6.900 kg geschmuggelten ausländischen Tabaks sowie einer Straftat der Unterlassung der Zahlung der zugehörigen Einfuhrabgaben für schuldig befunden. Sie verurteilte ihn zu einer Freiheitsstrafe von einem Jahr und acht Monaten, wobei deren Vollstreckung zur Bewährung ausgesetzt wurde. Wegen des zweiten Transports im April 2000 wurde Herr Kretzinger am 12. April 2000 wiederum von der Guardia di Finanza festgenommen. Mit Urteil vom 25. Januar 2001 verurteilte ihn das Tribunale di Ancona, wegen derselben Verstöße gegen das italienische Recht, zu einer Freiheitsstrafe von zwei Jahren ohne Strafausset-

830 EuGH NJW 2007, 3412 ff.

831 EuGH NJW 2007, 3412, 3413.

zung zur Bewährung[832]. In Kenntnis der italienischen Urteile verurteilte das LG Augsburg Herrn Kretzinger am 18. November 2003[833] wegen des Transports im Mai 1999 zu einer Freiheitsstrafe von einem Jahr und zehn Monaten und für den Transport im April 2000 zu einer solchen von einem Jahr[834]. Dem Schuldspruch legte es die Hehlerei an den bei der Einfuhr geschmuggelter Waren nach Griechenland dort entstandenen Einfuhrabgaben zu Grunde. Das Vorliegen eines Verfahrenshindernisses nach Art. 54 SDÜ verneinte das LG. Es führte vielmehr aus, *„dass die beiden in Italien rechtskräftig verhängten Strafen noch nicht vollstreckt seien. Obwohl den beiden Verurteilungen in Italien und seinen eigenen Entscheidungen in tatsächlicher Hinsicht dieselben Zigarettentransporte zu Grunde lägen, greife Art. 54 SDÜ nicht ein.“*[835] Der BGH, den Herr Kretzinger wegen der Entscheidung des LG anrief, hatte unter anderem Zweifel daran, ob den Entscheidungen der italienischen Gerichte und der des LG „dieselbe Tat“ i.S. von Art. 54 SDÜ zu Grunde lag. Daher setzte er das Verfahren aus und legte dem EuGH unter anderen die oben bereits angeführte Frage bezüglich der Auslegung des Tatbegriffs in Art. 54 SDÜ zur Vorabentscheidung vor[836].

b) Rechtliche Ausführungen des EuGH

Der EuGH nimmt in der Rechtssache Kretzinger Bezug auf sein Urteil vom 9. März 2006 in der Rechtssache Van Esbroeck. Er führt aus, dass er bereits in letztgenannten Urteil in Rn. 36 festgestellt hat, *„dass das einzige maßgebende Kriterium für die Anwendung von Art. 54 SDÜ das der Identität der materiellen Tat ist, verstanden als das Vorhandensein eines Komplexes unlösbar miteinander verbundener Tatsachen“*[837]. Darüber hinaus verweist er auf Rn. 42 desselben Urteils, wo er festgestellt hat, *„dass das Kriterium unabhängig von der rechtlichen Qualifizierung dieser Tatsachen oder von dem geschützten rechtlichen Interesse gilt“*[838].

Auf den vorliegenden Fall übertragen ergebe sich daher Folgendes:

Es sei unerheblich, dass Herrn Kretzinger in Italien die Nichtanmeldung der Zigaretten und/oder die Unterlassung der Zahlung der bei der Einfuhr nach Ita-

---

832 EuGH NJW 2007, 3412.
833 BGH NJW 2008, 2931.
834 EuGH NJW 2007, 3412.
835 EuGH NJW 2007, 3412.
836 EuGH NJW 2007, 3412 - 3413.
837 EuGH NJW 2007, 3412, 3413 [Rn. 29]; EuGH NJW 2006, 1781, 1782 u. 1783 [Rn. 36 u. 42], EuGH JZ 1018, 1019 [Rn. 36].
838 EuGH NJW 2007, 3412, 3413 [Rn. 29]; EuGH NJW 2006, 1781, 1782 u. 1783 [Rn. 35 u. 42]; EuGH JZ 2006, 1018, 1019 [Rn. 35].

lien entstandenen Einfuhrabgaben zum Vorwurf gemacht wurde, während der Strafvorwurf in Deutschland die erste Übernahme des geschmuggelten Tabaks in Griechenland zum Gegenstand hatte[839].

Die Identität der materiellen Tat, verstanden als das Vorhandensein eines Komplexes unlösbar miteinander verbundener Tatsachen, sei unabhängig von dem geschützten rechtlichen Interesses festzustellen, welches in den jeweiligen Vertragsstaaten unterschiedlich sein könne[840].

Der EuGH führt zur Begründung aus, dass auf Grund der fehlenden Harmonisierung der nationalen Strafvorschriften in den Mitgliedsstaaten zur Bestimmung des Vorliegens einer Tatidentität nicht auf das geschützte rechtliche Interesse abgestellt werden könne. Dies führe nämlich zu ebenso vielen Hindernissen für die Freizügigkeit im Schengen-Raum, wie es Strafrechtssysteme in den Vertragsstaaten gebe[841].

Der Gerichtshof hebt nochmals ausdrücklich hervor, dass die zuständigen nationalen Gerichte bei der Feststellung, ob „dieselbe Tat" i.S.d. Art. 54 SDÜ vorliegt, sich allein auf die Prüfung zu beschränken haben, *„ob die Tat einen Komplex von Tatsachen darstellt, die in zeitlicher und räumlicher Hinsicht sowie nach ihrem Zweck unlösbar miteinander verbunden sind [...], ohne dass es auf Erwägungen im Hinblick auf das geschützte rechtliche Interesse ankommt"*[842].

Bei strafbaren Handlungen, die in der Ausfuhr und der Einfuhr derselben illegalen Waren bestehen, könne es sich um Vorgänge handeln, die unter den Begriff „dieselbe Tat" i.S.v. Art. 54 SDÜ fallen. Daher könnten auch die Transporte geschmuggelter Zigaretten, die mit dem mehrfachen Übertritt von Binnengrenzen des Schengen-Raums einhergehen, einen Komplex von Tatsachen bilden, der unter den Begriff „dieselbe Tat" falle. Jedoch hat der Gerichtshof auch in dieser Entscheidung die endgültige Klärung der Frage, ob ein solcher Komplex von Tatsachen vorliege, wieder den nationalen Gerichten überlassen[843].

c) Bewertung

Kritisiert werden muss an dieser Entscheidung, dass der EuGH, wie in der Entscheidung Van Straaten, wieder seine Chance vertan hat, zumindest den Versuch zu unternehmen, den Tatbegriff weiter nach abstrakten Kriterien einzugrenzen. Vielmehr hat er die endgültige Klärung der Frage, ob eine Tat im Sinne des Art. 54 SDÜ vorliegt, den nationalen Gerichten überlassen. Die Bedenken gegen

839 EuGH NJW 2007, 3412, 3413 [Rn. 30].
840 EuGH NJW 2007, 3412, 3413 [Rn. 31].
841 EuGH NJW 2007, 3412, 3413 [Rn. 33].
842 EuGH NJW 2007, 3412, 3413 [Rn. 34].
843 EuGH NJW 2007, 3412, 3413 - 3414 [Rn. 35 u. 36].

diese Vorgehensweise des EuGH, namentlich die zu befürchtende Vielzahl unterschiedlicher nationaler Lösungen, sind dieselben, wie die bereits in der Entscheidung von Van Straaten angeführten[844]. Er beschränkt sich auch in dieser Entscheidung auf die Wiederholung der bereits in den Entscheidungen Van Esbroeck und Van Straaten gegebenen Definition des Begriffs „dieselbe Tat", „*als Vorhandensein eines Komplexes konkreter, unlösbar miteinander verbundener Tatsachen, unabhängig von der rechtlichen Qualifizierung dieser Tatsachen oder von dem geschützten rechtlichen Interesse*"[845].

Der EuGH hebt zwar ausdrücklich hervor, dass zur Bestimmung des Vorliegens einer Tatidentität nicht auf das geschützte rechtliche Interesse abgestellt werden kann, da dies zu ebenso vielen Hindernissen für die Freizügigkeit im Schengen-Raum führe, wie es Strafrechtssysteme in den Vertragsstaaten gebe. Inhaltlich bringt dies aber nicht viel Neues, hat sich der EuGH doch bereits in der Entscheidung von Van Esbroeck gegen eine Normativierung des Tatbegriffs ausgesprochen, indem er dort der Einbeziehung materiell-rechtlicher Kriterien, wie insbesondere der Identität der in den jeweiligen Verfahren betroffenen Rechtsgüter, eine klare Absage erteilt hat[846]. Gerade die bereits angesprochene zu erwartende Vielzahl an unterschiedlichen nationalen Lösungen, wegen der Versäumnis des EuGH, den Tatbegriff weiter nach abstrakten Kriterien einzugrenzen, wird vielleicht die größte Gefahr für die vom EuGH zu Recht als erstrebenswert erkannte Freizügigkeit im Schengen-Raum darstellen[847].

Letztlich bestätigt der EuGH seine bereits in der Entscheidung von Van Esbroeck vertretene Ansicht, wonach es sich bei der Ein- und Ausfuhr derselben illegalen Waren um „dieselbe Tat" i.S.v. Art. 54 SDÜ handeln kann. Auch diesbezüglich bringt die Entscheidung nichts Neues zum Vorschein.

Abschließend lässt sich resümieren, dass der EuGH auch in der Entscheidung Kretzinger dem Tatbegriff keine greifbare Form gegeben hat. Er überlässt den Mitgliedstaaten die Beurteilung, ob im konkreten Einzelfall „dieselbe Tat" i.S.d. Art. 54 SDÜ vorliegt. Diese vermeintliche Erleichterung für den EuGH, nicht selbst den Tatbegriff weiter nach abstrakten Kriterien einzugrenzen und somit zur Rechtssicherheit für eine Vielzahl von künftigen Fällen beizutragen, „erkauft" der EuGH mit der Gefahr der Zersplitterung des Tatbegriffsverständnisses innerhalb der Schengen-Staaten und der damit einhergehenden Gefährdung des Raums der Freiheit, der Sicherheit und des Rechts, wie er von Art. 67 Abs. 1 AEUV für die EU postuliert wird. Überdies provoziert der EuGH damit in einer

844 Vgl. § 8. C) IV. 3.c); vgl. *Kühne*: Anm. zu EuGH vom 28.9.2006, JZ 2007, 247.

845 EuGH NJW 2006, 1781, 1782 u. 1783 [Rn. 35, 36 u. 42]; EuGH JZ 2006, 1018, 1019 [Rn. 35 u. 36].

846 *Radtke*: Anm. zu EuGH vom 9.3.2006, NStZ 2008, 162, 163.

847 Vgl. § 8. C) IV. 3. c).

Fülle weiterer Vorabentscheidungsverfahren von den nationalen Gerichten hinsichtlich der Auslegung des Tatbegriffs in Art. 54 SDÜ angerufen zu werden. Dies kann nur allzu leicht zu einer weiteren Verlängerung der Vorabentscheidungsverfahren und damit letztlich der nationalen Verfahren der vorlegenden Gerichte führen. Angesichts des durch den Vertrag von Lissabon eingeführten Art. 267 Abs. 4 AEUV, der bestimmt, dass der Gerichtshof innerhalb kürzester Zeit entscheiden muss, wenn eine Vorlagefrage in einem Verfahren gestellt wird, das eine inhaftierte Person betrifft[848], steht die Mehrbelastung des EuGH auch in einem Spannungsverhältnis zu der durch Art. 267 Abs. 4 AEUV angestrebten Beschleunigung der Verfahren und der damit erstrebten Verminderung der Freiheitsentziehung der inhaftierten Person. Letztlich vermag auch eine vermeidbar lange Inhaftierung, die lediglich durch das Versäumen der Schaffung eines nicht näher abstrahierten Tatbegriffs bedingt ist, der von Art. 67 Abs. 1 AEUV verbürgten Bildung eines Raums der Freiheit, der Sicherheit und des Rechts, in dem die Grundrechte und die verschiedenen Rechtsordnungen und -traditionen der Mitgliedstaaten geachtet werden, zu widersprechen.

5. EuGH Urteil vom 18. Juli 2007 – C-367/05 (Kraaijenbrink)

a) Sachverhalt

Am 11. Dezember 1998 verurteilte die Arrondissementsrechtbank te Middelburg (Niederlande) die niederländische Staatsangehörige Kraaijenbrink für mehrere von Oktober 1994 bis Mai 1995 in den Niederlanden begangene und nach Art. 416 des niederländischen Strafgesetzbuchs strafbare Fälle des Erwerbs, des Besitzes oder des Übertragens von Einnahmen aus dem Drogenhandel wegen vorsätzlicher Hehlerei zu einer Freiheitsstrafe, deren Vollstreckung zur Bewährung ausgesetzt wurde. Die Rechtbank van eerste aanleg te Gent (Belgien) verurteilte Kraaijenbrink mit Urteil vom 20. April 2001, weil sie von November 1994 bis Februar 1996 in Belgien aus dem Handel mit Betäubungsmitteln in den Niederlanden stammende Geldbeträge umgetauscht habe. Der Hof van beroep te Gent, correctionele kamer bestätigte diese Entscheidung mit Urteil vom 15. März 2005. Beide belgischen Gerichte waren der Ansicht, dass sich Kraaijenbrink nicht auf Art. 54 SDÜ berufen könne. Dies folge aus Art. 71 SDÜ und Art. 36 II lit. a Nrn. i und ii des Einheits-Übereinkommens. Nach Ansicht der Gerichte waren die in den Niederlanden begangenen strafbaren Handlungen des Erwerbs, des Besitzes oder des Übertragens von Einnahmen aus dem Drogenhandel und die in Belgien begangenen strafbaren Handlungen im Zusammenhang mit der Geldwäsche der aus dem Handel mit Betäubungsmitteln in den Niederlanden stammenden Beträge als eigenständige strafbare Handlungen anzusehen. Das gelte trotzt des einheitlichen Vorsatzes, der der vorsätzlichen Hehlerei in den Niederlanden und der Geldwäsche in Belgien zu Grunde gelegen habe[849]. Der Hof van Cassatie legte nach Einlegung eines Rechtsmittels der Frau Kraaijenbrink die Frage dem EuGH vor, „ob der Begriff „dieselbe Tat" im Sinne von Art. 54 SDÜ dahin

848 *Thiele*, EuR 2010, 30, 49.
849 EuGH EuZW 2007, 538.

auszulegen ist, dass darunter auch verschiedene Taten zu verstehen sind, die darin bestehen, dass jemand zum einen in einem Vertragsstaat aus dem Handel mit Betäubungsmitteln stammende Geldbeträge besitzt und zum anderen Geldbeträge gleicher Herkunft in Wechselstuben, die in einem anderen Vertragsstaat liegen, in Umlauf bringt"[850].

b) Rechtliche Ausführungen des EuGH

In dem Fall Kraaijenbrink hatte der EuGH zu entscheiden, ob der Begriff „dieselbe Tat" i.S.v. Art. 54 SDÜ dahin zu verstehen ist, dass er verschiedene Taten erfasst, die unter anderem darin bestehen, dass jemand in einem Vertragsstaat aus dem Handel mit Betäubungsmitteln stammende Geldbeträge besitzt und Geldbeträge gleicher Herkunft in Wechselstuben, welche in einem anderen Vertragsstaat liegen, in Umlauf bringt, wenn das mit dem zweiten Strafverfahren befasste nationale Gericht feststellt, dass diese Taten durch einen einheitlichen Vorsatz verbunden sind[851].

Zunächst erinnert der EuGH an sein Tatbegriffsverständnis, welches er auch bereits in dem Fall Van Esbroeck angeführt hat. *Das allein maßgebliche Kriterium für die Anwendung von Art. 54 SDÜ sei das der Identität der materiellen Tat, verstanden als das Vorliegen eines Komplexes konkreter, unlösbar miteinander verbundener Umstände.*[852]. Die zuständigen nationalen Gerichte hätten daher festzustellen, ob die materiellen Taten, um die es in den beiden Verfahren geht, einen Komplex von Tatsachen darstellen, die in zeitlicher und räumlicher Hinsicht, sowie nach ihrem Zweck unlösbar miteinander verbunden sind[853]. Art. 54 SDÜ sei daher nur einschlägig, wenn das mit dem zweiten Strafverfahren befasste Gericht zu dem Ergebnis komme, dass die materiellen Taten in zeitlicher und räumlicher Hinsicht sowie nach ihrem Zweck einen untrennbaren Komplex bilden[854]. Sei dies nicht der Fall, genüge der bloße Umstand, dass nach den Feststellungen des mit dem zweiten Strafverfahren befassten Gerichts der präsumtive Täter mit einheitlichem Vorsatz gehandelt hat, nicht für das Vorhandensein eines Komplexes konkreter, unlösbar miteinander verbundener Umstände, der unter den Begriff „dieselbe Tat" i.S.v. Art. 54 SDÜ fällt[855]. Aus einer subjektiven Verbindung zwischen in zwei Vertragsstaaten die Strafverfolgung auslösender Taten, ergebe sich nicht zwingend das Bestehen einer objektiven Verbindung zwischen den fraglichen materiellen Taten, die sich somit in zeitli-

850 EuGH EuZW 2007, 538.
851 EuGH EuZW 2007, 538, 539 [Rn. 25].
852 Vgl. § 8. C) IV. 2. b); EuGH EuZW 2007, 538, 539 [Rn. 26].
853 EuGH EuZW 2007, 538, 539 [Rn. 27].
854 EuGH EuZW 2007, 538, 539 [Rn. 28].
855 EuGH EuZW 2007, 538, 539 [Rn. 29].

cher und räumlicher Hinsicht sowie nach ihrem Zweck unterscheiden könnten[856]. Der EuGH legt den Art. 54 SDÜ in dieser Entscheidung letztendlich dahin gehend aus, dass verschiedene Taten, die unter anderem darin bestehen, dass jemand in einem Vertragsstaat aus dem Handel mit Betäubungsmitteln stammende Geldbeträge besitzt und Geldbeträge gleicher Herkunft in Wechselstuben, die in einem anderen Vertragsstaat liegen, in Umlauf bringt, nicht schon deshalb als „dieselbe Tat" i.S.v. Art. 54 SDÜ anzusehen seien, weil das zuständige nationale Gericht feststellt, dass diese Taten durch einen einheitlichen Vorsatz verbunden sind[857].

c) Bewertung

Zwar hat der EuGH durch diesen Fall die Kasuistik hinsichtlich des Tatbegriffs vergrößert und damit zu einer weiteren Konkretisierung desselben beigetragen. Jedoch hat er auch diese Entscheidung nicht zum Anlass genommen, wenigstens den Versuch zu unternehmen, den Tatbegriff weiter nach abstrakten Kriterien einzugrenzen. Vielmehr hat er es erneut den nationalen Gerichten überlassen, festzustellen, ob im konkreten Fall eine Tat i.S.d. Art. 54 SDÜ vorliegt. Die Bedenken, die gegenüber dieser Vorgehensweise bestehen, sind die gleichen, wie die im Rahmen dieser Arbeit anhand des Falls Van Straaten bereits dargestellten[858].

V. Kritische Würdigung des Tatbegriffsverständnisses des EuGH

Wie gesehen[859] präferiert der EuGH eine autonome Auslegung des Tatbegriffs in Art. 54 SDÜ[860]. Er hat sich in diesem Zusammenhang für einen eigenständigen europarechtlichen faktischen Tatbegriff im Sinne eines „idem factum" ausgesprochen, der nicht an das jeweilige prozessuale Tatverständnis des Erstverfolgungsstaates anknüpft[861].

Im Folgenden soll die inhaltliche Ausformung des Tatbegriffs, die dieser durch den EuGH angenommen hat, näher beleuchtet werden.

856 EuGH EuZW 2007, 538, 539 [Rn. 30].
857 EuGH EuZW 2007, 538, 539 - 540 [Rn. 36].
858 Vgl. § 8. C) IV. 3. c).
859 Vgl. § 8. C) IV.1. bis 5.
860 *Radtke*, in: Festschrift für Seebode, 2008, S. 297, 306.
861 *Radtke*, in: Festschrift für Seebode, 2008, S. 297, 306.

1. Die einzelnen Definitionselemente

Bei einer Analyse des vom EuGH entwickelten Tatbegriffsverständnisses fällt auf, dass der EuGH unter Hinweis auf den Wortlaut der Vorschrift des Art. 54 SDÜ, hervorhebt, dass das einzige maßgebende Kriterium für die Anwendung von Art. 54 SDÜ das der Identität der materiellen Tat, verstanden als das Vorhandensein eines Komplexes konkreter, unlösbar miteinander verbundener Umstände ist[862]. Zunächst könnte – wie bereits angeführt[863] – angenommen werden, dass der EuGH durch die Formulierung „*Vorhandensein eines Komplexes konkreter, unlösbar miteinander verbundener Umstände*" allein von einem an faktischen Anschauungen orientierten Tatbegriff ausgehe. Jedoch wird diese scheinbar eindeutige Betrachtungsweise des EuGH bereits durch die Formulierung „Identität der materiellen Tat" auf eine Bestandsprobe gestellt. Letztere Wortwahl könnte durchaus geeignet sein, die Annahme eines materiell-rechtlichen Tatbegriffs zu stärken. Jedoch wird aus dem, den Begriff der materiellen Tat erläuternden Halbsatz, deutlich, dass es nicht um materiell-rechtliche Kriterien zur Bestimmung des Umfangs des Verfahrensgegenstandes geht, sondern dass „materielle Tat" auf den tatsächlichen Lebenssachverhalt abstellt, dessen rechtliche Würdigung Gegenstand des jeweiligen Strafverfahrens ist. Es kann somit festgehalten werden, dass der EuGH bereits in der Entscheidung Van Esbroeck der Einbeziehung materiell-rechtlicher Kriterien, wie insbesondere der Identität der in den jeweiligen Verfahren betroffenen Rechtsgüter, zu Recht eine deutliche Absage erteilt hat[864]. Anders ausgedrückt darf die Verwendung des Begriffs „materielle Tat" nicht dazu verlocken, unter dem Begriff die materiell-rechtliche Tat i.S.d. § 52 StGB zu verstehen. Der vom EuGH verwendete Begriff wird in der Entscheidung weiter definiert („verstanden") als das Vorhandensein eines Komplexes unlösbar miteinander verbundener Tatsachen. Der EuGH stellt damit letztlich auf den historischen Lebenssachverhalt ab, wie er zur Definition der prozessualen Tat in § 264 StPO verwendet wird[865].

Nicht hinreichend beantwortet hat der EuGH die Frage, was unter der Formel *„unlösbar miteinander verbundenen Umstände"* zu verstehen ist. Es ist bereits zum jetzigen Zeitpunkt absehbar, dass durch ein weit gefasstes Verständnis dieser Formel auf Grund der oftmals fehlenden Strafgewalt eines Staates für Taten, die in einem anderen Staat verübt werden, bei grenzüberschreitender Delinquenz,

862 EuGH JZ 2006, 1018, 1019; *Kühne*: Anm. zu EuGH vom 9.3.2006, JZ 2006, 1019, 1020.

863 Vgl. § 8. C) IV. 2. b).

864 *Radtke*: Anm. zu EuGH vom 9.3.2006, NStZ 2008, 162, 163; *Radtke*, in: Festschrift für Seebode, 2008, S. 297, 306.

865 Vgl. § 8. C) IV. 2. b); *Inhofer*, in: Graf, Strafprozessordnung, Art. 54 SDÜ Rn. 34.

Verfolgungshindernisse entstehen werden[866]. Da bei der Drogenkriminalität in Europa das Weltrechtsprinzip[867] gilt, kann der Täter auch in Fällen, in welchen er Drogen durch mehrere Staaten transportiert, aber nur im letzten Staat erwischt wird, wegen aller Taten unabhängig vom Ort ihrer Begehung verurteilt werden[868]. Wie *Kühne* zutreffend ausführt, besteht in einem solchen Fall ein weitergehendes Strafbedürfnis nicht, sodass die Annahme einer materiellen Tat auch rechtspolitisch unproblematisch wäre[869]. Was aber, wenn ein Fall auftritt, in welchem das Weltrechtsprinzip gerade nicht gilt und beispielsweise die deutsche Strafgewalt auch nicht nach § 7 StGB zur Anwendung gelangt? Nach Ansicht von *Kühne* soll in solchen Fällen die Anwendung des Art. 54 SDÜ auch davon abhängig sein, ob das vorliegende Urteil alle wesentlichen Teile der einheitlichen Tat zumindest hätte im Urteil berücksichtigen können[870]. Allein das formale Kriterium der Einheit der komplexen Tatumstände reiche nicht mehr aus. Kennzeichnend für das Doppelbestrafungs- und Doppelverfolgungsverbot – so führt *Kühne* weiter aus – sei, dass die staatliche Strafverfolgung in Hinblick auf eine Tat nur einmal die Möglichkeit haben soll, diese strafrechtlich zu würdigen. Bedingung hierfür sei aber, dass eine solche Möglichkeit zumindest theoretisch bestanden hat. Wenn ein Gericht aus rechtlichen Gründen gehindert war eine Tat vollständig zu würdigen, weil seine Strafgewalt sich nicht auf die Auslandstaten erstreckte, sei diese Bedingung gerade nicht gegeben[871]. Dogmatisch bestünden keine Bedenken gegen ein solches Vorgehen. Dies begründet *Kühne* damit, dass die nationale Begrenztheit der Strafgewalt eine prozessuale Berücksichtigung der Gesamttatsache verhindere. Wenn auf diese Weise ein Teil der Gesamttat durch Vorgaben nationalen Rechts einer isolierten strafrechtlichen Aburteilung zugeführt werden würde, dürfe sich das Verbot des ne-bis-in-idem nur auf dieses definierte Teilstück der Tat beziehen[872]. Als Alternative käme lediglich in Betracht, die Formel des EuGH wörtlich zu verstehen, was dann aber zu einer Unverfolgbarkeit wesentlicher Teile der Straftat über Art. 54 SDÜ führen würde[873]. So sehr auch ein weites Tatbegriffsverständnis für die europäische Einigung und das Zusammenwachsen der europäischen Staaten notwendig und wünschenswert ist und auch bei verständiger Berücksichtigung der Interessen des Beschuldigten, nicht zum Spielball der Verfolgungs- und Bestrafungswut der einzelnen natio-

866 *Kühne*: Anm. zu EuGH vom 9.3.2006, JZ 2006, 1019, 1020.
867 Vgl. für Deutschland § 6 Nr. 5 StGB.
868 *Kühne*: Anm. zu EuGH vom 9.3.2006, JZ 2006, 1019, 1020.
869 *Kühne*: Anm. zu EuGH vom 9.3.2006, JZ 2006, 1019, 1020.
870 *Kühne*: Anm. zu EuGH vom 9.3.2006, JZ 2006, 1019, 1020.
871 *Kühne*: Anm. zu EuGH vom 9.3.2006, JZ 2006, 1019, 1020.
872 *Kühne*: Anm. zu EuGH vom 9.3.2006, JZ 2006, 1019, 1020.
873 *Kühne*: Anm. zu EuGH vom 9.3.2006, JZ 2006, 1019, 1021.

nalen Staaten zu werden, so würde bei einem solch weiten Strafverfolgungs- und Bestrafungsverbot doch eine nicht hinzunehmende Verfolgungslücke entstehen. Dies entspricht aber nicht dem Telos des Art. 54 SDÜ, der den Beschuldigten vor einer Mehrfachverfolgung und Mehrfachbestrafung allein auf Grund des Grenzübertritts schützen will. Art. 54 SDÜ möchte aber nicht den Beschuldigten, der Straftaten in verschiedenen Staaten begeht, gegenüber demjenigen privilegieren, der Straftaten ohne Auslandsbezug verübt. Wie *Kühne* zu Recht verdeutlicht, müsste diese nicht hinnehmbare Begünstigung des Beschuldigten zur Folge haben, dass zur Implementierung des innereuropäischen Verbots des ne-bis-in-idem alle Vertragsstaaten des SDÜ ihren nationalen Gerichten die Möglichkeit eröffnen, aus Anlass einer internationalen Tat auch alle in den übrigen Vertragsstaaten begangenen Teilakte unter ihre Strafgewalt zu nehmen und entsprechend aburteilen zu dürfen. Nur durch die Entwicklung einer allgemeinen nationalen Verfolgbarkeit von im Europa der Schengener Vertragsstaaten verübter Straftaten kann eine problemlose Anwendung des Art. 54 SDÜ gewährleistet werden. Allein dann könnte Art. 54 SDÜ im Rahmen der vom EuGH gefundenen Formulierung sinnvoll im europäischen Kontext Anwendung finden[874].

2. Bewertung

Wie gesehen, vertritt der EuGH einen am „idem factum" ausgerichteten Tatbegriff[875]. Ein auf faktische Elemente abstellender Tatbegriff verdient gegenüber einem „idem crimen" den Vorrang. Wie *Radtke* zutreffend ausführt, würde ein an dem „idem crimen" orientierter transnationaler Tatbegriff zu einer deutlichen Relativierung der von einem transnationalen Strafklageverbrauch für den betroffenen Beschuldigten oder Angeklagten ausgehenden Schutzwirkung führen[876]. So ist bereits zu bedenken, dass der auf ein „idem crimen" abstellende Tatbegriff unterschiedlich verstanden werden kann. Zum einen lässt sich eine klare Ausrichtung an der Identität der Straftat („same offence") oder eine von den konkreten Strafvorschriften teilweise losgelöste Betrachtung, die den Unrechtsgehalt der in den beteiligten Mitgliedstaaten anzuwendenden Strafvorschriften zum Maßstab macht, vertreten[877]. Im letzteren Fall wäre von derselben Tat im Sinne des Art. 54 SDÜ auszugehen, wenn eine Vergleichbarkeit sowohl der Handlung, als auch des betroffenen Rechtsguts sowie ggf. der Art des Angriffs in beiden Straftatbeständen gegeben wäre. Der EuGH geht von einem solchen um norma-

874 *Kühne*: Anm. zu EuGH vom 9.3.2006, JZ 2006, 1019, 1021.

875 Vgl. § 8. C) IV. 1 bis 5.; *Radtke*, in: Festschrift für Seebode, 2008, S. 297, 310.

876 *Radtke*, in: Festschrift für Seebode, 2008, S. 297, 310.

877 *Radtke*, in: Festschrift für Seebode, 2008, S. 297, 310 - 311.

tive Gesichtspunkte angereicherten prozessualen Tatbegriff im europäischen Kartellrecht aus[878]. Die aufgezeigte Möglichkeit der verschiedenen inhaltlichen Konkretisierungen des im Kern auf ein „idem crimen" abstellenden Tatbegriffs lassen vor dem Hintergrund des Zwecks des transnationalen Strafklageverbrauchs die Skepsis gegen ein im Ausgangspunkt normatives Verständnis des Begriffs „dieselbe Tat" hervortreten[879]. Bei einer Ausrichtung an der Identität der Straftat („same offence") könnte zwar den Unterschieden in den einzelnen mitgliedsstaatlichen Strafrechtsordnungen Rechnung getragen werden. Es könnte verhindert werden, dass ein Strafklageverbrauch hinsichtlich solcher Verhaltensweisen eintritt, die nach dem Strafrecht des Erstverfolgerstaates aus materiell-rechtlichen oder verfahrensrechtlichen Gründen dort nicht abgeurteilt werden können[880]. Damit könnte auch der Forderung von *Kühne* entsprochen werden, wonach nur das, was das Gericht aburteilen kann, vom Strafklageverbrauch erfasst sein soll[881].

Jedoch könnte dem auch vom EuGH verfolgten Ziel der Schaffung eines Raums der Sicherheit und Freiheit wegen der damit einhergehenden Unsicherheit bezüglich des Umfangs des Strafklageverbrauchs nicht Rechnung getragen werden. Durch das Abstellen auf die Identität der Straftat („same offence") würde eine erhebliche Rechtsunsicherheit für den Beschuldigten und die Strafverfolgungsbehörden entstehen[882].

VI. Probleme im Zusammenhang mit den Vorlageverfahren zu Art. 54 SDÜ

Neben den soeben bereits aufgezeigten Problemen des Tatbegriffsverständnisses des EuGH besteht noch das Problem der Dauer der Vorlageverfahren. Ein Vorlageverfahren zu Art. 54 SDÜ dauert im Durchschnitt vor dem EuGH mehr als ein Jahr. Dies führt, gerade wenn man bedenkt, dass diese Zeit noch zu der rein nationalen Verfahrensdauer hinzukommt, zu einem möglichen Verstoß gegen das von Art. 6 Abs. 1 EMRK garantierte Beschleunigungsgebot[883]. Die Dauer der Vorlageverfahren ist so lang, dass eine Klarheit bei der Tatbegriffsdefinition unumgänglich ist, damit der Rechtsschutz des Einzelnen auch im Zusammenhang mit der Einhaltung des Art. 6 Abs. 3 EUV n.F. und damit des von Art. 6 Abs. 1 EMRK garantierten Beschleunigungsgebots gewahrt bleibt. Dies verdeutlicht

878 *Radtke*, in: Festschrift für Seebode, 2008, S. 297, 311.
879 *Radtke*, in: Festschrift für Seebode, 2008, S. 297, 311.
880 *Radtke*, in: Festschrift für Seebode, 2008, S. 297, 311.
881 Vgl. § 8. C) V. 1.
882 *Radtke*, in: Festschrift für Seebode, 2008, S. 297, 311.
883 BGH NStZ 2006, 106, 109.

nochmals die immense Bedeutung, die einem einheitlichen Tatbegriffsverständnis in Art. 54 SDÜ zukommt. Denn ein solches würde dazu beitragen, dass bereits die nationalen Gerichte nicht mehr in der Häufigkeit darauf angewiesen wären, Vorlageverfahren bzgl. der Klärung der Frage, ob „dieselbe Tat" i.S.d. Art. 54 SDÜ in einem bestimmten Fall vorliegt, an den EuGH zu richten. Zumindest in den eindeutigeren Fällen könnte auf eine Vorlage an den EuGH verzichtet und somit eine zusätzliche Verlängerung der Verfahrensdauer vermieden werden.

D) Auslegung des Tatbegriffs i.S.d. Art. 54 SDÜ

An dieser Stelle soll der Frage nachgegangen werden, ob das vom EuGH entwickelte Tatbegriffsverständnis auch von den Auslegungsmethoden getragen wird. Im Falle der Bejahung dieser Frage würde das Tatbegriffsverständnis des EuGH eine zusätzliche Stütze erfahren. Es soll aber auch der Frage nachgegangen werden, ob die Auslegung zu einem Tatbegriffsverständnis führen kann, welches in einem Spannungsverhältnis zu dem vom Gerichtshof verstandenen steht. Im letzteren Fall wäre abzusehen, dass die Entwicklung des Tatbegriffs einer noch großen Entwicklungsphase entgegenblicken würde; d.h. also noch ein beträchtlicher Entwicklungsprozess in der Fassung des Tatbegriffsverständnisses liegen würde.

Das SDÜ stellt einen völkerrechtlichen Vertrag dar, sodass bei seiner Auslegung grundsätzlich die allgemeinen völkerrechtlichen Auslegungsregeln anzuwenden sind[884]. Bei der Auslegung sind also die Art. 31 ff. des Wiener Übereinkommens über das Recht der Verträge (WVRK) vom 23. Mai 1969 zu beachten. Es kommt dabei nicht darauf an, ob alle Vertragspartner des SDÜ auch das WVRK ratifiziert haben, weil dessen Bestimmungen über die Vertragsauslegung grundsätzlich als Kodifizierung von Völkergewohnheitsrecht gelten[885].

Nach Art. 31 Abs. 1 WVRK ist

> *„ein Vertrag nach Treu und Glauben in Übereinstimmung mit der gewöhnlichen, seinen Bestimmungen in ihrem Zusammenhang zukommenden Bedeutung und im Lichte seines Zieles und Zweckes auszulegen"*[886].

Die historische Auslegung nimmt demnach nur eine untergeordnete Rolle bei der Interpretation ein[887]. Dass die historische Interpretation nur subsidiär zu allen anderen Auslegungsmethoden heranzuziehen ist, wird auch deutlich, wenn man

---

884 *Jagla*, ne bis in idem, 2007, S. 92; *Würz*, SDÜ, 1997, Rn. 20.

885 *Jagla*, ne bis in idem, 2007, S. 92.

886 *Hecker*, StV 2001, 306, 308; *Jagla*, ne bis in idem, 2007, S. 92.

887 *Eicker*, Transstaatliche Strafverfolgung, 2004, S. 114; *Jagla*, ne bis in idem, 2007, S. 92.

sich vor Augen führt, dass Gegenstand der Auslegung der Vertrag als solcher sein soll und nur hilfsweise dessen begleitende Materialien[888].

Auch wenn Art. 31 WVRK zuerst von der wörtlichen Auslegung spricht, soll dieser Auslegungsmethode nicht der Vorrang vor der systematischen oder der teleologischen Auslegung zukommen. Art. 31 WVRK ist mit der Bezeichnung „Allgemeine Auslegungsregel“ überschrieben, was zum Ausdruck bringt, dass gerade keine Rangfolge gewollt ist[889].

Nach Art. 32 WVRK können auch ergänzende Auslegungsmethoden, insbesondere die vorbereitenden Arbeiten und die Umstände des Vertragsabschlusses herangezogen werden, um die nach Art. 31 WVRK herausgefundene Bedeutung zu bestätigen oder wenn die herausgefundene Bedeutung mehrdeutig oder dunkel bleibt oder zu einem offensichtlich sinnwidrigen oder unvernünftigen Ergebnis führt[890].

Das SDÜ wurde ursprünglich von fünf Staaten, namentlich Belgien, Deutschland, Frankreich, Luxemburg und den Niederlanden unterzeichnet und somit in den drei authentischen Vertragssprachen, deutsch, französisch und niederländisch verfasst[891]. Da Art. 142 Abs. 2 Satz 4 SDÜ jeden Wortlaut für gleichermaßen verbindlich erklärt, ist von der in Art. 33 Abs. 1 WVRK angeordneten Vermutung auszugehen, der bestimmt, dass bei Verträgen mit zwei oder mehr authentischen Sprachen die Texte in jeder Sprache gleich autoritativ sind, soweit nicht etwas anderes bestimmt ist. Außerdem ist zu beachten, dass nach Art. 33 Abs. 3 WVRK von der Vermutung auszugehen ist, dass die Ausdrücke des Vertrages in jedem authentischen Text die gleiche Bedeutung haben[892]. Durch den Beitritt weiterer Staaten zum SDÜ sind nunmehr aber auch deren sprachliche Fassungen des Art. 54 SDÜ verbindlich und bei der Auslegung des „idem“ zu berücksichtigen, sodass mittlerweile über 19 verbindliche Amtssprachen existieren[893]. So weist der Tatbegriff nach den ursprünglichen Fassungen einen eher faktischen Charakter auf, wohingegen andere Mitgliedstaaten, beispielsweise Dänemark, ausweislich des Wortlauts der entsprechenden Vorschrift mit der rechtlichen Qualifizierung als strafbar einen normativen Gesichtspunkt für die Bestimmung des sachlichen Umfangs des Strafklageverbrauchs benennen[894].

---

888 *Eicker*, Transstaatliche Strafverfolgung, 2004, S. 114.

889 *Jagla*, ne bis in idem, 2007, S. 92.

890 *Jagla*, ne bis in idem, 2007, S. 92.

891 *Radtke/Busch*, EuGRZ 2000, 421, 422; *Radtke*: Anm. zu EuGH vom 9.3.2006, NStZ 2008, 162, 163.

892 *Hecker*, StV 2001, 306, 308; *Jagla*, ne bis in idem, 2007, S. 93; BT-Drs 12/2453 S. 89.

893 *Jagla*, ne bis in idem, 2007, S. 93 und S. 96 - 97.

894 *Radtke*: Anm. zu EuGH vom 9.3.2006, NStZ 2008, 162, 163.

Zunächst soll die Interpretation des Tatbegriffs anhand des Wortlautes erfolgen[895], da dieser dem Rechtsanwender in seiner täglichen Arbeit am unmittelbarsten begegnen wird. Danach wird die systematische Auslegung zur Interpretation des Tatbegriffs herangezogen[896]. Sodann wird im Rahmen der teleologischen Interpretation nach dem Sinn und Zweck der Vorschrift des Art. 54 SDÜ gefragt[897]. Abschließend wird die Vorschrift im Lichte der historischen Auslegung interpretiert[898].

I. Wortlautinterpretation

Alle Fassungen des Art. 54 SDÜ der einzelnen Vertragsparteien sprechen von „derselben Tat" (bspw. „derselben Tat"; „les mêmes faits", „dezelfde feiten")[899]. Fraglich ist in diesem Zusammenhang bereits, ob sich der Tatbegriff nach dem Wortlaut des Art. 54 SDÜ auf die tatsächliche Handlung, also den tatsächlichen Sachverhalt („idem factum") bezieht oder sich nur auf die konkreten juristischen Tatbestände („idem crimen") beschränkt. Die Problematik der verschiedenen Anknüpfungspunkte bei dem Verständnis des Tatbegriffs in Art. 54 SDÜ liegt in den unterschiedlichen Tatbegriffen der kontinentaleuropäischen und angloamerikanischen Rechtskreise. Die kontinentalen Rechtssysteme stellen auf die Fakten, also den tatsächlichen Sachverhalt ab, während die angloamerikanischen Rechtsordnungen von dem dem Urteil zu Grunde liegenden Delikt ausgehen[900]. Die unterschiedliche Auslegung des Tatbegriffs ist durch die verschiedenen Strafverfahrenssysteme der Vertragsstaaten bedingt. Während in den angloamerikanischen Rechtssystemen die Staatsanwaltschaft unter den Tatsachen auswählen und nach ihrem Ermessen entscheiden kann, welche Delikte sie anklagt, sind die Staatsanwaltschaften in den kontinentaleuropäischen Staaten nach dem Legalitätsprinzip verpflichtet, alle Delikte zu verfolgen, bei welchen sich aus den zu Grunde liegenden Tatsachen ein hinreichender Tatverdacht ergibt. Daher sind die kontinentaleuropäischen Staatsanwaltschaften an der Verfolgung von weiteren Delikten gehindert, die mit dem abgeurteilten Delikt eine Tat im prozessualen Sinne darstellen, also unabhängig von der rechtlichen Beurteilung dieser Delikte. In den angloamerikanischen Rechtssystemen ist eine erneute Anklage nur dann

895 Vgl. § 8. D) I.
896 Vgl. § 8. D) II.
897 Vgl. § 8. D) III.
898 Vgl. § 8. D) IV.
899 *Ligeti*, Strafrecht und strafrechtliche Zusammenarbeit, 2005, S. 103; *Kniebühler*, Transnationales ‚ne bis in idem', 2005, S. 275.
900 *Ligeti*, Strafrecht und strafrechtliche Zusammenarbeit, 2005, S. 104.

nicht mehr möglich, wenn die der früheren und der neuen Anklage zu Grunde liegenden Delikte die gleichen tatsächlichen und rechtlichen Elemente aufweisen[901].

Die Verwendung des Begriffs „Tat" in der deutschen Fassung deutet jedoch darauf hin, dass bei der Auslegung von Art. 54 SDÜ nicht auf die rechtliche Bewertung der Tat, sondern auf die tatsächliche Handlung abzustellen ist. Im ersteren Fall wäre nämlich der Begriff „Straftat" zu verwenden gewesen[902]. Dass der Begriff der „Tat" i.S.d. Art. 54 SDÜ auf eine tatsächliche Handlung abstellt, wird noch durch die Übersetzungen des Begriffs der „Tat" in den ausländischen Fassungen des Art. 54 SDÜ bekräftigt. In der französischen Fassung des Art. 54 SDÜ ist der Begriff „faits" in der Wendung „les mêmes faits" mit „Sachverhalt", „Sachlage", „Tatsachen" und „Tatbestand" zu übersetzen. Auch die niederländische Fassung, in der die Wendung „dezelfde feiten" verwendet wird, unterstützt die Annahme, dass bei dem Tatbegriff von einer tatsächlichen Handlung auszugehen ist. „Feit" ist mit „Tatsache", „Gegebenheit", „Fakten", „Tat" und „Tatbestand" zu übersetzen. Diese Begriffe deuten ganz klar auf eine tatsächliche Handlung hin[903]. Jedoch ist im niederländischen Strafprozessrecht anerkannt, dass der Tatbegriff ungeachtet der Formulierung des Gesetzestextes („feit") sowohl tatsächliche als auch normative Elemente umfasst[904]. So besteht dort die Möglichkeit, dass bei einer Divergenz in dem rechtlichen Vorwurf eine Tatidentität zu verneinen ist[905]. Darüber hinaus gibt es inzwischen noch weitere verbindliche Vertragssprachen. Beispielsweise findet sich im englischen Strafverfahrensrecht trotz des normativ geprägten Tatbegriffsverständnisses die Formulierung „the same acts"[906]. Jedoch spricht die nicht amtliche englische Übersetzung des Art. 54 SDÜ, genau wie auch das EG-ne bis in idem-Übereinkommen, von Delikten („the same offences")[907]. Zwar ist die nicht amtliche englische Übersetzung keine authentische Vertragssprache des SDÜ, es verdeutlicht aber doch die unterschiedliche Auffassung angloamerikanischer Staaten[908]. Als weiteres Beispiel lässt sich die dänische Fassung anführen, welche als Amtssprache ebenfalls betrachtet werden muss. Dort werden mit "de samme strafbare handlinger" nicht

901 *Ligeti*, Strafrecht und strafrechtliche Zusammenarbeit, 2005, S. 104.

902 *Specht*, Geltung des Grundsatzes, 1999, S. 159; *Kniebühler*, Transnationales ‚ne bis in idem', 2005, S. 275.

903 *Jagla*, ne bis in idem, 2007, S. 101 - 102; *Kniebühler*, Transnationales ‚ne bis in idem', 2005, S. 275; *Specht*, Geltung des Grundsatzes, 1999, S. 159.

904 *Böse*, GA 2003, 744, 759.

905 *Böse*, GA 2003, 744, 759.

906 *Böse*, GA 2003, 744, 758 - 759.

907 *Böse*, GA 2003, 744, 759 Fn. 106; *Ligeti*, Strafrecht und strafrechtliche Zusammenarbeit, 2005, S. 104 Fn. 189.

908 *Ligeti*, Strafrecht und strafrechtliche Zusammenarbeit, 2005, S. 104 Fn. 189.

nur Tatsachen, sondern auch die „strafbare Handlung" bezeichnet[909]. Damit stellt die dänische Fassung bereits ausweislich ihres Wortlauts, mit der rechtlichen Qualifizierung als strafbar, auf einen normativen Gesichtspunkt für die Bestimmung der sachlichen Reichweite des Strafklageverbrauchs ab[910]. Der dänische Wortlaut spricht sich somit dafür aus, den Tatbegriff – zumindest auch – normativ zu bestimmen[911].

Somit kann *Böse* zugestimmt werden, dass trotz der Hervorhebung des tatsächlichen Elements im Wortlaut des Art. 54 SDÜ, die wörtliche Interpretation nicht den zwingenden Schluss zulässt, dass der Begriff „derselben Tat" im Art. 54 SDÜ ausschließlich im faktischen Sinn zu verstehen ist. Vielmehr lässt Art. 54 SDÜ zur Konkretisierung des Tatbegriffs Raum für eine ergänzende Heranziehung normativer Gesichtspunkte[912].

Demgegenüber vertritt *Kniebühler* die Ansicht, dass bei einer Tendenz der ursprünglichen drei Vertragssprachen an einer tatsächlichen Handlung davon auszugehen sei, dass diese Orientierung auch in den später hinzugekommenen Fassungen des Art. 54 SDÜ beibehalten werden sollte[913]. Dem kann aber nicht gefolgt werden. Durch das Hinzutreten weiterer verbindlicher Wortlaute ist, trotz des etwaigen Gleichklangs der drei Originalsprachen des Übereinkommens, der Wortlaut nicht (mehr) eindeutig. Es muss somit auf die anderen Auslegungsmethoden abgestellt werden[914].

II. Systematische Auslegung

Auf Grund dessen, dass die Interpretation des Tatbegriffs unter Heranziehung des Wortlauts, wie gesehen[915], nicht zu einer eindeutigen Wortlautauslegung führt, ist die Vorschrift des Art. 54 SDÜ in ihrem systematischen Zusammenhang zu betrachten. Es muss also eine Anschauung der Stellung der Norm in ihrem gesetzessystematischen Gesamtgefüge erfolgen. Die systematische Auslegung stellt dabei auf das äußere System des auszulegenden Gesetzes ab, welches in der Gliederung des Textes in Kapiteln, Artikeln und Absätzen zum Ausdruck kommt[916].

---

909 *Böse*, GA 2003, 744, 759; *Jagla*, ne bis in idem, 2007, S. 102.

910 *Böse*, GA 2003, 744, 759; *Radtke*: Anm. zu EuGH vom 9.3.2006, NStZ 2008, 162, 163.

911 *Böse*, GA 2003, 744, 759.

912 *Böse*, GA 2003, 744, 759.

913 *Kniebühler*, Transnationales ‚ne bis in idem', 2005, S. 275.

914 *Jagla*, ne bis in idem, 2007, S. 102.

915 Vgl. § 8. D) I.

916 *Bleckmann*, Völkerrecht, 2001, § 6 Rn. 355.

1. Art. 39 ff. SDÜ und Art. 58 SDÜ

Die Ansicht von *Specht*, nach der Anknüpfungspunkte für eine systematische Auslegung nicht gegeben seien, ist abzulehnen[917]. Eine systematische Auslegung, bei der die Vorschrift des Art. 54 SDÜ im Kontext mit anderen Normen des SDÜ zu betrachten ist, erscheint durchaus geboten. So ergeben sich Anknüpfungspunkte für eine systematische Auslegung sowohl aus Art. 39 ff. SDÜ, als auch aus Art. 58 SDÜ. In Art. 39 ff. SDÜ ist die „Polizeiliche Zusammenarbeit“ und die „Rechtshilfe in Strafsachen“ normiert. Ein durch das Abstellen auf den Lebenssachverhalt weites Tatbegriffsverständnis ist geeignet, zu verhindern, dass ein Staat die durch den vermehrten Informationsaustausch gewonnenen Informationen dazu nutzt, im Ausland abgewickelte Strafverfahren aufzurollen und damit sein strafrechtliches Wertesystem zur Anwendung zu bringen[918].

Demgegenüber ist zu beachten, dass Art. 54 SDÜ auch in Beziehung zu Art. 58 SDÜ steht[919]. In letzterer Vorschrift heißt es:

> *„Die vorstehenden Bestimmungen stehen der Anwendung weitergehender Bestimmungen des nationalen Rechts über die Geltung des Verbots der Doppelbestrafung in bezug auf ausländische Justizentscheidungen nicht entgegen“*[920].

Auf Grund dieser Vorschrift könnte davon ausgegangen werden, dass Art. 54 SDÜ einen engen Tatbegriff meint, also unter „derselben Tat“ nur das entsprechende Delikt zu verstehen ist. Dann wäre es den Mitgliedstaaten überlassen, ihrerseits einen weiten Tatbegriff zu verwenden[921]. Denn mit der Formulierung *„weitergehende Bestimmungen des nationalen Rechts“* soll ersichtlich klargestellt werden, dass Art. 58 SDÜ nicht verhindern will, dass die einzelnen Schengen-Staaten durch entsprechende nationale Bestimmungen ein weitergehendes Tatbegriffsverständnis vertreten und kodifizieren[922]. Dies wäre aber sinnlos, wenn dem Art. 54 SDÜ schon ein weit zu verstehender Tatbegriff zu Grunde liegen würde. Die einzelnen innerstaatlichen Regelungen wären diesem weiten Tatbegriff nämlich untergeordnet. Eine weitergehende Bestimmung eines Mitgliedstaates nach nationalem Recht wäre dann nicht mehr möglich. Soll der Vorschrift des Art. 58 SDÜ aber ein eigenständiger Anwendungsbereich belassen werden,

---

917 *Specht*, Geltung des Grundsatzes, 1999, S. 160.
918 *Jagla*, ne bis in idem, 2007, S. 102.
919 *Jagla*, ne bis in idem, 2007, S. 102.
920 Vgl. Art. 58 SDÜ.
921 *Jagla*, ne bis in idem, 2007, S. 102.
922 *Kische*, Tatidentität, 2008, S. 40.

so ist es unumgänglich, den Begriff „derselben Tat“ in Art. 54 SDÜ sehr eng zu begrenzen[923].

2. Präambel des SDÜ

Darüber hinaus soll auch die Präambel des SDÜ zur systematischen Auslegung des Tatbegriffs in Art. 54 SDÜ herangezogen werden. Ein solches Vorgehen ist zulässig, da bereits Art. 31 Abs. 2 WVRK bestimmt, dass für die Auslegung eines Vertrags zu dem Zusammenhang auch die Präambel gehört[924]. In der Präambel des SDÜ heißt es auszugsweise:

> *„[...] ENTSCHLOSSEN, das in diesem Übereinkommen zum Ausdruck gebrachte Bestreben der Abschaffung der Kontrollen des Personenverkehrs an den gemeinsamen Grenzen und der Erleichterung des Transports und des Warenverkehrs zu verwirklichen,*
> *IN DER ERWÄGUNG, daß der Vertrag zur Gründung der Europäischen Gemeinschaften ergänzt durch die Einheitliche Europäische Akte, vorsieht, daß der Binnenmarkt einen Raum ohne Binnengrenzen umfaßt,*
> *IN DER ERWÄGUNG, daß der durch die Vertragsparteien angestrebte Zweck mit diesem Ziel übereinstimmt, unbeschadet der Maßnahmen, die zur Anwendung der Bestimmungen dieses Vertrages getroffen werden,*
> *IN DER ERWÄGUNG, daß die Verwirklichung dieses Zieles eine Reihe von geeigneten Maßnahmen und eine enge Zusammenarbeit der Vertragsparteien erfordert – [...]“*

In der Präambel kommt bereits die Entschlossenheit der Vertragsstaaten zur Verwirklichung der Abschaffung der Kontrollen des Personenverkehrs an den gemeinsamen Grenzen und der Erleichterung des Transports und des Warenverkehrs zum Ausdruck. Das SDÜ ist von der Erwägung geleitet, dass der Binnenmarkt einen Raum ohne Binnengrenzen umfasst. Mit diesem Bestreben plädiert die Präambel für eine schrittweise Angleichung der Rechtsordnungen der Mitgliedsstaaten[925].

Das zuletzt Gesagte gilt insbesondere, wenn man sich vor Augen führt, dass der Schengen-Besitzstand, zu dem das SDÜ gehört, nach der Präambel des Protokolls zur Einbeziehung des Schengen-Besitzstandes in den Rahmen der EU, zum Ziel hat, *„die europäische Integration zu vertiefen und der EU die Möglichkeit zu geben, sich schneller zu einem Raum [...] des Rechts zu entwickeln“*[926]. Für die Entwicklung zu einem Raum des Rechts ist es zwingend erforderlich, dass ein Beschuldigter nicht wegen derselben Tat in einem anderen Schengen-Staat erneut verfolgt oder sogar bestraft wird. Bei der Beantwortung der Frage,

923 *Kische*, Tatidentität, 2008, S. 40.
924 Vgl. Art. 31 Abs. 2 WVRK.
925 *Eicker*, Transstaatliche Strafverfolgung, 2004, S. 102.
926 *Eicker*, Transstaatliche Strafverfolgung, 2004, S. 102.

an welchen Kriterien sich der Tatbegriff zu orientieren hat, ist zu berücksichtigen, dass das Ziel der europäischen Integration unter Gewährleistung eines grenzüberschreitenden ne-bis-in-idem-Schutzes nur erfolgreich verwirklicht werden kann, wenn ein von den jeweiligen Tatbegriffsverständnissen der Mitgliedsstaaten losgelöster europäischer Tatbegriff, der auf den Lebenssachverhalt („idem factum") abstellt, angenommen wird. Eine restriktive Interpretation des „idem" in Art. 54 SDÜ, also ein Abstellen auf die rechtliche Einordnung des Delikts („idem crimen"), würde dazu führen, dass ein Beschuldigter bei Ausübung seiner Mobilität innerhalb des Schengen-Gebiets in geringerem Umfang vor Mehrfachverfolgung und -bestrafung geschützt wäre, als womöglich in seinem Heimatstaat, in welchem ein faktischer Tatbegriff vorherrscht. Es bestünde für ihn nämlich die Gefahr, dass er in einem anderen Mitgliedstaat, in welchem ein deliktischer Tatbegriff Geltung beansprucht, unter einem anderen rechtlichen Gesichtspunkt erneut strafrechtlich verfolgt oder gar bestraft wird. Ist aber in einem Mitgliedsstaat ein weites faktisches Tatbegriffsverständnis etabliert, so würde nur allzu leicht ein Spannungsverhältnis zwischen den betreffenden Staaten mit unterschiedlichem Tatbegriffsverständnis entstehen können. Dies trüge aber nicht zu einer europäischen Integration, sondern vielmehr zum Entstehen einer Trennlinie zwischen den Mitgliedsstaaten bei. Der Anspruch, einen einheitlichen Rechtsraum, als Raum der Freiheit und Sicherheit, zu schaffen, würde unter dem Bestreben der Mitgliedsstaaten, ihren Strafanspruch durchzusetzen, in den Hintergrund gedrängt. Die Deutung der Präambel zum SDÜ legt mithin eine weite Interpretation des Tatbegriffs nahe[927].

3. Denkschrift zum SDÜ

Im Rahmen einer systematischen Interpretation kann auch auf die anlässlich des Abschlusses des SDÜ abgefassten Urkunden zurückgegriffen werden[928]. Eine solche Urkunde stellt auch die Denkschrift[929] zum SDÜ dar[930]. In dieser heißt es, dass *als Tat in Anwendung des Art. 54 SDÜ seitens der Bundesrepublik Deutschland derjenige geschichtliche Vorgang verstanden wird, wie er in dem anzuerkennenden Urteil aufgeführt ist*[931].

Die Denkschrift ist für die Auslegung des Tatbegriffsverständnisses in Art. 54 SDÜ somit dahin gehend ergiebig, dass in ihr mit der Anknüpfung an den

927 So auch für den Begriff „rechtskräftige Aburteilung *Eicker*, Transstaatliche Strafverfolgung, 2004, S. 102; *Thomas*, Einmaligkeit der Strafverfolgung, 2002, S. 296.

928 *Eicker*, Transstaatliche Strafverfolgung, 2004, S. 102 und 104.

929 BT-Drs 12/2453, S. 91 ff.

930 *Eicker*, Transstaatliche Strafverfolgung, 2004, S. 104.

931 BT-Drs 12/2453, S. 91, 94.

geschichtlichen Vorgang ein faktischer Tatbegriff („idem factum") vertreten wird.

4. Weitere Ansichten zur systematischen Auslegung

Kische möchte für eine autonome, von den innerstaatlichen Rechtsordnungen der Mitgliedstaaten unabhängige Auslegung des Tatbegriffs und somit gegen die Einbeziehung nationaler Sichtweisen, nachfolgende systematische Erwägung heranziehen[932]:

Vorab sei bemerkt, dass die Ausführungen von *Kische* noch auf die Rechtslage vor dem Inkrafttreten des Vertrags von Lissabon am 1. Dezember 2009 abstellen. Der Vertrag von Lissabon erfindet das Europäische Strafrecht aber nicht neu. Vielmehr hat sich bereits durch den EGV und den EUV-alt innerhalb der EU ein integriertes System europäischer Strafrechtspflege entwickelt, welches im Wesentlichen von den Strukturelementen Kooperation, Koordination, Assimilierung und Harmonisierung geprägt ist[933]. Zu beachten ist aber die formelle Auflösung der bisherigen Säulenstruktur[934]. Durch diese ist der Gerichtshof nunmehr ein Organ der „gesamten" EU und somit grundsätzlich für alle Politikbereiche zuständig[935]. Durch den Vertrag von Lissabon wurde also die bisherige dritte Säule der EU, namentlich die PJZS, in den supranationalen Bereich übernommen. Die entsprechenden Vorschriften wurden aber nicht ersatzlos gestrichen, sondern finden sich in den Art. 67, 82 bis 89 AEUV wieder[936]. Die nachfolgenden Erwägungen von *Kische* besitzen daher auch zum heutigen Zeitpunkt Gültigkeit.

Im Rahmen der dritten Säule der EU bestand das Bestreben eine Harmonisierung auf dem Gebiet der PJZS zu erreichen. Zur Erreichung dieses Ziels wurden die Art. 29 ff. EUV a.F. geschaffen. In Art. 29 Satz 1 EUV a.F. wurden die Ziele, Aufgaben und Instrumente des Titels VI des EUV-alt im Allgemeinen definiert[937]. Dieses Ziel wurde nach Art. 29 Satz 2 EUV a.F. erreicht durch die Verhütung und Bekämpfung der Kriminalität, insbesondere der Bestechung und Bestechlichkeit, sowie des Betruges im Wege einer *„engeren Zusammenarbeit der Polizei-, Zoll- und anderer zuständiger Behörden in den Mitgliedstaaten, sowohl unmittelbar als auch unter Einschaltung des Europäischen Polizeiamts (Europol), nach den Artikeln 30 und 32"*, einer *„engeren Zusammenarbeit der Justiz-*

932 *Kische*, Tatidentität, 2008, S. 42.
933 *Hecker*, Iurratio 2009, 81.
934 *Thiele*, EuR 2010, 30, 48.
935 *Thiele*, EuR 2010, 30, 48 - 49.
936 *Hecker*, Iurratio 2009, 81.
937 Vgl. Art. 29 Satz 1 EUV a.F. und *Dannecker*, JURA 2006, 95, 98.

behörden sowie anderer zuständiger Behörden der Mitgliedstaaten, auch unter Einschaltung der Europäischen Stelle für justizielle Zusammenarbeit (Eurojust), nach den Artikeln 31 und 32" sowie einer *„Annäherung der Strafvorschriften der Mitgliedstaaten [...], soweit dies erforderlich ist."*[938]

In Art. 31 EUV a.F. wurden beispielhaft Schwerpunkte für ein gemeinsames Vorgehen im Bereich der Zusammenarbeit der Justizbehörden in Strafsachen genannt[939]. So schloss nach Art. 31 Abs. 1 lit. c) EUV a.F. das gemeinsame Vorgehen im Bereich der justiziellen Zusammenarbeit in Strafsachen *„die Gewährleistung der Vereinbarkeit der jeweils geltenden Vorschriften der Mitgliedstaaten untereinander, soweit dies zur Verbesserung dieser Zusammenarbeit erforderlich ist"*, ein[940]. Eine solche Vereinbarkeit, durch eine entsprechende Harmonisierung der jeweils geltenden Vorschriften der Mitgliedstaaten untereinander, ist aber bis heute nur in wenigen Bereichen erreicht worden[941].

Kische vertritt in diesem Zusammenhang die Ansicht, dass die Einbeziehung des SDÜ in das Unionsrecht gegenüber der allgemeinen Angleichung von Rechtsvorschriften befürwortet und bevorzugt worden sei[942]. Daraus könne seiner Ansicht nach geschlussfolgert werden, dass die Mitgliedstaaten mit der Geltung des SDÜ bereits in einem Zeitpunkt einverstanden gewesen seien, in welchem sich die verschiedenen nationalen Rechtslagen noch uneinheitlich darstellten. Daraus leitet er ab, dass für eine effektive Durchsetzbarkeit des SDÜ eine gleichwertige Anerkennung der Rechtslage in den jeweils anderen Mitgliedstaaten Grundvoraussetzung sei. Eine fehlende Harmonisierung und das Nichtvorhandensein einer gegenseitigen Anerkennung, würden dem Gedanken der Europäisierung und Vereinheitlichung jeden Sinn nehmen. Aus der Anwendung des Konzeptes der gegenseitigen Anerkennung könne sich als vorzugswürdige Auffassung nur ergeben, dass die Tatidentität unabhängig von den nationalen Vorschriften zu bestimmen sei[943].

Im Ergebnis ist *Kische* zuzustimmen. Zu Recht nimmt er an, dass der Tatbegriff, also die Bestimmung wann eine Tatidentität vorliegt, – zumindest soweit wie möglich[944] – unabhängig von den nationalen Vorschriften zu bestimmen ist. Die von *Kische* angeführte systematische Herleitung hin zu diesem Ergebnis, ist aber nicht zwingend. Vielmehr ließe sich seine Argumentation auch für einen Tatbegriff fruchtbar machen, der an bestimmte innerstaatliche Vorstellungen von

938 Vgl. Art. 29 Satz 2 EUV a.F. und *Dannecker*, JURA 2006, 95, 98.
939 *Dannecker*, JURA 2006, 95, 99.
940 Vgl. Art. 31 Abs. 1 lit. c) EUV a.F.
941 *Kische*, Tatidentität, 2008, S. 42.
942 *Kische*, Tatidentität, 2008, S. 42.
943 *Kische*, Tatidentität, 2008, S. 42 - 43.
944 Vgl. § 9. B) III. 2.

einer Tatidentität anknüpft; selbst wenn ein solcher Tatbegriff nur eine Annäherung auf kleinstem gemeinsamen Nenner bedeuten würde. Zwar ist *Kische* dahin gehend zuzustimmen, dass die Mitgliedstaaten mit der Geltung des SDÜ bereits zu einem Zeitpunkt einverstanden waren, in welchem sich die verschiedenen nationalen Rechtslagen noch uneinheitlich darstellten. Warum aber daraus folgen soll, dass für eine effektive Durchsetzbarkeit des SDÜ eine gleichwertige Anerkennung der Rechtslage in den jeweiligen Mitgliedstaaten Grundvoraussetzung sei, erschließt sich nicht. Gerade wenn man, wie offensichtlich *Kische* selbst, die Auffassung vertritt, dass die Tatidentität unabhängig von den nationalen Vorschriften zu bestimmen sei, ist eine gleichwertige Anerkennung der Rechtslage in den Mitgliedstaaten keine zwingende Voraussetzung. Ein Tatbegriff, der für die Bestimmung der Tatidentität nicht auf die Rechtslage in den einzelnen Mitgliedstaaten abstellt, setzt gerade weder eine absolute Vereinbarkeit, noch eine starke Harmonisierung der geltenden Vorschriften in den Mitgliedstaaten voraus. In dieser Unabhängigkeit eines transnationalen Tatbegriffs besteht ja gerade der Vorteil gegenüber einem durch die nationalen Vorschriften bestimmten Tatbegriff, der nur zu einer Annäherung auf niedrigstem Niveau führen könnte. Denn bei dem Abstellen auf die nationalen Vorschriften würde ein Tatbegriffsverständnis entstehen, das allen Rechtsordnungen der Mitgliedstaaten Rechnung tragen müsste, sodass sich nur ein enger Tatbegriff herauskristallisieren könnte, denn nur ein enger Tatbegriff ist auch in einem weiten Tatbegriff enthalten[945]. Es soll *Kische* nicht widersprochen werden, als dass einem Tatbegriff, der die Tatidentität unabhängig von den nationalen Vorschriften bestimmt, gegenüber einer solchen Annäherung auf niedrigstem Niveau, der Vorzug gebührt. Es ist auch richtig, dass die Durchsetzbarkeit des SDÜ durch eine Harmonisierung der nationalen Vorschriften begünstigt wird. Aus der wünschenswerten Harmonisierung folgt aber nicht zwingend, dass die Tatidentität unabhängig von den nationalen Vorschriften zu bestimmen ist. Man könnte ebenso umgekehrt argumentieren, dass die zum Ziel erklärte Harmonisierung der mitgliedsstaatlichen Vorschriften einen von den nationalen Vorschriften unabhängigen Tatbegriff, gleichsam einen europäischen Tatbegriff, entbehrlich macht.

Wegen der fehlenden Harmonisierung der mitgliedsstaatlichen Vorschriften erscheint aber, wie bereits eingangs angeführt, die Ansicht von *Kische*, dass die Tatidentität – zumindest soweit wie möglich[946] – unabhängig von den nationalen Vorschriften zu bestimmen sei, im Ergebnis zustimmungswürdig. So hat bereits der Generalanwalt *Colomer* in den Schlussanträgen vom 19. September 2002 in den Rechtssachen C-187/01 (Gözütok) und C-385/01 (Brügge) ausgeführt, dass

945 Vgl. § 8. D) III. 3. c).
946 Vgl. § 9. B) III. 2.

bei der Beurteilung der Tragweite des ne-bis-in-idem-Prinzips in Art. 54 SDÜ zwei scheinbar widersprüchliche und doch einander ergänzende Tatsachen zu berücksichtigen sind[947]. Bei der einen handele es sich um die Aufsplitterung des Strafrechts in der EU in so viele verschiedene Systeme, wie es Mitgliedstaaten gebe. Die andere bestehe in dem alle Mitgliedstaaten verbindenden Ziel, im Rahmen des dritten Pfeilers[948] eine zunehmende Integration zu erreichen[949]. Daher sei nach *Colomer* eine Antwort ungeachtet der Besonderheiten jedes einzelnen Systems zu suchen. Die in Art. 54 SDÜ verwendeten Begriffe seien in den einzelnen innerstaatlichen Rechtsordnungen von unterschiedlicher Tragweite. Daher sei jede Auslegung zu vermeiden, die auf die nationalen Rechtsordnungen abstelle. Die Prüfung müsse innerhalb des Gemeinschaftsrechts auf der gemeinsamen Grundlage der mit dem Schengen-Besitzstand verfolgten Ziele erfolgen. Der Gerichtshof solle, wie die Kommission in ihren schriftlichen Erklärungen bemerke, Art. 54 SDÜ autonom auslegen[950]. Dem hat sich bekanntlich später auch der EuGH angeschlossen[951].

5. Ergebnis der systematischen Auslegung

Zusammengefasst lässt sich als Ergebnis der systematischen Interpretation formulieren, dass sowohl Argumente für ein auf den Lebenssachverhalt abstellendes weites, als auch solche für ein eng begrenztes Tatbegriffsverständnis, gefunden wurden. So können Art. 39 ff. SDÜ für die Begründung eines weiten Tatbegriffsverständnisses, Art. 58 SDÜ jedoch für ein eng begrenztes Tatbegriffsverständnis herangezogen werden. Während sich aus den Art. 39 ff. SDÜ und Art. 58 SDÜ also kein eindeutiges Ergebnis erzielen lässt, spricht jedoch die Präambel des SDÜ[952] und die deutsche Denkschrift zum SDÜ[953] für eine weite Interpretation des Tatbegriffs als sog. „idem factum". Dabei kann mit *Kische* und dem Generalanwalt *Colomer* davon ausgegangen werden, dass der Tatbegriff –

947 Schlussanträge des Generalanwalts *Colomer* vom 19.09.2002 in den Rs. C-187/01 (Gözütok) und C-385/01 (Brügge), abgedruckt in Rn. 39 und 40, Quelle: http://www.curia.europa.eu.

948 Mit dem Inkrafttreten des Vertrags von Lissabon am 1. Dezember 2009 wurde die bisherige Säulenstruktur formell aufgelöst, vgl. dazu § 8. C) IV. m.w.N.

949 Schlussanträge des Generalanwalts *Colomer* vom 19.09.2002 in den Rs. C-187/01 (Gözütok) und C-385/01 (Brügge), abgedruckt in Rn. 41, Quelle: http://www.curia.europa.eu.

950 Schlussanträge des Generalanwalts *Colomer* vom 19.09.2002 in den Rs. C-187/01 (Gözütok) und C-385/01 (Brügge), abgedruckt in Rn. 42, Quelle: http://www.curia.europa.eu.

951 *Kische*, Tatidentität, 2008, S. 43.

952 Vgl. § 8. D) II. 2.

953 Vgl. § 8. D) II. 3.

zumindest soweit wie möglich[954] – unabhängig von den nationalen Vorschriften – also autonom – zu bestimmen ist[955].

Nach alledem lässt sich zwar eine Tendenz hin zu einer Orientierung an dem zu Grunde liegenden Lebenssachverhalt und somit zu einem weiten Tatbegriff i.S.e. „idem factum“ manifestieren. Letztlich ist jedoch zu konstatieren, dass auch die systematische Auslegung zu keiner eindeutigen Aufklärung des Tatbegriffs im Sinne des Art. 54 SDÜ führt[956]. Daher ist auch die teleologische Interpretation in der weiteren Bearbeitung heranzuziehen.

III. Teleologische Interpretation

Im Rahmen des gemeinsamen Binnenmarktes soll das SDÜ die europäische Integration vorantreiben und die Basis für eine gemeinsame europäische Innenpolitik schaffen. Mit dem Zusammenwachsen der Schengen-Staaten wächst aber auch die Angst vor einem Anstieg der grenzüberschreitenden Kriminalität. Diesem vermeintlichen Anstieg soll durch eine engere Zusammenarbeit der Mitgliedsstaaten im polizeilichen Bereich entgegengewirkt werden. Durch die gestiegene Mobilität von Straftätern und die stärkere polizeiliche grenzüberschreitende Zusammenarbeit wächst aber auch die Gefahr mehrfacher Verfolgung und Bestrafung wegen derselben Tat. Das SDÜ möchte in diesem Zusammenhang zu einer Harmonisierung und Vereinheitlichung des Rechts in Europa beitragen. Eine Mehrfachverfolgung oder gar Mehrfachbestrafung kann in einem solch engen Staatenverbund wie dem Schengen-Gebiet keinen Sinn mehr machen. Im Gegenteil wird die Erreichung des gewünschten Ziels der Schaffung eines Raums der Freiheit und Sicherheit bereits durch die Gefahr von Mehrfachverfolgung und -bestrafung empfindlich gestört. Art. 54 SDÜ möchte daher zu einem Strafklageverbrauch auch in den übrigen Vertragsstaaten führen, wenn dieselbe Tat bereits in einem der Vertragsstaaten endgültig erledigt wurde[957].

Bezugspunkt des ne-bis-in-idem-Grundsatzes ist im zwischenstaatlichen Bereich immer der im Erststaat ergangene Verfahrensabschluss. Das Doppelbestrafungsverbot des Art. 54 SDÜ gewährleistet, dass ein bestandskräftiger Verfahrensabschluss in einem Mitgliedsstaat, nicht nur in diesem ein Verfahrenshindernis darstellt, sondern das auch im zwischenstaatlichen Bereich und somit auch in einem anderen Vertragsstaat ein Verfahrenshindernis für ein weiteres Verfahren

---

954 Vgl. § 9. B) III. 2.

955 § 8. D) II. 4.

956 *Jagla*, ne bis in idem, 2007, S. 102.

957 *Radtke/Busch*, EuGRZ 2000, 421, 425.

besteht. Voraussetzung für eine Erstreckung des nationalen Verfahrenshindernisses auf den zwischenstaatlichen Bereich innerhalb der Schengen-Staaten ist, dass die beteiligten Staaten einen Strafklageverbrauch innerhalb eines Mitgliedsstaates auch als für sich verbindlich anerkennen[958].

1. Prozessualer oder materieller Tatbegriff?

Das Doppelbestrafungs- und Doppelverfolgungsverbot, das durch Art. 54 SDÜ angeordnet wird, greift lediglich dann ein, wenn wegen derselben Tat noch einmal verfolgt werden soll. Es muss also geklärt werden, ob mit dem Begriff „derselben Tat" die zu Grunde liegende natürliche Handlung („idem factum") oder deren rechtliche Einordnung („idem crimen") charakterisiert werden soll. Möglich sind für das SDÜ diesbezüglich zwei Auslegungsansätze. Zum einen wäre es denkbar die Bestimmung der Tatidentität den nationalen Rechtsordnungen zu überlassen. Zum anderen wäre es vorstellbar, dass eine unabhängige Bestimmung des Identitätsbegriffes direkt aus dem Übereinkommen selbst, ohne Berücksichtigung des nationalen Rechts angestrebt wird[959].

Nach *Specht* handelt es sich bei dem Begriff „dieselbe Tat" um einen Terminus, der nicht durch die verschiedenen nationalen Rechtsordnungen geprägt sei. Zwar räumt auch sie ein, dass es in den verschiedenen nationalen Rechtsordnungen klare rechtliche Begriffsbestimmungen des Tatbegriffs gebe. Bei der Interpretation eines europäischen Tatbegriffs sei aber nicht von den nationalen Begriffsbestimmungen zum Tatbegriff auszugehen. Vielmehr ergebe eine Auslegung des SDÜ, dass die Frage nach der Identität einer Tat europarechtlich zu definieren sei. Dies begründet sie damit, dass es sich bei dem Begriff „derselben Tat" im Gegensatz zu dem Begriff „rechtskräftig abgeurteilt" um einen Begriff mit deutlich allgemeinverständlicher Bedeutung handele. Daher ermögliche es der Begriff „derselben Tat", ohne Rückgriff auf nationales Recht eine Auslegung vorzunehmen[960]. Bei Berücksichtigung der unterschiedlichen Tatbegriffsverständnisse innerhalb der Schengen-Mitgliedstaaten muss der Ansicht von *Specht*, dass es sich bei dem Begriff „derselben Tat" um einen Terminus mit deutlich allgemeinverständlicher Bedeutung handele, entgegengetreten werden[961]. Bei der

958 *Kniebühler*, Transnationales ‚ne bis in idem', 2005, S. 276.

959 *Specht*, Geltung des Grundsatzes, 1999, S. 159.

960 *Specht*, Geltung des Grundsatzes, 1999, S. 159.

961 Zu den unterschiedlichen Ansichten bzgl. des Tatbegriffsverständnisses bereits in den Schengen-Staaten vgl. § 3. und bzgl. der Divergenzen in dem Tatbegriffsverständnis in Art. 54 SDÜ vgl. § 8 D) I.

Auslegung kann somit nicht von vornherein auf einen Rückgriff auf nationale Rechtsordnungen verzichtet werden[962].

Nunmehr stellt sich die Frage, ob innerhalb des Schengen-Gebiets ein ne-bis-in-idem-Schutz nur abhängig von der gleichen Einstufung im inländischen und ausländischen Strafrecht gewährt werden soll[963]. Der Ursprung des Problems ist in den unterschiedlichen Tatbegriffsverständnissen verwurzelt. Denn wie bereits gesehen, stellen die kontinental-europäischen Rechtssysteme zur Definition des Tatbegriffs auf die Fakten ab, während die angloamerikanischen Rechtsordnungen die rechtliche Einordnung einer Tat als maßgeblich ansehen[964].

Die Vertreter eines materiellen Tatbegriffs gehen davon aus, dass ein Doppelverfolgungs- und Doppelbestrafungsverbot nur begründet sei, wenn eine Aburteilung wegen derselben Straftaten erfolge. Bei einer Aburteilung wegen derselben Taten, also wegen desselben Lebenssachverhalts, soll dagegen kein Verfolgungs- und Bestrafungsverbot eintreten. Zur Begründung führen sie an, dass ein staatenübergreifender ne-bis-in-idem-Grundsatz ein einheitliches Strafrecht in den betroffenen Mitgliedstaaten voraussetze, weil ansonsten Strafbarkeitslücken entstünden. Die nationalen Strafverfolgungsbehörden können nur ein Verhalten zur Anklage bringen, das nach ihrem Rechtssystem eine Straftat darstellt. Sie können aber nicht ein Verhalten anklagen, welches lediglich nach dem Rechtssystem eines anderen Schengen-Mitgliedstaates, nicht aber nach ihrem eigenen, eine Straftat darstellt. Art. 54 SDÜ verhindere somit, dass die Schengen-Mitgliedsstaaten solche Straftaten verfolgen, die das rechtskräftig abgeurteilte Verhalten nach ihren eigenen Strafrechten verwirklicht, die jedoch keine Straftat nach dem ausländischen Strafrecht darstellen. Überdies könne der engen Auslegung des Tatbegriffs und der damit einhergehenden Ausweitung der Verfolgungs- und Bestrafungsmöglichkeiten durch den Zweitverfolgerstaat durch das Anrechnungsprinzip angemessen Rechnung getragen werden. Daher erfordere auch nicht das Schutzbedürfnis des in einem anderen Schengen-Mitgliedsstaats wegen derselben Sache erneut Verurteilten ein weiter gefasstes Verständnis des Tatbegriffs[965].

Wyngaert und Stessens schlagen in diesem Zusammenhang vor, einem engen, die gleiche Einstufung verlangenden ne-bis-in-idem-Schutz ein weites, tatbezogenes Anrechnungsprinzip zur Seite zu stellen[966]. Dem ist entgegenzuhalten, dass auch ein Anrechnungsprinzip den Delinquenten nicht vor einer Doppelverfolgung, die oft für sich allein bereits besonders belastend wirkt, schützt. Außerdem

962 *Kniebühler*, Transnationales ‚ne bis in idem', 2005, S. 286.

963 *Ligeti*, Strafrecht und strafrechtliche Zusammenarbeit, 2005, S. 104.

964 Vgl. § 8. D) I.

965 *Ligeti*, Strafrecht und strafrechtliche Zusammenarbeit, 2005, S. 105.

966 *Ligeti*, Strafrecht und strafrechtliche Zusammenarbeit, 2005, S. 105.

würde eine reine Anrechnung den Delinquenten auch nicht vor einer erneuten Verurteilung und der mit ihr verbundenen erneuten Stigmatisierung bewahren. Außerdem ist die Anwendung eines engen Tatbegriffs von einem grundsätzlichen Misstrauen hinsichtlich der Strafrechtssysteme anderer Schengen-Mitgliedstaaten geprägt. Das Gelingen einer funktionierenden Zusammenarbeit im strafrechtlichen Bereich zwischen den Schengen-Mitgliedstaaten setzt aber das gegenseitige Vertrauen in die Funktionsfähigkeit der Strafrechtssysteme der anderen Mitgliedstaaten voraus. Bei fehlen dieses gegenseitigen Vertrauens, wird die grundsätzlich erstrebenswerte Ausdehnung einer international arbeitsteiligen Strafverfolgung in Frage gestellt[967].

Zu Recht weist der EuGH bereits in seinem Urteil vom 11. Februar 2003 – Rechtssachen Gözütok [C-187/01] und Brügge [C-385/01][968] – darauf hin, dass die Anwendung des Art. 54 SDÜ nicht von der Harmonisierung oder der Angleichung des Strafrechts der Mitgliedstaaten auf dem Gebiet der zum Strafklageverbrauch führenden Verfahren abhängig ist[969]. Art. 54 SDÜ impliziere, dass ein gegenseitiges Vertrauen der Mitgliedstaaten in ihre Strafjustizsysteme bestehe und dass jeder Schengen-Mitgliedstaat die Anwendung des in den anderen Vertragsstaaten geltenden Strafrechts akzeptiere, selbst wenn die Anwendung seines eigenen nationalen Rechts zu einem anderen Ergebnis führen würde[970]. Die vorstehenden Ausführungen hat der EuGH jüngst in seinem Urteil vom 11. Dezember 2008 – Rechtssache Bourquain [C-297/07][971] – bestätigt. Zwar hatte der EuGH sich in diesen beiden Entscheidungen nicht mit der Auslegung des Tatbegriffs im Art. 54 SDÜ zu beschäftigen. Jedoch lassen sich diese allgemeinen Ausführungen zur Anwendbarkeit des Doppelverfolgungs- und Doppelbestrafungsverbots im Art. 54 SDÜ auch für die Auslegung des Tatbegriffs fruchtbar machen. Denn der EuGH stellt diese Ausführungen gleichsam als Grundsätze für die Anwendbarkeit des Art. 54 SDÜ dar[972]. Zu Recht sieht der EuGH diese Auslegung des Tatbegriffs in letzterer Entscheidung noch durch das Ziel des Art. 54 SDÜ bestärkt, der verhindern soll, dass eine Person auf Grund der Tatsache, dass sie von ihrem Recht auf Freizügigkeit Gebrauch macht, wegen derselben Tat in mehreren Vertragsstaaten verfolgt wird[973]. Ganz allgemein für Art. 54 SDÜ und damit auch für den Tatbegriff in dieser Vorschrift gilt, dass das Recht auf Freizügigkeit nur dann effektiv gewährleistet werden kann, wenn der Betroffene die

967 *Ligeti*, Strafrecht und strafrechtliche Zusammenarbeit, 2005, S. 105.
968 EuGH NJW 2003, 1173 f.
969 EuGH NJW 2003, 1173 [Rn. 32].
970 EuGH NJW 2003, 1173 [Rn. 33].
971 EuGH NStZ 2009, 454 f.
972 EuGH NJW 2003, 1173 f.; EuGH NStZ 2009, 454 f.
973 EuGH NStZ 2009, 454, 455 [Rn. 49].

Gewissheit hat, dass er sich, nach einer Aburteilung in einem Schengen-Staat, im Schengen-Gebiet ohne Angst vor erneuter Strafverfolgung oder -bestrafung bewegen kann[974].

Insoweit ist also *Specht* zuzustimmen, als das eine Heranziehung der rechtlichen Einordnung einer Tat zur Bestimmung des Tatbegriffs („idem crimen"), zu einer zu weiten Einengung des Anwendungsbereichs des Art. 54 SDÜ führen würde. Denn wie sie zutreffend ausführt, wäre es dann möglich, unter Anknüpfung an die verschiedenen Rechtsordnungen, einer Tat bereits deswegen die Identität abzusprechen, weil sie gegen mehrere Rechtsordnungen verstoßen hat[975]. So würden in den Fällen paralleler oder sukzessiver Strafverfolgung durch verschiedene Schengen-Mitgliedstaaten die Art. 54 bis 56 SDÜ häufig nicht eingreifen, weil sich die Straftatbestände in den jeweiligen Mitgliedstaaten nicht entsprechen und in ihrem Aufbau und ihren Tatbestandsmerkmalen nicht selten von denen der anderen Rechtsordnungen divergieren[976].

Dies liefe aber dem Sinn und Zweck der Normierung des Verbots der Doppelbestrafung und Doppelverfolgung in Art. 54 SDÜ zuwider. Diese Vorschrift will nämlich gerade einen Ausgleich dafür schaffen, dass sich der einzelne Delinquent durch die verstärkte polizeiliche und justizielle Zusammenarbeit innerhalb des Schengen-Gebiets der erhöhten Gefahr ausgesetzt sieht, wegen des gleichen Verhaltens einer mehrfachen Strafverfolgung ausgesetzt zu sein.[977] Selbst die Anwendung eines weniger weitgehenden Verständnisses des deliktischen Tatbegriffs würde keinen die Menschenrechte gewährenden Schutz vor Doppelverfolgung und -bestrafung gewährleisten. So bestünde nach einem rechtskräftigen Freispruch wegen vorsätzlicher Tat die Möglichkeit unter dem Gesichtspunkt der fahrlässigen Tat Anklage zu erheben. Nach einem Verfahren wegen Diebstahls könnte ein Verfahren wegen mit derselben Handlung verübter Sachbeschädigung folgen[978]. Ein Drogenhändler der über die Grenzen hinweg mit Drogen handelt, könnte für das Ausführen von Drogen aus dem einen und auch für das Einführen der gleichen Drogen in das andere Land belangt werden[979].

Darüber hinaus würde das Verständnis des Tatbegriffs als „idem crimen" zu einer Zersplitterung des Verfahrensgegenstands führen. Zu dem bereits ange-

974 So für das Vollstreckungselement in Art. 54 SDÜ: EuGH NStZ 2009, 454, 455 [Rn. 50].

975 *Liebau*, „Ne bis in idem" in Europa, 2005, S. 247; *Specht*, Geltung des Grundsatzes, 1999, S. 160.

976 *Liebau*, „Ne bis in idem" in Europa, 2005, S. 247.

977 *Liebau*, „Ne bis in idem" in Europa, 2005, S. 247.

978 *Specht*, Geltung des Grundsatzes, 1999, S. 160; *Liebau*, „Ne bis in idem" in Europa, 2005, S. 247.

979 Vgl. § 8. C) IV. 2.; vgl. EuGH NJW 2006, 1781 ff. (Van Esbroeck); *Jagla*, ne bis in idem, 2007, S. 103.

sprochenen Verlust des Schutzes des Einzelnen vor mehrmaliger Verfolgung wären die Mitgliedstaaten dadurch auch wieder mit einer quantitativen Steigerung der Verfahren belastet. Auch dies liefe aber dem Sinn und Zweck des ne-bis-in-idem-Grundsatzes in Art. 54 SDÜ zuwider[980].

Des Weiteren ist zu bedenken, dass die Vertragsstaaten durch das SDÜ die rechtliche Beurteilung einer Tat durch die anderen Vertragsstaaten als verbindlich akzeptiert haben. Die unterschiedliche rechtliche Würdigung eines Sachverhalts in den betreffenden Mitgliedstaaten darf nicht dazu führen, dass die Einmaligkeit der Strafverfolgung gehindert wird. Daher kann für die Beurteilung des Strafklageverbrauchs nicht auf einen deliktischen Tatbegriff abgestellt werden. Vielmehr ist an den zu Grunde liegenden Lebenssachverhalt anzuknüpfen[981].

2. Tatbegriffsbestimmung mit Hilfe der geschützten Rechtsgüter

Nach Ansicht von *Ligeti* sei mit Blick auf das von *Wyngaert* und *Stessens* beschriebene Problem des Entstehens von Strafbarkeitslücken, der Ansatz am besten geeignet, der für die internationale Geltung des ne-bis-in-idem-Grundsatzes die zum Gegenstand der Aburteilung gemachten Rechtsgüter beachtet. Dieser Lösungsansatz würde nach Ansicht von *Ligeti* zugleich der ähnlichen Beurteilung von Straftaten und den Ähnlichkeiten der mitgliedstaatlichen Rechtssysteme Rechnung tragen[982]. Dem ist jedoch entgegenzutreten. Wie bereits *Specht* zutreffend ausführt, vermag nur eine zusammenhängende Würdigung verschiedener Kriterien das Gesamtbild des einheitlichen Lebensvorgangs zu vermitteln, das Grundlage einer Anwendung des Art. 54 SDÜ sein kann[983]. Diese Kriterien seien nach *Specht* der zeitliche und örtliche Zusammenhang und das verletzte Schutzgut. Bei der Auswahl bloß einzelner Faktoren, sei den bei Anwendung des ne-bis-in-idem-Grundsatzes stets zu beachtenden Rechtssicherheitskriterien nicht genügt[984].

Demgegenüber hat der EuGH bereits in seiner Entscheidung *Van Esbroeck*[985] der auch im deutschen Strafverfahren zu beobachtenden Tendenz zur Normativierung des prozessualen Tatbegriffs, d.h. der Einbeziehung materiell-rechtlicher Kriterien, insbesondere der Identität der in den jeweiligen Verfahren betroffenen Rechtsgüter, zu Recht eine Absage erteilt[986]. Das alleinig maßgebliche Kriterium

980 *Kniebühler*, Transnationales ‚ne bis in idem', 2005, S. 287.
981 *Liebau*, „Ne bis in idem" in Europa, 2005, S. 247.
982 *Ligeti*, Strafrecht und strafrechtliche Zusammenarbeit, 2005, S. 105.
983 *Specht*, Geltung des Grundsatz, 1999, S. 163 - 164.
984 *Specht*, Geltung des Grundsatz, 1999, S. 164.
985 Vgl. § 8. C) IV. 2.; EuGH NJW 2006, 1781 ff; EuGH JZ 2006, 1018 ff.
986 *Radtke*: Anm. zu EuGH vom 9.3.2006, NStZ 2008, 162, 163.

für die Frage der Einschlägigkeit des Art. 54 SDÜ ist nach der Ansicht des Gerichtshofs die *„Identität der materiellen Tat"*. Dabei wird Tat verstanden *„als das Vorhandensein eines Komplexes konkreter, unlösbar miteinander verbundener Tatsachen, unabhängig von der rechtlichen Qualifizierung dieser Tatsachen oder von dem geschützten rechtlichen Interesse."*[987]

Jedoch soll bereits an dieser Stelle nicht verheimlicht werden, dass die Annahme eines rein faktischen Tatbegriffs, wie sie der EuGH vertritt, zu kurz greift[988]. Daher kann auch *Radtke* nicht zugestimmt werden, wenn er die Ansicht vertritt, dass der Auslegung des Tatbegriffs in Art. 54 SDÜ durch den EuGH in der Rechtssache *Van Esbroeck*, im Ergebnis und in der Begründung vollumfänglich zuzustimmen sei[989]. *Radtke* argumentiert dahin gehend, dass nur durch die Anknüpfung an das der Anklage und der Abschlussentscheidung im Erstentscheidungsstaat zu Grunde liegende tatsächliche Geschehen, unter weitestgehendem Ausschluss materiell-strafrechtlicher Einflüsse, die Zersplitterung des Verfahrensgegenstandes auf internationaler Ebene verhindert werden könne. Nur dadurch sei auch zu verhindern, dass auf Grund nationaler Besonderheiten, des häufig vom Zufall abhängenden Erstverfolgerstaates, Divergenzen in der Reichweite der Rechtskraft europäischer Entscheidungen entstünden[990]. *Radtke* übersieht dabei, dass der Lebenssachverhalt seinerseits keine feste Größe darstellt. Dies erschließt sich von selbst, wenn man bedenkt, dass er durch die unterschiedlichen Gesetze der einzelnen Mitgliedstaaten unterschiedlich beschreiben wird. Vielmehr wird der faktische Tatbegriff durch das materielle Recht der Mitgliedstaaten zumindest mitbestimmt. Diese Erkenntnis führt zu der Einsicht, dass die wünschenswerte Unabhängigkeit des Tatbegriffs von rechtlichen Wertungen der Mitgliedstaaten nicht durch ein einfaches Abstellen auf ein tatsächliches Geschehen erreicht werden kann. Die Tatbegriffsbestimmung sollte zwar nicht einfach anhand der geschützten Rechtsgüter erfolgen, da ein solches Vorgehen die aufgeworfenen Schwierigkeiten hervorruft[991]. Jedoch ist auf Grund der Bedingtheit des Lebenssachverhalts durch das materielle Recht der Mitgliedstaaten der Lösungsverschlag, wonach ein von den Rechtsordnungen der Mitgliedstaaten unabhängiger Tatbegriff heranzuziehen ist, der sich allein an dem zu Grunde liegenden Lebenssachverhalt orientiert, nicht geeignet, ein autonomes Tatbegriffs-

987 EuGH NJW 2006, 1781, 1782 u. 1783 [Rn. 35, 36 u. 42]; EuGH JZ 2006, 1018, 1019 [Rn. 35 u. 36].

988 Eine ausführliche Darstellung dieser Ansicht erfolgt in § 9.

989 *Radtke*: Anm. zu EuGH vom 9.3.2006, NStZ 2008, 162, 164.

990 *Radkte*: Anm. zu EuGH vom 9.3.2006, NStZ 2008, 162, 164.

991 Vgl. dazu auch § 8. C) IV. 2. b) und c) sowie § 8. D) III. 1.

verständnis, welches frei von normativen Wertungen der Mitgliedstaaten ist, zu gewährleisten[992].

3. Bloße Anerkennungsverpflichtung

a) Abstellen auf den Tatbegriff im Erstverfolgerstaat

Hecker vertritt die Ansicht, dass gar keine Notwendigkeit für die Entwicklung eines „europäischen Tatbegriffs“ bestehe, der mit den Rechtsordnungen sämtlicher Vertragsparteien harmonisiere. Vielmehr obliege nach dem Prinzip der gegenseitigen Anerkennung sowohl die Definitionsmacht über den Verfahrensgegenstand, als auch die Reichweite der strafprozessualen Erledigungswirkung einer rechtskräftigen Aburteilung allein dem Erstverfolgerstaat[993]. Der Regelungsbereich von Art. 54 SDÜ sei danach auf eine Anerkennungsverpflichtung nach dem Maßstab des jeweiligen Erststaates begrenzt[994].

Gegen diese Auffassung spricht aber, dass der Tatbegriff in den einzelnen Staaten sehr unterschiedlich ausgestaltet ist. Es könnte sich dadurch die Schwierigkeit für die Strafverfolgungsbehörden des Zweitverfolgerstaates ergeben, die Erstentscheidung nachzuvollziehen. Sie hätten unter Berücksichtigung schwieriger materiell-strafrechtlicher Bewertungen den Umfang des Verfahrensgegenstandes im Erstentscheidungsstaat zu ermitteln. Dies würde, bedingt durch die vielen nationalen materiell-strafrechtlichen Besonderheiten, auf international strafverfahrensrechtlicher Ebene zu einer Zersplitterung des Verfahrensgegenstandes führen. Des Weiteren wäre die Reichweite des ne-bis-in-idem-Schutzes des präsumtiven Täters davon abhängig, in welchem Staat er zuerst abgeurteilt würde. Wie bereits gesehen wird in einigen Staaten als Tat der historische Lebenssachverhalt („idem factum“), in anderen das spezielle Delikt („idem crimen“) angesehen[995]. Ist nun Land A, bei welchem der deliktische Tatbegriff („idem crimen“) vorherrschend ist, Erstverurteilerstaat, kann Staat B, welcher unter dem Tatbegriff den historischen Lebenssachverhalt versteht („idem factum“), den bereits Abgeurteilten erneut für ein anderes Delikt aus diesem Sachverhalt verfolgen. Umgekehrt könnte Staat A nach einer Erstverurteilung eines Delinquenten in Staat B diesen nicht erneut wegen eines anderen Delikts aus demselben Sachverhalt verfolgen. Sowohl das Eingreifen als auch die Reichweite des ne-bis-in-idem-Grundsatzes wären also davon abhängig, welcher Tat-

---

992 Vgl. § 9.

993 *Hecker*, StV 2001, 306, 309.

994 *Kniebühler*, Transnationales ‚ne bis in idem‘, 2005, S. 277.

995 Vgl. § 8. D) I.; *Jagla*, ne bis in idem, 2007, S. 101; *Radtke/Busch*, EuGRZ 2000, 421, 430.

begriff in dem Erstverurteilerstaat vorherrscht[996]. Ein solches Resultat wäre kaum geeignet den Vorgaben des Vertrags über die Arbeitsweise der Europäischen Union, insbesondere den Zielen des Art. 67 Abs. 1 AEUV, den Unionsbürgern einen einheitlichen Raum der Freiheit, der Sicherheit und des Rechts zu gewähren, gerecht zu werden[997]. Der Betroffene wäre kaum in der Lage abzuschätzen, inwieweit trotz einer oder gar mehrerer verfahrensbeendender Entscheidung(en) er mit erneuter Strafverfolgung durch einen anderen Mitgliedsstaat rechnen müsste. Dies würde einen gravierenden Verstoß gegen den von dem ne-bis-in-idem-Grundsatz gewährleisteten Vertrauensschutz, d.h. vor erneuter Verfolgung und -bestrafung verschont zu bleiben, bedeuten[998].

Darüber hinaus vermag die Ansicht, ein einheitlicher und von den Verfahrensgegenständen der Mitgliedstaaten autonomer europäischer Tatbegriff sei gänzlich überflüssig, auch deshalb nicht zu überzeugen, weil diese Ansicht bereits den Grundsatz verkennt, dass gemeinschaftsrechtliche Begriffe autonom auszulegen sind[999].

Zwar geht auch *Radtke* davon aus, dass dem Prinzip der gegenseitigen Anerkennung von Entscheidungen auf dem Gebiet des Strafrechts fundamentale Bedeutung zukomme. Dies gerade deshalb, weil es an einer Strafrechtssetzungskompetenz der Gemeinschaft und der Union fehle[1000] und das materielle Strafrecht und das Strafverfahrensrecht der Mitgliedsstaaten weitgehend nicht aufeinander abgestimmt seien[1001]. Jedoch hebt *Radtke* zu Recht hervor, dass unabhängig von einer gegenseitigen Anerkennung von Entscheidungen der Tatbegriff im Rahmen des Art. 54 SDÜ nicht von dem Verständnis der jeweiligen nationalen Rechtsordnung her bestimmt werden darf[1002]. Der Ansicht von *Radtke* ist im Ergebnis zuzustimmen. Jedoch vermag die Begründung nicht vollumfänglich zu überzeugen. Zur Begründung führt *Radtke* an, dass wegen der Divergenzen in den verschiedenen Rechtsordnungen der Mitgliedsstaaten ein um materiell-

---

996 *Jagla*, ne bis in idem, 2007, S. 101.

997 *Radtke*: Anm. zu EuGH vom 9.3.2006, NStZ 2008, 162, 164.

998 *Radtke*: Anm. zu EuGH vom 9.3.2006, NStZ 2008, 162, 164.

999 *Radtke*: Anm. zu EuGH vom 9.3.2006, NStZ 2008, 162, 164.

1000 Vgl. § 4. B) III. 1. b): Durch den am 1. Dezember 2009 in Kraft getretenen Vertrag von Lissabon ist die Europäische Union nach Art. 1 Abs. 3 Satz 3 EUV n.F., als deren Rechtsnachfolgerin, an die Stelle der bisherigen EG getreten. Durch die mit seinem Inkrafttreten verbundene Schaffung und Neugestaltung von Vorschriften des AEUV und des EUV-neu ist den Argumenten gegen eine supranationale Strafrechtssetzungskompetenz die Grundlage entzogen worden. Zumindest gestützt auf Art. 325 Abs. 4 AEUV könnte die EU unmittelbar anwendbare Straftatbestände schaffen; wobei sich die Unionskompetenz nach dieser Vorschrift auch auf andere Handlungen mit Täuschungscharakter beziehen kann.

1001 *Radtke*: Anm. zu EuGH vom 9.3.2006, NStZ 2008, 162, 164.

1002 *Radtke*: Anm. zu EuGH vom 9.3.2006, NStZ 2008, 162, 164.

rechtliche Kriterien des Erstverfolgerstaates angereicherter prozessualer Tatbegriff die mit der Regelung in Art. 54 SDÜ beabsichtigte Gewährleistung von Freizügigkeit der Unionsbürger im gesamten Unionsraum zu einem erheblichen Teil entwerten würde[1003]. Um die mit dem Abstellen auf den Tatbegriff verbundenen Gerechtigkeitsdefizite zu vermeiden, müsse der Verfahrensgegenstand weitestgehend von materiell-strafrechtlichen Einflüssen verschont bleiben. Die Rechtskraftwirkung des Art. 54 SDÜ sollte sich allein an dem dem Verfahren zu Grunde liegenden tatsächlichen Geschehen orientieren. Auf die materiell-strafrechtliche Bewertung im Erstverfolgerstaat sollte nicht abgestellt werden[1004].

Soweit *Radtke* ausführt, dass der Tatbegriff im Rahmen des Art. 54 SDÜ unabhängig von einer gegenseitigen Anerkennung von Entscheidungen nicht von dem Verständnis der jeweiligen nationalen Rechtsordnungen her bestimmt werden darf[1005], ist ihm im Wesentlichen zuzustimmen. Die weitere Argumentation von *Radtke*, dass ein um materiell-rechtliche Kriterien des Erstverfolgerstaates angereicherter prozessualer Tatbegriff in der Lage wäre, die mit der Regelung in Art. 54 SDÜ beabsichtigte Gewährleistung eines Raums der Freiheit und der Gerechtigkeit erheblich zu entwerten, ist auch zutreffend. Jedoch ist die Annahme, das Recht der Unionsbürger auf Freizügigkeit könne mit einem Tatbegriff, der sich allein an dem dem Verfahren zu Grunde liegenden tatsächlichen Geschehen orientiere, vollumfänglich gewährleistet werden, unzutreffend. Wie bereits an anderer Stelle dieser Arbeit dargestellt[1006], übersieht *Radtke*, wenn er allein auf das tatsächliche Geschehen zur Tatbegriffsdefinition abstellen möchte, dass der Lebenssachverhalt seinerseits keine feste Größe darstellt. Dies erschließt sich von selbst, wenn man bedenkt, dass er durch die unterschiedlichen Gesetze der einzelnen Mitgliedstaaten unterschiedlich beschreiben wird. Vielmehr wird der faktische Tatbegriff durch das materielle Recht der Mitgliedstaaten zumindest mitbestimmt[1007]. Dies scheint auch *Radtke* zu erkennen, wenn er davon spricht, dass *sich die Rechtskraftwirkung des Art. 54 SDÜ allein an dem dem Verfahren zu Grunde liegenden tatsächlichen Geschehen orientieren sollte* und weiter ausführt, dass *auf die materiell-strafrechtliche Bewertung im Erstverfolgerstaat nicht abgestellt werden sollte.*[1008] Das Abstellen allein auf den Lebenssachverhalt ist, wie bereits an anderer Stelle ausgeführt[1009], nicht geeignet einen autonomen

1003 *Radtke*: Anm. zu EuGH vom 9.3.2006, NStZ 2008, 162, 164.
1004 *Radtke/Busch*, EuGRZ 2000, 421, 430.
1005 Radtke: Anm. zu EuGH vom 9.3.2006, NStZ 2008, 162, 164.
1006 Vgl. § 8. D) III. 2.
1007 Eine ausführliche Darstellung dieser Ansicht erfolgt unter § 9.
1008 *Radtke/Busch*, EuGRZ 2000, 421, 430.
1009 Vgl. § 8. D) III. 2.

europäischen, also von den Rechtsordnungen der Mitgliedstaaten unabhängigen Tatbegriff zu gewährleisten[1010].

b) Abstellen auf den Tatbegriff im Zweitverfolgerstaat

Auch ein Abstellen auf den Tatbegriff im Zweitverfolgerstaat begegnet den gleichen Bedenken. Diese Entscheidung könnte wiederum für den Erstentscheidungsstaat nur schwer nachvollziehbar sein. Außerdem müsste sich ein Delinquent in allen Strafrechtssystemen der EU auskennen, um sich noch frei und ohne Angst vor erneuter Strafverfolgung und Bestrafung im Schengen-Raum bewegen zu können. Dies ist aber eine Leistung, die selbst von vielen juristisch gebildeten Delinquenten nur schwer zu erbringen wäre. Durch das SDÜ sollte aber gerade vermieden werden, dass ein einmal Angeklagter immer mit der Angst einer erneuten Verfolgung leben muss. Das Abstellen auf den Tatbegriff des Zweitverfolgerstaates genügt diesen Anforderungen nicht[1011].

c) Meistbegünstigungsprinzip

Selbst wenn nach dem „Meistbegünstigungsprinzip" auf den Tatbegriff abgestellt würde, der den nationalen Rechtsordnungen aller strafgewaltsbefugten Staaten oder sogar allen Schengen-Mitgliedstaaten gemein ist, führte dies dazu, dass sich automatisch ein enger Tatbegriff herauskristallisierte, denn nur ein solcher ist auch in einem breit angelegten Tatbegriff enthalten[1012]. Dies würde zu einer schlichten Annäherung auf niedrigstem Niveau führen, die den ne-bis-in-idem-Schutz des Delinquenten in unangemessener Weise beschränken würde.

4. Ergebnis der teleologischen Interpretation

Letztlich ist zu resümieren, dass anhand der teleologischen Interpretation des Tatbegriffs im Rahmen dieser Arbeit aufgezeigt werden konnte, dass im Grunde allein ein von den nationalen Rechtsordnungen losgelöster faktischer Tatbegriff dem Sinn und Zweck des SDÜ gerecht wird, namentlich einen Raum der Freiheit, der Sicherheit und des Rechts ohne Binnengrenzen zu verwirklichen[1013]. Dabei wurde auch bereits darauf hingewiesen, dass wegen der Bedingtheit des Lebenssachverhalts durch das materielle Recht der Mitgliedstaaten ein solcher

---

1010 Eine ausführliche Darstellung dieser Ansicht erfolgt unter § 9.

1011 *Jagla*, ne bis in idem, 2007, S. 101.

1012 *Jagla*, ne bis in idem, 2007, S. 101.

1013 Vgl. § 6. B); EuGH NJW 2003, 1173, 1174 [Rn. 37]; *Jagla*, ne bis in idem, 2007, S. 30.

autonomer Tatbegriff nicht durch ein einfaches Abstellen auf ein tatsächliches Geschehen erreicht werden kann[1014]. Dennoch ist auch m.E. ein von den nationalen Tatbegriffen der Schengen-Staaten losgelöster, sich am Lebenssachverhalt orientierender, Tatbegriff am ehesten geeignet, einen bestmöglichen Schutz vor Doppelverfolgung und -bestrafung innerhalb der Schengen-Staaten zu gewährleisten. Daher muss nach einer Lösung gesucht werden, die sich die Bedingtheit des Lebenssachverhalts eingesteht und doch eine größtmögliche Unabhängigkeit des Tatbegriffs von den nationalen Rechtsanschauungen ermöglicht. Eine solche Lösung wird im Rahmen dieser Arbeit in „*§ 9. Die eigene Auffassung*“ erarbeitet[1015].

IV. Historische Interpretation

Zur Bestimmung des Tatbegriffs im Art. 54 SDÜ soll als letzte Auslegungsmethode die historische Interpretation herangezogen werden. Zunächst soll dabei untersucht werden, welche Bedeutung der historischen Interpretation zur Bestimmung des Tatbegriffs neben den bereits dargestellten anderen Auslegungsmethoden zukommt. Sodann wird untersucht, ob die historische Interpretation zu einer weiteren Aufklärung der Frage beitragen kann, wie der Tatbegriff im Art. 54 SDÜ zu definieren ist.

1. Subsidiarität der historischen Interpretation

Da eine historische Interpretation, wie bereits aus Art. 32 WVRK deutlich wird, nur subsidiär zu anderen Auslegungsmethoden heranzuziehen ist[1016], ist eine solche im Grunde zumindest bereits entbehrlich. Denn nach Art. 32 WRVK können ergänzende Auslegungsmittel nur herangezogen werden, wenn die Anwendung der wörtlichen, systematischen und teleologischen Interpretation die Bedeutung mehrdeutig oder dunkel lässt oder zu einem offensichtlich sinnwidrigen oder unvernünftigen Ergebnis führt[1017]. Dies bedeutet, dass eine historische Interpretation nur heranzuziehen ist, wenn der auszulegende Ausdruck nach Anwendung sämtlicher anderen zur Verfügung stehender Auslegungsmittel immer noch mehrdeutig oder dunkel ist oder die insoweit eruierte Auslegung zu einem offensichtlich sinnwidrigen oder unvernünftigen Ergebnis führt[1018].

1014 Vgl. § 8. D) III. 2. und § 8. D) III. 3. a).

1015 Vgl. § 9.

1016 *Eicker*, Transstaatliche Strafverfolgung, 2004, S. 94, 114.

1017 *Eicker*, Transstaatliche Strafverfolgung, 2004, S. 114; vgl. Art. 32 WVRK.

1018 *Eicker*, Transstaatliche Strafverfolgung, 2004, S. 93 - 94; vgl. Art. 32 WVRK

Es erscheint auch durchaus sinnvoll, die historische Interpretation lediglich als ergänzendes Auslegungsmittel heranzuziehen. In erster Linie muss sich eine sinnvolle Interpretation des Tatbegriffs auf das SDÜ selbst konzentrieren. Die vorbereitenden Arbeiten und die Umstände des Vertragsschlusses, insbesondere der historische Kontext, sollen nur hilfsweise herangezogen werden, wenn ansonsten keine eindeutige Begriffsbestimmung möglich ist[1019]. Die teleologische Interpretation führt in der Regel zu sinnvolleren Ergebnissen, weil sie auf den Sinn und Zweck des entsprechenden Vertrags abstellt. Der historische Kontext hingegen kann allzu leicht zu einer Fehlinterpretation führen. Dies vor allem dann, wenn durch einen Vertrag gerade mit einer historischen Entwicklung, zu Gunsten einer neuen, gebrochen werden soll.

Die teleologische Interpretation des Tatbegriffs hat soeben gezeigt, dass ein weites Tatbegriffsverständnis im Hinblick auf Ziel und Zweck des SDÜ nicht zu „offensichtlich sinnwidrigen" oder „unvernünftigen Ergebnissen" führt. Vielmehr wurde ausführlich dargelegt und begründet, dass allein ein weites Tatbegriffsverständnis, welches zudem auch unabhängig von den Rechtsordnungen der Mitgliedsstaaten ist, dem Ziel und Zweck des SDÜ gerecht werden kann[1020]. Ob das Ergebnis der teleologischen Auslegung „mehrdeutig" oder „dunkel" i.S.d. Art. 32 WRVK ist, kann dahinstehen, da im Rahmen der historischen Auslegung keine weitere Klärung des Tatbegriffs zu erwarten ist[1021]. Zu diesem Ergebnis gelangt auch *Eicker*, der allerdings auf den Begriff der „rechtskräftigen Aburteilung" abstellt[1022]. Jedoch kann seine Begründung für dieses Ergebnis auch für den Tatbegriff im Art. 54 SDÜ fruchtbar gemacht werden. *Eicker* stützt sein Ergebnis nämlich darauf, dass dem SDÜ geheime Verhandlungen vorausgegangen sind und es aus diesem Grunde keine öffentlich zugänglichen Materialien zu seiner Entstehungsgeschichte gebe, die weiteren Aufschluss geben könnten[1023]. Dies gilt im Rahmen der historischen Auslegung aber genauso für die Interpretation des Tatbegriffs im Art. 54 SDÜ.

Trotz der Subsidiarität der historischen Interpretation und der nur als gering einzuschätzenden Möglichkeit mit ihrer Hilfe eine weitere Klärung des Tatbegriffs zu erreichen, soll im Folgenden zumindest auf die Denkschrift der deutschen Bundesregierung zum SDÜ, das EG-ne bis in idem-Übereinkommen und

---

1019 *Eicker*, Transstaatliche Strafverfolgung, 2004, S. 114.

1020 Vgl. § 8. D) III.

1021 So *Eicker*, Transstaatliche Strafverfolgung, 2004, S. 115, der dies für den Begriff der „rechtskräftigen Aburteilung" annimmt.

1022 So *Eicker*, Transstaatliche Strafverfolgung, 2004, S. 115, der dies für den Begriff der „rechtskräftigen Aburteilung" annimmt.

1023 *Eicker*, Transstaatliche Strafverfolgung, 2004, S. 115.

weitere Ansichten zur Ergiebigkeit der historischen Auslegung eingegangen werden.

2. Denkschrift zum SDÜ

Wie bereits im Rahmen der systematischen Interpretation, kann auch für die historische Interpretation die Denkschrift zum SDÜ[1024] herangezogen werden[1025]. In dieser heißt es, dass *„als Tat in Anwendung des Art. 54 SDÜ seitens der Bundesrepublik Deutschland derjenige geschichtliche Vorgang verstanden wird, wie er in dem anzuerkennenden Urteil aufgeführt ist“*[1026]. Zwar geht das in der Denkschrift vertretene Tatbegriffsverständnis mit dem des deutschen Strafprozessrechts einher[1027]. Jedoch bedeutet dies nicht zwingend, dass ein solches tatsächliches Verständnis für die Auslegung der Art. 54 ff. SDÜ maßgeblich sein muss. Wegen der Konformität mit dem im deutschen Strafprozessrecht vertretenen faktischen Tatbegriff ist bereits nicht auszuschließen, dass es sich um eine rein nationale Sichtweise handelt. Ob ein vorwiegend tatsächliches Verständnis des Tatbegriffs für die Interpretation der Art. 54 ff. SDÜ maßgeblich sein soll, lässt sich daher besser aus dem dort geregelten Problemzusammenhang erschließen[1028].

3. EG-ne bis in idem-Übereinkommen

Bei der historischen Interpretation des Tatbegriffs in Art. 54 SDÜ wird häufig auch auf den nahezu gleichen Wortlaut des SDÜ und des EG-ne-bis-in-idem-Übereinkommens verwiesen[1029].

Art. 1 EG-ne bis in idem-Übereinkommen lautet:

> *„Wer in einem Mitgliedstaat rechtskräftig abgeurteilt worden ist, darf in einem anderen Mitgliedstaat wegen derselben Tat nicht verfolgt werden, vorausgesetzt, daß im Fall einer Verurteilung die Sanktion bereits vollstreckt worden ist, gerade vollstreckt wird oder nach dem Recht des Urteilsstaats nicht mehr vollstreckt werden kann.“*[1030]

1024 BT-Drs 12/2453, S. 91 ff.

1025 So *Eicker*, Transstaatliche Strafverfolgung, 2004, S. 115, für das Merkmal der „rechtskräftigen Aburteilung“.

1026 BT-Drs 12/2453, S. 94.

1027 So im Ergebnis auch: *Mansdörfer*, Prinzip des ne bis in idem, 2004, S. 177.

1028 Vgl. zur Systematischen Auslegung § 8. D) II.; *Mansdörfer*, Prinzip des ne bis in idem, 2004, S. 177.

1029 *Kniebühler*, Transnationales ‚ne bis in idem‘, 2005, S. 164. *Radtke/Busch*, EuGRZ 2000, 421, 425.

1030 BR-Drs 283/97 S. 7 Art. 1.

Bereits aus der *Denkschrift der Bundesregierung zu dem Übereinkommen* – BR-Drs 283/97 vom 25. April 1997[1031] – wird deutlich, dass von deutscher Seite unter dem Begriff „derselben Tat“ in Art. 1 EG-ne bis in idem-Übereinkommen der gesamte geschichtliche Vorgang, unabhängig von dessen rechtlicher Qualifizierung zu verstehen ist[1032], wenn es dort zum einen heißt:

> *„Die Bundesregierung beabsichtigt, insoweit außerdem zu erklären, daß in Anwendung des Übereinkommens als Tat seitens der Bundesrepublik Deutschland derjenige geschichtliche Vorgang ohne Beschränkung auf seine rechtliche Qualifikation verstanden wird, wie er in dem anzuerkennenden Urteil aufgeführt ist.“*[1033]

Darüber hinaus spricht die Denkschrift unter dem Punkt „Zu Artikel 1“ nicht wie in der deutschen Fassung des Art. 1 EG-ne-bis-in-idem-Übereinkommens von „derselben Tat“, sondern von der weiteren Verfolgung wegen „desselben Sachverhaltes“[1034].

Jedoch sind Rückschlüsse vom einen auf das andere Übereinkommen nicht möglich, da es sich erstens bei beiden um zwei unterschiedliche völkerrechtliche Verträge mit verschiedenen Vertragspartnern handelt und zweitens, weil die Entstehungsjahre nicht identisch sind[1035]. Das EG-ne bis in idem-Übereinkommen wurde im Jahre 1987 zwischen den seinerzeit 12 Mitgliedsstaaten geschlossen, wohingegen das SDÜ ursprünglich aus dem Jahre 1990 datiert und nur von den damals 5 Schengen-Mitgliedsstaaten unterzeichnet wurde[1036].

4. Weitere Ansichten zur historischen Auslegung

Nach *Kische* vermag der historische Zusammenhang kein Argument für oder gegen die autonome Auslegung des Tatbegriffs zu liefern. Er begründet seine Ansicht damit, dass für die historische Auslegung der Wille der Mitgliedstaaten maßgebend sei. Die Mitgliedstaaten seien sich aber überhaupt nicht einig gewesen, was die Integration des Schengen-Besitzstands in das Gemeinschaftsrecht anging. Daraus leitet *Kische* den Schluss her, dass dies allenfalls einen Anhaltspunkt für eine autonome Auslegung des Tatbegriffs in Art. 54 SDÜ zu geben vermag. Zwingend sei dieser Schluss aber nicht, was sich vor allem daran zeige, dass der EuGH in den Verfahren betreffend die Auslegung des Tatbegriffs gänz-

---

1031 BR-Drs 283/97 S. 9 f.

1032 *Kniebühler*, Transnationales ‚ne bis in idem‘, 2005, S. 166.

1033 BR-Drs 283/97 S. 9.

1034 BR-Drs 283/97 S. 10 zu Artikel 1.

1035 *Eicker*, Transstaatliche Strafverfolgung, 2004, S. 115; *Kniebühler*, Transnationales ‚ne bis in idem‘, 2005, S. 184; *Radtke/Busch*, EuGRZ 2000, 421, 425.

1036 *Eicker*, Transstaatliche Strafverfolgung, 2004, S. 115 - 116.

lich auf die historische Auslegung verzichte bzw. dieser keine Bedeutung zumesse[1037].

Sowohl im Ergebnis als auch in der Begründung ist *Kische* zuzustimmen. So hat bereits der *Generalanwalt Colomer* in seinen Schlussanträgen in den Rechtssachen Gözütok/Brügge ausgeführt, dass es für die Feststellung des Anwendungsbereichs von Art. 54 SDÜ ohne Bedeutung ist, nach dem Willen des Gesetzgebers zu forschen, weil die Mitgliedstaaten sich in diesem Punkt selbst nicht einig gewesen sind[1038]. Dass der EuGH der historischen Interpretation zur Auslegung des Tatbegriffs praktisch keine Bedeutung zumisst, zeigt sich bereits darin, dass er in den Rechtssachen Gözütok/Brügge seine Ausführungen darin erschöpft, *dass hinsichtlich des Willens der Vertragsparteien, wie er sich aus bestimmten nationalen parlamentarischen Arbeiten zur Ratifizierung des Durchführungsübereinkommens oder des Übereinkommens zwischen den Mitgliedstaaten der Europäischen Gemeinschaften vom 25. Mai 1987 über die Anwendung des Verbots der Doppelbestrafung, das in seinem Art. 1 eine Art. 54 SDÜ im Wesentlichen entsprechende Bestimmung enthält, ergeben soll, die Feststellung genüge, dass diese Arbeiten zeitlich vor der Einbeziehung des Schengen-Besitzstands in den Rahmen der Europäischen Union durch den Vertrag von Amsterdam liegen*[1039].

Auch in den folgenden Entscheidungen des EuGH betreffend den Tatbegriff verzichtet er gänzlich auf die historische Auslegung[1040].

5. Ergebnis der historischen Auslegung

Abschließend lässt sich festhalten, dass es bereits zweifelhaft ist, ob die ohnehin grundsätzlich nur subsidiär anwendbare historische Interpretation zur Auslegung des Tatbegriffs im Art. 54 SDÜ herangezogen werden darf. Wie bereits festgestellt, führt das im Rahmen der teleologischen Auslegung präferierte weite Tatbegriffsverständnis, welches unabhängig von den Tatbegriffen der einzelnen Schengen-Staaten ist, weder zu „offensichtlich sinnwidrigen" noch zu „unvernünftigen Ergebnissen". Zum anderen kann die historische Auslegung, selbst wenn die insoweit ermittelte Auslegung des Tatbegriffsverständnisses noch „mehrdeutig" oder „dunkel" erscheinen würde, keinen weiteren Beitrag zur Konkretisierung des Tatbegriffs leisten, da eine solche mangels verfügbarer Ma-

1037 *Kische*, Tatidentität, 2008, S. 43.

1038 Schlussanträge des Generalanwalts *Colomer* vom 19.09.2002 in den Rs. C-187/01 (Gözütok) und C-385/01 (Brügge), abgedruckt in Rn. 117, Quelle: http://www.curia.europa.eu.

1039 EuGH JZ 2003, 303, 305 [Rn. 46].

1040 Vgl. § 8. C) IV. 2. - 5.

terialien nicht möglich ist und sich daher allenfalls im Bereich der Spekulation bewegt werden könnte[1041].

V. Ergebnis der Auslegungsmethoden

Im Punkt *„D) Auslegung des Tatbegriffs i.S.d. Art. 54 SDÜ“* wurde untersucht, ob das vom EuGH entwickelte Tatbegriffsverständnis auch von den Auslegungsmethoden getragen wird[1042]. Dieses Vorgehen war angebracht, da eine Stütze des vom EuGH entwickelten Tatbegriffsverständnisses durch die Auslegung des Tatbegriffs in der Lage gewesen wäre, die Güte des vom EuGH gefundenen Ergebnisses aufzuzeigen. Jedoch war bereits zu Beginn der Betrachtung klar, dass bei einer Divergenz des durch die Auslegung gefundenen Tatbegriffsverständnisses und dem vom EuGH entwickelten Tatbegriff, ein Spannungsverhältnis entstehen würde. Es wurde in diesem Zusammenhang auch schon darauf hingewiesen, dass im letzteren Fall abzusehen wäre, dass die Entwicklung des Tatbegriffs einer noch großen Entwicklungsphase entgegenblicken würde; also noch ein beträchtlicher Entwicklungsprozess in der Fassung des Tatbegriffsverständnisses liegen würde[1043]. Für die Auslegung des Tatbegriffs wurden sodann die gängigen Auslegungsmethoden, namentlich die Wortlautinterpretation, die systematische Auslegung, die teleologische Interpretation und die historische Auslegung herangezogen[1044].

Im Rahmen der Wortlautinterpretation wurden die verschiedenen Ansichten dargestellt, die von einer Orientierung des Tatbegriffs an der tatsächlichen Handlung[1045], bis hin zu einer Offenheit für eine ergänzende Heranziehung normativer Gesichtspunkte reichen[1046]. Letztlich wurde die Ansicht vertreten, dass durch das Hinzutreten weiterer verbindlicher Wortlaute, selbiger nicht (mehr) eindeutig ist, sodass auch die anderen Auslegungsmethoden herangezogen werden mussten[1047].

1041 So *Eicker*, Transstaatliche Strafverfolgung, 2004, S. 116, dessen Ausführungen sich jedoch auf das Merkmal der „rechtskräftigen Aburteilung“ beziehen. Seine Ausführungen zur historischen Interpretation des Merkmals der „rechtskräftigen Aburteilung“ lassen sich aber diesbezüglich auch auf das Merkmal „derselben Tat“ übertragen, da es sich nicht um Besonderheiten der rechtskräftigen Aburteilung, sondern um allgemeine Ausführungen hinsichtlich der historischen Interpretation handelt.

1042 Vgl. § 8. D).

1043 Vgl. § 8. D).

1044 Vgl. § 8. D) I. - IV.

1045 Vgl. § 8. D) I.; *Kniebühler*, Transnationales ‚ne bis in idem‘, 2005, S. 275.

1046 Vgl. § 8. D) I.; *Böse*, GA 2003, 744, 759.

1047 Vgl. § 8. D) I.; *Jagla*, ne bis in idem, 2007, S. 102.

Im Rahmen der sodann anzustellenden systematischen Auslegung des Tatbegriffs in Art. 54 SDÜ ließen sich sowohl Argumente für ein auf den Lebenssachverhalt abstellendes weites Tatbegriffsverständnis finden, als auch solche, die für ein eng begrenztes Tatbegriffsverständnis sprechen[1048]. Zwar war eine Tendenz hin zu einer Orientierung an dem zu Grunde liegenden Lebenssachverhalt und somit zu einem weiten Tatbegriffsverständnis erkennbar. Jedoch ließ auch die systematische Auslegung keine eindeutige Beantwortung der Frage zu, ob von einem auf den Lebenssachverhalt (“idem factum“) oder von einem auf die rechtliche Einordnung („idem crimen“) abstellenden Tatbegriff auszugehen ist[1049].

Anhand der daraufhin vorgenommenen teleologischen Interpretation des Tatbegriffs konnte aufgezeigt werden, dass grundsätzlich nur ein von den nationalen Rechtsordnungen unabhängiger faktischer Tatbegriff dem Sinn und Zweck des SDÜ, namentlich einen Raum der Freiheit, der Sicherheit und des Rechts ohne Binnengrenzen zu verwirklichen, gerecht werden kann[1050].

Die im Anschluss an die teleologische Auslegung herangezogene historische Interpretation hat keinen weiteren Beitrag zur Konkretisierung des Tatbegriffs leisten können. Dies beruht nicht zuletzt darauf, dass dem SDÜ geheime Verhandlungen vorausgegangen sind und es aus diesem Grunde keine öffentlich zugänglichen Materialien zu seiner Entstehungsgeschichte gibt, die weiteren Aufschluss geben können[1051].

Nach Erörterung der verschiedenen Interpretationsmöglichkeiten bleibt festzuhalten, dass die teleologische Interpretation im Grunde die vom EuGH präferierte autonome Auslegung des Tatbegriffs in Art. 54 SDÜ bestätigt hat. Auch sie spricht sich, wie der EuGH, für einen eigenständigen europarechtlichen faktischen Tatbegriff im Sinne eines „idem factum“ aus, welcher nicht an das jeweilige prozessuale Tatverständnis des Erstverfolgungsstaates anknüpft[1052]. Dem Begriff „dieselbe Tat“ in Art. 54 SDÜ wird daher ausschließlich eine Auslegung dahin gehend gerecht, die sich an der vorgenommenen Handlung orientiert. Nicht abzustellen ist in diesem Zusammenhang dagegen auf die rechtliche Einordnung der Handlung[1053]. Bei der Beurteilung, ob eine Tatidentität vorliegt, ist

1048 Vgl. § 8. D) II.

1049 Vgl. § 8. D) II. 5.

1050 Vgl. § 8. D) III. 4.

1051 Vgl. § 8. D) IV. 1. und 5.; so *Eicker*, Transstaatliche Strafverfolgung, 2004, S. 115 und 116, dessen Ausführungen sich jedoch auf das Merkmal der „rechtskräftigen Aburteilung“ beziehen. Seine Ausführungen zur historischen Interpretation des Merkmals der „rechtskräftigen Aburteilung“ lassen sich aber diesbezüglich auch auf das Merkmal „derselben Tat“ übertragen, da es sich nicht um Besonderheiten der rechtskräftigen Aburteilung, sondern um allgemeine Ausführungen hinsichtlich der historischen Interpretation handelt.

1052 Vgl. § 8. C) V.; *Radtke*, in: Festschrift für Seebode, 2008, S. 297, 306.

1053 *Specht*, Geltung des Grundsatzes, 1999, S. 164.

auf den räumlichen und örtlichen Zusammenhang i.S.e. geschichtlichen Vorgangs abzustellen, in welchem die Tathandlung steht[1054]. Um dem Streben des Art. 54 SDÜ nach Rechtssicherheit gerecht zu werden, ist dabei von einem weiten Tatbegriff im Sinne eines geschichtlichen Gesamtvorganges auszugehen[1055]. Jedoch wurde in diesem Zusammenhang bereits angedeutet, dass ein autonomer Tatbegriff nicht durch ein einfaches Abstellen auf ein tatsächliches Geschehen erreicht werden kann[1056], wie dies offenbar der EuGH annimmt[1057]. Vielmehr muss eine Lösung gesucht werden, die sich einerseits die Korrelation zwischen dem Lebenssachverhalt und dem materiellen Recht der Schengen-Staaten eingesteht, andererseits aber eine größtmögliche Unabhängigkeit des Tatbegriffs von den nationalen Rechtsanschauungen gewährleistet[1058]. Das vom EuGH vertretene weite autonome Tatbegriffsverständnis hat im Rahmen der Auslegung des Art. 54 SDÜ eine Bestätigung gefunden. Jedoch kann ein solches nicht durch ein einfaches Abstellen auf den Lebenssachverhalt erreicht werden. Der Lebenssachverhalt ist nämlich seinerseits nicht frei von materiell-rechtlichen Einflüssen. Daher wird nachfolgend ein Lösungsansatz herausgearbeitet werden müssen, der sich am zu Grunde liegenden Lebenssachverhalt als „idem factum“ orientiert, aber zugleich eine größtmögliche Unabhängigkeit des Tatbegriffs von materiell-rechtlichen Einflüssen der Schengen-Staaten gewährleistet[1059]. Nur ein solcher Tatbegriff wird in der Lage sein, dass vom EuGH angestrebte Ziel der Schaffung eines Raums der Freiheit, der Sicherheit und des Rechts vollumfänglich zu gewährleisten. Da sich an dieser Stelle bereits abzeichnet, dass im Rahmen des zu entwickelnden Lösungsansatzes ein sich am Lebenssachverhalt orientierender weiter Tatbegriff vertreten wird, könnte der Einwand erhoben werden, dass ein solcher Strafbarkeitslücken heraufbeschwöre. Gegen die Besorgnis, dass die verschiedenen nationalen Rechtsordnungen nicht hinreichend kompatibel seien und mögliche Sanktionslücken entstehen könnten, lässt sich aber das Beispiel der Niederlande anführen. Die Niederlande weisen mit Art. 68 Abs. 1 Wetboek van Strafrecht eine der liberalsten Regelungen bezüglich des grenzüberschreitenden ne-bis-in-idem auf und sind bislang dennoch von großen Erschütterungen verschont geblieben[1060]. In diesem Zusammenhang bleibt die begrüßenswerte Entwicklung festzuhalten, dass trotz teilweiser Ablehnung einer Harmonisierung des

1054 *Specht*, Geltung des Grundsatzes, 1999, S. 164.
1055 *Specht*, Geltung des Grundsatzes, 1999, S. 164.
1056 Vgl. § 8. D) III. 2.
1057 Vgl. § 8. C) IV. 2. - 5.
1058 Vgl. § 8. D) III. 4. und § 9. In Letzterem wird ein eigener Lösungsansatz entwickelt.
1059 Vgl. § 9.
1060 *Kniebühler*, Transnationales ‚ne bis in idem‘, 2005, S. 8 und Fn. 27.

Tatbegriffs im europäischen Raum[1061], doch überwiegend dessen Vereinheitlichung favorisiert wird. Von der Wissenschaft wird sogar mehrheitlich das handhabbarere und klarere prozessuale Verständnis bevorzugt[1062]

1061 Vgl. § 8. D) III. 3. a); *Hecker*, StV 2001, 306, 309.

1062 *Eser,* in: Meyer, Charta der Grundrechte, 2011, Art. 50 Rn. 15.

§ 9. Die eigene Auffassung

A) Unmöglichkeit einer Ideallösung

Bevor die eigene Auffassung und damit verbunden der eigene Lösungsvorschlag dogmatisch entwickelt und vorgestellt wird, soll an dieser Stelle der Bearbeitung der Frage nachgegangen werden, ob es für die Bestimmung des Tatbegriffs im Art. 54 SDÜ eine Ideallösung geben kann. Damit eine solche Lösung eine Ideallösung ist, müsste sie in der Lage sein, einen idealen Ausgleich zwischen dem individuellen Interesse des Einzelnen und dem Strafverfolgungsinteresse der Gemeinschaft zu finden, sowie darüber hinaus dogmatisch überzeugend und praxistauglich sein[1063]. Dass eine solche Ideallösung gefunden werden kann, erscheint als durchaus zweifelhaft. Denn wie bereits dargestellt, scheint schon die Klärung des prozessualen Tatbegriffs selbst im nationalen deutschen Recht, trotz jahrzehntelanger Beschäftigung durch Rechtsprechung und Literatur, in weiter Ferne[1064]. Auch die nationalen Tatbegriffsverständnisse der einzelnen Schengen-Staaten sind nicht einheitlich. So wurde beispielsweise im Rahmen der vorliegenden Arbeit bereits aufgezeigt, dass das englische Strafverfahrenssystem unter Tat nicht das natürliche historische Ereignis versteht, sondern vielmehr für einzig maßgeblich die rechtliche Qualifizierung des Tatsachenkomplexes in dem Umfang hält, in dem die übrigen Prozessgrundsätze von Common Law bzw. Statute Law sie im Zeitpunkt der Gerichtsentscheidung zulassen[1065]. Demgegenüber haben die französischen Gerichte ihrer Betrachtung einen historischen Tatbegriff zu Grunde zulegen[1066]. Des Weiteren wurde auch bereits auf die Schwierigkeiten bei der Definition des Tatbegriffs im Art. 54 SDÜ hingewiesen[1067]. Die Hauptschwierigkeit besteht darin, dass innerhalb der Rechtsordnungen der Vertragsparteien ein unterschiedliches Verständnis des Tatbegriffs vorherrscht[1068]. So sehr sich die Wissenschaft und die Rechtsprechung von jeher bemüht haben, die Merkmale der Identität in einer möglichst klaren und einfachen Regel zusam-

1063 Vgl. § 9. B) I.

1064 Vgl. § 2.; *Bauer*, NStZ 2003, 174.

1065 Vgl. § 3. D); *Kielwein*, ZStW 68 (1956), 163, 177.

1066 Vgl. § 3. A); *Mansdörfer*, Prinzip des ne bis in idem, 2004, S. 66 - 67.

1067 Vgl. § 8. C) I.

1068 Vgl. § 3.; *Kniebühler*, Transnationales ‚ne bis in idem', 2005, S. 274.

menzufassen, so stehen doch allen Lösungsvorschlägen ihrerseits erhebliche Bedenken entgegen[1069].

Selbst die Ansicht, welche auf den faktischen Tatbegriff abstellt, übersieht, dass zwischen dem materiellen Recht und dem Lebenssachverhalt eine Korrelation besteht. So ist – wie bereits deutlich wurde[1070] – zwar auch m.E. ein von den jeweiligen nationalen Tatbegriffsverständnissen der Schengen-Staaten losgelöster, sich an dem tatsächlichen Lebenssachverhalt orientierender Tatbegriff („idem factum") am besten geeignet, den Schutz vor Mehrfachverfolgung und -bestrafung zu gewährleisten. Dabei ist es richtig, für den Tatbegriff im Art. 54 SDÜ eine Auslegung dahin gehend zu präferieren, die sich an der vorgenommenen Handlung orientiert. Ein Abstellen auf die rechtliche Einordnung der Handlung sollte tunlichst vermieden werden. Es muss in diesem Zusammenhang von einem weiten Tatbegriffsverständnis ausgegangen werden, welches sich an dem räumlichen und örtlichen Zusammenhang i.S.e. geschichtlichen Vorgangs orientiert[1071]. Die Annahme eines rein faktischen Tatbegriffs, der allein an dem räumlichen und örtlichen Zusammenhang i.S.e. geschichtlichen Vorgangs ausgerichtet ist, greift aber für sich allein zu kurz. Übersehen wird bei einer solchen Betrachtung, dass der Lebenssachverhalt seinerseits keine feste Größe darstellt. Dies erschließt sich, wenn man bedenkt, dass er durch die unterschiedlichen Gesetze der einzelnen Mitgliedstaaten unterschiedlich beschrieben wird. Anders ausgedrückt heißt dies, dass der faktische Tatbegriff durch das materielle Recht der Mitgliedstaaten zumindest mitbestimmt wird; er korreliert also mit dem materiellen Recht der Mitgliedstaaten[1072].

Der scheinbare Gewinn an Rechtssicherheit und Gerechtigkeit durch das Abstellen auf einen faktischen Tatbegriff im Gegensatz zu einem normativen, wird durch die damit einhergehenden Probleme in Frage gestellt. Steht der Sachverhalt, der im Rahmen eines faktischen Tatbegriffs gerade allein maßgeblich sein soll nämlich seinerseits zur Disposition der Schengen-Staaten, indem dieser durch die unterschiedlichen Gesetze dieser Staaten unterschiedlich beschrieben wird, so verliert der zunächst von den rechtlichen Wertungen der einzelnen Staaten unabhängig geglaubte Sachverhalt, seine Autonomie. Bedingen sich also

---

1069 *Neuhaus*, Tatbegriff, 1985, S. 144. Dessen Ausführungen beziehen sich zwar allein auf den Tatbegriff im deutschen Strafverfahrenssystem, sie lassen sich aber auch auf die Lösungsvorschläge zur Bestimmung des Tatbegriffs in Art. 54 SDÜ übertragen. Auch bei der Bestimmung des Tatbegriffs in Art. 54 SDÜ wurde in § 8. C) und D) bereits dargelegt, dass alle bisher entwickelten Lösungsvorschläge ihrerseits schwere Nachteile aufweisen und daher nicht frei von erheblichen Bedenken sind.

1070 Vgl. § 8. D) III. 4.

1071 Vgl. § 8. D) V.

1072 Vgl. § 8. C) IV. 2. c).

normative Wertungen, die jedes Gesetz der Natur der Sache nach enthält, und der Sachverhalt wechselseitig, so vermag auch ein Abstellen auf einen faktischen Tatbegriff für sich allein keinen größeren Gewinn an Rechtssicherheit und Gerechtigkeit zu gewährleisten, als das Abstellen auf einen materiellen Tatbegriff. Hat man dieses Dilemma erst einmal verinnerlicht, so zeigt sich, dass das Abstellen auf den Sachverhalt alleine nicht ausreichend ist, um einen von den nationalen Staaten unabhängigen Tatbegriff zu gewährleisten. Vielmehr liegt die Lösung darin, dass auf unterschiedliche – nachfolgend noch herauszuarbeitende[1073] – Details Rücksicht genommen werden muss.

Es kann nach alledem aber für das Auffinden des eigenen Lösungsvorschlages bereits an dieser Stelle festgehalten werden, dass es keine Ideallösung geben kann, die ihrerseits nicht auch wieder auf gewisse Bedenken stoßen wird. Ziel der vorliegenden Arbeit ist es aber, ein aufeinander abgestimmtes Gesamtlösungskonzept zu schaffen, dass die Schwächen der bereits vertretenen Lösungsvorschläge soweit wie möglich minimiert und dennoch – oder gerade deshalb – einen vollumfänglichen ne-bis-in-idem-Schutz gewährleistet.

B) Entwicklung eines Gesamtlösungskonzepts

I. Allgemeines

Im Folgenden soll ermittelt werden, um welche Kriterien der prozessuale Tatbegriff angereichert werden muss, um einen möglichst autonomen europäischen Tatbegriff zu schaffen, der die größtmögliche Gewähr für die Verwirklichung des Raums der Freiheit der Sicherheit und des Rechts bietet. Dabei ist besonderer Wert auf einen handhabbaren Tatbegriff zu legen, der nicht bereits auf Grund seiner Komplexität eine Einbuße des Rechts auf Freiheit heraufbeschwört. Die Einfachheit der zu findenden Lösung wird auch einen Beitrag zur Beschleunigung der Vorlageverfahren leisten. Dies ist ein nicht zu unterschätzender Effekt, da gerade der durch den Vertrag von Lissabon geschaffene Art. 267 Abs. 4 AEUV verlangt, dass der Gerichtshof in der Lage ist, innerhalb kürzester Zeit zu entscheiden, wenn eine Vorlagefrage in einem Verfahren gestellt wird, das eine inhaftierte Person betrifft[1074].

Wegen der aufgezeigten Schwierigkeiten bei der Tatbegriffsdefinition[1075] muss aber von vornherein klar sein, dass nicht eine einfache abstrakte Definition

1073 Vgl. § 9. B) I.
1074 Vgl. § 8. C) IV. 4. c); *Thiele*, EuR 2010, 30, 49.
1075 Vgl. § 8. C) I.

des Tatbegriffs gefunden werden kann, die geeignet ist, alle Gewährleistungen zu vereinen. Es darf nicht vergessen werden, dass im Rahmen eines Lösungsversuchs ein Ausgleich zwischen den Individualinteressen des Einzelnen und den Gemeinschaftsbelangen der Schengen-Staaten gefunden werden muss[1076]. Jeder Lösungsversuch, der sich selbst ernst nimmt, und ein Mindestmaß an Seriosität bieten möchte, muss also sozusagen eine *„praktische Konkordanz"* zwischen den staatlichen und den individualen Interessen herstellen[1077]. Dies kann aber nicht durch eine bloße abstrakte Definition des Tatbegriffs, sondern nur durch ein aufeinander abgestimmtes Gesamtkonzept erfolgen[1078].

Das noch zu entwickelnde Gesamtkonzept soll aus zwei Stufen bestehen, mit deren Hilfe sowohl ein vollumfänglicher ne-bis-in-idem-Schutz gewährleistet, als auch eine systematische Herangehensweise an die Beantwortung der Frage ermöglicht werden soll, ob im jeweiligen Fall eine Tat i.S.d. Art. 54 SDÜ vorliegt.

Dabei soll auf der ersten Stufe zunächst ein Schutz vor einer etwaig bestehenden Gefahr einer parallelen Mehrfachverfolgung entwickelt werden, die selbst durch einen noch so weit gefassten europäischen Tatbegriff nicht beseitigt werden kann[1079].

Auf der zweiten Stufe vereinigt der hier vertretene Lösungsansatz den Lebenssachverhalt und den europäischen Rechtsgüterschutz (sozusagen i.S.e. Vereinigungstheorie), indem er sich zur Ermittlung der Tatidentität grds. an einem auf den Lebenssachverhalt abstellenden Tatbegriff („idem factum") orientiert. Jedoch wird der faktische Tatbegriff um einen auf einer abstrakteren Stufe stehenden europäischen Rechtsgüterschutz, als sog. Ziel- und Schutzinteresse angereichert, um einen weitestgehend von den nationalen Tatbeständen losgelösten Tatbegriff zu gewährleisten[1080].

1076 Vgl. § 9. A) und B) II. 2. b); *Vander Beken/Vermeulen/Lagodny*, NStZ 2002, 624, 625.

1077 Vgl. § 9. B) II. 2. b); *Vander Beken/Vermeulen/Lagodny*, NStZ 2002, 624, 625.

1078 So wohl auch *Bauer*, NStZ 2003, 174, 178. Bauer hält es, wegen der sich bei der Tatbegriffsbestimmung ergebenden Probleme, für vorzugswürdig, sachgemäße Fallgruppen zu bilden, anstatt den vergeblichen Versuch zu unternehmen, einen alles lösenden, unbegrenzt subsumierbaren „Oberbegriff" zu finden.

1079 Vgl. § 9. B) II.

1080 Vgl. § 9. B) III.

II. Bestimmung der strafgewaltsbefugten Staaten bei dem Vorhandensein derselben Tat i.S.d. Art. 54 SDÜ – Erste Stufe

Im Rahmen der Herausarbeitung eines, den aufgeführten Zielvorgaben[1081] gerecht werdenden, Gesamtkonzepts soll zunächst auf der ersten Stufe des Gesamtlösungskonzepts eine Lösung für eine etwaig bestehende Gefahr der Doppelverfolgung trotz der Gewährleistung des Art. 54 SDÜ aufgezeigt werden. Es ist also vorab zu klären, ob Art. 54 SDÜ selbst bei Anwendung eines noch so weit gefassten Tatbegriffsverständnisses, überhaupt geeignet ist, Doppelverfolgungen innerhalb des Schengen-Raums vollumfänglich zu verhindern.

1. Erfordernis einer Regelung der Strafgewaltsbefugnis neben Art. 54 SDÜ

Ein Erfordernis nach einer Regelung der Strafgewaltsbefugnis neben Art. 54 SDÜ würde bereits nicht bestehen, eine Erörterung dieser Thematik wäre also von vornherein nicht angebracht, wenn schon die durch Art. 54 SDÜ verbürgte Einmaligkeit der Strafverfolgung und -bestrafung einen hinreichenden ne-bis-in-idem-Schutz gewährleisten würde.

a) Parallele Strafverfolgung

Jedoch ist der Ansicht von *Vander Beken, Vermeulen und Lagodny* zuzustimmen, wenn diese ausführen, dass der Problematik konkurrierender Strafgewalten durch ein auch noch so weit gefasstes transnationales ne-bis-in-idem nicht hinreichend begegnet werden kann[1082]. Dies wird ganz deutlich, wenn auf die Anerkennung der Erstentscheidung eines anderen Staates für die Bestimmung des Tatbegriffs abgestellt wird. Selbst wenn der Erstverfolgerstaat von einem weiten prozessualen Tatbegriffsverständnis ausgeht, so kann eine Anerkennung dieser Erstentscheidung frühestens in dem Zeitpunkt erfolgen, in welchem in dem Erstverfolgerstaat überhaupt eine Entscheidung ergangen ist[1083]. In der Zwischenzeit besteht die Gefahr einer Konkurrenz paralleler (also zeitgleicher) Strafverfahren[1084].

1081 Vgl. § 9. A) und B) I.

1082 *Vander Beken/Vermeulen/Lagodny*, NStZ 2002, 624.

1083 *Vander Beken/Vermeulen/Lagodny*, NStZ 2002, 624.

1084 *Vander Beken/Vermeulen/Lagodny*, NStZ 2002, 624; so auch *Kühne*, Strafprozessrecht, 2010, § 3 Rn. 79, der davon ausgeht, dass Art. 54 SDÜ vor der Vollstreckung der als „ersten“ ausgesprochenen Sanktion keinen Verfolgungsschutz gewährt, demzufolge also die parallele Strafverfolgung „derselben Tat“ ermöglicht.

Kühne weist in diesem Zusammenhang zu Recht darauf hin, dass das von Art. 54 SDÜ gewährleistete Verfolgungs- und Verfahrenshindernis zeitlich betrachtet sogar erst dann eingreift, wenn die im Zuge der „rechtskräftigen Aburteilung" verhängte „Sanktion bereits vollstreckt worden ist, gerade vollstreckt wird oder nach dem Recht des Urteilsstaats nicht mehr vollstreckt werden kann."[1085] Vor der Vollstreckung der als „ersten" ausgesprochenen Sanktion gewährt Art. 54 SDÜ nach zutreffender Ansicht von *Kühne* keinen Verfolgungsschutz, sondern erlaubt demzufolge vielmehr die parallele Strafverfolgung „derselben Tat"[1086].

Kühne ist auch zuzustimmen, wenn er den Terminus „abgeurteilt" in Art. 54 SDÜ dahin gehend auslegt, dass jede Art von Entscheidung, also auch Freisprüche und andere richterliche Erledigungen wie etwa die Einstellung, aber auch staatsanwaltliche Erledigungen von Art. 54 SDÜ umfasst sind. Nicht übersehen werden darf aber, dass auch er davon ausgeht, dass der formell sehr weitgehende Schutz vor Mehrfachverfolgung zwar durch praktisch jedwede, aber doch nur durch eine auf Erledigung des Verfahrens zielende, justizielle Maßnahme eintritt[1087]. Allerdings reicht die Entscheidung einer Polizeibehörde, das Verfahren ruhen zu lassen, nicht aus[1088].

Festgehalten werden kann nach alledem, dass auch *Kühne* die Ansicht vertritt, dass das in Art. 54 SDÜ normierte Doppelverfolgungs- und -bestrafungsverbot zeitlich erst eintritt, wenn eine Entscheidung ergangen ist. Darüber hinaus verlangt *Kühne* für den Eintritt der Sperrwirkung aus Art. 54 SDÜ, dass eine auf Erledigung des Verfahrens zielende justizielle Maßnahme ergangen ist.

Zutreffend führt zu dieser Problematik auch *Kniebühler* aus, dass es nicht ausreichend ist, dass ein Strafverfahren wegen derselben Tat in einem anderen Vertragsstaat lediglich anhängig ist. In einem solchen Fall fehlt es an einem endgültigen Verfahrensabschluss, der die negativen Rechtskraftwirkungen auslöst[1089].

Darüber hinaus weist *Kniebühler* zu Recht darauf hin, dass zudem die Fälle nicht unberücksichtigt bleiben dürfen, in denen nicht nur eine parallele Strafverfolgungstätigkeit erfolgt, sondern auch die Fälle hervorgehoben werden müssen, in welchen in einem Staat noch die Strafverfolgungsorgane tätig sind, während in einem anderen Staat bereits ein gerichtliches Verfahren gegen den präsumtiven Täter eröffnet wurde (einfache An- bzw. Rechtshängigkeit). Ebenso ist auch eine Regelung für diejenigen Fälle notwendig, in welchen bereits in beiden Staaten die Ermittlungen zur Eröffnung eines (Gerichts-)Verfahrens geführt ha-

---

1085 *Kühne*, Strafprozessrecht, 2010, § 3 Rn. 79; vgl. auch Wortlaut des Art. 54 SDÜ.

1086 *Kühne*, Strafprozessrecht, 2010, § 3 Rn. 79.

1087 *Kühne*: Anm. zu EuGH vom 28.9.2006, JZ 2007, 248.

1088 *Kühne*, Strafprozessrecht, 2010, § 3 Rn. 79.

1089 *Kniebühler*, Transnationales ‚ne bis in idem', 2005, S. 301.

ben (doppelte An- bzw. Rechtshängigkeit)[1090]. Beiden Varianten des *lis pendens* ist gemeinsam, dass noch kein endgültiger Verfahrensabschluss ergangen ist und somit der abschlussbezogene – von Art. 54 SDÜ verbürgte – ne-bis-in-idem-Grundsatz noch nicht eingreifen kann. Die Gefahr der Doppelverfolgung realisiert sich hier also nicht durch sukzessive, sondern vielmehr durch parallele Strafverfolgungen[1091].

Dass Art. 54 SDÜ erst ab dem Zeitpunkt ein Doppelbestrafungs- und Doppelverfolgungshindernis begründet, ab dem eine irgendwie geartete Entscheidung ergangen ist, ergibt sich auch aus den Ausführungen von *Stein* zu dem Begriff „rechtskräftig" im Art. 54 SDÜ. Nach *Stein* knüpft der Begriff rechtskräftig im Sinne des Art. 54 SDÜ an eine Entscheidung eines Strafverfolgungsorgans an. Verfahrensbeendigungen, die auf andere Weise zustande kommen und gerade nicht auf einer Entscheidung beruhen, erfüllen nach dieser zustimmungswürdigen Ansicht dieses Erfordernis nicht und können daher auch nicht rechtskräftig sein. Auf die Form der Entscheidung kommt es nach dieser Ansicht nicht an. Auch ist danach unerheblich, ob es sich um eine Prozess-, Sach- oder Opportunitätsentscheidung handelt. Grundsätzlich seien alle Entscheidungen geeignet, den von Art. 54 SDÜ gewährleisteten ne-bis-in-idem-Schutz zu begründen[1092].

b) „Wettlauf" und „forum-shopping"

Zusätzlich zu der Gefahr der parallelen Strafverfolgung des präsumtiven Täters, könnten sich die Strafverfolgungsbehörden auch veranlasst sehen, um ihre Strafgewalt zum Zuge kommen zu lassen, besonders schnell zu einer Entscheidung im konkreten Fall zu gelangen, damit dieser noch nicht die ne-bis-in-idem Wirkung einer in einem anderen Staat ergangenen Entscheidung entgegensteht. Dies begünstigt die Gefahr des Entstehens eines „Wettlaufs" oder eines „forum-shopping"[1093]. Aber auch ein autonomer, also von den Tatbegriffsverständnissen der Mitgliedstaaten unabhängiger europäischer Tatbegriff, vermag für sich allein, auch bei einem noch so weit gefassten Verständnis nicht, eine Konkurrenz paralleler Strafverfahren i.S.e. „Wettlaufs" oder eines „forum-shopping" zu verhindern[1094]. Denn eine Anerkennung der Erstentscheidung eines anderen Schengen-Staates ist erst möglich, wenn eine solche auch tatsächlich ergangen ist[1095]. Die Gefahr des Entstehens eines „Wettlaufs der Staaten" darf nicht unterschätzt

1090 *Kniebühler*, Transnationales ‚ne bis in idem', 2005, S. 372.
1091 *Kniebühler*, Transnationales ‚ne bis in idem', 2005, S. 372.
1092 *Stein*, Artikel 54 SDÜ, 2004, S. 177.
1093 *Vander Beken/Vermeulen/Lagodny*, NStZ 2002, 624.
1094 *Vander Beken/Vermeulen/Lagodny*, NStZ 2002, 624.
1095 *Vander Beken/Vermeulen/Lagodny*, NStZ 2002, 624.

werden. Es besteht eine große Wahrscheinlichkeit dafür, dass Staaten, im Wissen darum, dass ihre strafklageverbrauchenden Verfahrensabschlüsse i.S.d. Art. 54 SDÜ innerhalb der Schengen-Staaten Geltung erlangen, Verfahren überhastet oder gar in Abwesenheit des Angeklagten beenden, um ihr eigenes Sühnebedürfnis zu befriedigen[1096]. Wegen des noch immer bestehenden gegenseitigen Misstrauens der Schengen-Staaten in ihre strafrechtlichen Systeme könnten sich einzelne Schengen-Staaten veranlasst sehen, ihre Strafgewalt eilig auszuüben, um zu verhindern, dass ein anderer Staat, dessen Strafgewalt ebenfalls eingreift, ihnen zuvorkommt und womöglich eine nach eigenem nationalen Verständnis als qualitativ oder quantitativ ungerecht empfundene Strafe verhängt[1097]. Eine solche *„Überbeschleunigung“* von Verfahren, nur um die eigene Strafgewalt zum Zuge kommen zu lassen, also aus falsch verstandenem Souveränitätsdenken, kann zu einer bedenklichen Einbuße im Hinblick auf die Rechtsstaatlichkeit eines Verfahrens führen. Nicht zuletzt, wenn Verfahren in Eile und in Abwesenheit des Angeklagten abgeschlossen werden, und dadurch zum Teil wertvolle Informationen, deren Erlangung zeitintensiv ist oder die nur der Angeklagte hat, nicht berücksichtigt werden können[1098].

Nach alledem kann festgehalten werden, dass der Gefahr eines „Wettlaufs der Staaten“ oder eines „forum-shopping“ effizient nur dadurch begegnet werden kann, dass von vornherein nach bestimmten Kriterien festgelegt wird, welcher Staat verfolgungs- und bestrafungsbefugt ist und andere Staaten zur Auslieferung verpflichtet sind[1099].

c) Unkoordinierte Parallelverfahren

Des Weiteren können unkoordinierte Parallelverfahren dazu führen, dass das Verfahren in einem Schengen-Staat bspw. wegen Geringfügigkeit i.S.v. Art. 54 SDÜ wirksam eingestellt wird, obgleich auf Grund von Ermittlungen in einem anderen Schengen-Staat sich viel schwerere Delikte ergeben haben[1100]. Dadurch kann es zu Strafbarkeitslücken kommen, die mit dem Gerechtigkeitsempfinden nicht in Einklang zu bringen sind.

1096 *Jagla*, ne bis in idem, 2007, S. 32.

1097 *Jagla*, ne bis in idem, 2007, S. 32.

1098 *Jagla*, ne bis in idem, 2007, S. 32.

1099 Vgl. § 6. C) I.; *Jagla*, ne bis in idem, 2007, S. 32 und S. 33.

1100 *Vander Beken/Vermeulen/Lagodny*, NStZ 2002, 624, 625.

d) Kostbarkeit der Strafverfolgungsressourcen

Schließlich führen unkoordinierte Parallelverfahren auch zu einer Vergeudung der Strafverfolgungsressourcen. Besonders in Zeiten, in welchen die Mitgliedstaaten auf Grund der Belastungen ihrer öffentlichen Haushalte zu Einsparungen gezwungen sind, stellt sich eine unkoordinierte parallele Strafverfolgung wegen derselben Tat in verschiedenen Mitgliedstaaten als unvernünftig und geradezu unverantwortlich dar. Durch die vorherige Bestimmung der strafgewaltsbefugten Staaten könnten bisher gebundene Kapazitäten in der Strafverfolgung freigesetzt werden. Nicht zuletzt würde dies zu einer Entlastung der Strafverfolgungsbehörden beitragen. Dadurch könnte die Effektivität der Strafverfolgung gesteigert und damit die öffentlichen Haushalte entlastet werden[1101].

e) Ergebnis

Nach alledem kann festgehalten werden, dass die durch Art. 54 SDÜ verbürgte Einmaligkeit der Strafverfolgung und -bestrafung keinen hinreichenden ne-bis-in-idem-Schutz zu gewährleisten imstande ist. Vielmehr vermag Art. 54 SDÜ schon eine Konkurrenz paralleler Strafverfahren vor dem Ergehen einer Entscheidung im Erstverfolgerstaat nicht zu verhindern[1102].

Des Weiteren besteht auch bei zu Grunde Legung eines noch so weit gefassten autonomen europäischen Tatbegriffs bis zum Erlass einer Erstentscheidung die Gefahr des Entstehens eines „Wettlaufs der Staaten" bzw. eines „forum-shopping."[1103]

Nicht unterschätzt werden darf, dass unkoordinierte Parallelverfahren die Gefahr begründen, dass in einem Schengen-Staat eine Entscheidung ergeht, die bei Berücksichtigung der einem anderen Schengen-Staat vorliegenden Ermittlungsergebnisse als unverhältnismäßig erscheinen muss[1104].

Auch wegen der Knappheit der Strafverfolgungsressourcen ist eine vorherige Bestimmung der strafgewaltsbefugten Staaten dringend geboten[1105].

Daher ist es erforderlich neben dem bereits von Art. 54 SDÜ gewährleisteten ne-bis-in-idem-Schutz eine prozedurale Lösung zu suchen. Das noch zu entwickelnde prozedurale Koordinationssystem muss zeitlich bereits vor einer Er-

1101 So im Ergebnis auch *Vander Beken/Vermeulen/Lagodny*, NStZ 2002, 624, 625, die ebenfalls von einem nicht unbeträchtlichen Einsparungspotential für die nationalen Haushalte durch eine zunehmende Koordination nationaler Verfahren zur selben Tat ausgehen.

1102 Vgl. § 9. B) II. 1. a).

1103 Vgl. § 9. B) II. 1. b); *Vander Beken/Vermeulen/Lagodny*, NStZ 2002, 624.

1104 Vgl. § 9. B) II. 1. c).

1105 Vgl. § 9. B) II. 1. d).

stentscheidung im Sinne des Art. 54 SDÜ eine Mehrfachverfolgung ausschließen, da es ein Verbot der Doppelverfolgbarkeit für Taten begründet, die noch mehrfach verfolgbar waren[1106].

2. Bestimmung der strafgewaltsbefugten Staaten

a) Allgemeine Ausführungen

Die Beantwortung der Frage, die Strafgewalt welchen Staates zur Anwendung kommt, kann vor allem im Strafrecht nicht davon abhängen, in welchem Staat der Täter zuerst i.S.d. Art. 54 SDÜ abgeurteilt wird. Hierdurch wäre dem Zufall Tür und Tor geöffnet, getreu dem Motto, „wer zuerst kommt, mahlt zuerst."[1107] Eine solche strikte Anwendung eines zeitlichen Vorrangs in der Strafgewalt, sozusagen eine am zeitlichen Prioritätsprinzip ausgerichtete Strafgewalt, erscheint als unsachgemäß, um Strafgewaltskonflikte nach an rechtsstaatlichen Kriterien ausgerichteten Maßstäben einer sachgerechten Lösung zuzuführen. Den Zufall über die anwendbare Strafgewalt im konkreten Fall entscheiden zu lassen, ist bei Strafgewaltskonflikten, wenn überhaupt, nur zulässig, wenn keine andere und rationale rechtliche Lösung zur Verfügung steht[1108]. Vielmehr sollte durch für alle Mitgliedsstaaten verbindliche Zuständigkeitsregeln im konkreten Fall und mit dem Potenzial gerichtlicher Überprüfbarkeit eine einzige Strafgewalt bestimmt werden. Als besondere Herausforderung stellt sich dabei die Lösung des Problems dar, sachliche Kriterien zur Bestimmung dieser einzigen Strafgewalt zu finden. Nach dem Auffinden solcher Kriterien muss in einem zweiten Schritt eine Instanz gefunden werden, die über diese Sachkriterien im konkreten Fall entscheidet[1109].

b) Materielle Kriterien zur Bestimmung der strafgewaltsbefugten Staaten

Die Anknüpfungsprinzipien des internationalen Strafrechts, insbesondere das Territorialitäts- und das Personalitätsprinzip können in sich selbst keine Rangordnung enthalten. Die Versuche sich völkergewohnheitsrechtlich auf eine Rangordnung, bspw. eines Vorrangs des Territorialitätsprinzips vor den anderen Anknüpfungsprinzipien zu einigen, blieben bislang erfolglos[1110]. Stattdessen tendiert sowohl die bisherige, als auch die gegenwärtige transnationale Kriminalpo-

---

1106 So im Ergebnis auch *Eser/Burchard*, in: Festschrift für Meyer, 2006, S. 499, 518.

1107 *Vander Beken/Vermeulen/Lagodny*, NStZ 2002, 624.

1108 *Vander Beken/Vermeulen/Lagodny*, NStZ 2002, 624, 625.

1109 *Vander Beken/Vermeulen/Lagodny*, NStZ 2002, 624.

1110 *Vander Beken/Vermeulen/Lagodny*, NStZ 2002, 624, 625.

litik dazu, die Strafgewalt möglichst vieler Staaten zu eröffnen[1111]. Mit Hilfe der Kumulation der Strafgewalten verfolgen die Staaten das Ziel, die eigene Justizhoheit zu betonen[1112]. Zugleich soll aber auch der Gefahr des Entstehens eines negativen Kompetenzkonflikts, also einer etwaigen Straflosigkeit des präsumtiven Täters, begegnet werden (sog. Netzgedanke)[1113]. Dies lief bereits dem Art. 31 Abs. 1 d EUV a.F. zuwider, wonach das gemeinsame Vorgehen im Bereich der justiziellen Zusammenarbeit auch die Vermeidung von Kompetenzkonflikten zwischen den Mitgliedstaaten einschloss[1114]. Das Streben nach der Vermeidung von Kompetenzkonflikten lässt sich seit dem Inkrafttreten des Vertrags von Lissabon aus den Art. 67 Abs. 1 und 3, Art. 82 Abs. 1 AEUV herleiten. Insbesondere mit Hilfe des sog. Netzgedankens versuchen die Mitgliedstaaten ein möglichst dichtes Netz verschiedener nationaler Strafgewalten zu schaffen. Das Ziel, das damit verfolgt werden soll, erscheint auf den ersten Blick legitim. So soll es keinen Staat geben, in dem der präsumtive Täter vor Strafverfolgung sicher ist[1115]. Dies wäre zumindest bezüglich des „Ob" der Strafverfolgung geeignet, dem „forum-shopping" entgegenzuwirken. Dem präsumtiven Täter stünde nämlich kein Raum innerhalb der Mitgliedstaaten mehr offen, in welchem er vor Strafverfolgung sicher wäre[1116]. Freilich wird dadurch noch nichts über die Strafandrohung für die einzelnen Taten gesagt, die bei erheblichen Ungleichheiten innerhalb der Rechtsordnungen den rational denkenden präsumtiven Täter durchaus dazu anhalten kann, sich der Strafgewalt eines „milderen" Mitgliedstaates zu unterstellen.

Da sich die nationalen Staaten bei der Frage des Umfangs der Erstreckung ihrer Strafgewalt noch allzu häufig von klassischen Souveränitätsgedanken leiten lassen und das Misstrauen gegenüber fremden Rechtsordnungen noch nicht gänzlich abgebaut ist, scheint der Netzgedanke kaum überwindlich[1117]. Aber nicht nur in den Mitgliedstaaten, sondern auch in der gegenwärtigen transnationalen Kriminalpolitik wird nicht nur am Netzgedanken festgehalten, sondern er wird sogar auf immer mehr Delikte ausgeweitet[1118]. Das legitime Ziel des Netzgedankens, nämlich zu verhindern, dass der Täter sich in einen Raum zurückzieht, in welchem er vor Strafverfolgung sicher ist, ist aber spätestens mit der

---

1111 *Vander Beken/Vermeulen/Lagodny*, NStZ 2002, 624, 625.

1112 *Kniebühler*, Transnationales ‚ne bis in idem', 2005, S. 68.

1113 *Kniebühler*, Transnationales ‚ne bis in idem', 2005, S. 68 - 69.

1114 *Vander Beken/Vermeulen/Lagodny*, NStZ 2002, 624, 625.

1115 *Eser/Burchard*, in: Festschrift für Meyer, 2006, S. 499, 517; *Vander Beken/Vermeulen/Lagodny*, NStZ 2002, 624, 625.

1116 *Vander Beken/Vermeulen/Lagodny*, NStZ 2002, 624, 625.

1117 *Vander Beken/Vermeulen/Lagodny*, NStZ 2002, 624, 625.

1118 *Vander Beken/Vermeulen/Lagodny*, NStZ 2002, 624, 625.

Festnahme des Täters erreicht. Ab dem Zeitpunkt, in welchen der Täter festgenommen ist, besteht kein anerkennenswertes Bedürfnis mehr für die Strafgewalt weiterer Staaten. Es fehlt an deren Erforderlichkeit im Sinne des Verhältnismäßigkeitsprinzips. Soweit der Ergreifungsstaat selbst nicht in der Lage ist, ein Strafverfahren durchzuführen, bleibt als milderes Mittel, im Gegensatz zu der Strafgewalt mehrerer Staaten, immer noch, dass der Ergreifungsstaat seine Strafgewalt auf einen dazu in der Lage befindlichen Staat überträgt[1119]. Der Netzgedanke ist somit zumindest ab der Festnahme des Täters nicht mehr erforderlich, sodass er in seiner gegenwärtigen Ausgestaltung zu einer überschießenden Existenz von nationalen Strafgewalten führt[1120].

Zur Lösung der Frage, welcher Staat einzig strafgewaltsbefugt sein soll, wenn „dieselbe Tat" i.S.d. Art. 54 SDÜ vorliegt, müssen materielle Kriterien entwickelt werden[1121]. Es muss ein schonender Ausgleich zwischen den Individualinteressen des einzelnen Straftäters und des staatlichen Strafinteresses in Form der Herstellung einer praktischen Konkordanz gefunden werden[1122]. Um einen vollumfänglichen Schutz vor mehrfacher Strafverfolgung zu gewährleisten, muss bereits das Entstehen eines positiven Kompetenzkonflikts verhindert werden. Zur Verwirklichung dieses Ziels ist es erforderlich, dass das bisher bestehende System sich überlagernder Zuständigkeitsbegründungen durch ein aufeinander abgestimmtes System ersetzt wird, welches die ausschließliche Strafverfolgungskompetenz des jeweiligen Schengen-Staates regelt[1123]. Ein Abstellen auf das Territorialitätsprinzip oder aber auf das aktive oder passive Personalitätsprinzip vermag von vornherein nicht zu überzeugen[1124]. Sowohl die Anknüpfung an das Territorialitätsprinzip, als auch an das Personalitätsprinzip führt nicht immer zu einem eindeutigen Ergebnis[1125]. Bei einem Abstellen auf das Territorialitätsprinzip kommt es wegen des Ubiquitätsprinzips zu erheblichen praktischen Problemen[1126]. Denn nach diesem Prinzip werden bei räumlichem oder zeitlichem Auseinanderfallen von Tathandlung und/oder Erfolg sowohl der Handlungs- als auch der Erfolgsort als Tatort im Sinne des Territorialitätsprinzips angesehen[1127]. Diese Kumulation von Handlungs- und Erfolgsort (sog. Ein-

1119 *Vander Beken/Vermeulen/Lagodny*, NStZ 2002, 624, 625.
1120 *Vander Beken/Vermeulen/Lagodny*, NStZ 2002, 624, 625.
1121 *Vander Beken/Vermeulen/Lagodny*, NStZ 2002, 624, 625.
1122 Vgl. § 9. B) I.; *Vander Beken/Vermeulen/Lagodny*, NStZ 2002, 624, 625.
1123 *Kniebühler*, Transnationales ‚ne bis in idem', 2005, S. 71.
1124 *Kniebühler*, Transnationales ‚ne bis in idem', 2005, S. 73.
1125 *Kniebühler*, Transnationales ‚ne bis in idem', 2005, S. 73.
1126 *Kniebühler*, Transnationales ‚ne bis in idem', 2005, S. 71.
1127 Vgl. § 4. B) II. 1. a); *Hein*, Zuständigkeitskonflikte, 2002, S. 31 - 32; *Jagla*, ne bis in idem, 2007, S. 16.

heitstheorie) führt bei Taten, bei denen beide auseinander fallen (sog. Distanzdelikte) zur Begründung von mindestens zwei Tatorten[1128]. Bei Delikten, die im Rahmen international organisierter Kriminalität begangen werden, entstehen zahlreiche Tatorte in diesem Sinne. Daher führt die Anwendung des Territorialitätsprinzips über den Ubiquitätsgrundsatz zur Kumulation internationaler Zuständigkeitskonflikte[1129]. Vor allem bei internationalen Distanzdelikten führt dies dazu, dass die gesamte Tat als Inlandstat zu qualifizieren und damit die eigene Zuständigkeit begründet ist, sobald *„auch nur ein Handlungsteil bzw. (Teil)erfolg im Inland begangen, eingetreten bzw. beabsichtigt gewesen"* ist[1130]. Bei dem Personalitätsprinzip führt sowohl die Möglichkeit, dass der präsumtive Täter die Staatsangehörigkeit mehrerer Staaten besitzen kann, als auch der Fall der Mittäterschaft verschiedener Staatsangehöriger, immer zu einer Aufspaltung des Verfahrens[1131]. *Kniebühler* vertritt die Ansicht, dass nur entweder eine im Nachhinein verbindliche Entscheidung für den Einzelfall über die jeweilige Verfolgungszuständigkeit oder aber ein generelles Hierarchiesystem, welches von Anfang an die vorrangige Verfolgungszuständigkeit bestimmt, geeignet erscheine, eine Lösung der Kompetenzkonflikte zu bieten[1132]. Vorzugswürdig erscheint aber die Ansicht von *Vander Beken, Vermeulen und Lagodny*. Diese wollen das Problem von Strafgewaltskonflikten durch die Bestimmung der jeweils „besten" Strafgewalt lösen[1133]. Zu deren Auffindung beschränken sie sich aber nicht auf eine nachträgliche Bestimmung der Verfolgungszuständigkeit und auch nicht auf die Entwicklung lediglich materialer Kriterien, die zur Bestimmung einer einzigen nationalen Strafgewalt bereits im Vorfeld führen[1134]. Vielmehr sehen sie die Lösung in einer Kombination dieser Ansätze, namentlich darin, dass sich *„die Staaten im konkreten Fall und potentiell gerichtlich kontrollierbar auf eine einzige Strafgewalt einigen"*[1135]. Die Kombination müsse darin bestehen, dass in einem ersten Schritt Sachkriterien für die Bestimmung dieser einen Strafgewalt entwickelt werden, und in einem zweiten Schritt festgelegt wird, wer in welchem Stadium und in welchem Verfahren über diese Sachkriterien entscheidet[1136]. Der Vorzug dieser Kombination gegenüber dem Abstellen auf lediglich entweder ein

1128 *Kniebühler*, Transnationales ‚ne bis in idem', 2005, S. 72.
1129 *Hein*, Zuständigkeitskonflikte, 2002, S. 32.
1130 *Kniebühler*, Transnationales ‚ne bis in idem', 2005, S. 72; *Eser*, in: Schönke/Schröder, Strafgesetzbuch, 2010, § 9 Rn. 12.
1131 *Kniebühler*, Transnationales ‚ne bis in idem', 2005, S. 72 - 73.
1132 *Kniebühler*, Transnationales ‚ne bis in idem', 2005, S. 73.
1133 *Kniebühler*, Transnationales ‚ne bis in idem', 2005, S. 73; *Vander Beken/Vermeulen/Lagodny*, NStZ 2002, 624 ff.
1134 *Vander Beken/Vermeulen/Lagodny*, NStZ 2002, 624 und 625.
1135 *Vander Beken/Vermeulen/Lagodny*, NStZ 2002, 624.
1136 *Vander Beken/Vermeulen/Lagodny*, NStZ 2002, 624.

anfängliches oder aber ein nachträgliches Lösungsmodell liegt bereits darin, dass die auslegungsbedürftigen Kriterien somit anhand einer Entscheidung im Einzelfall konkretisierend ausgelegt werden können, was zu einer größeren Einzelfallgerechtigkeit führen kann. *Vander Beken, Vermeulen und Lagodny* stellen auf folgende materielle Kriterien zur Bestimmung der einzigen nationalen Strafgewalt ab, die bei einer Tat zum Zuge kommen sollen[1137]:

- *„Tatort*
- *Prozessökonomische Gründe, wie beispielsweise*
  - *Verfügbarkeitsgrad von Beweismitteln*
  - *Anwesenheit des Verdächtigen (zur Vermeidung eines Auslieferungsverfahrens)*
  - *Verfolgung desselben Verdächtigen wegen anderer Tat*
  - *Beherrschung der Gerichtssprache durch den Verfolgten*
- *Resozialisierung*
- *Nationalität des Verdächtigen und/oder des Opfers*
- *Ort des „charakteristischen Unrechts"*
- *Ort der größten Auswirkungen der Straftat*
- *weitere positive Kriterien.*"[1138]

Wie *Vander Beken, Vermeulen und Lagodny* zu Recht anführen, darf das Kriterium, in welchem Staat die härteste Strafe zu erwarten steht, nicht zur Bestimmung der Strafgewalt herangezogen werden. Vielmehr muss dieses Kriterium als sog. *„negatives Kriterium"* unberücksichtigt bleiben[1139].

Der geneigte Leser wird zum einen bemerkt haben, dass es sich bei einigen dieser Kriterien sowohl um auslegungsbedürftige Begriffe, als auch um solche handelt, die eine Prognoseentscheidung erfordern. Zum anderen aber auch, dass es schwierig sein dürfte, den einzelnen Kriterien ein bestimmtes Gewicht gegenüber den anderen Kriterien beizumessen. So ist der Begriff des *„Ort des charakteristischen Unrechts"*, um ihm überhaupt ein bestimmtes Gewicht im Abwägungsvorgang beimessen zu können, zunächst inhaltlich hinreichend zu bestimmen. Erst dann kann in einem zweiten Schritt, in welchem auch eine inhaltliche Bestimmung eines weiteren Kriteriums, z.B. das der *„Resozialisierung"*, stattfinden muss, das Gewicht dieses weiteren Kriteriums mit dem Ausgangskriterium verglichen werden. Bereits bei dem Kriterium der *„Resozialisierung"* zeigt sich aber, dass dieses Kriterium stark von den jeweils gesellschaftlichen Wertungen des einzelnen Staates abhängig ist, und eine Prognose erfordert, die nur in

1137 *Vander Beken/Vermeulen/Lagodny*, NStZ 2002, 624, 625 und 626.

1138 *Vander Beken/Vermeulen/Lagodny*, NStZ 2002, 624, 626.

1139 *Vander Beken/Vermeulen/Lagodny*, NStZ 2002, 624, 626.

begrenztem Maße fassbar ist. Der große Beurteilungsspielraum bei der Abwägung zwischen den einzelnen Kriterien und der damit einhergehende Verlust an Vorhersehbarkeit der Abwägungsentscheidung, also welcher Staat für eine Tat strafgewaltsbefugt ist, kann durch die Kombination verschiedener Instrumente der Rechtshilfe abgemildert werden[1140]. Beispielsweise kann einiges dafür sprechen, dem Staat A, der über die beste Beweislage verfügt, die Strafgewalt zuzuerkennen. Dem steht nicht entgegen, die Vollstreckung der Strafe auf Staat B zu übertragen, dessen Staatsangehöriger der Verurteilte ist. Dadurch könnten sowohl Strafverfolgungsinteressen, als auch Individualinteressen berücksichtigt und somit zu einem schonenden Ausgleich gebracht werden[1141].

c) Bestimmung einer Konfliktentscheidungsinstanz

Wenn man also nach all diesen Schwierigkeiten bei der Aufstellung von materiellen Kriterien für die Bestimmung der Strafgewalt nicht auf die an sich einzig sinnvoll erscheinende Methode der vorherigen Schaffung eines Kriterienkataloges verzichten will, so ist es notwendig, eine Instanz zu bestimmen oder zu schaffen, welche im individuell-konkreten Einzelfall die Abwägung zwischen diesen Prinzipien vornimmt[1142].

Ohne Zweifel dürfte sein, dass die Abwägungsentscheidung zwischen den herausgearbeiteten Kriterien nicht einseitig durch einen Staat getroffen werden kann, und dieses Ergebnis den anderen Staaten gleichsam aufoktroyiert wird. Nach Ansicht von *Vander Beken, Vermeulen und Lagodny* müsse eine konsensuale Lösung zwischen den Staaten gefunden werden (sog. Zwischenstaatlicher Konsultationsmechanismus), oder aber die Staaten müssten im Vorfeld eine transnationale Entscheidungsinstanz bestimmen oder schaffen, die die Abwägungsentscheidung für alle Mitgliedsstaaten verbindlich trifft[1143]. Die Entscheidung muss aber – zumindest im nationalen Rahmen der Bundesrepublik Deutschland – wegen Art. 19 Abs. 4 GG richterlicher Kontrolle unterliegen[1144].

Vorzugswürdig erscheint die vorherige Bestimmung einer transnationalen Entscheidungsinstanz. Dadurch könnten die Schwierigkeiten vermieden werden, mit welchen das Auffinden einer konsensualen Lösung zwischen den Schengen-Staaten verbunden wäre. So stellt sich bereits die Frage, was geschieht, wenn zwischen den Schengen-Staaten in einem konkreten Verfahren gerade kein Konsens darüber erreicht werden kann, wie die einzelnen materiellen Kriterien aus-

---

1140 *Vander Beken/Vermeulen/Lagodny*, NStZ 2002, 624, 626.

1141 *Vander Beken/Vermeulen/Lagodny*, NStZ 2002, 624, 626.

1142 So im Ergebnis auch *Vander Beken/Vermeulen/Lagodny*, NStZ 2002, 624, 626.

1143 *Vander Beken/Vermeulen/Lagodny*, NStZ 2002, 624, 626.

1144 *Vander Beken/Vermeulen/Lagodny*, NStZ 2002, 624, 627.

zulegen oder untereinander zu gewichten sind, oder welcher Staat in einem konkreten Verfahren die Abwägungsentscheidung zwischen den angeführten materiellen Kriterien vornehmen soll.

Nach der hier vertretenen Ansicht bietet es sich an, Eurojust als Instanz zu bestimmen, welche im individuell-konkreten Einzelfall die Abwägung zwischen den materiellen Kriterien vornimmt[1145]. Auf dem Rat in Tampere (Finnland) fassten die Staats- und Regierungschefs im Oktober 1999 den Beschluss, zur Verstärkung der Bekämpfung schwerer organisierter Kriminalität, eine zentrale, ständige Auskunfts-, Dokumentations- und Clearingstelle (Eurojust) einzusetzen[1146]. Eurojust besteht aus nationalen Strafverfolgungsorganen der Mitgliedsstaaten (Polizei, Staatsanwaltschaft, Richter)[1147]. Eurojust hat bereits de lege lata (Art. 3 des Ratsbeschlusses 2002/187/JI) im Rahmen von staatenübergreifenden Ermittlungen bzw. Strafverfolgungsmaßnahmen im Bereich der schweren und organisierten Kriminalität die Aufgabe, die Koordinierung und Zusammenarbeit zwischen den zuständigen nationalen Behörden der Mitgliedstaaten zu verbessern[1148]. Bei Eurojust könnte auch ein Europäisches Strafverfahrensregister geführt werden, in welchem bereits die Einleitung von Ermittlungsmaßnahmen gegen den präsumtiven Täter aufgenommen würde. Dadurch könnte sichergestellt werden, dass eine zeitgleiche Mehrfachverfolgung in Unkenntnis einer bereits stattfindenden Verfolgung, ausgeschlossen wird[1149].

Da Eurojust nur für schwere Formen transnationaler Delikte zuständig ist[1150], müsste, was die Entscheidung der Strafgewaltsbefugnis anhand der Auslegung und Gewichtung der materiellen Kriterien angeht, die Zuständigkeit von Eurojust de lege ferenda ausgeweitet werden. Die fehlende Zwangsgewalt von Eurojust, auch bei der Lösung von Strafgewaltskonflikten, müsste durch die Schaffung einer Anrufungsmöglichkeit des EuGH durch Eurojust im Wege des Vorabentscheidungsverfahrens, kompensiert werden. Der EuGH hätte dann darüber zu befinden, ob die Entscheidung von Eurojust hinsichtlich der Strafgewalt vertretbar ist[1151].

1145 So auch *Vander Beken/Vermeulen/Lagodny*, NStZ 2002, 624, 627, die die Einschaltung von Eurojust in das Vorverfahren zumindest als zweite Möglichkeit ansehen.

1146 *Hecker*, Europäisches Strafrecht, 2010, § 5 Rn 70; *Vander Beken/Vermeulen/Lagodny*, NStZ 2002, 624, 627

1147 *Vander Beken/Vermeulen/Lagodny*, NStZ 2002, 624, 627

1148 *Hecker*, Europäisches Strafrecht, 2010, § 5 Rn 73.

1149 *Vander Beken/Vermeulen/Lagodny*, NStZ 2002, 624, 627: Dort wird die Schaffung eines Europäischen Strafverfahrensregisters vorgeschlagen, um Ne-bis-in-idem-Situationen des Art. 54 SDÜ von vornherein weitgehend zu vermeiden.

1150 *Hecker*, Europäisches Strafrecht, 2010, § 5 Rn 73; *Vander Beken/Vermeulen/Lagodny*, NStZ 2002, 624, 628.

1151 *Vander Beken/Vermeulen/Lagodny*, NStZ 2002, 624, 628.

Darüber hinaus müsste auch den nationalen Staaten und dem präsumtiven Täter die Möglichkeit eingeräumt werden, die Vertretbarkeit des von Eurojust gefundenen Ergebnisses durch den EuGH letztverbindlich überprüfen und erforderlichenfalls korrigieren zu lassen[1152].

3. Ergebnis

Die vorherige Bestimmung des strafgewaltsbefugten Staats ist aus den oben aufgezeigten Gründen, insbesondere wegen des unzureichenden Schutzes des Art. 54 SDÜ vor paralleler Strafverfolgung, eine sinnvolle Ergänzung zu dem Doppelverfolgungs- und -bestrafungsverbot des Art. 54 SDÜ[1153]. Für sich allein vermag sie das Problem der Doppelverfolgung- und -bestrafung nach einer Entscheidung im Erstverfolgerstaat aber nicht vollumfänglich zu lösen. Spätestens nach der Entscheidung im Erstverfolgerstaat stellt sich für den potenziellen Zweitverfolgerstaat die Frage, in welchem Umfang der Erstentscheidung strafklageverbrauchende Wirkung zuzumessen ist. Nur soweit die Strafklage verbraucht ist, ist der Zweitverfolgerstaat an einer erneuten, nunmehr aber sukzessiven, Verfolgung und Bestrafung gehindert. Dieser Umfang bestimmt sich aber danach, welches Tatbegriffsverständnis zu Grunde gelegt wird. Die de lege ferenda zu fordernden verbindlichen Zuständigkeitsregelungen innerhalb der Schengen-Staaten machen eine Tatbegriffsdefinition also nicht obsolet. Sie können lediglich dazu beitragen eine parallele Strafverfolgung, vor der Art. 54 SDÜ bis zum Zeitpunkt des Ergehens einer Entscheidung noch keinen Schutz bieten kann, zu verhindern. Ob eine sukzessive Strafverfolgung, also eine Strafverfolgung, die nach einem im Erstverfolgerstaat stattgefundenen Verfahren durchgeführt werden soll, zulässig ist oder nicht, muss wieder anhand der ne-bis-in-idem-Gewährleistung des Art. 54 SDÜ bestimmt werden. Maßgeblich ist diesbezüglich also, ob sich die Strafverfolgung auf „dieselbe Tat" i.S.d. Art. 54 SDÜ bezogen hat.

III. Ziel- und Schutzinteresse – Zweite Stufe

Auf der zweiten Stufe des Gesamtlösungskonzepts soll nunmehr – nachdem auf der ersten Stufe eine Lösung für die Gefahr einer parallelen Doppelverfolgung, welche auch bei zu Grunde Legung eines noch so weit gefassten Tatbegriffsver-

---

1152 *Vander Beken/Vermeulen/Lagodny*, NStZ 2002, 624, 628: Die auch die Einschaltung des EuGH für erstrebenswert halten, zumindest wenn es um eine eher mittelfristige Option geht.

1153 Vgl. § 9. B) II.

ständnisses, nicht von Art. 54 SDÜ verboten ist, entwickelt wurde[1154]– dem Umstand der Korrelation zwischen dem Lebenssachverhalt und dem materiellen Recht der Mitgliedstaaten Rechnung getragen werden. Um dennoch einen so weit wie möglich von dem materiellen Recht der Mitgliedstaaten unabhängigen Tatbegriff zu schaffen, der einen vollumfänglichen ne-bis-in-idem-Schutz bietet, vereinigt der hier vertretene Lösungsansatz den Lebenssachverhalt und den europäischen Rechtsgüterschutz, gleichsam i.S.e. Vereinigungstheorie[1155]. Dies geschieht, indem er sich zur Ermittlung der Tatidentität grds. an einem auf den Lebenssachverhalt abstellenden Tatbegriff i.S.e. „idem factum" orientiert. Der faktische Tatbegriff wird sodann aber um einen auf einer abstrakteren Stufe stehenden europäischen Rechtsgüterschutz, als sog. Ziel- und Schutzinteresse angereichert. Durch diese Vorgehensweise soll ein weitestgehend von den nationalen Tatbeständen losgelöster Tatbegriff gewährleistet werden[1156].

1. Erfordernis der Entwicklung eines Ziel- und Schutzinteresses

Bevor die dogmatische Entwicklung des Ziel- und Schutzinteresses erfolgt, soll an dieser Stelle der Arbeit darauf eingegangen werden, dass und warum das alleinige Abstellen auf einen faktischen Tatbegriff nicht Imstande ist, einen hinreichenden ne-bis-in-idem-Schutz zu gewährleisten.

a) Orientierung an einem faktischen Tatbegriff

Da bereits die unterschiedlichen Ansichten zum Verständnis des Tatbegriffs im Art. 54 SDÜ erörtert wurden[1157], und auch schon aufgezeigt und begründet wurde, dass und warum der Verfasser einen autonomen, von den Tatbegriffsverständnissen der Schengen-Staaten unabhängigen, europäischen Tatbegriff präferiert, der sich an dem tatsächlichen Lebenssachverhalt orientiert („idem factum")[1158], braucht an dieser Stelle nicht mehr auf die Einzelheiten dieser Ansicht eingegangen zu werden. Nur kurz sei nochmals erwähnt, dass nach umfassender Erörterung der Rechtsprechung und der verschiedenen Interpretationsmöglichkeiten zum Tatbegriff sowie der Heranziehung anderer internationaler Übereinkommen zur Tatbegriffsbestimmung, dem Begriff „dieselbe Tat" in Art. 54 SDÜ ausschließlich eine Auslegung dahin gehend gerecht wird, die sich an der vorgenommenen Handlung orientiert. Nicht abzustellen ist in diesem Zusam-

---

1154 Vgl. § 9. B) II.
1155 Vgl. § 9. B) I.
1156 Vgl. § 9. B) I.
1157 Vgl. § 8. C) und D).
1158 Vgl. § 8. C) IV. 2. c); § 8. D) III. 4.; § 8. D) V.

menhang auf die rechtliche Einordnung der Handlung, die lediglich für die Auswahl der Tatsachen eine Bedeutung hat. Bei der Beurteilung, ob eine Tatidentität vorliegt, ist dabei auf den räumlichen und örtlichen Zusammenhang im Sinne eines geschichtlichen Vorgangs abzustellen, in welchem die Tathandlung steht. Um dem Streben des Art. 54 SDÜ nach Rechtssicherheit gerecht zu werden, ist dabei von einem weiten Tatbegriff im Sinne eines geschichtlichen Gesamtvorgangs auszugehen[1159].

b) Unzulänglichkeit des faktischen Tatbegriffs wegen Bedingtheit des Lebenssachverhalts

Die Kritik ist jedoch die gleiche, wie bereits an anderer Stelle dieser Bearbeitung, wenn davon ausgegangen wird, dass allein das Abstellen auf einen faktischen Tatbegriff, unabhängig von der rechtlichen Einordnung genüge, um einen von den Schengen-Staaten unabhängigen Tatbegriff zu gewährleisten[1160]. Zwar ist auch m.E. der allein sinnvolle Weg der Gewährleistung von Freizügigkeit innerhalb der Schengen-Staaten, der der Anerkennung eines autonomen faktischen Tatbegriffs[1161]. Die angestrebte Unabhängigkeit des Tatbegriffs kann aber nicht allein durch eine Orientierung an dem Lebenssachverhalt erreicht werden. Dies folgt daraus, dass der Lebenssachverhalt seinerseits keine feste Größe darstellt, da er durch die unterschiedlichen Gesetze der einzelnen Mitgliedstaaten unterschiedlich beschrieben wird. Der faktische Tatbegriff wird also durch das materielle Recht der Mitgliedstaaten zumindest mitbestimmt. Diese Erkenntnis führt zu der Einsicht, dass die wünschenswerte Unabhängigkeit des Tatbegriffs von rechtlichen Wertungen der Mitgliedstaaten nicht durch ein einfaches Abstellen auf ein tatsächliches Geschehen erreicht werden kann. Die Tatbegriffsbestimmung sollte zwar nicht einfach anhand der geschützten Rechtsgüter erfolgen, da ein solches Vorgehen die aufgeworfenen Schwierigkeiten hervorruft[1162]. Jedoch ist auf Grund der Bedingtheit des Lebenssachverhalts durch das materielle Recht der Mitgliedstaaten der Lösungsverschlag, wonach ein von den Rechtsordnungen der Mitgliedstaaten unabhängiger Tatbegriff heranzuziehen ist, der sich allein an dem zu Grunde liegenden Lebenssachverhalt orientiert, nicht geeignet, ein autonomes Tatbegriffsverständnis, welches frei von normativen Wertungen der Mitgliedstaaten ist, zu gewährleisten[1163].

1159 Vgl. § 8. D) V.; *Specht*, Geltung des Grundsatzes, 1999, S. 164.

1160 Vgl. § 8. D) III. 2.

1161 Vgl. § 8. D) III. 4. und § 9.

1162 Vgl. § 8. C) IV. 2. b) und c); § 8. D) III. 1 und 2.

1163 Vgl. § 8. D) III. 2.

Die Korrelation zwischen dem Lebenssachverhalt und den Tatbeständen der Schengen-Staaten soll zunächst anhand eines Beispiels verdeutlicht werden:

T fährt mit einer BAK von 1,1 ‰ von Schengen-Staat A, nach Schengen-Staat B. In Schengen-Staat B verursacht er mit seinem PKW einen Verkehrsunfall, bei welchem der O verletzt wird.

Wenn nunmehr in Schengen-Staat A ein Tatbestand existiert, der eine Trunkenheitsfahrt ab 1,1 ‰ unter Strafe stellt, so ist es möglich zum einheitlichen Lebensvorgang nicht erst den Verkehrsunfall, sondern bereits den Beginn der Trunkenheitsfahrt, also den Beginn des Fahrzeugführens, zu rechnen. Ist im Schengen-Staat B aber erst ab einer höheren BAK eine Strafbarkeit wegen Trunkenheitsfahrt vorgesehen, so kann auch der Beginn des Fahrzeugführens, der womöglich bereits einige Zeit vor dem Verkehrsunfall liegt, nicht mehr zu einem einheitlichen Lebensvorgang gerechnet werden. An diesem Fall wird deutlich, dass der Lebenssachverhalt seinerseits durch das materielle Recht bestimmt wird.

Als weiteres Beispiel kommt folgender Fall in Betracht:

T fährt nach Alkoholgenuss im fahruntüchtigen Zustand mit seinem PKW eines Abends auf einer Landstraße und stößt mit einem anderen PKW zusammen. Beide Fahrzeuge werden nicht unerheblich beschädigt. Der T hat den Unfall zwar bemerkt, setzt aber ohne anzuhalten seine Fahrt fort.

Nach dem deutschen Tatbegriff bilden die fahrlässige Straßenverkehrsgefährdung nach § 315c Abs. 1 Nr. 1a, Abs. 3 StGB und die sich an diese anschließende Unfallflucht einen einheitlichen Lebensvorgang und damit verfahrensrechtlich eine Tat i.S.d. § 264 StPO[1164]. Sie gehen nämlich nicht nur äußerlich ineinander über, sondern sind auch innerlich – strafrechtlich – eng miteinander verknüpft. Dies folgt daraus, dass der Unrechts- und Schuldgehalt der Unfallflucht nicht ohne Berücksichtigung der Umstände, unter denen es zum Unfall gekommen ist, beurteilt werden kann[1165].

Wenn wir nunmehr annahmen, es gäbe einen Schengen-Staat, in welchem es einen dem deutschen Strafrecht vergleichbaren Tatbestand der Unfallflucht nicht gibt, so könnte das Fortsetzen der Fahrt bereits keinen einheitlichen Lebenssachverhalt mit der fahrlässigen Straßenverkehrsgefährdung bilden. Zwar wäre in einem solchen Fall kein Bedürfnis vorhanden, den T vor erneuter Strafverfolgung oder Bestrafung zu schützen, wenn in dem Schengen-Staat keine Strafbarkeit wegen des Entfernens vom Unfallort existiert. Dieser – zugegebenermaßen konstruierte Fall – zeigt aber, dass der Lebenssachverhalt vom materiellen Recht der Mitgliedsstaaten mitbestimmt wird. Darüber hinaus kann auch die Situation ein-

1164 BGH NJW 1970, 255, 256.
1165 BGH NJW 1970, 255, 256.

treten, dass der T zunächst in einem Schengen-Staat, in welchem eine Unfallflucht nicht strafbar ist, wegen der fahrlässigen Straßenverkehrsgefährdung verurteilt wird. Sollte dann weder eine Bestrafung noch eine Strafverfolgung des T wegen der Unfallflucht in Deutschland möglich sein?

Zur Verdeutlichung der Korrelation zwischen dem Lebenssachverhalt und den Tatbeständen der Schengen-Staaten lassen sich auch die von *Kühne* im Zusammenhang mit der Entscheidung Van Straaten aufgeworfenen Fragen heranziehen[1166]. Diese verdeutlichen eindrucksvoll, dass die Korrelation auch bei in der Praxis des häufigeren vorkommenden Fallkonstellationen zu Tage tritt:

Eine in Deutschland den Tatbestand des § 216 StGB erfüllende Tötung auf Verlangen ist in den Niederlanden in bestimmten Formen straflos[1167]. Was aber soll nun unter den faktischen Tatbegriff fallen? Ab welchem Zeitpunkt soll der einheitliche Lebenssachverhalt beginnen und enden?

Auch in Fällen unterschiedlicher Regelungen der Strafbarkeit von Abtreibung gilt nach § 5 Nr. 9 StGB das deutsche Strafrecht für den im Ausland begangenen Abbruch der Schwangerschaft nach § 218 StGB, unabhängig vom Recht des Tatorts, wenn der Täter zur Zeit der Tat Deutscher ist und seine Lebensgrundlage im räumlichen Geltungsbereich dieses Gesetzes hat. Selbst wenn die Tat also im Begehungsland straflos ist, genügt es für die Strafbarkeit des Täters, dass er zur Zeit der Tat Deutscher ist und seine Lebensgrundlage im räumlichen Geltungsbereich des StGB hat[1168]. Wie aber soll die Abtreibungshandlung in dem Begehungsland, in welchem diese Handlung nicht strafbar ist, eine Tat im Sinne des Art. 54 SDÜ sein?

Wie bereits an anderer Stelle der vorliegenden Arbeit gesehen[1169] führt der EuGH an, dass das alleinig maßgebliche Kriterium für die Frage der Einschlägigkeit des Art. 54 SDÜ die *„Identität der materiellen Tat"* sei. Nach dem EuGH wird dabei Tat verstanden *„als das Vorhandensein eines Komplexes konkreter, unlösbar miteinander verbundener Tatsachen, unabhängig von der rechtlichen Qualifizierung dieser Tatsachen oder von dem geschützten rechtlichen Interesse."*[1170]

Es erscheint aber sehr fraglich, auf welche Kriterien für die Beantwortung der Frage, ob ein Komplex konkreter, unlösbar miteinander verbundener Tatsachen vorliegt, in den dargestellten Fällen abgestellt werden soll. Vielleicht ist dies auch der eigentliche Grund, warum der EuGH die Beurteilung, ob die tatsächli-

---

1166 *Kühne*: Anm. zu EuGH vom 28.9.2006, JZ 2007, 247.

1167 *Kühne*: Anm. zu EuGH vom 28.9.2006, JZ 2007, 247.

1168 *Kühne*: Anm. zu EuGH vom 28.9.2006, JZ 2007, 247.

1169 Vgl. § 8. C) IV. 2. b) und c).

1170 EuGH NJW 2006, 1781, 1782 u. 1783 [Rn. 35, 36 u. 42]; EuGH JZ 2006, 1018, 1019 [Rn. 35 u. 36].

chen Voraussetzungen der Tatidentität im konkreten Einzelfall gegeben sind, stets den zuständigen nationalen Gerichten überantwortet[1171].

Lässt sich das menschliche Verhalten nicht unter einen (straf-)rechtlichen Tatbestand subsumieren, so ist es juristisch konturlos. Existiert nämlich bereits kein Straftatbestand in dem Begehungsstaat hinsichtlich einer bestimmten Abtreibung, so kann nicht ermittelt werden, ab wann das Vorhandensein eines Komplexes konkreter, unlösbar miteinander verbundener Tatsachen vorliegt. Die Beeinflussung des zu ermittelnden einheitlichen Lebenssachverhalts durch das materielle Recht der Schengen-Staaten darf daher nicht unterschätzt werden. Die scheinbare Loslösung der Tatbegriffsbestimmung in Art. 54 SDÜ durch das alleinige Abstellen auf *„das Vorhandensein eines Komplexes konkreter, unlösbar miteinander verbundener Tatsachen, unabhängig von der rechtlichen Qualifizierung dieser Tatsachen oder von dem geschützten rechtlichen Interesse"*[1172] durch den EuGH erweist sich als eine Leerformel. Letzten Endes ist in jedem Einzelfall doch wieder eine wertende Entscheidung zu treffen, ob ein so verstandener unlösbarer Komplex vorliegt.

Bildet man das Beispiel der Tötung auf Verlangen dahin gehend um, dass der Täter zunächst zu einer in den Niederlanden straflosen, in Deutschland aber strafbaren, Form der Tötung auf Verlangen ansetzt, dann jedoch wegen der besonderen Begehungsform auch nach dem niederländischen Strafrecht den Rahmen der straflosen Tötung auf Verlangen verlässt, stellt sich die Frage, welches Geschehen von dem Tatbegriff des Art. 54 SDÜ erfasst sein soll. Vorstellbar ist, dass der EuGH bei dem Abstellen auf das Vorhandensein eines Komplexes unlösbar miteinander verbundener Tatsachen bereits die lediglich nach deutschem Recht strafbare Handlung der Tötung auf Verlangen zu diesem Komplex hinzurechnen würde. Wobei ein solches Ergebnis lediglich selbst wieder eine nicht zwingende Wertentscheidung darstellen würde. Denn wenn man diesen Fall auf die nationale Ebene der Niederlande beschränkt betrachten würde, so könnte eigentlich nicht bereits die straflose Form der Tötung als ein einheitlicher Lebenssachverhalt angesehen werden. Auf transnationaler Ebene würde dies dazu führen, dass ein, zeitlich vor einem in beiden Bezugsstaaten strafbaren Verhalten liegendes, in einem Bezugsstaat aber strafloses Verhalten, als „dieselbe Tat" i.S.d. Art. 54 SDÜ angesehen würde. Dies wäre aber sinnlos, zumal der Zweck des Art. 54 SDÜ darin besteht, den präsumtiven Täter vor mehrfacher Strafverfolgung und -bestrafung wegen derselben Tat zu schützen. Eine solche Gefahr der Mehrfachverfolgung und -bestrafung besteht aber nicht, wenn das Verhalten

1171 EuGH NJW 2006, 1781, 1782 [Rn. 38]; EuGH JZ 2006, 1018, 1019 [Rn. 38].

1172 EuGH NJW 2006, 1781, 1782 u. 1783 [Rn. 35, 36 u. 42]; EuGH JZ 2006, 1018, 1019 [Rn. 35 u. 36].

des präsumtiven Täters zumindest in einem der Bezugsstaaten strafrechtlich irrelevant ist.

Noch deutlicher wird die Schwäche des scheinbar von materiellen Einflüssen unabhängigen Tatbegriffsverständnisses des EuGH, wenn man sich vorstellt, dass zwischen der in den Niederlanden straflosen Form der Tötung auf Verlangen und dem Überschreiten dieser straflosen Tötung, hin zu einer auch in den Niederlanden strafbaren Form eine gewisse zeitliche Komponente hinzutritt. Ab welcher zeitlichen Unterbrechung könnte dann – wenn überhaupt – bei der nur nach deutschem Recht strafbaren Tötung auf Verlangen und der nach beiden Strafrechtssystemen strafbaren Form der Tötung auf Verlangen noch von einer Tatidentität, also von dem Vorhandensein eines Komplexes konkreter, unlösbar miteinander verbundener Tatsachen ausgegangen werden? Bis zu welcher zeitlichen Unterbrechung wollte der EuGH noch von einer Tatidentität sprechen? Solche Detailfragen beantwortet der EuGH aber nicht, sondern überlässt deren Klärung vielmehr den zuständigen nationalen Gerichten[1173], um deren Entscheidungen bei Nichtgefallen dann wieder mit leichter Hand zu kassieren.

2. Dogmatische Entwicklung des Ziel- und Schutzinteresses

Wie gesehen wird der Lebenssachverhalt durch die nationalen Tatbestände bzw. das nationale materielle Recht zumindest mitbestimmt[1174]. Da die Tatbestände aber auf Grund der fehlenden Harmonisierung der Strafrechtssysteme der Schengen-Staaten unterschiedlich sind, muss ein – nimmt man die Unabhängigkeit eines europäischen Tatbegriffs ernst – soweit wie möglich von den nationalen Tatbeständen unabhängiger europäischer Rechtsgüterschutz entwickelt werden, um eine Annäherung des Tatbegriffsverständnisses auf kleinstem gemeinsamen Nenner zu verhindern. Nicht gefordert werden darf eine vollständige Identität zwischen dem nationalen Rechtsgüterschutz der Schengen-Staaten für die Annahme einer Tatidentität. Auch ein solches Vorgehen würde zu einer schlichten Annäherung auf niedrigstem Niveau führen[1175]. Bereits bei der geringsten Abweichung im Rechtsgüterschutz wäre eine Tatidentität zu verneinen. Abweichungen wären aber wegen der fehlenden Harmonisierung innerhalb der Strafrechtssysteme der Schengen-Staaten zu befürchten. Das Auffinden des in allen Schengen-Staaten gemeinsamen europäischen Rechtsgüterschutzes kann nur so verstanden werden, dass im jeweiligen Einzelfall nach einer grundsätzlichen Vergleichbarkeit des nationalen Rechtsgüterschutzes der Tatbestände gesucht

1173 EuGH NJW 2006, 1781, 1782 [Rn. 38]; EuGH JZ 2006, 1018, 1019 [Rn. 38].
1174 Vgl. § 8. C) IV. 2. c) und § 9. A).
1175 Vgl. § 8. D) II. 4 und § 8. D) III. 3. c).

werden muss. Damit jedoch der Rechtsanwender wegen der Vielzahl unterschiedlicher Strafrechtssysteme und deren Divergenzen im Rechtsgüterschutz nicht vor schier unüberwindliche Probleme gestellt wird, ist von den betreffenden nationalen Tatbeständen ausgehend, ein eigenständiger europäischer Rechtsgüterschutz zu entwickeln. Jedoch wäre das Gelingen der Herausarbeitung eines autonomen europäischen Rechtsgüterschutzes im jeweiligen Einzelfall gefährdet, würde man verlangen, dass die in den betreffenden Schengen-Staaten nach dem nationalen Recht verwirklichten Tatbestände exakt ermittelt würden. Vielmehr ist ein weit gefasstes Tatbegriffsverständnis heranzuziehen, welches eine größtmögliche Unabhängigkeit von dem nationalen Rechtsgüterschutz gewährleistet. Bei der Bestimmung des Tatbegriffs muss also zusätzlich zu dem Abstellen auf einen faktischen Tatbegriff – gleichsam i.S.e. Vereinigung zwischen Lebenssachverhalt und europäischem Rechtsgüterschutz – ermittelt werden, ob die verwirklichten nationalen Tatbestände die gleiche *Ziel- und Schutzrichtung* verfolgen.

Dabei sei aber nochmals betont, dass das Ziel- und Schutzinteresse der Tatbestände soweit wie möglich unabhängig von dem nationalen Rechtsgüterschutz zu bestimmen ist. Die Heranziehung eines Ziel- und Schutzinteresses stellt eine Art *Vereinigungstheorie* dar. Der faktische Tatbegriff wird dabei angereichert durch einen auf einer abstrakteren Stufe stehenden europäischen Rechtsgüterschutz, als sog. Ziel- und Schutzinteresse.

Zur Verdeutlichung der Vorgehensweise des stets im betreffenden Einzelfall zu ermittelnden europäischen Rechtsgüterschutzes i.S.e. gemeinsamen Ziel- und Schutzinteresses sollen die nachfolgend darzustellenden Beispielsfälle dienen:

Beispielsfall 1:

Im ersten Beispielsfall wird nochmals die Problematik einer in Deutschland nach § 216 StGB strafbaren, in den Niederlanden aber straflosen, Form der Sterbehilfe aufgegriffen[1176]:

Der unheilbar kranke und von schweren Schmerzen gequälte Patient P will sterben und beauftrag den Arzt A, ihn, den P, zu töten. Der A beginnt mit der Applikation einer tödlichen Substanz. [Es sei unterstellt, dass der A auf Grund der Art. 293 Abs. 2 und Art. 294 Abs. 2 Wetboek van Strafrecht wegen dem Beginn der Injektion in den Niederlanden nicht strafbar ist.] Kurz bevor der A die ganze Substanz verabreicht hat, fordert der P den A auf, die Behandlung zu beenden, da er nunmehr nicht mehr sterben wolle. Der A geht auf dieses Ansinnen des P nicht ein und setzt die Injektion fort. Der P verstirbt wenige Minuten nach Verabreichung der vollständigen Injektion.

1176 Vgl. § 9. B) III. 1. b).

In den Niederlanden ist die aktive Sterbehilfe unter bestimmten Voraussetzungen straflos. Zwar ist auch in den Niederlanden die Tötung auf Verlangen nach Art. 293 Abs. 1 Wetboek van Strafrecht und die Hilfe zum Selbstmord nach Art. 294 Abs. 1 Wetboek van Strafrecht grundsätzlich strafbar[1177]. Jedoch ist mit Art. 20 des *„Gesetzes zur Überprüfung von Lebensbeendigung auf Verlangen und Hilfe bei Selbsttötung“* (Wet toetsing lebensbeëindiging op verzoek en hulp bij zelfdoding) den besagten Straftatbeständen der Tötung auf Verlangen und der Hilfe zum Selbstmord jeweils ein identischer spezieller Strafausschließungsgrund – namentlich Art. 293 Abs. 2 und Art. 294 Abs. 2 Satz 2 Wetboek van Strafrecht – hinzugefügt worden[1178]. Nach diesen ist ein Arzt nach den beiden Strafgesetzen nicht zu bestrafen, wenn er bei der Tötung auf Verlangen bzw. der Hilfe zum Selbstmord den in Art. 2 des *„Gesetzes zur Überprüfung von Lebensbeendigung auf Verlangen und Hilfe bei Selbsttötung“* aufgeführten Sorgfaltsanforderungen genügt[1179]. In Deutschland fällt die aktive Sterbehilfe, also die gezielte Lebensbeendigung durch die Applikation eines tödlichen Mittels, zumindest unter das in § 216 StGB unter Strafe gestellte Verbot der Tötung auf Verlangen. Auch das ausdrückliche und ernstliche Verlangen eines Schwerkranken, durch das der Tötende zur Tötung bestimmt wird, ist für den Tötenden kein Strafbefreiungsgrund[1180].

In den Niederlanden kann nur der Teil der Handlung unter den Begriff des einheitlichen Lebenssachverhalts fallen, welcher überhaupt unter einen strafrechtlichen Tatbestand subsumiert werden kann. Der erste Teil des Geschehens, also von dem Beginn der einvernehmlichen aktiven Sterbehilfe bis zu dem Zeitpunkt, zu dem der P nicht mehr sterben wollte und dies auch dem A mitteilte, ist in den Niederlanden straflos und kann daher keinen einheitlichen Lebenssachverhalt mit dem Geschehen bilden, welches ab dem Moment begann, ab dem der P nicht mehr sterben wollte und der A dennoch mit der Injektion fortfuhr. Wollte man dies anders sehen, so würde sich die Frage stellen, bis zu welchem Zeitpunkt noch von einem einheitlichen Lebenssachverhalt ausgegangen werden kann. Würde beispielsweise auch noch das Aufziehen der Spritze einen einheitlichen Lebenssachverhalt mit dem späteren Fortsetzen der Injektion gegen den Willen des P darstellen? Ab welchem Zeitpunkt wollte man nicht mehr von einem einheitlichen Lebenssachverhalt ausgehen? Auch an diesem Beispielsfall zeigt sich wieder die Bedingtheit des Lebenssachverhalts von dem materiellen Recht der einzelnen Mitgliedsstaaten. Der erste Teil des Geschehens stellt in den

1177 *Janssen*, ZRP 2001, 179, 180.

1178 *Janssen*, ZRP 2001, 179, 180.

1179 *Janssen*, ZRP 2001, 179, 180 und Fn. 12.

1180 *Kutzer*, ZRP 2003, 209, 210.

Niederlanden einen konturlosen Sachverhalt dar, da er nicht unter einen strafrechtlichen Tatbestand subsumiert werden kann[1181]. In den Niederlanden könnte daher auch ein faktischer Tatbegriff lediglich zu einem Strafklageverbrauch hinsichtlich des zweiten Teils des Geschehens führen. Ein Strafklageverbrauch hinsichtlich des ersten Teils des Geschehens wäre auf die nationale Ebene der Niederlande bezogen auch sinnlos, da kein strafbares Verhalten des A diesbezüglich vorliegt. Es wäre dann aber möglich, dass der A in Deutschland noch wegen versuchter Tötung auf Verlangen nach § 216 Abs. 2 StGB wegen des ersten Teils des Geschehens verfolgt und sogar bestraft werden könnte. Die Bedingtheit des Lebenssachverhalts durch das materielle Recht der Schengen-Staaten führt im vorliegenden Fall zu einer Unzulänglichkeit der ne-bis-in-idem-Gewährleistung, wollte man für die Bestimmung des Umfangs des Tatbegriffs einzig auf einen einheitlichen Lebenssachverhalt abstellen.

Selbst wenn man im vorliegenden Fall versucht, auf einen autonomen faktischen Tatbegriff abzustellen, steht man vor dem Problem, was von dem übergeordneten Lebenssachverhalt umfasst werden soll. Schlechterdings kann für die Bestimmung dessen, was noch als einheitlicher Lebenssachverhalt angesehen werden soll, nur auf die Auffassung in den Niederlanden oder in Deutschland abgestellt werden. In den Niederlanden würde lediglich der zweite Teil des Geschehens einen einheitlichen Sachverhalt darstellen können, in Deutschland dagegen beide Teile des Geschehens. Wegen der Bedingtheit des Lebenssachverhalts durch das jeweilige nationale materielle Recht unterscheidet sich der Lebenssachverhalt in den Niederlanden von dem in Deutschland. Bereits die Ermittlung eines einheitlichen Lebenssachverhalts scheint nicht möglich. Daher bietet auch das Abstellen auf den Lebenssachverhalt für sich allein keinen wirklichen Gewinn gegenüber dem reinen Abstellen auf den nationalen Rechtsgüterschutz. Auch Letztgenannter ist wegen der fehlenden Harmonisierung der Strafrechtssysteme der Mitgliedsstaaten uneinheitlich.

Zu ermitteln ist daher, ob sich in beiden Teilen des Geschehens ein einheitlicher europäischer Rechtsgüterschutz mit Hilfe des Ziel- und Schutzinteresses herauskristallisieren lässt. Dabei ist zu prüfen, ob die verwirklichten nationalen Tatbestände das gleiche Ziel- und Schutzinteresse aufweisen. Das in Deutschland unter Strafe stehende Delikt der Tötung auf Verlangen nach § 216 StGB hat das Ziel, das Leben als Rechtsgut zu schützen. Der Versuch des Delikts der Tötung auf Verlangen ist in Deutschland nach § 216 Abs. 2 StGB strafbar. In Deutschland erfüllt das Verhalten des P im ersten Teil des Geschehens den Tatbestand der versuchten Tötung auf Verlangen nach § 216 Abs. 2 StGB. In den Niederlanden ist dieser erste Akt zwar straflos, jedoch erfüllt der zweite Akt in

1181 Vgl. § 9. B) III. 1. b).

den Niederlanden den Tatbestand des Totschlags. Der Tatbestand des Totschlags dient ebenfalls evident dem Ziel, das Leben als Rechtsgut zu schützen. Als gemeinsames Ziel- und Schutzinteresse kommt also der Schutz des Lebens in Betracht. Ein Indiz für das übergeordnete Ziel- und Schutzinteresse des Lebensschutzes stellt bereits die Tatsache dar, dass beide Tatbestände jeweils auf nationaler Ebene dem Schutz des Lebens dienen. Unabhängig davon, dass der zweite Akt in Deutschland den Tatbestand des Totschlags nach § 212 Abs. 1 StGB erfüllt, könnte wegen des noch nicht von dem faktischen Tatbegriff erfassten ersten Teils des Geschehens eine Strafverfolgung und Bestrafung wegen versuchter Tötung auf Verlangen nach § 216 Abs. 2 StGB in Deutschland gegen den A stattfinden. Da jedoch der Täter keine Nachteile dadurch erleiden darf, dass er sich auf Grund des Grenzübertritts in ein anderes Strafrechtssystem begibt, muss stets ermittelt werden, ob zwei Akten ein übergeordneter europäischer Rechtsgüterschutz zugeordnet werden kann. Als Ziel- und Schutzinteresse lässt sich vorliegend der Lebensschutz ermitteln. Die nationalen Unterschiede in der genauen Zuordnung des entsprechenden Delikts sind dabei unbeachtlich. Dies würde ansonsten zu einer zu weitgehenden Einengung des Umfangs des ne-bis-in-idem-Schutzes auf Grund der Unterschiede in den nationalen Strafrechtssystemen der Schengen-Staaten führen. Da also als gemeinsames Ziel- und Schutzinteresse der Lebensschutz in beiden Akten ermittelt werden kann, liegt trotz dessen, dass nach dem faktischen Tatbegriff in den Niederlanden der erste Akt nicht zu dem einheitlichen Lebenssachverhalt gehört, „dieselbe Tat" i.S.d. Art. 54 SDÜ vor. Nach einer Entscheidung über den Totschlag in den Niederlanden ist daher nach der hier vertretenen Ansicht keine erneute Verfolgung und auch keine erneute Bestrafung mehr in Deutschland bezüglich des ersten Akts und damit vorliegend nicht wegen versuchter Tötung auf Verlangen möglich.

Beispielsfall 2:

Als weiteres Beispiel kann auch die bereits angesprochene Frage der Tatidentität bei einer in dem Begehungsstaat straflosen, in Deutschland aber strafbaren, Abtreibung herangezogen werden[1182].

Zur Veranschaulichung soll folgender Beispielsfall dienen:

Die deutsche Staatsangehörige T hat in den Niederlanden eine straflose, in Deutschland aber strafbare, Abtreibung vorgenommen. Sie wird daher in den Niederlanden wegen mangelnder Tatbestandsmäßigkeit freigesprochen[1183].

1182 Vgl. § 9. B) III. 1. b).

1183 *Kühne*: Anm. zu EuGH vom 28.9.2006, JZ 2007, 247.

Es drängt sich bei diesem Beispielsfall die Frage auf, ob nunmehr eine erneute Strafverfolgung in Deutschland wegen der in Deutschland strafbaren, in den Niederlanden aber straflosen Form der Abtreibung möglich ist. Diese von *Kühne* im Rahmen seiner Anmerkung zur EuGH-Entscheidung im Fall Van Straaten aufgeworfene Frage, soll nunmehr mittels des Ziel- und Schutzinteresses beantwortet werden[1184].

Der deutsche Gesetzgeber hat in § 5 Nr. 9 StGB explizit eine Strafbarkeit wegen des Abbruchs der Schwangerschaft vorgesehen, wenn der Täter zur Zeit der Tat Deutscher ist und seine Lebensgrundlage im räumlichen Geltungsbereich des deutschen Strafgesetzbuchs hat, selbst wenn die Tat im Begehungsland straflos ist[1185].

Nach dem was gerade eben zum Beispielsfall der aktiven Sterbehilfe gesagt wurde, kann der Freispruch wegen der in den Niederlanden straflosen Form der Abtreibung, in Deutschland, bei alleinigem Abstellen auf einen faktischen Tatbegriff, nicht zu einem Strafklageverbrauch führen. In den Niederlanden kann zu dem einheitlichen Lebenssachverhalt nur das Geschehen gehören, welches unter einen strafrechtlichen Tatbestand subsumiert werden kann. Ansonsten ist das Geschehen strafrechtlich konturlos[1186]. Das alleinige Abstellen auf den Lebenssachverhalt führt daher im vorliegenden Fall quasi zu einer Aushebelung des deutschen Strafrechts. So hat bereits *Kühne* in seiner Anmerkung zu der Entscheidung des EuGH im Fall Van Straaten diesen Beispielsfall angeführt und die Frage gestellt, ob Art. 54 SDÜ gleichsam das deutsche Strafrecht in der Form des § 5 Nr. 9 StGB aushebelt[1187]. Selbst wenn man einen übergeordneten europäischen faktischen Tatbegriff heranziehen würde, so kann nicht ohne weiteres davon ausgegangen werden, dass einfach der Sachverhalt der in den Niederlanden straflosen Abtreibung zur Grundlage des europäischen Tatbegriffs gemacht werden kann. Ansonsten wäre es doch so, dass ein strafrechtlich irrelevantes Verhalten in einem Schengen-Staat herangezogen würde, um gleichfalls den Sachverhalt für den Strafklageverbrauch in allen Staaten zu determinieren. Ein solches Vorgehen erscheint äußerst fragwürdig, da eigentlich bereits keine Gefahr einer Doppelverfolgung und Doppelbestrafung besteht. Der Schutzzweck des Art. 54 SDÜ würde deshalb eigentlich überdehnt.

Auch ein Abstellen auf den in Deutschland zu Grunde liegenden Lebenssachverhalt scheidet von Vornherein aus. Dies würde genauso, wie ein Abstellen auf den Lebenssachverhalt in den Niederlanden dazu führen, dass sich für die Straf-

---

1184 *Kühne*: Anm. zu EuGH vom 28.9.2006, JZ 2007, 247.

1185 *Kühne*: Anm. zu EuGH vom 28.9.2006, JZ 2007, 247.

1186 Vgl. § 9. B) III. 1. b) und § 9. B) III. 2. (Beispielsfall 1).

1187 *Kühne*: Anm. zu EuGH vom 28.9.2006, JZ 2007, 247.

verfolgungsbehörden die Schwierigkeit ergäbe nachzuvollziehen was von dem Lebenssachverhalt umfasst ist[1188].

Überdies widerspräche ein Abstellen auf einen der beiden Lebenssachverhalte dem als einzig sinnvoll ermittelten Vorgehen, namentlich einen autonomen europäischen Tatbegriff zu entwickeln[1189]. Wird dem Tatbegriff ein nach nationalem Recht ermittelter Sachverhalt zu Grunde gelegt, so ist es schwerlich möglich, einen von den materiellen Tatbeständen der Schengen-Staaten unabhängigen, also autonomen Tatbegriff zu entwickeln.

Nach alledem muss man sich eingestehen, dass es wegen der Bedingtheit des Lebenssachverhalts von dem jeweiligen materiellen nationalen Recht nicht möglich ist, einen autonomen Lebenssachverhalt zu entwickeln. Ein solcher ist aber unverzichtbar, will man allein durch das Abstellen auf einen faktischen, also an dem Lebenssachverhalt ausgerichteten, Tatbegriff einen autonomen europäischen Tatbegriff entwickeln.

Um dennoch einen so weit wie möglich von den nationalen Tatbeständen der Schengen-Staaten unabhängigen Tatbegriff zu schaffen, muss vorliegend wieder geprüft werden, ob ein einheitlicher europäischer Rechtsgüterschutz mit Hilfe des Ziel- und Schutzinteresses aufgefunden werden kann. Dies ist der Fall, wenn das Ziel- und Schutzinteresse in den beiden Staaten bzgl. des Geschehens der Abtreibung gleich ist. Ist dies der Fall, so kann auch von einer Tatidentität i.S.d. Art. 54 SDÜ ausgegangen werden.

Rechtsvergleichend kann festgestellt werden, dass ein Schwangerschaftsabbruch weltweit als ein Vorgang angesehen wird, der nach Möglichkeit vermieden werden sollte. Beweggründe sind insbesondere der Schutz des ungeborenen Menschen[1190]. Der Schutz des ungeborenen Menschen kann somit als weltweites Schutzgut der nationalen Regelung betreffend des Verbots des Schwangerschaftsabbruchs angesehen werden. Sowohl in den Niederlanden als auch in Deutschland hat das strafrechtliche Verbot des Schwangerschaftsabbruchs also das Ziel, zumindest auch dem Schutz des ungeborenen Menschen zu dienen. Da also als gemeinsames Ziel- und Schutzinteresse der Schutz des ungeborenen Menschen ermittelt werden kann, das Ziel- und Schutzinteresse daher in den beiden Staaten gleich ist, liegt ein einheitlicher europäischer Rechtsgüterschutz vor. Somit kann trotz dessen, dass nach dem faktischen Tatbegriff allein keine Tatidentität zwischen dem in den Niederlanden straflosen und in Deutschland straf-

1188 Vgl.§ 8. D) III. 3. a) und b) zur ähnlichen Problematik bei einem Abstellen auf den Tatbegriff im Erstverfolger- bzw. Zweitverfolgerstaat.

1189 Vgl. § 8. D) III. 3. und 4.

1190 *Gropp,* in: Münchener Komm. z. StGB, 2003, Vorbemerkung zu den §§ 218 ff. (Schwangerschaftsabbruch) Rn. 88.

baren Schwangerschaftsabbruch vorliegen kann, von einer Tatidentität i.S.d. Art. 54 SDÜ ausgegangen werden.

Die Tatidentität führt dazu, dass die T in Deutschland nicht mehr wegen des in den Niederlanden straflosen Schwangerschaftsabbruchs verfolgt oder bestraft werden kann.

Dieses Ergebnis überzeugt dogmatisch und trägt darüber hinaus dem Telos des SDÜ Rechnung. Das SDÜ will im Rahmen des gemeinsamen Binnenmarktes die europäische Integration vorantreiben und die Basis für eine gemeinsame europäische Innenpolitik schaffen. Durch die gestiegene Mobilität von Straftätern und die stärkere polizeiliche grenzüberschreitende Zusammenarbeit wächst die Gefahr mehrfacher Verfolgung und Bestrafung wegen derselben Tat. Das SDÜ will in diesem Zusammenhang zu einer Harmonisierung und Vereinheitlichung des Rechts in Europa beitragen. Eine Mehrfachverfolgung oder gar -bestrafung macht in einem solch engen Staatenverbund wie dem Schengen-Gebiet keinen Sinn mehr. Stattdessen wird die Erreichung des gewünschten Ziels der Schaffung eines Raums der Freiheit, der Sicherheit und des Rechts bereits durch die Gefahr von Mehrfachverfolgung und -bestrafung empfindlich gestört. Art. 54 SDÜ möchte daher zu einem Strafklageverbrauch auch in den übrigen Vertragsstaaten führen, wenn dieselbe Tat bereits in einem der Vertragsstaaten endgültig erledigt wurde[1191].

Da die T in den Niederlanden bereits freigesprochen wurde, würde es auch unter Berücksichtigung allgemeiner Gerechtigkeitserwägungen als unbillig erscheinen, sie nochmals in Deutschland einer Strafverfolgung oder gar Bestrafung auszusetzen. Zwar wird die T dadurch besser gestellt, als wenn sie den Schwangerschaftsabbruch in Deutschland vorgenommen hätte. Dies allein rechtfertigt es aber nicht, das Vorhandensein einer Tatidentität i.S.d. Art. 54 SDÜ zu verneinen. Zum einen hat die T tatsächlich den Schwangerschaftsabbruch in den Niederlanden und gerade nicht in Deutschland vorgenommen. Zum anderen kann die fehlende Harmonisierung zwischen den nationalen Strafrechtssystemen der einzelnen Schengen-Staaten nicht zu Lasten des einzelnen Delinquenten gehen. Dies widerspräche ja gerade dem Sinn und Zweck des SDÜ, einen Raum der Freiheit, der Sicherheit und des Rechts zu schaffen, in welchem es dem Einzelnen möglich ist, sich ohne Angst vor einer erneuten Strafverfolgung oder gar -bestrafung innerhalb des Schengen-Raums bewegen zu können[1192]. Dies muss erst recht gelten, wenn eine Person eine in dem Begehungsstaat straflose Handlung vornimmt und sodann in einen Staat reist, in welchem diese Handlung strafbar ist.

1191 Vgl. § 8. D) III.; *Radtke/Busch*, EuGRZ 2000, 421, 425.

1192 Vgl. § 6. B); § 8. C) IV. 1 c); § 8. D) III. 4.; § 8. D) V.; EuGH NJW 2003, 1173, 1174 [Rn. 37]; *Jagla*, ne bis in idem, 2007, S. 30.

Will man für jedes menschliche Verhalten eine einheitliche strafrechtliche Bewertung erzielen, so muss eine Harmonisierung der Strafrechtssysteme angestrebt werden. Der einzelne Delinquent kann jedenfalls bei Tatidentität nicht den Nachteil einer Mehrfachverfolgung oder gar Mehrfachbestrafung tragen, nur damit der jeweils einzelne Schengen-Staat seinen nationalen Strafanspruch verwirklichen kann. Es darf auch nicht versucht werden, die Möglichkeit einer Mehrfachverfolgung oder Mehrfachbestrafung durch den Umweg einer künstlichen Einengung des Tatbegriffs, aus falsch verstandenen Gerechtigkeits- und Souveränitätserwägungen, doch noch zu ermöglichen.

Beispielsfall 3 (Abwandlung von Beispielsfall 2):

Was aber gilt für die Frage des Strafklageverbrauchs, wenn der gerade behandelte Fall des Schwangerschaftsabbruchs (Beispielsfall 2) dahin gehend umgebildet wird, dass gegen die T in den Niederlanden nicht einmal Ermittlungen wegen des Schwangerschaftsabbruchs eingeleitet worden sind?

Nach der hier vertretenen eigenen Auffassung ist ebenfalls von einer Tatidentität i.S.d. Art. 54 SDÜ auszugehen. Für die Beurteilung, ob das Ziel- und Schutzinteresse in den beiden Staaten bei dem betreffenden nationalen Tatbeständen gleich ist und sich daher ein einheitlicher europäischer Rechtsgüterschutz ermitteln lässt, kann es nicht darauf ankommen, ob gegen die T bereits Ermittlungen geführt wurden. Ob auch dann das Verbot der Doppelbestrafung und Doppelverfolgung des Art. 54 SDÜ eingreift, wenn nicht einmal eine irgendwie geartete Entscheidung im Erstverfolgerstaat gegen die T ergangen ist, ist keine Frage der Tatidentität, sondern vielmehr eine Frage, was unter dem Begriff der „rechtskräftigen Aburteilung“ im Art. 54 SDÜ zu verstehen ist. Wie bereits dargestellt, knüpft schon der Begriff rechtskräftig i.S.d. Art. 54 SDÜ an eine Entscheidung eines Strafverfolgungsorgans an. Selbst Verfahrensbeendigungen, die auf andere Weise zustande kommen und gerade nicht auf einer Entscheidung beruhen, erfüllen nach dieser zustimmungswürdigen Ansicht dieses Erfordernis nicht und können daher auch nicht rechtskräftig sein[1193]. Da gegen die T nicht einmal ein Verfahren eingeleitet wurde, ist auch keine Entscheidung ergangen. Somit fehlt es an einer „rechtskräftigen Aburteilung“ i.S.d. Art. 54 SDÜ. Eine Verfolgung und Bestrafung der T in Deutschland wegen des in den Niederlanden vorgenommenen straflosen Schwangerschaftsabbruchs ist daher möglich.

Dem geneigten Leser wird klar sein, dass bei Handlungen, welche im Begehungsstaat straflos, in dem Zweitverfolgerstaat aber strafbar sind, nur sehr selten im Begehungsstaat überhaupt ein strafrechtliches Verfahren eingeleitet werden

1193 Vgl. § 9. B) II. 1. a); *Stein*, Artikel 54 SDÜ, 2004, S. 177.

wird. Dies wird in der Regel nur dann anders sein, wenn zunächst auch im Begehungsstaat von einer strafbaren Form der Handlung ausgegangen wird. Auf den vorliegenden Fall übertragen würde dies bedeuten, dass die T gehalten wäre, sich bei den niederländischen Strafverfolgungsbehörden wegen des in den Niederlanden straflosen Schwangerschaftsabbruchs in der Hoffnung selbst anzuzeigen, dass ein Verfahren gegen sie eingeleitet und sodann mangels hinreichenden Tatverdachts eingestellt würde. Eine solche Einstellungsentscheidung wäre ausreichend, um das Verbot der Mehrfachverfolgung und Mehrfachbestrafung des Art. 54 SDÜ zu begründen. Denn auf die Form der Entscheidung kommt es für den Begriff „rechtskräftig" im Art. 54 SDÜ nicht an. Es ist vielmehr unerheblich, ob es sich um eine Prozess-, Sach- oder Opportunitätsentscheidung handelt. Grundsätzlich sind daher alle Entscheidungen geeignet, den von Art. 54 SDÜ gewährleisteten ne-bis-in-idem-Schutz zu begründen[1194].

C) Anwendung des Gesamtlösungskonzepts auf die EuGH-Rechtsprechung zum Tatbegriff im Art. 54 SDÜ

Zum besseren Verständnis meines Lösungsansatzes sollen die Entscheidungen des EuGH zum Tatbegriff, die bereits im Rahmen der vorliegenden Arbeit besprochen wurden[1195], erneut herangezogen werden. Anhand dieser soll verdeutlich werden, dass der hier vertretene Lösungsansatz sowohl einen besseren Schutz vor Mehrfachverfolgung und -bestrafung gewährleistet, als auch dogmatisch überzeugend, und damit dem des EuGH vorzuziehen ist[1196].

Wie bereits dargestellt, besteht das hier vertretene Gesamtlösungskonzept aus zwei Stufen, mit deren Hilfe sowohl ein vollumfänglicher ne-bis-in-idem-Schutz gewährleistet, als auch eine systematische Herangehensweise an die Beantwortung der Frage ermöglicht werden soll, ob im jeweiligen Fall von derselben Tat i.S.d. Art. 54 SDÜ gesprochen werden kann[1197].

Dabei soll auf der ersten Stufe zunächst geprüft werden, ob im jeweiligen Fall die Gefahr einer parallelen Strafverfolgung bestand[1198]. Einer solchen kann – wie gesehen – nur durch ein aufeinander abgestimmtes prozedurales Koordinations-

1194 Vgl. § 9. B) II. 1. a); *Stein*, Artikel 54 SDÜ, 2004, S. 177.
1195 Vgl. § 8. C) IV. 2. (Van Esbroeck), 3. (Van Straaten), 4. (Kretzinger) und 5. (Kraaijenbrink).
1196 Vgl. § 9. C) I., II., III. und IV.
1197 Vgl. § 9. B) I.
1198 Vgl. § 9. B) I.

system, welches zeitlich bereits vor einer Erstentscheidung i.S.d. Art. 54 SDÜ eine Mehrfachverfolgung ausschließt, wirksam begegnet werden[1199].

Der eigentliche Unterschied zwischen dem hier vertretenen Lösungsvorschlag und dem des EuGH besteht darin, dass erstgenannter sich eingesteht, dass mit dem Abstellen auf den geschichtlichen Vorgang allein kein autonomer Tatbegriff geschaffen werden kann, der die Freizügigkeit des Einzelnen vollumfänglich gewährleistet. Auf der zweiten Stufe vereinigt der hier vertretene Lösungsansatz daher den Lebenssachverhalt und den europäischen Rechtsgüterschutz, indem er sich zur Ermittlung der Tatidentität – wie bereits der EuGH – grds. an einem auf den Lebenssachverhalt abstellenden Tatbegriff („idem factum") orientiert, sodann in einem weiteren Schritt aber den faktischen Tatbegriff um einen auf einer abstrakteren Stufe stehenden europäischen Rechtsgüterschutz, als sog. Ziel- und Schutzinteresse anreichert, um einen weitestgehend von den nationalen Tatbeständen losgelösten Tatbegriff zu gewährleisten[1200].

Gleichzeitig kann das durch das Abstellen auf den Lebenssachverhalt gefundene Ergebnis durch diese Vorgehensweise, namentlich anhand des Ziel- und Schutzinteresses der jeweils im konkreten Fall in Betracht kommenden nationalen Tatbestände, überprüft werden. Dass das Abstellen auf einen europäischen Rechtsgüterschutz zu einer Anreicherung des Tatbegriffs um normative Elemente führt, muss letztlich zur Gewährleistung eines autonomen europäischen Tatbegriffs, der einen umfangreichen ne-bis-in-idem-Schutz gewährleistet und nicht der Beliebigkeit preisgegeben wird, hingenommen werden. Durch das Abstellen auf einen europäischen Rechtsgüterschutz i.S.e. gemeinsamen Ziel- und Schutzinteresses wird aber weitestgehend eine Annäherung auf niedrigstem Niveau verhindert, welche bei einem alleinigen Abstellen auf den nationalen Rechtsgüterschutz eintreten würde.

Ohnehin hält auch der EuGH letztlich seinen vermeintlich faktischen Tatbegriff nicht in letzter Konsequenz durch. Jede im Rahmen dieser Arbeit besprochene gerichtliche Entscheidung des EuGH zum Tatbegriff ist auch selbst mit normativen Gesichtspunkten aufgeladen[1201]. So betont der EuGH zwar stets, dass das alleinig maßgebliche Kriterium für die Frage der Einschlägigkeit des Art. 54 SDÜ das der *„Identität der materiellen Tat"* sei. Dabei versteht der EuGH unter Tat *„das Vorhandensein eines Komplexes konkreter, unlösbar miteinander verbundener Tatsachen unabhängig von der rechtlichen Qualifizierung dieser Tatsachen oder von dem geschützten rechtlichen Interesse."*[1202] Jedoch stellt der

1199 Vgl. § 9. B) I., §. 9. B) II. 1.a) und e).

1200 Vgl. § 9. B) I.

1201 Vgl. § 8. C) IV. 2. b), 3. b), 4. b) und 5. b).

1202 Vgl. § 8. C) IV. 2. b) und c); § 9. B) III. 1. b); EuGH NJW 2006, 1781, 1782 u. 1783 [Rn. 35, 36 u. 42]; EuGH JZ 2006, 1018, 1019 [Rn. 35 u. 36].

EuGH diese Kriterien zur Bestimmung des Tatbegriffs lediglich seinen Entscheidungen voran, um dann doch im konkreten Einzelfall eine Wertentscheidung zu treffen. Bereits in der Entscheidung Van Esbroeck führt der EuGH nach seiner vermeintlichen Tatbegriffsbestimmung aus, dass es sich grundsätzlich um „dieselbe Tat" i.S.d. Art. 54 SDÜ handele, wenn in zwei Vertragsstaaten die illegale Ein- und Ausfuhr von Betäubungsmitteln strafrechtlich verfolgt wird, wobei die abschließende Beurteilung Sache der zuständigen nationalen Gerichte sei[1203]. Das Ergebnis, dass es sich bei der illegalen Ein- und Ausfuhr von Betäubungsmitteln um einen Komplex konkreter, unlösbar miteinander verbundener Tatsachen handelt, ist nicht zwingend und stellt daher letztlich doch eine normative Entscheidung des EuGH dar. Die Annahme von Tatidentität dürfte nicht zuletzt dadurch motiviert sein, dass der EuGH bereits im Fall Van Esbroeck das Ziel verfolgt, innereuropäische Rechtssicherheit zu gewähren und zur Verwirklichung dieses Zwecks eine weit gefasste Beschreibung des Tatgegenstandes als Grundlage für die Sperrwirkung des Art. 54 SDÜ gibt[1204]. Der EuGH betont in diesem Zusammenhang unter Hinweis auf den Wortlaut der Vorschrift des Art. 54 SDÜ, dass es allein um den Tatbegriff gehe, nicht aber um dessen rechtliche Qualifizierung nach nationalem Strafrecht[1205]. Er versucht damit zu verhindern, dass die nationalen Gerichte einem Geschehen nur deshalb die Einheitlichkeit absprechen, weil der Täter während der Deliktsbegehung die Landesgrenze überschritten hat. Letztlich will der EuGH vermeiden, dass es in den Schengen-Staaten zu jeweils eigenen Bestrafungen kommt[1206].

Vor allem in der Entscheidung Van Straaten zeigt sich, dass der EuGH den faktischen Tatbegriff normativ aufbläht, wenn er dort ausführt, dass es nicht darauf ankomme, dass die Drogenmengen in den betreffenden Schengen-Staaten oder die beteiligten Personen in beiden Vertragsstaaten identisch sind[1207], um einen Komplex von Tatsachen annehmen zu können, die ihrer Natur nach untrennbar verbunden sind[1208]. Bereits in der Entscheidung Van Esbroeck war die vom EuGH angenommene Tatidentität zwischen der illegalen Ein- und Ausfuhr nicht zwingend, da nicht ersichtlich war, warum es sich bei einem solchen Vorgang um einen Komplex konkreter, unlösbar miteinander verbundener Tatsachen handeln soll. Die Annahme eines solchen Komplexes sogar bei einer Divergenz in

---

1203 Vgl. § 8. C) IV. 2. b); EuGH NJW 2006, 1781, 1782 u. 1783 [Rn. 37, 38 u 42]; EuGH JZ 2006, 1018, 1019 [Rn. 37 u. 38]; EuGH JZ 2007, 245, 246 [Rn. 51 u. 52].

1204 Vgl. § 8. C) IV. 2. b); *Kühne*: Anm. zu EuGH vom 9.3.2006, JZ 2006, 1019, 1020.

1205 *Kühne*: Anm. zu EuGH vom 9.3.2006, JZ 2006, 1019, 1020.

1206 *Kühne*: Anm. zu EuGH vom 9.3.2006, JZ 2006, 1019, 1020.

1207 Vgl. § 8. C) IV. 3. b); *Kühne*: Anm. zu EuGH vom 28.9.2006, JZ 2007, 247; *Radtke*, in: Festschrift für Seebode, 2008, S. 297, 307; EuGH JZ 2007, 245, 246 [Rn. 49].

1208 Vgl. § 8. C) IV. 3. b); EuGH JZ 2007, 245, 246 [Rn. 50].

der Drogenmenge oder den beteiligten Personen in beiden Vertragsstaaten stellt eine reine normative Entscheidung des EuGH dar. So führt *Kühne* in seiner Anmerkung zum Fall Van Straaten bereits zutreffend aus, dass der EuGH lediglich eine schlichte Behauptung dergestalt aufstellt, dass es nicht erforderlich sei, dass die Drogenmengen oder die beteiligten Personen in beiden Vertragsstaaten identisch sind[1209].

Diese normative Anreicherung der Entscheidungen des EuGH zum Tatbegriff in Art. 54 SDÜ findet sich auch in den Entscheidungen Kretzinger und Kraaijenbrink. Im Fall Kretzinger ist die Annahme, dass die Transporte geschmuggelter Zigaretten, die mit dem mehrfachen Übertritt von Binnengrenzen des Schengen-Raums verbunden sind, einen Komplex von Tatsachen bilden können, der unter den Begriff „dieselbe Tat" fällt, eine reine Wertentscheidung[1210]. Dies zeigt sich auch in der Entscheidung Kraaijenbrink, in welcher der EuGH ohne nähere Begründung die Ansicht vertritt, dass Art. 54 SDÜ nur einschlägig sei, wenn das mit dem zweiten Strafverfahren befasste Gericht zu dem Ergebnis komme, dass die materiellen Taten in zeitlicher und räumlicher Hinsicht sowie nach ihrem Zweck einen untrennbaren Komplex bilden[1211]. Liege ein solcher Komplex nicht vor, so reiche es für sich allein auch nicht aus, dass nach den Feststellungen des mit dem zweiten Strafverfahren befassten Gerichts der präsumtive Täter mit einheitlichem Vorsatz gehandelt hat, um einen solchen Komplex, der unter den Begriff „dieselbe Tat" i.S.v. Art. 54 SDÜ fällt, anzunehmen[1212].

Eine weitere Schwäche des vom EuGH vertretenen Tatbegriffsverständnisses liegt darin, dass der EuGH letztlich die Beurteilung, ob im konkreten Fall eine Tat i.S.d. Art. 54 SDÜ vorliegt, den nationalen Gerichten überlässt. Diese Vorgehensweise zeigt, dass der EuGH mit seiner abstrakten Formel von dem Komplex konkreter, unlösbar miteinander verbundener Umstände letztlich nicht in der Lage ist, im konkreten Fall zu bestimmen, ob eine Tat i.S.d. Art. 54 SDÜ vorliegt oder nicht. Daher zieht er diese unbestimmte Formel heran, um nur sehr allgemeine Vorgaben machen zu müssen. Damit hält er sich den Weg offen, letztlich im konkreten Einzelfall nach normativen Gesichtspunkten zu entscheiden, ob eine Tat i.S.d. Art. 54 SDÜ vorliegt. Aber selbst diese normative Entscheidung im konkreten Fall überantwortet der EuGH dann nur allzu gern noch den nationalen Gerichten[1213].

Des Weiteren vermag der EuGH den Tatbegriff nicht weiter nach abstrakten Kriterien zu bestimmen, sodass sich letztlich seine Resignation in der Tatbe-

---

1209 Vgl. § 8. C) IV. 3. c); *Kühne*: Anm. zu EuGH vom 28.9.2006, JZ 2007, 247.

1210 Vgl. § 8 C) IV. 4. b); EuGH NJW 2007, 3412, 3413 [Rn. 36].

1211 Vgl. § 8. C) IV. 5. b); EuGH EuZW 2007, 538, 539 [Rn. 28].

1212 Vgl. § 8. C) IV. 5. b); EuGH EuZW 2007, 538, 539 [Rn. 29].

1213 Vgl. § 8. C) IV. 2. b), 3. c), 4. b) und 5. c).

griffsdefinition zeigt. Der EuGH provoziert durch diese Vorgehensweise weitere Vorabentscheidungsverfahren, die eine unübersehbare Kasuistik heraufbeschwören[1214].

I. Entscheidung Van Esbroeck

1. Erste Stufe

Auf der *ersten Stufe* des meinem Lösungsansatz zu Grunde liegenden Gesamtlösungskonzepts ist zunächst zu klären, ob die Heranziehung des Art. 54 SDÜ in dem Fall Van Esbroeck ausreichte, um eine Mehrfachverfolgung und -bestrafung zu verhindern. Wie gesehen, kann auch das Abstellen des Erstverfolgerstaats auf einen weiten prozessualen Tatbegriff nicht vermeiden, dass es zu einer Konkurrenz paralleler Strafverfahren zwischen dem Erstverfolger- und dem Zweitverfolgerstaat kommen kann[1215]. Dies ist darin begründet, dass eine Anerkennung der Erstentscheidung frühestens in dem Zeitpunkt erfolgen kann, in welchem in dem Erstverfolgerstaat eine Entscheidung ergangen ist[1216]. In der Zwischenzeit besteht die Gefahr einer Konkurrenz paralleler – also zeitgleicher – Strafverfahren[1217].

In dem Fall Van Esbroeck war aber bereits mit Urteil des erstinstanzlichen Gerichts in Bergen (Norwegen) vom 2. Oktober 2000 eine Entscheidung im Erstverfolgerstaat Norwegen ergangen, bevor am 27. November 2002 in Belgien ein Strafverfahren wegen des Vorwurfs der Ausfuhr der vorgenannten Betäubungsmittel gegen ihn eingeleitet wurde. Eine Ergänzung zu dem Verbot mehrfacher Strafverfolgung und Bestrafung des Art. 54 SDÜ war somit nicht erforderlich, um einen vollumfänglichen ne-bis-in-idem-Schutz des Herrn Van Esbroeck zu gewährleisten, da keine zeitgleiche Strafverfolgung stattfand. Nach dieser Erstverurteilung bestand die Gefahr eines „Wettlaufs" oder eines „forum-shopping" nicht mehr, da der Strafklageverbrauch, der auch für den Zweitverfolgerstaat nach Art. 54 SDÜ gilt, durch diese Verurteilung eingetreten war. Nach dem Eintritt des Strafklageverbrauchs durch die Entscheidung im Erstverfolgerstaat ist nur noch dessen Umfang für den potenziellen Zweitverfolgerstaat nach Art. 54 SDÜ zu bestimmen. Dieser hängt maßgeblich davon ab, welches Tatbegriffsverständnis dem Art. 54 SDÜ zu Grunde gelegt wird.

1214 Vgl. § 8. C) IV. 3. c).

1215 Vgl. § 9. B) II. 1 a) und e).

1216 Vgl. § 9. B) II. 1. a); *Vander Beken/Vermeulen/Lagodny*, NStZ 2002, 624.

1217 Vgl. § 9. B) II. 1. a) und e); *Kühne*, Strafprozessrecht, 2010, § 3 Rn. 79; *Vander Beken/Vermeulen/Lagodny*, NStZ 2002, 624.

2. Zweite Stufe

Auf der *zweiten Stufe* meines Lösungsansatzes ist zunächst zu prüfen, ob unter Anwendung des nach meiner Ansicht vorzugswürdigen, von den jeweiligen nationalen Tatbegriffen der Schengen-Staaten losgelösten, faktischen Tatbegriffs[1218] bei der Ein- und Ausfuhr von Betäubungsmitteln von „derselben Tat" i.S.d. Art. 54 SDÜ ausgegangen werden kann. Es erscheint durchaus vertretbar, bei der illegalen Ein- und Ausfuhr von Betäubungsmitteln von einem Schengen-Staat in den anderen, das Vorliegen eines einheitlichen Lebenssachverhalts zu bejahen. Diesbezüglich kann auch dem EuGH zugestimmt werden, wenn er im Fall Van Esbroeck ausführt, dass es sich grundsätzlich um „dieselbe Tat" i.S.d. Art. 54 SDÜ handele, wenn in zwei Vertragsstaaten die illegale Ein- und Ausfuhr von Betäubungsmitteln strafrechtlich verfolgt wird[1219].

Jedoch muss dem Umstand Rechnung getragen werden, dass der Lebenssachverhalt keine feste Größe darstellt, sondern durch die unterschiedlichen Gesetze der einzelnen Mitgliedstaaten unterschiedlich beschrieben wird[1220]. So sehr m.E. auch auf einen Tatbegriff abgestellt werden sollte, der von materiell-rechtlichen Kriterien unabhängig ist, so wenig darf man sich durch eine bloße Definition, die dieses Ziel erreichen möchte, blenden lassen. Eine völlige Unabhängigkeit des Lebenssachverhalts von den nationalen Tatbeständen ist nicht möglich, da bereits durch den Tatbestand letztlich bestimmt wird, was zum zu Grunde liegenden Lebenssachverhalt gehört. Es muss also für die Entscheidung Van Esbroeck, von den betreffenden nationalen Tatbeständen ausgehend, ein eigenständiger europäischer Rechtsgüterschutz ermittelt werden[1221]. Dabei ist ein weit gefasstes Verständnis heranzuziehen, welches eine größtmögliche Unabhängigkeit von dem nationalen Rechtsgüterschutz gewährleistet, ohne aber die nationalen Tatbestände vollständig auszublenden[1222]. Zur Bestimmung des Vorliegens von Tatidentität muss also zusätzlich zu dem Abstellen auf einen faktischen Tatbegriff mit Hilfe des Ziel- und Schutzinteresses ermittelt werden, ob ein gemeinsamer europäischer Rechtsgüterschutz gefunden werden kann (Vereinigungstheorie). Ein einheitlicher europäischer Rechtsgüterschutz ist zu bejahen, wenn die verwirklichten nationalen Tatbestände die gleiche Ziel- und Schutzrichtung verfolgen.

1218 Vgl. § 8. D) III. 4. und § 9.

1219 Vgl. § 8 C) IV. 2. b); EuGH NJW 2006, 1781, 1782 u. 1783 [Rn. 37 u. 42]; EuGH JZ 2006, 1018, 1019 [Rn. 37]; EuGH JZ 2007, 245, 246 [Rn. 51].

1220 Vgl. § 9. A).

1221 Vgl. § 9. B) III. 2.

1222 Vgl. § 9. B) III. 2.

Der Vorteil des hier vertretenen Lösungsansatzes besteht im vorliegenden Fall nicht zuletzt darin, dass es zwar nicht zwingend erforderlich[1223], aber zunächst ausreichend ist, festzustellen, dass die Ein- und Ausfuhr von Betäubungsmitteln überhaupt irgendeinen Tatbestand im betreffenden Schengen-Staat verwirklicht. Dies genügt, um eine Eingrenzung des in Betracht kommenden Lebenssachverhalts vorzunehmen. Der Lebenssachverhalt im Fall Van Esbroeck wird durch die Ziel- und Schutzrichtung, namentlich die Ein- und die Ausfuhr von Betäubungsmitteln zu verhindern, bestimmt. Fest steht nämlich, dass die betreffenden nationalen Tatbestände in Norwegen und in Belgien, unabhängig von ihrer konkreten Ausgestaltung, das Ziel haben, zum einen die Einfuhr und zum anderen die Ausfuhr von Betäubungsmitteln zu verhindern. Das Ziel der nationalen Tatbestände, einen Schutz vor der Ausfuhr und der Einfuhr von Betäubungsmitteln, also im weitesten Sinne vor Betäubungsmitteln überhaupt, zu gewährleisten, stellt das von den betreffenden Tatbeständen ausgehende, aber eigenständige Ziel- und Schutzinteresse, also den gemeinsamen europäischen Rechtsgüterschutz dar. Dieses gewonnene Extrakt, das in gewisser Weise die Einzigartigkeit besitzt, von seinen Ursprungsbestandteilen unabhängig zu sein, ermöglicht es, die Beeinflussung des faktischen Tatbegriffs durch die Tatbestände der Schengen-Staaten einzuräumen, und doch einen weiten europäischen Tatbegriff zu gewährleisten, der nicht auf eine Harmonisierung der Strafrechtssysteme angewiesen ist, um einen weiten ne-bis-in-idem-Schutz, auf dogmatisch überzeugender Grundlage zu garantieren.

Das Ergebnis der zweiten Stufe lässt sich dahin gehend zusammenfassen, dass auf Grund des gleichen Ziel- und Schutzinteresses und dem damit einhergehenden Vorliegens eines identischen europäischen Rechtsgüterschutzes bei der Ein-

1223 Es ist nicht erforderlich, dass das Verhalten des Täters in beiden betreffenden Schengen-Staaten einen Straftatbestand erfüllt. Dies wurde bereits in Beispielsfall 1 und 2 unter § 9. B) III. 2. deutlich. Im Beispielsfall 1 wurde aufgezeigt, dass trotz der in Deutschland im ersten Teil des Geschehens strafbaren, in den Niederlanden aber straflosen Form der Sterbehilfe, mithilfe des Ziel- und Schutzinteresses ein einheitlicher europäischer Rechtsgüterschutz aufgefunden und damit nach der hier vertretenen Auffassung eine Tatidentität i.S.d. Art. 54 SDÜ angenommen werden kann. Im Beispielsfall 2 konnte aufgezeigt werden, dass selbst bei einer in Deutschland strafbaren, in den Niederlanden aber straflosen Form der Abtreibung mithilfe des Ziel- und Schutzinteresses ein einheitlicher europäischer Rechtsgüterschutz ermittelt werden konnte. Dadurch war auch im Beispielsfall 2 von einer Tatidentität i.S.d. Art. 54 SDÜ auszugehen. Es ist also für die Anwendung des hier vertretenen Lösungsansatzes nicht zwingend erforderlich, dass das Verhalten des Täters in beiden betreffenden Schengen-Staaten einen Tatbestand verwirklicht. Ist dies jedoch der Fall, so kann von diesem ausgehend mithilfe des Ziel- und Schutzinteresses ermittelt werden, ob sich ein gemeinsamer europäischer Rechtsgüterschutz herauskristallisieren lässt und somit von einer Tatidentität i.S.d. Art. 54 SDÜ ausgegangen werden kann.

und Ausfuhr von Betäubungsmittel, eine Tatidentität i.S.d. Art. 54 SDÜ bejaht werden kann.

II. Entscheidung Van Straaten

1. Erste Stufe

Zunächst ist auch bei der Entscheidung Van Straaten auf der *ersten Stufe* meines Lösungsvorschlages zu prüfen, ob mittels des in Art. 54 SDÜ garantierten Verbots der Doppelverfolgung- und -bestrafung ein hinreichender ne-bis-in-idem-Schutz bestand.

Die Arrondissementsrechtbank`s Hertogenbosch (Niederlande) sprach Van Straaten mit Urteil vom 23. Juni 1983 von dem ihm zur Last gelegten Anklagepunkt der Einfuhr von Heroin frei[1224]. Es ist nicht ersichtlich, dass Van Straaten vor diesem Zeitpunkt bereits von den italienischen Strafverfolgungsbehörden verfolgt wurde. Die Tatsache, dass erst am 11. September 2001 ein Haftbefehl der Staatsanwaltschaft Mailand gegen Van Straaten erging und erst im Jahr 2002 eine Ausschreibung im Informationssystem erfolgte, lässt vermuten, dass vor der Aburteilung in den Niederlanden keine Strafverfolgung in Italien gegen Herrn Van Straaten stattgefunden hat[1225]. Weder die Gefahr einer parallelen Strafverfolgung, noch die eines „Wettlaufs" oder eines „forum-shopping" vor der Erstverurteilung realisierte sich im Fall Van Straaten. Nach der Erstverurteilung muss der Schutz vor Mehrfachverfolgung und -bestrafung über Art. 54 SDÜ gesucht werden. In dem Fall Van Straaten wirkte sich das Fehlen einer europäischen Zuständigkeitsregelung hinsichtlich der strafgewaltsbefugten Staaten somit nicht aus.

2. Zweite Stufe

Zu prüfen ist zunächst, ob unter Anwendung eines autonomen faktischen Tatbegriffs im Fall Van Straaten von einer Tatidentität i.S.d. Art. 54 SDÜ ausgegangen werden kann. Der Unterschied zwischen dem Fall Van Esbroeck und Van Straaten besteht entscheidend darin, dass bei Van Esbroeck die Drogen, die von einem in den anderen Staat geschafft wurden, identisch waren, während dies bei Van Straaten nicht der Fall war[1226]. Bei zu Grunde Legung eines faktischen Tat-

1224 EuGH JZ 2007, 245.

1225 EuGH JZ 2007, 245.

1226 *Kühne*: Anm. zu EuGH vom 28.9.2006, JZ 2007, 247.

begriffs, und damit verbunden einer maßgeblichen Orientierung an einem einheitlichen Lebensvorgang, erscheint es durchaus vertretbar, auch bei einer Divergenz in der Drogenmenge von dem Vorliegen eines einheitlichen Lebensvorgangs und damit verbunden von Tatidentität i.S.d. Art. 54 SDÜ ausgehen zu können. Auch der EuGH vertritt die Ansicht, dass es hinsichtlich der Frage der divergierenden Drogenmengen in Italien und den Niederlanden nicht erforderlich sei, dass die Drogenmengen in den beiden betreffenden Vertragsstaaten oder die beteiligten Personen in beiden Vertragsstaaten identisch sind[1227]. Es sei daher auch möglich, dass ein Sachverhalt, in welchem es an einer solchen Identität fehlt, einen Komplex von Tatsachen bildet, die ihrer Natur nach untrennbar verbunden sind[1228]. Argumentativ stellt der EuGH auf den Telos des Art. 54 SDÜ ab, indem er ausführt, dass das Recht auf Freizügigkeit nur dann effektiv gewährleistet werde, *„wenn der Urheber einer Handlung weiß, dass er sich, wenn er in einem Mitgliedstaat verurteilt worden ist [...], im Schengen Gebiet bewegen kann, ohne befürchten zu müssen, dass er in einem anderen Mitgliedstaat deshalb verfolgt wird, weil diese Handlung in der Rechtsordnung des letztgenannten Mitgliedstaats einen unterschiedlichen Verstoß darstellt."*[1229]

Auch nach meinem Dafürhalten ist auf einen weiten europäischen am Lebenssachverhalt ausgerichteten Tatbegriff abzustellen, der so weit wie möglich unabhängig von der rechtlichen Qualifizierung der zu Grunde liegenden Tatsachen oder von dem geschützten rechtlichen Interesse ist[1230].

Jedoch ist – wie im Fall Van Esbroeck– dem Umstand Rechnung zu tragen, dass der Lebenssachverhalt keine feste Größe darstellt, sondern vielmehr durch die unterschiedlichen Gesetze der Schengen-Staaten unterschiedlich beschrieben wird[1231]. Daher ist zu prüfen, ob ein einheitlicher übergeordneter europäischer Rechtsgüterschutz ermittelt werden kann. Zu diesem Zweck muss nach der Ziel- und Schutzrichtung gefragt werden, die das Verbot der Ein- und Ausfuhr von Betäubungsmitteln verfolgt. Der Lebenssachverhalt im Fall Van Straaten wird ebenfalls – wie im Fall Van Esbroeck – durch die Ziel- und Schutzrichtung bestimmt, die Ein- und die Ausfuhr von Betäubungsmitteln zu verhindern[1232].

Die Ziel- und Schutzrichtung besteht darin, den Handel mit Betäubungsmitteln einzudämmen und somit die Gesellschaft vor den Gefahren des Drogenkon-

---

1227 Vgl. § 8. C) IV. 3. b); *Kühne*: Anm. zu EuGH vom 28.9.2006, JZ 2007, 247; *Radtke*, in: Festschrift für Seebode, 2008, S. 297, 307; EuGH JZ 2007, 245, 246 [Rn. 49].

1228 Vgl. § 8. C) IV. 3. b); EuGH JZ 2007, 245, 246 [Rn. 50].

1229 Vgl. § 8. C) IV. 3. b); EuGH JZ 2007, 245, 246 [Rn. 46].

1230 Vgl. § 8. D) III. 4. und § 9.; EuGH NJW 2006, 1781, 1782 u. 1783 [Rn. 35 u. 42]; EuGH JZ 2006, 1018, 1019 [Rn. 35].

1231 Vgl. § 9. C) I. 2.

1232 Vgl. § 9. C) I. 2.

sums zu schützen und der Begleitkriminalität in diesem Zusammenhang Einhalt zu gebieten. Diese Schutzrichtung ist aber sowohl bei der Aus- als auch bei der Einfuhr von Drogen die gleiche, unabhängig davon, ob die Drogenmengen divergieren. Daher ist das Ziel- und Schutzinteresse, trotz der Divergenz in der Drogenmenge, gleich. Es lässt sich also ein einheitlicher übergeordneter europäischer Rechtsgüterschutz herauskristallisieren. Somit liegt eine Tatidentität i.S.d. Art. 54 SDÜ vor.

Der Vorzug dieses Lösungsansatzes besteht nicht zuletzt darin, dass das Ergebnis der Tatidentität auf ein dogmatisch tragbares Fundament gestellt wird. Denn wie *Kühne* zutreffend ausführt, entbehrt das vom EuGH gefundene Ergebnis jeglicher Argumentation. Der EuGH stellt eine bloße Behauptung dahin gehend auf, dass es nicht erforderlich sei, dass die Drogenmengen oder die beteiligten Personen in beiden Vertragsstaaten identisch sind[1233]. Darüber hinaus besteht der Vorteil der hier vertretenen Ansicht darin, dass der Unterschied in der Drogenmenge wegen des Abstellens auf den entwickelten europäischen Rechtsgüterschutz unbeachtlich ist. Dadurch verbürgt sich die Lösung für die Gewährleistung von Rechtssicherheit für den präsumtiven Täter. Der vielfach besonders vom EuGH geforderten Schaffung eines Raums der Freiheit, der Sicherheit und des Rechts wird damit vollumfänglich entsprochen[1234]; unabhängig von einer Harmonisierung der Strafrechtssysteme der Schengen-Staaten. Im Gegensatz dazu erscheint bereits fraglich, ob der EuGH auch bei einer größeren Divergenz in der Drogenmenge noch von einer Tat ausgegangen wäre[1235]. Wohl eher nicht, wie die sich anschließende Anmerkung des EuGH durchblicken lässt, wonach es lediglich *„nicht ausgeschlossen [ist], dass ein Sachverhalt, in dem es an solcher Identität fehlt“* gleichwohl eine Tatidentität im prozessualen Sinne darstellt[1236]. Die Schwierigkeit der Bestimmung, ab welcher Divergenz in der jeweiligen Drogenmenge noch von Tatidentität ausgegangen werden kann, spricht bereits gegen die – vermeintlich – rein faktische Betrachtung des EuGH. Hierin zeigt sich die Schwäche des vom EuGH vertretenen faktischen Tatbegriffs ganz deutlich. Zum einen nimmt der EuGH letztlich doch in seiner Entscheidung Van Straaten eine Wertung vor, wenn er einfach bestimmt, dass trotz der Divergenz in der Drogenmenge dennoch eine Tat angenommen werden kann. Zum anderen überlässt er die abschließende Entscheidung, ob eine materielle Tat eine Tat i.S.d. Art. 54 SDÜ darstellt, wieder den nationalen Gerichten, was die aufge-

---

1233 *Kühne*: Anm. zu EuGH vom 28.9.2006, JZ 2007, 247.

1234 Vgl. § 8. C) IV. 1. c)

1235 *Kühne*: Anm. zu EuGH vom 28.9.2006, JZ 2007, 247.

1236 *Kühne*: Anm. zu EuGH vom 28.9.2006, JZ 2007, 247; EuGH JZ 2007, 245, 246 [Rn. 50].

führten Schwierigkeiten provoziert[1237]. Letztlich vermag der EuGH dadurch auch nicht zu der praktischen Verwirklichung eines Raums der Freiheit, der Sicherheit und des Rechts beizutragen, sondern erweckt vielmehr den Eindruck einer gewissen Beliebigkeit in der Tatbegriffsbestimmung. Dies läuft im besonderen Maße der Schaffung von Rechtssicherheit zuwider und ist geeignet, ein gewisses Misstrauen in kommende Entscheidungen des EuGH zu schüren.

III. Entscheidung Kretzinger

1. Erste Stufe

Wie bei den vorangegangenen Entscheidungen des EuGH ist auch im Fall Kretzinger auf der *ersten Stufe* des hier vertretenen Lösungsvorschlags zu prüfen, ob der von Art. 54 SDÜ gewährleistete ne-bis-in-idem-Schutz einen ausreichenden Schutz vor Mehrfachverfolgung und -bestrafung für Herrn Kretzinger bot. Diese Frage stellt sich, da das Abstellen des Erstverfolgerstaats auf einen weiten prozessualen Tatbegriff für sich allein nicht eine Konkurrenz paralleler Strafverfahren vor dem Ergehen einer Entscheidung im Erstverfolgerstaat verhindern kann[1238].

Herr Kretzinger wurde mit Urteil vom 22. Februar 2001 von der Corte di appello di Venezia als Berufungsgericht und mit Urteil vom 25. Januar 2001 von dem Tribunale di Ancona wegen jeweils eines Transports von nicht verzollten Zigaretten verurteilt[1239]. Das entsprechende Urteil des LG Augsburg wegen der beiden Transporte erging gegen Herrn Kretzinger am 18. November 2003[1240]. Die Urteile der beiden italienischen Gerichte und das des LG Augsburg liegen zeitlich nahe beieinander. Es erscheint daher möglich, dass es bereits zu sich überschneidenden, also parallelen, Strafverfahren kam. Jedenfalls wenn man bedenkt, dass zum Strafverfahren bereits das Ermittlungsverfahren gehört. Unabhängig von der Klärung dieser Frage im vorliegenden Fall, hätte eine womöglich erfolgte zeitgleiche Strafverfolgung in Italien und der Bundesrepublik Deutschland bei dem Bestehen von allgemein verbindlichen Zuständigkeitsregelungen und dem Vorhandensein von Eurojust als zuständige Institution zur Bestimmung darüber, welcher Staat strafverfolgungsbefugt sein soll, vermieden werden kön-

---

1237 Vgl. § 8. C) IV. 3. c); EuGH JZ 2007, 245, 246 [Rn. 52]; *Kühne*: Anm. zu EuGH vom 28.9.2006, JZ 2007, 247.

1238 Vgl. § 9. B) II. 1. a) und e).

1239 EuGH NJW 2007, 3412.

1240 BGH NJW 2008, 2931; EuGH NJW 2007, 3412.

nen[1241]. Hierin zeigt sich bereits – zumindest abstrakt – die Überlegenheit des hier vertretenen Gesamtlösungskonzepts. Es gewährleistet nämlich auch einen über Art. 54 SDÜ hinausgehenden Schutz vor paralleler Strafverfolgung.

2. Zweite Stufe

Auf der zweiten Stufe meines Gesamtlösungskonzepts ist wieder zu prüfen, ob unter Anwendung eines autonomen faktischen Tatbegriffs im Fall Kretzinger das Vorhandensein einer Tatidentität i.S.d. Art. 54 SDÜ angenommen werden kann. Bei einem Abstellen auf den Lebenssachverhalt erscheint es durchaus vertretbar, bei strafbaren Handlungen, welche in der Ausfuhr und der Einfuhr derselben illegalen Waren bestehen, einen einheitlichen Lebenssachverhalt und damit das Vorliegen derselben Tat i.S.d. Art. 54 SDÜ anzunehmen. Auch der EuGH führt aus, dass es sich bei strafbaren Handlungen, die in der Ausfuhr und der Einfuhr derselben illegalen Waren bestehen, um Vorgänge handeln könne, die unter den Begriff „dieselbe Tat" i.S.v. Art. 54 SDÜ fallen. Daher könnten auch die Transporte geschmuggelter Zigaretten, die mit dem mehrfachen Übertritt von Binnengrenzen des Schengen-Raums einhergehen, einen Komplex von Tatsachen bilden, der unter den Begriff „dieselbe Tat" falle[1242]. Argumentativ stellt der EuGH – wie bereits in der Entscheidung Van Straaten – wieder darauf ab, dass die zuständigen nationalen Gerichte bei der Feststellung, ob „dieselbe Tat" i.S.d. Art. 54 SDÜ vorliegt, sich allein auf die Prüfung zu beschränken haben, *ob die Tat einen Komplex von Tatsachen darstellt, die in zeitlicher und räumlicher Hinsicht sowie nach ihrem Zweck unlösbar miteinander verbunden sind, ohne dass es auf Erwägungen im Hinblick auf das geschützte rechtliche Interesse ankomme*[1243]. Aber auch im Fall Kretzinger überlässt der EuGH die endgültige Klärung der Frage, ob ein solcher Komplex von Tatsachen vorliegt, wieder den nationalen Gerichten[1244]. Deshalb und wegen der Bedingtheit des Lebenssachverhalts durch die materiellen Gesetze, ist von den nationalen Tatbeständen ausgehend, ein eigenständiger europäischer Rechtsgüterschutz zu ermitteln. Nicht erforderlich ist es, eine exakte Bestimmung dahin gehend vorzunehmen, welche Tatbestände das Verhalten von Herrn Kretzinger in den beiden Schengen-Staaten verwirklicht. Ausreichend, wenn auch nicht zwingend erforderlich, ist vielmehr, festzustellen, dass der mehrfache Übertritt von Binnengrenzen des Schengen-Raums mit geschmuggelten Zigaretten überhaupt irgendeinen Tatbestand in den betreffenden

1241 Vgl. § 9. B) II.

1242 Vgl. § 8. C) IV. 4. b); EuGH NJW 2007, 3412, 3413 [Rn. 35 u. 36].

1243 Vgl. § 8. C) IV. 4. b); EuGH NJW 2007, 3412, 3413 [Rn. 34].

1244 Vgl. § 8. C) IV. 4 b; EuGH NJW 2007, 3412, 3413 - 3414 [Rn. 36].

Schengen-Staaten erfüllt. Dies genügt, um die erforderliche Eingrenzung des in Betracht kommenden Lebenssachverhalts vorzunehmen[1245]. Dass der Transport der nicht verzollten Zigaretten sowohl in Italien, als auch in der Bundesrepublik Deutschland einen strafrechtlichen Tatbestand erfüllt, ergibt sich bereits daraus, dass Herr Kretzinger derentwegen in beiden Staaten verurteilt wurde. Das Ziel- und Schutzinteresse bei den Tatbeständen, die auf nationaler Ebene die unverzollte Einfuhr von Tabak unter Strafe stellen, besteht maßgeblich in den Finanzinteressen der betreffenden Staaten. Der gefundene autonome europäische Rechtsgüterschutz im Fall Kretzinger ist also das Finanzinteresse. Dieses Schutzinteresse ist aber bei der Einfuhr von unverzollten Tabakwaren, unabhängig davon, ob diese zuerst in Griechenland eingeschmuggelt wurden, identisch. Unerheblich ist also, dass die Bundesrepublik Deutschland dem Schuldspruch die Hehlerei an den bei der Einfuhr geschmuggelter Waren nach Griechenland dort entstandenen Einfuhrabgaben zu Grunde legte, während der Corte di appello di Venezia auf eine Straftat der Einfuhr und des Besitzes von ausländischen Tabaks abstellte. Es kann somit festgehalten werden, dass ein einheitlicher europäischer Rechtsgüterschutz mit Hilfe des Ziel- und Schutzinteresses aufgefunden werden konnte. Somit ist von Tatidentität i.S.d. Art. 54 SDÜ auszugehen.

IV. Entscheidung Kraaijenbrink

Letztlich soll das entwickelte Gesamtlösungskonzept auf die Entscheidung Kraaijenbrink angewandt werden.

1. Erste Stufe

Auf der *ersten Stufe* ist wieder zu prüfen, ob Art. 54 SDÜ einen ausreichenden ne-bis-in-idem-Schutz für die niederländische Staatsangehörige Kraaijenbrink bot. Die Arrondissementsrechtbank te Middelburg (Niederlande) verurteilte Frau Kraaijenbrink am 11. Dezember 1998 für mehrere von Oktober 1994 bis Mai 1995 in den Niederlanden begangene und nach Art. 416 Wetboek van Strafrecht strafbare Fälle des Erwerbs, des Besitzes oder des Übertragens von Einnahmen aus dem Drogenhandel wegen vorsätzlicher Hehlerei zu einer Freiheitsstrafe, deren Vollstreckung zur Bewährung ausgesetzt wurde. Die Rechtbank van eerste aanleg te Gent (Belgien) verurteile Kraaijenbrink mit Urteil vom 20. April 2001, weil sie von November 1994 bis Februar 1996 in Belgien aus dem Handel mit Betäubungsmitteln in den Niederlanden stammende Geldbeträge umgetauscht

1245 Vgl. § 9. C) I. 2.

habe[1246]. Auf Grund der zeitlichen Nähe beider Verurteilungen ist nicht ausgeschlossen, dass es in den Niederlanden und in Belgien zu zwei sich zeitlich überschneidenden Strafverfolgungen kam. Eine solche parallele Strafverfolgung ist nicht von Art. 54 SDÜ erfasst, da der von dieser Vorschrift gewährleistete Schutz erst nach einer Entscheidung im Erstverfolgerstaat eintritt[1247]. Bei dem Vorhandensein von allgemein verbindlichen Kriterien zur Bestimmung einer einzigen Strafgewalt und der Übertragung der Strafgewaltsentscheidung auf Eurojust, mit der potenziellen Möglichkeit diese Entscheidung gerichtlich durch den EuGH überprüfen zu lassen, hätte eine nach heutiger Rechtslage mögliche und etwaig erfolgte parallele Strafverfolgung vermieden werden können[1248].

2. Zweite Stufe

Auf der *zweiten Stufe* kann bei einer zunächst erfolgenden Orientierung an einem europäischen Tatbegriff, der grundsätzlich so weit wie möglich frei von normativen Anreicherungen sein soll, mit dem EuGH die Ansicht vertreten werden, dass aus einer subjektiven Verbindung zwischen in zwei Vertragsstaaten die Strafverfolgung auslösender Taten, sich nicht zwingend das Bestehen einer objektiven Verbindung zwischen den fraglichen materiellen Taten ergibt, die sich somit in zeitlicher und räumlicher Hinsicht sowie nach ihrem Zweck unterscheiden können[1249]. Die Schwäche des vom EuGH vertretenen Ergebnisses liegt vielmehr zum einen darin, dass er auch diese Entscheidung nicht zum Anlass genommen hat, zumindest den Versuch zu unternehmen, den Tatbegriff weiter nach abstrakten Kriterien einzugrenzen. Vielmehr überlässt der EuGH erneut die endgültige Beantwortung der Frage, ob im konkreten Einzelfall der Grad der Identität und des Zusammenhangs aller tatsächlichen Umstände, die den jeweiligen Strafverfahren gegen denselben Angeklagten in den beiden betroffenen Vertragsstaaten zu Grunde liegen, den Schluss der Tatidentität i.S.d. Art. 54 SDÜ zulässt, den zuständigen nationalen Gerichten[1250].

Zum anderen liegt die Schwäche des vom EuGH vertretenen Ergebnisses in dessen unzureichender Begründung. Denn der EuGH begründet sein Ergebnis nicht näher. Er stellt vielmehr eine bloße Behauptung auf, wenn er ausführt, dass sich aus einer subjektiven Verbindung zwischen in zwei Vertragsstaaten die Strafverfolgung auslösender Taten nicht zwingen das Bestehen einer objektiven

---

1246 EuGH EuZW 2007, 538.
1247 Vgl. § 9. B) II. 1. a) und e).
1248 Vgl. § 9. B) II.
1249 Vgl. § 8. C) IV. 5. b); EuGH EuZW 2007, 538, 539 [Rn. 30].
1250 Vgl. § 8. C) IV. 5. c); EuGH EuZW 2007, 538, 539 [Rn. 32].

Verbindung zwischen den fraglichen materiellen Taten ergebe[1251]. Das Abstellen des EuGH auf seine oft herangezogene Formulierung, dass nur dann Tatidentität i.S.d. Art. 54 SDÜ bestehe, wenn das mit dem zweiten Strafverfahren befasste Gericht zu dem Ergebnis komme, dass die materiellen Taten in zeitlicher und räumlicher Hinsicht sowie nach ihrem Zweck einen untrennbaren Komplex bilden würden[1252], verlangt nicht zwingend, die subjektive Seite vollständig unberücksichtigt zu lassen. Insbesondere die Formulierung *„nach ihrem Zweck einen untrennbaren Komplex bilden"* könnte herangezogen werden, um zu argumentieren, dass eine Tatidentität i.S.d. Art. 54 SDÜ angenommen werden könne, weil Frau Kraaijenbrink bereits bei dem Erwerb, dem Besitz oder dem Übertragen von Einnahmen aus dem Drogenhandel in den Niederlanden vorhatte, die dabei erlangten Geldbeträge in Wechselstuben in Belgien in Umlauf zu bringen. Es könnte also mit beiden Handlungen bereits ein einheitlicher Zweck verfolgt worden sein, der die Annahme des Vorhandenseins eines untrennbaren Komplexes nahe legt. Die Annahme, dass Frau Kraaijenbrink mit beiden Handlungen einen einheitlichen Zweck verfolgte, wird noch dadurch verstärkt, dass es einem Täter, der Geldbeträge aus einer Vermögensstraftat erlangt, nach der allgemeinen Lebenserfahrung regelmäßig gerade darauf ankommt, diese später auch zu verwenden. Der Schluss des EuGH ist bereits bei Heranziehung seiner eigenen Tatbegriffsdefinition nach alledem nicht zwingend.

Auf Grund der aufgezeigten Schwächen des EuGH beim Versuch der Tatbegriffsdefinition und wegen der Korrelation zwischen dem Lebenssachverhalt und den materiellen Tatbeständen, muss des Weiteren überprüft werden, ob hinsichtlich der in den zwei Vertragsstaaten die Strafverfolgung auslösender Taten ein gemeinsamer europäischer Rechtsgüterschutz mit Hilfe des Ziel- und Schutzinteresses der verwirklichten nationalen Tatbestände ermittelt werden kann.

Dabei ist es unerheblich, dass in den Niederlanden der Tatbestand der vorsätzlichen Hehlerei (opzetheling) und in Belgien der Tatbestand der Geldwäsche erfüllt ist[1253]. Für die hier vertretene Lösung genügt es bereits – wenn es auch nicht zwingend erforderlich ist – festzustellen, dass überhaupt ein Tatbestand im nationalen Recht der betreffenden Schengen-Staaten verwirklicht wurde, um im Anschluss daran zu ermitteln, ob derselbe europäische Rechtsgüterschutz betroffen ist. Als übergeordnetes Ziel- und Schutzinteresse kann, unabhängig von den nationalen Besonderheiten, das grundsätzliche Interesse jedes Staates herangezogen werden, dass der Täter nicht durch strafbare Handlungen Geldbeträge erlangen können soll, über die er dann auch noch wie über legal erworbene Geldbe-

1251 Vgl. § 8. C) IV. 5. b); EuGH EuZW 2007, 538, 539 [Rn. 30].

1252 EuGH EuZW 2007, 538, 539 [Rn. 28].

1253 EuGH EuZW 2007, 538.

träge verfügen kann. Somit ist auf der zweiten Stufe meines Lösungsvorschlages festzuhalten, dass im Fall Kraaijenbrink ein gemeinsamer europäischer Rechtsgüterschutz ermittelt werden kann.

Das dogmatisch gefundene Ergebnis vermag auch aus Gerechtigkeitserwägungen zu überzeugen. Es darf nicht vergessen werden, dass der Hof van Cassatie seinerseits ausgeführt hat, dass es sich um verschiedene Taten handele, die jedoch die aufeinander folgende und fortgesetzte Durchführung ein und desselben Vorsatzes zur Begehung einer Straftat seien, sodass sie, wären sie ausschließlich in Belgien begangen worden, zumindest rechtlich als eine einzige Tat angesehen würden, die nach Art. 65 des belgischen Strafgesetzbuchs bestraft worden wäre[1254]. Das gefundene Ergebnis des gleichen europäischen Rechtsgüterschutzes stellt auch keinen Widerspruch zu den auf der zweiten Stufe eingangs gemachten Ausführungen dar, dass bei einer Orientierung an einem europäischen Tatbegriff mit dem EuGH zunächst die Ansicht vertreten werden kann, dass sich aus einer subjektiven Verbindung zwischen in zwei Vertragsstaaten die Strafverfolgung auslösender Taten, nicht zwingend das Bestehen einer objektiven Verbindung zwischen den betreffenden materiellen Taten ergibt[1255]. Es ist nämlich sehr wohl richtig, dass aus einer subjektiven Verbindung nicht zwingend eine objektive folgen muss. Wegen des gleichen Ziel- und Schutzinteresses und dem damit vorliegenden gemeinsamen europäischen Rechtsgüterschutzes, welcher den nationalen Tatbeständen übergeordnet ist, ergibt sich nach dem von mir vertretenen Gesamtlösungskonzept, dass letztlich Tatidentität i.S.d. Art. 54 SDÜ im Fall Kraaijenbrink angenommen werden muss.

1254 EuGH EuZW 2007, 538.

1255 EuGH EuZW 2007, 538, 539 [Rn. 30].

Zusammenfassender Ausblick

Die vorstehenden Ausführungen sind ein Versuch, ein Tatbegriffsverständnis zu schaffen, welches im Rahmen eines Gesamtlösungskonzepts den größtmöglichen Schutz vor Mehrfachverfolgung und -bestrafung gewährleistet, zugleich aber auch auf einer dogmatisch sicheren Grundlage steht.

Hierfür wurden zunächst der historische Weg zur Anerkennung des ne-bis-in-idem-Grundsatzes und seine Rechtsnatur dargestellt[1256].

Danach widmete sich die vorliegende Arbeit der Auslegung des prozessualen Tatbegriffs im deutschen Recht. In diesem Zusammenhang wurden die Funktionen des prozessualen Tatbegriffs dargestellt, um sodann auf den Tatbegriff der höchstrichterlichen deutschen Rechtsprechung einzugehen. Es wurden auch bereits abweichende Meinungen zum Tatbegriff dargestellt. Das Ergebnis der Betrachtung des Tatbegriffsverständnisses im deutschen Recht war, dass es bereits auf nationaler Ebene nicht möglich erscheint, einen rein prozessualen Tatbegriff zu gewährleisten. Dieses Ergebnis ließ schon in diesem frühen Stadium der Bearbeitung vermuten, dass das vom EuGH vertretene rein faktische Tatbegriffsverständnis in Art. 54 SDÜ eine reine Utopie darstellt. Wenn nämlich bereits im innerstaatlichen Recht der Versuch misslang, einen rein faktischen Tatbegriff zu entwickeln, so ließ sich erahnen, dass dies beim Zusammentreffen unterschiedlicher Rechtssysteme erst recht nicht möglich sein konnte. Vielmehr drängte sich bereits der Verdacht auf, dass der Tatbegriff in Art. 54 SDÜ ebenfalls vom materiellen Recht der Schengen-Staaten beeinflusst wird[1257].

Nachdem das Tatbegriffsverständnis in Deutschland eine Veranschaulichung gefunden hatte, wurde die Betrachtung auf die Tatbegriffe anderer Schengen-Staaten gerichtet. Dies war unabdingbar, um die Unterschiede und die damit einhergehenden Schwierigkeiten bei der Definition eines europäischen Tatbegriffs zu verdeutlichen[1258]. So haben die französischen Gerichte ihrer Betrachtung einen historischen Tatbegriff zu Grunde zulegen[1259]. Auch das italienische Strafverfahrenssystem stellte schon mit Art. 90 cpp-alt bei der Beurteilung des Vorliegens von Tatidentität auf die geschichtliche Individualität der Tat und nicht

1256 Vgl. § 1.
1257 Vgl. § 2. C) II 4.
1258 Vgl. § 3.
1259 Vgl. § 3. A).

auf deren juristische Würdigung ab. Daher verwundert es nicht, dass die Art. 648, 649 cpp-neu heute einen Prozess wegen derselben Tat auch dann versagen, wenn die Tat wegen der Bezeichnung der strafbaren Handlung, wegen des Grades oder wegen der Umstände anders zu beurteilen ist[1260]. Während auch im niederländischen Strafverfahrenssystem die Tat verstanden als historisches Geschehen die Basis eines Strafverfahrens bildet[1261], versteht das englische Strafverfahrensrecht unter Tat nicht das natürliche historische Ereignis. Vielmehr ist die rechtliche Qualifizierung des Tatsachenkomplexes allein maßgeblich[1262].

Im Anschluss daran wurde versucht, die Erforderlichkeit eines ne-bis-in-idem-Schutzes, insbesondere auf europäischer Ebene, nachzuweisen. Hierzu wurde untersucht, ob auf horizontaler und vertikaler Ebene ein Potenzial für Mehrfachverfolgung und -bestrafung innerhalb der Schengen-Staaten besteht. Festzuhalten war, dass sowohl im Verhältnis der EU zu den Mitgliedstaaten, als auch im Verhältnis der Mitgliedstaaten untereinander durch die Überschneidungen der Prinzipien des internationalen Strafrechts, Mehrfachverfolgungen und -bestrafungen möglich sind. Die Erforderlichkeit der Gewährleistung eines vollumfänglichen ne-bis-in-idem-Schutzes auf europäischer Ebene konnte in diesem Zusammenhang nachgewiesen werden[1263].

Sodann wurde die Anerkennung einer ne-bis-in-idem-Wirkung ausländischer Entscheidungen im Inland untersucht. Es konnte festgestellt werden, dass im deutschen Recht eine ne-bis-in-idem-Wirkung ausländischer Entscheidungen nicht anerkannt ist und wegen der Gefahr von Mehrfachverfolgung und -bestrafung auf europäischer Ebene das Bedürfnis nach der Anerkennung eines transnationalen ne-bis-in-idem-Schutzes besteht[1264].

Danach wurde eine Abwägung des Für und Wider der Anerkennung eines zwischenstaatlichen ne-bis-in-idem-Schutzes vorgenommen. Es wurde festgestellt, dass die Anerkennung eines zwischenstaatlichen ne-bis-in-idem-Grundsatzes im Rahmen der EU unverzichtbar ist, um auf grenzüberschreitende Kriminalität adäquat zu reagieren. Die gegen einen europäischen ne-bis-in-idem-Grundsatz sprechenden Argumente, insbesondere die Gefahr eines „forum-shopping“, vermochten nicht zu überzeugen[1265].

Nachdem die Entstehungsgeschichte, die Mitgliedstaaten und die Errungenschaften des Schengener Durchführungsübereinkommens dargestellt wurden, erfolgte noch eine Betrachtung dahin gehend, ob, und im bejahenden Fall inwie-

1260 Vgl. § 3. B).
1261 Vgl. § 3. C).
1262 Vgl. § 3. D).
1263 Vgl. § 4. B) IV.
1264 Vgl. § 5. C).
1265 Vgl. § 6. D).

weit, der Vertrag von Lissabon Auswirkungen auf den ne-bis-in-idem-Grundsatz in Art. 54 SDÜ hat[1266].

Das Hauptaugenmerk der vorliegenden Arbeit lag jedoch zum einen auf dem Tatbegriff im Sinne des SDÜ[1267]. Zum anderen lag es in der Entwicklung eines eigenen Lösungsansatzes zur Gewährleistung eines umfassenden ne-bis-in-idem-Schutzes, welcher im Rahmen der Darstellung der eigenen Auffassung vorgestellt wurde[1268]. Es wurden die Schwierigkeiten der Definition des Tatbegriffs in Art. 54 SDÜ aufgezeigt. Wichtig war die Darstellung und die Bewertung der Rechtsprechung des EuGH zum Tatbegriff. Dabei ist nicht zu vernachlässigen, dass die Konzeption eines europäischen ne-bis-in-idem-Grundsatzes in den Art. 54 ff. SDÜ und die Einbeziehung des Schengen-Besitzstands in den Rahmen der EU ein wünschenswerter Fortschritt in der Annäherung der europäischen Staaten ist. Seit dieser Einbeziehung ist der EuGH für die Auslegung des SDÜ zuständig. Die europaweite Weiterentwicklung der Art. 54 ff. SDÜ wird somit in Zukunft wesentlich durch die Rechtsprechung des EuGH geprägt sein[1269]. Es ist zu hoffen, dass der EuGH nicht seine Möglichkeit aus der Hand gibt, ein einheitliches Verständnis des Tatbegriffs zu gewährleisten. Bisher hat der EuGH nicht den Versuch unternommen, den Tatbegriff weiter nach abstrakten Kriterien einzugrenzen. Er geht vielmehr nach dem Prinzip der Beliebigkeit vor und überlässt es den nationalen Gerichten, abschließend zu beurteilen, ob eine materielle Tat eine Tat i.S.d. Art. 54 SDÜ darstellt[1270]. Dieses Vorgehen kann nur allzu leicht dazu führen, dass gerade kein einheitliches Tatbegriffsverständnis, sondern vielmehr eine unüberschaubare Kasuistik in den Schengener Vertragsstaaten entsteht[1271]. Ein einheitliches Tatbegriffsverständnis ist aber unabdingbare Voraussetzung für die Gewährleistung von Rechtssicherheit und somit der Verwirklichung der Grundgedanken des SDÜ, insbesondere der Freizügigkeit. Der Beitrag, den ein einheitliches Tatbegriffsverständnis im Annäherungsprozess innerhalb der EU leisten kann, darf nicht unterschätzt werden. Art. 54 SDÜ kann sich nämlich als bedeutsames Harmonisierungsinstrument für die Strafanwendungspraxis in Europa erweisen[1272].

Jedoch hat sich gezeigt, dass der EuGH mit dem Abstellen auf einen faktischen Tatbegriff verkennt, dass der diesem zu Grunde liegende Lebenssachver-

1266 Vgl. § 7.
1267 Vgl. § 8.
1268 Vgl. § 9.
1269 *Mansdörfer*, Prinzip des ne bis in idem, 2004, S. 249.
1270 EuGH JZ 2007, 245, 246 [Rn. 52]; *Kühne*: Anm. zu EuGH vom 28.9.2006, JZ 2007, 247.
1271 Vgl. § 8. C) IV. 3. c).
1272 *Lagodny*, NStZ 1997, 265.

halt selbst durch das materielle Recht der Mitgliedstaaten bestimmt wird[1273]. Um einen größtmöglichen Schutz vor Doppelverfolgung und Doppelbestrafung zu gewährleisten muss auf einen von den jeweiligen nationalen Tatbegriffen der Schengen-Staaten losgelösten Tatbegriff abgestellt werden[1274]. Ein Abstellen auf den Tatbegriff im Erstverfolger- oder Zweitverfolgerstaat vermag keinen ausreichenden ne-bis-in-idem-Schutz des Delinquenten zu begründen. Wie bereits dargestellt, spricht gegen eine solche Vorgehensweise bereits, dass der Tatbegriff in den einzelnen Schengen-Staaten unterschiedlich ausgestaltet ist. Dadurch kann es zu Schwierigkeiten für die Strafverfolgungsbehörden des Zweitverfolgerstaates kommen. Diese müssten nämlich die Erstentscheidung nachvollziehen, um den Umfang des Verfahrensgegenstandes im Erstentscheidungsstaat zu ermitteln[1275]. Außerdem wäre eine Zersplitterung des Verfahrensgegenstandes zu befürchten. Des Weiteren wäre die Reichweite des ne-bis-in-idem-Schutzes abhängig davon, in welchem Staat der präsumtive Täter erstmals abgeurteilt wurde[1276]. Ein Abstellen auf den Tatbegriff im Zweitverfolgerstaat begegnet den gleichen Bedenken[1277]. Selbst ein Vorgehen nach dem „Prinzip der Meistbegünstigung“ vermag nicht zu überzeugen. Danach wird auf den Tatbegriff abgestellt, der den nationalen Rechtsordnungen aller strafgewaltsbefugten Staaten oder sogar allen Schengen-Staaten gemein ist. Dies führt aber lediglich zu einer Annäherung auf niedrigstem Niveau. Denn nur ein enger Tatbegriff ist auch in einem weiten Tatbegriff enthalten[1278].

Darüber hinaus sollte eine Auslegung des Tatbegriffs herangezogen werden, die sich an der vorgenommenen Handlung orientiert[1279]. Eine Heranziehung der rechtlichen Einordnung einer Tat zur Bestimmung des Tatbegriffs als sog. „idem crimen“, sollte tunlichst vermieden werden. Denn eine solche Vorgehensweise führt zu einer zu weiten Einengung des Anwendungsbereichs des Art. 54 SDÜ[1280].

Strebt man also nach einer Lösung, die einen weitestgehenden ne-bis-in-idem-Schutz gewährleistet, so muss m.E. für die Bestimmung des Strafklageverbrauchs auf einen autonomen europäischen Tatbegriff in Art. 54 SDÜ abgestellt werden, so wie es in der vorliegenden Arbeit getan wurde[1281]. Der vorliegende

1273 Vgl. § 8. C) IV. 2. c).
1274 Vgl. § 9.
1275 Vgl. § 8. D) III. 3. a).
1276 Vgl. § 8. D) III. 3. a).
1277 Vgl. § 8. D) III. 3. b).
1278 Vgl. § 8. D) III. 3. c).
1279 Vgl. § 9.
1280 Vgl. § 8. D) III. 1.
1281 Vgl. § 8. D) III. 4. und § 9.

Lösungsansatz hat daher nach einem gemeinsamen europäischen Rechtsgüterschutz mit Hilfe des entwickelten Ziel- und Schutzinteresses der nationalen Tatbestände gesucht, um die Frage der Tatidentität zu beantworten[1282]. Nicht verschwiegen wurde im Rahmen des eigenen Lösungsansatzes, dass auch ein noch so weit gefasster prozessualer Tatbegriff nicht in der Lage ist, einen vollumfänglichen ne-bis-in-idem-Schutz zu gewährleisten. Dies ist darin begründet, dass eine ne-bis-in-idem-Wirkung erst dann eintreten kann, wenn überhaupt eine Entscheidung in einem Schengen-Staat ergangen ist. In der Zwischenzeit kann es insbesondere zu einer Konkurrenz paralleler Strafverfahren kommen[1283]. Somit vermag auch ein weiter prozessualer Tatbegriff zumindest keinen Schutz vor einer parallelen – und damit doppelten – Strafverfolgung zu bieten. Um dennoch einen vollumfänglichen ne-bis-in-idem-Schutz innerhalb der Schengen-Staaten zu entwickeln, beschäftigte sich die vorliegende Arbeit zu Beginn der Ausarbeitung eines eigenen Lösungsansatzes mit dem Auffinden materieller Kriterien zur Bestimmung der strafgewaltsbefugten Staaten[1284]. Nach der Ermittlung dieser Kriterien wurde noch auf den Vorzug der vorherigen Bestimmung einer transnationalen Entscheidungsinstanz hingewiesen, die bei Streitigkeiten darüber, welcher Staat strafgewaltsbefugt sein soll, eine Abwägung zwischen diesen Kriterien vornimmt. In diesem Zusammenhang wurde die Ansicht vertreten, dass Eurojust als Instanz bestimmt werden sollte, die letztlich über den strafgewaltsbefugten Staat bestimmt[1285]. De lege ferenda sollte zu diesem Zweck die Zuständigkeit von Eurojust ausgeweitet werden, da Eurojust bisher nur für schwere Formen transnationaler Delikte zuständig ist. Außerdem sollte die fehlende Zwangsgewalt von Eurojust durch die Schaffung einer Anrufungsmöglichkeit des EuGH kompensiert werden. Aber auch den nationalen Staaten und dem präsumtiven Täter muss die Möglichkeit eingeräumt werden, die Vertretbarkeit des von Eurojust gefundenen Ergebnisses durch den EuGH letztverbindlich überprüfen zu lassen[1286].

Abschließend bleibt anzumerken, dass allein eine Harmonisierung der Strafrechtssysteme der Schengen-Staaten in der Lage sein wird, einen vollumfänglichen gleichwertigen ne-bis-in-idem-Schutz auf horizontaler Ebene zu gewährleisten. Erst eine solche Harmonisierung wird es ermöglichen, einen vollständig identischen Tatbegriff innerhalb der Schengen-Staaten zu entwickeln. Daher stellt es eine begrüßenswerte Entwicklung dar, dass es der im Zuge des Vertrags von Lissabon geschaffene Art. 83 Abs. 1 AEUV ermöglicht, dass durch Richtli-

1282 Vgl. § 9. B) III.
1283 Vgl. § 9. B) II. 1.
1284 Vgl. § 9. B) II. 2. b).
1285 Vgl. § 9. B) II. 2. c).
1286 Vgl. § 9. B) II. 2. c).

nien Mindestvorschriften zur Festlegung von Straftaten und Strafen in Bereichen besonders schwerer Kriminalität festgelegt werden, die auf Grund der Art oder der Auswirkungen der Straftaten oder auf Grund einer besonderen Notwendigkeit, sie auf einer gemeinsamen Grundlage zu bekämpfen, eine grenzüberschreitende Dimension haben[1287].

1287 *Beukelmann*, NJW 2010, 2081, 2082.

Literaturverzeichnis

Bauer, Wolfram
Der prozessuale Tatbegriff
NStZ 2003, S. 174 ff.

Baumann, Jürgen
Grundbegriffe und Verfahrensprinzipien des Strafprozeßrechts
Eine Einführung an Hand von Fällen, 3. Aufl., Stuttgart 1979

Berner, Albert Friedrich
Non bis in idem
GA 1855 (Band 3), S. 472 ff.

Bertel, Christian
Die Identität der Tat
Der Umfang von Prozeßgegenstand und Sperrwirkung im Strafverfahren, Wien 1970

Beukelmann, Stephan
Europäisierung des Strafrechts – Die neue strafrechtliche Ordnung nach dem Vertrag von Lissabon
NJW 2010, S. 2081 ff.

Beulke, Werner
Strafprozessrecht, 11. Aufl., Heidelberg 2010

Bleckmann, Albert
Völkerrecht, Baden-Baden 2001

Böse, Martin
Der Grundsatz „ne bis in idem" in der Europäischen Union (Art. 54 SDÜ)
GA 2003, S. 744 ff.

Brüggemann-Buck, Ilka
Migration in Europa
Wanderungsbewegungen und ihre politischen Auswirkungen im Rahmen der Europäischen Integration, Marburg 2001
Downloadmöglichkeit unter:
http://archiv.ub.uni-marburg.de/diss/z2001/0406/pdf/dibb.pdf

Dannecker, Gerhard
Das materielle Strafrecht im Spannungsfeld des Rechts der Europäischen Union (Teil I)
JURA 2006, S. 95 ff.

Eichhorn, G.
Non bis in idem und das Reichsgericht
GS 1886 (Band 38), S. 401 ff.

Eicker, Andreas
Transstaatliche Strafverfolgung
Ein Beitrag zur Europäisierung, Internationalisierung und Fortentwicklung des Grundsatzes ne bis in idem, Herbolzheim 2004

Eser, Albin / Burchard Christoph
Interlokales „ne bis in idem" in Europa?
Von „westfälischem" Souveränitätspathos zu europäischem Gemeinschaftsdenken, in: Hans-Jörg Derra (Hrsg.): Freiheit, Sicherheit und Recht: Festschrift für Jürgen Meyer zum 70. Geburtstag, Baden-Baden 2006, S. 499 ff.

Fischer, Thomas
Strafgesetzbuch und Nebengesetze, 58. Aufl. München 2011

Frenz, Walter
Handbuch Europarecht, Band 4 Europäische Grundrechte, Berlin 2009

Grabenwarter, Christoph
Die Europäische Menschenrechtskonvention, Justiz- und Verfahrensgrundrechte, in: Ehlers, Dirk (Hrsg.): Europäische Grundrechte und Grundfreiheiten, 3. Aufl., Berlin 2009

Grabenwarter, Christoph
Europäische Menschenrechtskonvention, 4. Aufl., München 2009

Graf, Jürgen Peter
Beck'scher Online-Kommentar Strafprozessordnung, Edition: 9, München 2011

Hecker, Bernd
Das Prinzip „Ne bis in idem" im Schengener Rechtsraum (Art. 54 SDÜ)
StV 2001, S. 306 ff.

Hecker, Bernd
Europäisches Strafrecht, 2. Aufl., Berlin 2007

Hecker, Bernd
Der Vertrag von Lissabon und das Europäische Strafrecht
Iurratio 2009, S. 81 ff.

Hecker, Bernd
Europäisches Strafrecht, 3. Aufl., Berlin 2010

Hecker, Bernd
Europäisches Strafrecht: Transnationales Doppelbestrafungsverbot
JuS 2010, S. 176 ff.

Hein, Lars
Zuständigkeitskonflikte im internationalen Strafrecht
Ein europäisches Lösungsmodell, Berlin 2002
Downloadmöglichkeit unter:
http://www.jurawelt.com/dissertationen/werke/5956)

Hellmann, Uwe
Strafprozessrecht, 2. Aufl., Berlin 2006

Henkel, Heinrich
Strafverfahrensrecht, 2. Aufl., Stuttgart 1968

Herzberg, Rolf Dietrich
Ne bis in idem – Zur Sperrwirkung des rechtskräftigen Strafurteils
JuS 1972, S. 113 ff.

Jäger, Christian
Examens-Repetitorium
Strafrecht Allgemeiner Teil, 5. Aufl., Heidelberg 2011

Jagla, Susanne Fee
Auf dem Weg zu einem zwischenstaatlichen ne bis in idem im Rahmen der Europäischen Union
Zugleich ein Beitrag zur Auslegung der Artikel 54 ff. Schengener Durchführungsübereinkommen, Frankfurt am Main 2007

Janssen, André
Die Regelung der aktiven Sterbehilfe in den Niederlanden – Ein Novum
ZRP 2001, S. 179 ff.

Joecks, Wolfgang / Miebach, Klaus (Hrsg.)
Miebach, Klaus / Sander, Günther M. (Bandredakteure)
Münchener Kommentar zum Strafgesetzbuch, Band 3, München 2003

Kielwein, Gerhard
Der Verbrauch der Strafklage im englischen Strafverfahren
ZStW 1956 (Band 68), S. 163 ff.

Kische, Sascha
Zur Tatidentität in Art. 54 SDÜ
Zugleich ein Beitrag zum Begriff der Identität der Tat, insbesondere bei der Rechtsfigur der fortgesetzten Tat, in der deutschen höchstrichterlichen Rechtsprechung seit 1871, München 2008

Kniebühler, Roland Michael
Transnationales ‚ne bis in idem'
Zum Verbot der Mehrfachverfolgung in horizontaler und vertikaler Dimension, Freiburg i. Br. 2005

von Kries, August
Lehrbuch des Deutschen Strafprozeßrechts, Freiburg i. Br. 1892

Kühne, Hans-Heiner
Ne bis in idem in den Schengener Vertragsstaaten
Die Reichweite des Art. 54 SDÜ im deutsch-französischen Kontext
JZ 1998, S. 876 ff.

Kühne, Hans-Heiner
Anmerkung zu EuGH Urteil vom 9.3.2006 – Rs. C-436/04 Van Esbroeck
JZ 2006, S. 1019 ff.

Kühne, Hans-Heiner
Anmerkung zu EuGH Urteil vom 28.9.2006 – Rs. C-150/05 Van Straaten
JZ 2007, S. 247 f.

Kühne, Hans-Heiner
Strafprozessrecht
Eine systematische Darstellung des deutschen und europäischen Strafverfahrensrechts, 8. Aufl., Heidelberg 2010

Kunig, Philip
Die Quellen des Völkerrechts aus der Sicht des Grundgesetzes
JURA 1989, S. 667 ff.

Kutzer, Klaus
Die Auseinandersetzung mit der aktiven Sterbehilfe – Ein spezifisches Problem der Deutschen?
ZRP 2003, 209 ff.

Lagodny, Otto
Grundkonstellationen des internationalen Strafrechts
Zugleich ein Rückblick auf das internationale Kolloquium über „International Cooperation in Criminal Matters" an der Harvard Law School
ZStW 1989 (Band 101), S. 987 ff.

Lagodny, Otto
Teileuropäisches „ne bis in idem" durch Art. 54 des Schengener Durchführungsübereinkommens (SDÜ)
NStZ 1997, S. 265 f.

Liebau, Tobias
„Ne bis in idem in Europa"
Zugleich ein Beitrag zum Kartellsanktionenrecht in der EU und zur Anrechnung drittstaatlicher Kartellsanktionen, Berlin 2005

Liebs, Detlef
Die Herkunft der „Regel" bis de eadem re ne sit actio
ZRG, Romanistische Abteilung 1967 (Band 84), S. 104 ff.

Liebscher, Viktor
Die neue Struktur des Internationalen Strafrechtes (§§ 62 bis 67 StGB)
JBl 1974, S. 393 ff.

Ligeti, Katalin
Strafrecht und strafrechtliche Zusammenarbeit in der Europäischen Union, Berlin 2005

Lillich, Kurt
Das Doppelstrafverbot bei Kartelldelikten im deutschen Recht und im Recht der Europäischen Gemeinschaft, Berlin 1978

Mansdörfer, Marco
Das Prinzip des ne bis in idem im europäischen Strafrecht, Berlin 2004

Maunz, Theodor / Dürig, Günter et al.
Grundgesetz
Kommentar, München 2010
Zitierweise: Bearbeiter in Maunz/Dürig, Komm. z. GG

Mayer, Markus
Ne-bis-in-idem-Wirkung europäischer Strafentscheidungen, Frankfurt am Main 1992

Meyer, Jürgen
Charta der Grundrechte der Europäischen Union, 3. Aufl., Baden-Baden 2011

Meyer-Goßner, Lutz
Strafprozessordnung
Gerichtsverfassungsgesetz, Nebengesetze und ergänzende Bestimmungen, 54. Aufl., München 2011

Mittermaier, Carl Joseph Anton
Das Deutsche Strafverfahren in der Fortbildung durch Gerichs-Gebrauch und Landes-Gesetzbücher und in genauer Vergleichung mit dem englischen und französischen Straf-Verfahren, Zweiter Teil, 4. Aufl., Heidelberg 1846

Neuhaus, Ralf
Der strafverfahrensrechtliche Tatbegriff – ‚ne bis in idem', Bochum 1985

Oberndorfer, Peter
Das Verbot der Doppelbestrafung (Art 4 VII. ZPEMRK) in der Rechtsprechung des EGMR und des österreichischen VfGH, in: Arnold, Konrad / Bundschuh-Rieseneder, Friederike / Kahl, Arno / Müller, Thomas / Wallnöfer, Klaus

(Hrsg.): Recht Politik Wirtschaft Dynamische Perspektiven: Festschrift für Norbert Wimmer, Wien, 2008, S. 429 ff.

Oehler, Dietrich
Internationales Strafrecht
Geltungsbereich des Strafrechts, Internationales Rechtshilferecht, Recht der Gemeinschaften, Völkerstrafrecht, 2. Aufl., Köln 1983

Pappas, Claudia
Stellvertretende Strafrechtspflege
Zugleich ein Beitrag zur Ausdehnung deutscher Strafgewalt nach § 7 Abs. 2 Nr. 2 StGB, Freiburg i. Br. 1996

Pöschl, Magdalena
Leitsätze zum Erkenntnis des öVfGH vom 2.7.2009 – B 559/08
EuGRZ 2010, S. 631 f.
Zitierweise: VfGH EuGRZ 2010, S. [Rn.] (Leitsätze der Bearbeiterin Pöschl)

Radtke, Henning
Zur Systematik des Strafklageverbrauchs verfahrenserledigender Entscheidungen im Strafprozeß, Frankfurt am Main 1994

Radtke, Henning / Busch, Dirk
Transnationaler Strafklageverbrauch in den sog. Schengen-Staaten?
EuGRZ 2000, S. 421 ff.

Radtke, Henning
Anmerkung zu EuGH Urteil vom 9.3.2006 – Rs. C-436/04 Van Esbroeck
NStZ 2008, S. 162 ff.

Radtke, Henning
Der Begriff der „Tat“ im prozessualen Sinne in Europa, in: Kahlo, Michael / Klesczewski, Diethelm / Schneider, Hendrik / Schumann, Heribert (Hrsg): Festschrift für Manfred Seebode zum 70. Geburtstag am 15. September 2008, Berlin 2008, S. 297 ff.

Ranft, Otfried
Strafprozeßrecht
Systematische Lehrdarstellung für Studium und Praxis, 3. Aufl., Stuttgart 2005

Roxin, Claus
Strafverfahrensrecht, 25. Aufl., München 1998

Roxin, Claus / Schünemann, Bernd
Strafverfahrensrecht, 26. Aufl., München 2009

Rüter, Christiaan Frederik
Ein Grenzfall: Die Bekämpfung der internationalen Drogenkriminalität im Spannungsfeld zwischen den Niederlanden und der Bundesrepublik Deutschland Zugleich eine Besprechung des Urteils des Bundesgerichtshofs vom 8.4.1987 – 3 StR 11/87 –
JR 1988; S. 136 ff.

Satzger, Helmut
Internationales und Europäisches Strafrecht
Strafanwendungsrecht Europäisches Straf- und Strafverfahrensrecht Völkerstrafrecht, 4. Aufl., Baden-Baden 2010

Schmidt-Bleibtreu, Bruno / Klein, Franz
Kommentar zum Grundgesetz, 10. Aufl., München 2004

Schmidt-Bleibtreu, Bruno / Hofmann, Hans / Hopfauf, Axel
GG – Kommentar zum Grundgesetz, 12. Aufl., Köln 2011

Schönke, Adolf / Schröder, Horst
Strafgesetzbuch
Kommentar, 28. Aufl., München 2010

Schroeder, Friedrich-Christian
Die Rechtsnatur des Grundsatzes „ne bis in idem“
JuS 1997, S. 227 ff.

Schwarplies, Giesbert
Die rechtsgeschichtliche Entwicklung des Grundsatzes „ne bis in idem“ im Strafprozeß, Zürich 1970

Schwarze, Jürgen
Der Reformvertrag von Lissabon – Wesentliche Elemente des Reformvertrages
EuR 2009, Heft Beiheft 1, S. 9 ff.

Schwind, Hans-Dieter
Kriminologie
Eine praxisorientierte Einführung mit Beispielen, 21. Aufl., Heidelberg 2011

Schwinge, Erich
Identität der Tat im Sinne der Strafprozeßordnung
ZStW 1932 (Band 52), S. 203 ff.

Specht, Britta
Die zwischenstaatliche Geltung des Grundsatzes ne bis in idem
Zugleich ein Beitrag zur Auslegung des Art. 103 Abs. 3 Grundgesetz, Berlin 1999

Spinellis, Dionysios Diomedus
Die materielle Rechtskraft des Strafurteils
Unter besonderer Berücksichtigung des Grundsatzes ne bis in idem, München 1962

Stein, Sibyl
Zum europäischen ne bis in idem nach Artikel 54 des Schengener Durchführungsübereinkommens
Zugleich ein Beitrag zur rechtsvergleichenden Auslegung zwischenstaatlich geltender Vorschriften, Frankfurt am Main 2004

Thiele, Alexander
Das Rechtsschutzsystem nach dem Vertrag von Lissabon – (K)ein Schritt nach vorn?
EuR 2010, S. 30 ff.

Thomas, Herbert
Das Recht auf Einmaligkeit der Strafverfolgung
Vom nationalen zum internationalen ne bis in idem, Baden-Baden 2002

Thym, Daniel
Anmerkung zu EuGH Urteil vom 11.2.2003 – Rs. C-187/01 Gözütok und C-385/01 Brügge
NStZ 2003, S. 334 f.

Vander Beken, Tom / Vermeulen, Gert / Lagodny, Otto
Kriterien für die jeweils „beste“ Strafgewalt in Europa
Zur Lösung von Strafgewaltskonflikten jenseits eines transnationalen Ne-bis-in-idem
NStZ 2002, S. 624 ff.

Wessels, Johannes / Beulke, Werner
Strafrecht Allgemeiner Teil
Die Straftat und ihr Aufbau, 40. Aufl., Heidelberg 2010

Würz, Karl
Das Schengener Durchführungsübereinkommen
Einführung Erläuterungen Vorschriften, Stuttgart 1997
Zitierweise: Würz, SDÜ

van den Wyngaert, Christine
Anmerkung zu BGH Beschluss vom 13.5.1997 – 5 StR 596/96
NStZ 1998, S. 153 f.

Zimmermann, Frank
Die Auslegung künftiger EU-Strafrechtskompetenzen nach dem Lissabon-Urteil des Bundesverfassungsgerichts
JURA 2009, S. 844 ff.

Zöller, Richard
Zivilprozessordnung
Kommentar, 28. Aufl. , Köln 2010

Internationales und Europäisches Strafverfahrensrecht

Herausgegeben von Hans-Heiner Kühne und Robert Esser

Band 1 Sibyl Stein: Zum europäischen *ne bis in idem* nach Artikel 54 des Schengener Durchführungsübereinkommens. Zugleich ein Beitrag zur rechtsvergleichenden Auslegung zwischenstaatlich geltender Vorschriften. 2004.

Band 2 Friederike Charlotte Grube: Richter ohne Robe. Laienrichter in Strafsachen im deutschen und anglo-amerikanischen Rechtskreis. Eine rechtsgeschichtliche und rechtsvergleichende Untersuchung unter besonderer Berücksichtigung verfassungsrechtlicher Aspekte. 2005.

Band 3 Christiane Paul: Das Abwesenheitsverfahren als rechtsstaatliches Problem. Rechtsvergleichende Untersuchung deutscher, englischer, französischer, niederländischer und österreichischer Regelungen angesichts der Rechtsprechung des Europäischen Gerichtshofs für Menschenrechte. 2007.

Band 4 Kai Peter Hecheltjen: Der Richtervorbehalt im kartellrechtlichen Nachprüfungsverfahren der Europäischen Kommission. 2007.

Band 5 Martina Werwie-Haas: Die Umsetzung der strafrechtlichen Entscheidungen des Europäischen Gerichtshofs für Menschenrechte in Deutschland, Österreich, der Schweiz und im Vereinigten Königreich. 2008.

Band 6 Vera Warnking: Strafprozessuale Beweisverbote in der Rechtsprechung des Europäischen Gerichtshofs für Menschenrechte und ihre Auswirkungen auf das deutsche Recht. 2009.

Band 7 Christian Mülfarth: Grundlagen und Grenzen von Beweiserhebung und Beweisverwertung im spanischen Strafverfahren. Eine rechtsvergleichende Untersuchung. 2009.

Band 8 Daniel Joachim Hußung: Der Tatbegriff im Artikel 54 des Schengener Durchführungsübereinkommens. 2011.

www.peterlang.de

For the avoidance of doubt, input of the whole or any part of this publication into any generative artificial intelligence model, chatbot, program, software or technology is expressly prohibited without the prior written consent of the publisher.